복잡계의 새로운 접근

: 복잡반응과정

Complex Responsive Processes

in   Organizations

복잡계의
새로운 접근

: 복잡반응과정

Knowledge Creation

Learning   and

Ralph D. Stacey 저
이민철 역

씨
아이
알

서제

상호작용의 역동성
- 복잡계의 새로운 논리, 복잡반응과정 이론 -

지난 10년 동안 현장의 관리자들과 조직이론가들은 경제적, 사회적 과정에 있어서 정보와 지식의 중요성, 소위 '지식 경제'에 주목해 왔다. 이러한 사실은 조직에서의 학습, 센스 메이킹sense-making, 지식 창출, 지식 관리, 지식 자본이라는 개념들의 인기에 반영되어 있다. 최근에는 이 학습과 지식 창출 과정에 있어서의 중요한 관리 기술로 정서 지능 emotional intelligence이 관심을 끌고 있다.

이와 관련한 대부분의 문헌과 전문가들의 논의에는 시스템 사고가 반영되어 있으며 지식의 창출을 정보처리의 관점에서 접근하고 있다. 이 책에서는 이와는 다른 관점으로 복잡반응과정Complex Responsive Processes 이론을 제시할 것이다. 이 관점은 인간의 행위와 관련한 비유의 원천 영역source domain에 있어서 복잡성 과학에 근거하고 있다. 이 대안적 관점에서는 창발적으로 일관성을 만들어내는 내적인 역량이 상호작용에 있으며 이러한 상호작용을 지식 창출의 핵심으로 본다. 학습과 지식의 창출은 권력관계에서 질적인 과정인데, 이 과정은 지적이면서 정서적이고, 파괴적인 동시에 창조적이며, 제약하면서도 활성화하는 특징이 있다. 그 결과 조직의 지식이 원래 성문화되어 있고 체계화되어 있다는 믿음에 근본적인 의문이 생겨나고 있다. 이와 달리 조직의 지식은 조직에 참여하고 있는 사람 사이의 관계 속에 있으며 이러한 관계의 특성과 관련이 있는 것으로 이해되고 있다. 이러한 관점에서 보면 지적 자본을 측정하고 지식을 관리하는 것에 대한 논의는 의미를 상실한다.

스테이시Ralph D. Stacey는 하트퍼드셔대학교University of Hertfordshire 경영대학원 복잡성 및 관리 센터Complexity and Management Center의 책임자이자 집단분석 연구소Institute of Group Analysis 회원이다. 또한 다양한 조직에서 여러 수준의 관리자들을 대상으로 활동하는 컨설턴트이며, 경영 전략과 복잡성 이론에 관한 다수의 저서와 논문을 집필한 저자이기도 하다.

차례

1부

조직의 학습과
지식 창출에 관한 주류 시각

3부

시스템 사고와
복잡반응과정의 관점

부록

자기생성 이론의 재검토

조직의 복잡성과 창발

　이 시리즈에서는 조직의 복잡성에 대한 독특한 논의 방식을 보여주고자 한다. 말하자면 인간의 본성은 스스로를 돌아보는 자기 성찰적이라는 것과 인간은 서로 반응하고 참여하는 방식에 의해 관계를 맺는다는 것, 그리고 이 관계가 어떻게 전개될지 예측할 수 없다는 것에 대해 설명하고자 한다. 이 논의는 복잡성 과학에 바탕을 두고 있는데, 여기서 복잡성 과학은 여러 측면에서 심리학과 사회학을 통합하여 인간 조직에 관한 이론의 전체 스펙트럼을 구성한다.

　이 스펙트럼의 한쪽 끝에는 조직과 관리 이론에 관한 주류 목소리가 있으며 이 목소리는 계획과 규칙성, 그리고 통제의 언어로 말한다. 이러한 언어에 따르면 관리자는 조직 체계의 바깥에 있으며 조직의 시스템은 객관적이고 사전에 결정된 실재로서 모형화되고 설계될 수 있고 관리자는 이 시스템을 통제할 수 있다고 여겨진다. 여기서 관리자는 시스템의 기능적 측면에 관심을 갖고, 결과를 예측할 수 있는 정교한 도구를 보장해 주는 인과관계를 추구한다. 주류의 목소리에서는 개인을 자율적이고 자기 충족적이며 능숙하고 조직의 중심에 있는 존재라고 규정한다. 많은 복잡성 이론가들은 이러한 주류의 목소리와 잘 어울리는 언어로 말한다. 그들은 복잡적응시스템을 자율적인 행위자들의 네트워크로 보며, 이러한 행위자들은 환경으로부터 도출한 규칙에 따라 움직인다고 주장한다. 그들은 복잡계를, 과학자들이 시스템 밖에서 접근할 수 있는 객관적인 대상으로 본다. 복잡성 이론가들은 이 시스템의 예측 가능한 측면을 강조하며, 이를 모형화하는 작업은 복잡한 세계를 통제하기 위한 인간 능력을 향상시키는 수단이라고 본다.

스펙트럼의 반대편 끝에는 참여의 관점으로서 비주류의 조직이론과 복잡성 과학, 심리학, 사회학에서 온 목소리들이 있다. 그들은 인간 그 자체가 구성원들이 만드는 복잡한 네트워크의 구성원이라고 주장하며, 네트워크를 객관화하고 설계하기 위해서 네트워크 바깥에 위치하는 것은 불가능하다는 점을 강조한다. 이러한 입장에서 보면 사람들은 현실을 함께 만들어나가는 공진화의 과정에서 다른 사람들과 상호작용하는 주체로서 대화한다. 이들은 자기조직화 과정과 창조적 잠재력에 있어서 근본적으로 예측 불가능한 측면을 강조한다. 이들의 입장은 탈중심화된 행위 주체성agency의 목소리로서, 여기서는 행위자들agents과 그들이 살아가는 사회적 세계는 서로에 의해 창조되고 유지되는 것으로 본다. 이러한 사유 방식에는 근본적으로 예측 불가능하고 창발적인 복잡계의 측면에 주목하는 복잡계 이론가의 연구 성과와 관계 심리학이 융합되어 있다. 이렇게 해서 등장한 것이 조직 생활의 복잡성을 이해하기 위한 참여적 접근이다.

이번 시리즈에는 참여적 접근으로 정의되는 후자의 목소리를 담아내고자 한다.

시리즈 편집자
Ralph D. Stacey, Douglas Griffin, Patricia Shaw
복잡성 및 관리 센터,
하트퍼드셔대학교

복잡계의 새로운 접근 : 복잡반응과정

감사의 말

이 책은 나의 언어로 쓰여졌지만 여기에서의 표현들이 단지 나의 생각만을 표현한 것이라고 보기는 어렵다. 여기서의 아이디어들은 내가 참여했던 많은 대화로부터 여러 해에 걸쳐 발전한 것들이다. 나에게 특히 중요했던 것은 이 시리즈의 공동 편집자인 그리핀Doug Griffin 및 쇼Patricia Shaw와 나눈 대화였다. 이 대화의 많은 부분은 하트퍼드셔대학교 경영대학원에서 내가 동료 노블Dorothea Noble과 함께 진행했던 박사과정에서 이루어졌다. 이 그룹의 다른 참여자인 스트리트필드Phil streatfield와 폰세카José Fonseca도 이 시리즈에 기여했다. 이들은 내가 이 책에서 나타내고자 하는 아이디어에 큰 공헌을 했다. 또한 박사과정에서 오랜 기간 나와 함께 했던 아람Eliat Aram과 프레이저Peter Fraser, 벤틀리David Brently에게도 고마움을 전한다. 집단분석연구소Institute of Group Analysis에서 그룹 애널리스트로서의 훈련은 매우 중요한 경험이었으며 이러한 경험에 도움을 준 많은 그룹 애널리스트들에게 감사하고 싶다. 이들과의 대화, 특히 나의 전임 지도교수인 달랄Farhad Dalal과의 대화에 참여했던 일은 이 책의 내용을 구성하는 데 커다란 영향을 미쳤다. 나는 하트퍼드셔대학교 동료들에게 매우 감사한다. 그들은 나의 연구 작업이 가능하도록 시설을 마련해줬다. 자신들은 의식하지 못할 수 있지만 다른 이들도 이 책에 도움을 주었다. 이 중에서 특히 신경외과의사 더워드Dorward씨와 그의 팀에게 감사하는 마음을 갖고 있다. 마지막으로 나의 가족에게 가장 감사한다.

Ralph D. Stacey

옮긴이의 말

 조직 혹은 집단의 운영을 책임진 지도자의 공통된 관심은 어떻게 하면 구성원들로 하여금 조직의 목표 혹은 지도자의 비전을 헤아려 바람직한 행동 패턴의 형성에 참여하게 할 것인가 하는 데 있다. 학교 또는 학급의 운영을 책임진 학교의 교장이나 교사, 심지어 가정에서 자녀 양육을 책임진 부모의 고민도 크게 다르지 않을 것이다. 인간의 행동 패턴은 어떻게 형성되는 것인가?

 근래 들어 '복잡계' 혹은 '복잡성'이란 용어가 유행처럼 사용되고 있다. 복잡계란 무엇인가? 기계나 기술도 복잡하면 복잡계라고 할 수 있는가? 상식적인 판단으로는 어떤 현상이나 대상이 구조나 기능적으로 복잡할 때 복잡계라는 말을 사용할 수도 있을 것이다. 세상에서 가장 복잡한 기술은 반도체를 만드는 데 활용되는 EUV^extreme ultraviolet라고 한다. 이 공정에 사용되는 장비는 약 10만 개의 부품들로 이루어져 있으며 무게가 무려 200톤에 이른다. 그러면 EUV는 복잡계인가?

 저자^Ralph D. Stacey의 관점에 따르면 어떤 현상이나 대상이 복잡계인지 아닌지를 판가름하는 기준은 그것이 구조나 기능적으로 얼마나 복잡한가 보다는 거기에서 얼마나 예측불허의^emergent 사태가 어떤 패턴으로 발생하는가 하는 것이다. '이머전트^emergent'의 명사형인 '이머전스^emergence'를 복잡성 담론에서는 보통 '창발'로 번역한다. 예측불허를 기준으로 보면 대기업이나 국제 조직 같은 거대한 규모의 조직만이 복잡한 것이 아니고 상대적으로 단순하게 보이는 학교나 학급, 나아가 사적인 집단, 심지어 가족도 충분히 복잡하다. 인간 집단 혹은 조직에서 예측불허의 사태를 일으키는 것은 집단 혹은 조직을 구성하는 행위자들agents 간에 이루어지는 상호작용이란 것이 저자의 주장이다. 즉 조직 구성원들 간의 상호작용이 구성원들의 행동 패턴을 좌우하며 이 행동패턴에 따라 조직의 목표 달성이 용이할 수도 있고 어려울 수도 있다. 그런데 이 행동패턴은 어느 누구도 마음대로 좌우할 수 없다는 데 조직 운영의 어려움이 있다. 회사의 경영자나, 조직의 책임자, 학교의 교장, 가정의 부모가 겪는 어려움은 질적으로 크게 다르지 않다.

2000년대 초반 영국 하트퍼드셔Hertfordshire 대학 복잡성 관리 센터에서 스테이시와 그의 동료들은 인간의 상호작용을 이해하기 위한 새로운 방법을 개발하기 위해 노력해 왔다. 복잡반응과정Complex responsive Processes, CRP 이론은 사회학과 정신분석, 그룹 분석 등에 근거를 두고 특히 인간의 사고와 커뮤니케이션을 복잡계의 관점에서 규명하려는 노력에서 개발되었다. 이는 자연과학과 생물학에 바탕을 두고 유추와 메타포에 의해 인간과 사회, 조직을 설명하는 기존의 복잡성 이론과 구분된다. 저자는 인간과 사회를 설명해 온 주류 이론 및 관점의 핵심을 시스템 사고로 보고 이에 대한 비판적 논의를 통해서 복잡반응과정이라는 비주류의 관점을 정립해 나가고 있다.

저자는 주류 관점의 특징을 합리주의적 목적론Rationalist Teleology과 형성적 목적론Formative Teleology으로 규정하고 그 대안인 복잡반응과정의 특징을 변형적 목적론Transformative Teleology으로 설정하고 있다. 저자가 말하는 목적론이란 특정 현상이 왜 그렇게 되는지, 그렇게 하게끔 유발한 목적이 무엇인지, 미래를 향해 움직이는 이유가 무엇인지에 관심을 갖는다(이 책 255쪽). 합리주의적 목적론이란 시스템 밖에 위치하고 있는 특정한 개인(들), 즉 엘리트(들)에 의해 시스템이 설계된다고 보는 관점이고 형성적 목적론이란 개인적으로 표현되는 것(사고, 정신, 의미 등)과 사회적으로 드러나는 것(제도, 규칙, 관행 등)은 모두 시스템 속에 접혀져 있던 것이 어떠한 요인에 의해서 펼쳐져 나간다는 관점이다. 저자는 이러한 주류의 관점에서는 새로움novelty이 어떻게 창발하는지는 설명할 수 없다고 비판한다.

저자가 주장하는 대안적 관점인 변형적 목적론에서는 인간의 미래가 살아있는 현실에서 인간 사이에 벌어지는 디테일한 상호작용을 통해서 끊임없이 구성되는 과정에 있는 것으로 본다. 이 이론은 인간과 집단의 사고와 느낌, 행동의 패턴이 어떻게 형성되는지, 어떻게 지속성과 새로움이 자기 조직화의 과정에서(즉, 외부의 설계나 간섭 없이) 창발하는지에 관해 새로운 설명을 제시하고 있다. 간단히 말하면 복잡반응과정 이론에서는 구성원들이 삼삼오오 모여 진행하는 상호작용 속에서 '의미'가 만들어지며 여기서 만들어지는 '의미'가 조직 운영의 제반 패턴에 중요한 영향을 미친다고 본다. 여기서는 인간 행위의 움직임이 알려지지 않은 미래, 즉 인간 행위의 움직임(상호작용) 자체로 인해 끊임없이 구성되고 있는 미래를 지향한다고 가정한다. 인간 행위의 움직임은 동질성을 유지함과 동시에 새로운 것, 즉 이전에 없었던 변이를 창조한다는 점에서 근본적으로 역설적이다. 최적의 상태 혹은 최종적인 상태라는 것은 없으며 알려진 것과 모르는 것은 동시에 끊임없이 구성될 뿐이다. 이와 관련하여 이 책을 리뷰한 어느 논문에서는 다음과 같은 가상의 사태를 제시하고 있다.

A, B, C 세 명의 친구가 방금 관람한 영화에 대해서 대화를 한다고 생각해 보자. A의 코멘트는 B로부터 모종의 반응을 이끌어내고 이는 다시 A로 하여금 새로운 아이디어를 불러일으킨다. C는 A의 새로운 아이디어에 대해 생각은 해 왔지만 아무도 관심을 가지리라고 여겨본 적은 없다. A의 생각은 이런 C의 생각과 공명을 하게 된다. 이제 C는 이 주제에 참여하여 A의 아이디어를 더 밀고 나간다. 이런 식으로 이야기는 계속 진행된다. 상호작용이 계속되면서 지각과 해석에 있어서 새로운 패턴이 일어난다. 이런 패턴은 대화가 진행되기 전에는 누구에게도 존재하지 않았던 것이다. 상호작용이 없었으면 혼자서는 아무도 창안하지 못했을 것이다.

상호작용이 새로움^{novelty}을 일으키는 역량을 드러낸 것이다.[1]

이런 가정을 받아들인다면 조직이나 집단의 리더가 아무리 화려한 비전이나 조직 운영방침을 제시한다고 해도 이런 비전이나 방침이 직접 구성원의 행동을 바꾸고 조직의 운명을 결정하는 것이 아니라는 점을 인정하고, 구성원들이 그 비전이나 방침을 주제로 상호작용을 하는 과정에서 어떤 '의미'가 생성되고 있는지에 주목할 필요가 있다. 이는 기업과 같은 대규모 조직만이 아니라 학교를 포함한 각종 기관, 심지어 가정도 마찬가지라고 할 수 있다. 가령 학교에서 학생들에게 가르칠 학습 내용을 아무리 세밀하게 교육과정을 통해 규정해둔다 하더라도 그 학습 내용이 그대로 학생들에게 의미를 만들어 주는 것은 아니며, 구체적인 교육의 상황에서 학생과 학생, 학생과 교사 간에 학습 주제를 매개로 어떤 상호작용을 하느냐에 따라 생성되는 배움의 의미가 달라진다. 가정에서 부모가 자녀를 훈육하는 것도 마찬가지라고 할 수 있다.

"내가 한 말은 그런 뜻이 아니었는데…" 자기가 던진 말을 상대편(들)이 오해했다고 생각할 때 흔히 하는 표현이다. 저자의 관점에서 보면 조직의 리더나 교사 혹은 부모 등이 상대편에게 모종의 메시지를 내보낼

---

[1] Anthony L. Suchman, MD, An Introduction to Complex Responsive Process: Theory and Implications for Organizational Change Initiatives, Complicity: An International Journal of Complexity of Education, 2002.

때 그 메시지가 상대편에게 그대로 '의미'가 되는 것은 아니다. '의미'는 메시지를 받은 당사자가 자신과의 무언의 대화나 가까이 있는 대화 상대자와의 상호작용을 통해 만들어가는 것이다. 이때 '의미'를 만드는 당사자의 마음속에서는 공식적-비공식적, 의식적-무의식적, 합법적-비공개적인 형태의 다양한 '이야깃거리'(저자는 이를 주제라 표현한다)들이 함께 작용한다(이 책 8장). 말하자면 당사자는 상대가 던져 준 메시지를 원형 그대로 받아들이는 것이 아니라 그 메시지를 온갖 이야깃거리들과 버무려 내면에서 춤을 추며 '의미'를 만들어 나가는 것이다. 따라서 메시지 전달자는 메시지를 받은 당사자가 그로부터 어떤 '의미'를 만들어낼지 사전에 예측할 수가 없다. 메시지로부터 '의미'를 만들어내는 것은 메시지 전달자의 몫이 아니기 때문이다.

이와 같이 상호작용을 통해 어떤 의미가 만들어질지 알 수 없다는 사실은 어떻게 받아들여야 하는가? 기존의 과학은 구조나 기능적으로 복잡한 대상에 대해서 많은 지식을 축적해 왔지만 예측불허의 사태에 대해서는 예외적인 것으로 처리해 왔다. 그러나 복잡성의 관점에서 보면 예측대로 벌어지는 사건보다는 예측을 벗어나는 사건이 더 일반적이다. 상호작용이 어떻게 전개될지 정확한 예측을 할 수 없는 것은 상호작용에 참여하는 이들이 서로의 생각을 그대로 수용하지 않아 상호작용의 과정에서 일종의 오해가 발생하기 때문이다. 경영 일선에서 축적한 풍부한 경험을 기반으로 저술한 이 책의 저자에 따르면 조직이나 집단에서 발생하는 예측불허emergent의 사태 혹은 오해는 제거해야 할 것이 아니라 오히려 적극 활용해야 할 대상이다. 모든 일이 계획대로만 진행되는 조직이나 집단에서는 새로움novelty이 창발할 원천이 없다. 물론 계획에 따른 발전은 가능하겠지만 진정한 새로움은 예측불허의 사태에서 발생한다고 보는 것이다. 이 예측불허의 사태는 상호작용 과정에서 서로 갈등하고 모순되는 것들이 혼재해 있기 때문에 발생한다. 저자가 비판하는 주류 사고에서는 집단과 조직의 운영에 있어서 가능한 한 갈등과 모순을 줄이고 모든 일을 계획대로, 합리적으로, 질서 있게 추진하는 것이 과업 달성에 효과적이고 효율적이라고 보고 있으나 저자가 제시하는 복잡반응과정의 관점에서는 살아 있는 현재에서 사람들 사이에서 배려와 무관심, 협력과 경쟁, 사랑과 미움, 동의와 갈등이 충돌하면서 의사소통 상호작용이 패턴화되며 이런 상황에서 창발이 이루어진다는 점을 인정하고 이런 가치들의 충돌을 만들어내는 평범한 사람들에 초점을 둔다. 저자는 부정적인 것과 긍정적인 이 동시에 존재한다는 역설이 오히려 새로운 지식의 생성에 필수적이라고 주장한다(이 책 367쪽) 물론 창발하는 새로움이 생산적인 것이 되기 위해서는 예측불허의 사태 혹은 오해에 일정한 한계는 있어야 할 것이다.

복잡계의 새로운 접근 : 복잡반응과정

집단 속에서 살아가는 사람들 간에 개념 대화 방식의 체계가 잘 잡혀 있어서 오해가 별로 없으면 그들의 대화는 반복적인 것이 되기 쉽다. 반면에 매우 이질적인 집단에서 온 사람들 사이에 오해가 너무 많으면 '바벨탑'처럼 의사소통이 와해된다. 여기가 일치와 일탈 간의 긴장이 중요해지는 지점이다. 외부의 영향 없이 새로운 대화 패턴, 즉 새로운 대화 끌개로 진화할 수 있도록 내적인 능력을 부여하는 것은 바로 이러한 일탈이다. 창조적이고 유동적인 대화는 이 양극단 사이의 임계점에 존재한다(이 책 224쪽).

이러한 생각은 번역자의 소견으로는 계획과 다른 예측불허의 사태 발생으로 인해 골머리를 않는 조직의 리더나 학교의 경영자, 교사, 나아가 가정에서 자녀를 양육하는 부모에 이르기까지 한 줄기 빛을 비춰주는 게 아닌가 하는 생각이 들기도 한다. 조직의 리더가 되었건, 학생을 가르치는 교사가 되었건, 혹은 자녀는 양육하는 부모가 되었건 상대와 대화를 할 때 나의 주장을 체계적이고 논리적으로 정리해서 잘 전달하기만 하면 상대가 나의 뜻을 왜곡함이 없이 받아들일 것이라는 생각을 내려놓을 필요가 있다는 것이 저자의 일관된 주장이다. 저자가 인간과 사회에 관한 다양한 접근을 동원해서 밝히고 있는 것은 인간은 그렇게 단순한 존재가 아님을 밝히기 위한 것이다. 인간의 감정과 이성은 별개가 아니며 개인과 사회 또한 별개의 분리된 차원에 존재하는 것이 아니라는 것이다. 조직의 리더로서, 교사로서, 부모로서 상대를 설득하고 설명하는 것을 포기하라는 말이 아니라 나의 메시지가 상대에게 어떤 의미를 만들어낼지를 유념하라는 뜻이다. 상대가 나의 메시지를 도구로 어떤 의미를 만들어낼지는 그의 선택이자 권리이며 몫이기 때문이다.

이 책은 효과적으로 상호작용하면서 살아가는 구체적인 처방을 제시한다기보다는 인간과 사회를 다양한 측면에서 다분히 원론적으로 접근하고 있다. 책 한 권에 많은 내용을 다루고 있어서 그냥 읽기만 해서는 자칫 길을 잃어버릴 위험성도 있기 때문에, 저자의 주장 중에서 독자의 관심 그물에 걸린 주제를 하나의 논의 도구로 활용해서 이 책을 접하는 독자의 위치에서 자신과 무언의 대화를 나누거나 가까이 있는 사람과 상호작용을 하면서 의미를 만들어 나가는 노력을 할 필요가 있다고 생각된다. 또 한 가지, 이 책의 저자는 일관성 있게 시스템 사고를 비판하고 있지만 두 관점을 통합적으로 접근하려는 시도도 하고 있다.[2] 어떤 방식으로 접근할지는 독자의 선택 사항일 것이다.

---

[2] Jukka Luoma, Systems Thinking in Complex Responsive Processes and Systems Intelligence, Raimo P. Hämäläinen and Esa Saarinen, eds. 2007. Systems Intelligence in Leadership and Everyday Life. Systems Analysis Laboratory, Helsinki University of Technology, Espoo; Jukka Luoma, Raimo P. Hämäläinen and Esa Saarinen, Coping with complexity : Systems thinking, complex responsive processes, and systems intelligence, Systems Analysis Laboratory Helsinki University of Technology(Manuscript 2007-5-10)

이 책은 대략 다음과 같은 내용으로 구성되어 있다.

먼저 서론과 2장에는 지금까지 연구된 지식의 창조와 학습에 관한 내용을 배치함으로써 이 학문분야의 초보 독자도 접근할 수 있도록 기본 토대를 제공하고 있다. 저자는 지식 창조 체제에 대한 여러 관점 간의 관계를 서술하고 개인의 정신 모델과 활동이 더 큰 사회 구조와 문화적 환경 속에서 어떻게 상호작용하여 우리가 알고 있는 것을 창출해 내고 있는지를 설명하고 있다.

3장에서는 여러 문헌과 복잡성 과학에서 개인과 사회의 관계를 어떻게 구분하고 있는지를 설명하면서 저자의 관점을 정립해나가고 있다. 여기서 저자는 정신분석에 대한 상세한 논의를 하면서 독자를 낯선 영역으로 데려간다. 3장에 이어 4장에서도 조직에 대해 논의하면서 조직 혹은 집단은 별개의 실체가 아니라 함께 살아가는 개인들이 상호작용을 통하여 만들어가는 것으로 보아야 한다는 점을 강조한다. 말하자면 조직이나 집단을 결과(실체)가 아닌 과정의 개념으로 보는 것이다.

이와 같이 조직이나 집단을 개인과 독립된 별개의 '실체'가 아니라 개인 간 상호작용의 '과정'으로 보아야 한다는 관점은 셍게Peter Senge가 1990년대 초 '학습조직'이란 말을 유행시킨 이래, 저자Stacey의 주장을 대부분의 다른 복잡성 관점과 구분 짓는 지점이다. 이 점에서 저자의 주장은 학습과 협력, 지식의 창발과 관련하여 시스템 중심의 논의들이 마

무리 짖지 못한 지점에서 논의를 이어나간다는 평가를 받는다.[*3]

5장에서는 일련의 개인적인 회고와 사례연구를 통해 제스처에 의해 체화된 의사소통 활동 과정이 상징을 활용함으로써 활성화되는 모습을 보여준다. 6장에서는 언어의 규칙과 이 규칙들이 어떻게 조직 안에서 의사소통을 구조화하는지를 상세히 살펴보고 있다. 여기서는 역설이라든가 상호 영향, 창발, 자기 조직화와 같이 복잡성 과학의 연구자들에게 보다 익숙한 개념들을 토론의 장으로 가지고 온다. 이러한 개념들은 7장에서도 계속 다루면서 논의를 권력 관계의 맥락 안으로 끌어온다. 여기서 저자는 의사소통 상호작용이 자기조직화의 방식으로 스스로를 패턴화하면서 상호작용의 역사를 만들어간다고 주장한다(이 책 230쪽).

8장은 이 책 2부의 결론 부분으로 사람과 아이디어, 이데올로기 등이 조직 안에서 어떻게 군집을 이루는지를 설명하면서 학습을 향상시킬 전략을 개발할 수 있음을 밝히고 있다. 저자는 복잡계의 시뮬레이션에 관한 카우프만의 연구를 참조하여 시스템 안에서 행위자들 간의 연결 수가 역동성을 결정하는 방식을 보여주고 있다.

9장에서는 이 책의 전반적인 논의를 요약하고 있고 10장은 그의 아이

[*3] Norman, C. D., A review of Complex Responsive Processes in Organizations: Learning and Knowledge Creation, Complicity: An International Journal of Complexity and Education Volume 6 (2009), Number 2, pp.159-162.

디어를 경영과학의 실천과 교육 환경에 도입할 방법을 찾는 관리자를 위한 설계로 채우고 있다.

저자는 책 말미에 '평범한 사람들'과 '특별한 사람'이라는 개념을 끌어들여 지금까지의 논의에 결말을 짓고 있다.

조직의 학습과 지식 창출에 대해 복잡반응과정의 관점에서 생각해 보면 관심의 초점이 달라진다. 이 관점에서는 동일 조직 구성원들 간에 그리고 타 조직의 구성원들과 지속적으로 상호작용을 하는 과정에서 학습이 이루어지고 지식이 생성된다고 보기 때문에 '평범한 사람들'에 역점을 둔다. 반면에 주류의 관점에서는 이 문제에 있어서 '특별한 사람'에 초점을 맞춘다. 이 '특별한 사람'은 지식을 얻기 위하여 새로운 구조를 설계하고 시스템을 설치해야 한다. 그렇다면 여기서 '특별한 사람'은 누구인가? 이 질문에 대해서는 보통 암묵적인 형태로만 답을 하며 주류 처방에서는 이 '특별한 사람'이 전체 시스템에 대하여 모종의 특별한 조치를 취하는 리더, 관리자, 컨설턴트, 전문가 등이다. 그러나 복잡반응과정의 관점에서 보면 조직의 지식은 결과가 아니고 의사소통 상호작용이 진행되는 과정 자체이다. 이러한 과정에서 지식 창출의 주체는 다름 아니라 일상적으로 반응하고 관계를 형성하며 살아가는 조직의 모든 구성원이다. 복잡반응과정의 관점에서는 '평범한 사람들'이 어떻게 살아 있는 현재에서 서로 '평범한' 국지적 관계를 형성하면서 행위하고 있는가 하는 것을 중시한다는 점에서 관심의 초점을 '평범한 사람들'에 두고 있는 것이다. 이는 결코 권력자나 전문가, 경영자 같은 이들을 배제하는 것이 아니다. 이 관점에서는 지위와 역할에 따라 권력의 격차가 대단히 크다는 사실을 결코 부인하지 않는다. 대신에 힘을 더 많이 가진 이들과 덜 가진 이들 간에 이루어지는 국지적 상황에서의 의사소통 상호 작용에서 이러한 권력의 격차가 발생하는 것으로 이해하며 그들의 역할을 지식 창출의 과정에서 파악하고자 한다(이 책 366쪽).

세종대왕의 한글 창제를 둘러싸고 식자들 간에 찬반 논쟁이 심했다. 백성을 위하는 것이 정치의 근본이라는 점에 대해서는 양측의 명분이 일치했다. 한글 창제를 반대하는 측의 논리는 현명한 관리만 있으면 백성의 삶을 편안케 하는 데 충분하다고 보았던 반면 세종은 백성이 하고 싶은 말을 직접 표현할 수 있어야 민본 정치가 가능하다고 보았다. 저자가 언급한 '특별한 사람'과 '평범한 사람'에 관한 주장을 읽으면서 기시감이 들었던 것은 이 주제가 시간을 초월하여 논의의 테이블에 오를 수 있는 보편적 주제이기 때문일 것이다. 물론 저자는 자신의 주장을 이념적으로 혹은 정치적으로 해석하는 것은 오해라고 할 것이다. 그러나 의사소통 상호작용에 참여하는 이들이 의사소통 과정에서 논의의 주제와 관련하여 오해할 수 있는 권리를 향유하는 것을 반대하지 않는다는 것

또한 저자의 신념이라 생각한다.

저자가 워낙 다양한 영역을 다루고 있어서 다방면의 지식을 갖추지 못하고 있는 역자로서 내용 전체를 이해하는 일이 쉽지 않았음을 고백하지 않을 수 없다. 또한 가독성을 높이기 위해 길이가 너무 긴 문장을 짧게 쪼개는 과정에서 원문의 의미를 충분히 살리지 못했을 가능성도 있을 것이다. 한국외국어대학교의 김용련 교수님의 세심한 검토와 복잡성교육학회장 심임섭 박사님, 복잡성연구회 이준범 회장님의 살뜰한 지적이 번역의 완성도를 높이는 데 크게 도움이 되었다. 이 자리를 빌려 깊은 감사를 드린다. 이 번역서가 독자에게 다가갈 수 있는 형태로 만들어질 수 있었던 것은 이 분들의 배려 덕분이며 그럼에도 여전히 곳곳에 오해와 오역의 흔적들이 남아 있을 텐데 그것은 전적으로 역자의 역량 부족 때문일 것이다. 원고를 읽으면서 문장과 어휘 하나하나까지 꼼꼼히 살펴봐 준 싸아이알의 이민주 팀장을 비롯한 출판사 관계자들에게도 고마운 마음을 전한다.

2022년 6월
이민철

일러두기

1. 이 책은 Complex Responsive Processes in Organizations: Learning and Knowledge Creation 영문판의 우리말 번역이다.

2. 원서에서 이탤릭체로 강조한 표현은 고딕체로 표기하였다.

3. 출처 표기는 각주와 참고문헌으로 따로 표기 하였으며, 각주에는 저자명, 발행연도, 범위 등 기본적인 것만 기록하고 상세내용은 뒤에 나오는 참고문헌에 밝혀 적었다.

4. 용어의 영문 표기가 필요한 경우 첨자로 병기하였다.

5. 독자의 이해를 돕기 위한 옮긴이 주는 첨자로 '-옮긴이', 각주에 '(옮긴이)'로 표기하였다.

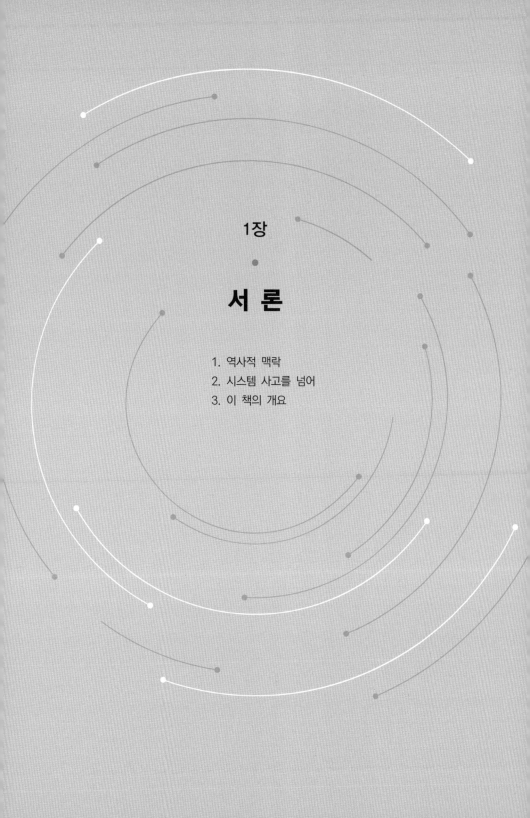

1장

서 론

이제 세계 경제는 산업화 시대를 뒤로 하고 지식이 주도하는 새로운 시대인 정보사회로 이동하고 있다는 인식이 널리 퍼져 있다. 이러한 세계적인 변화 패턴은 새로운 형태의 조직 및 조직 관리 방식을 요구하는 것으로 여겨진다. 많은 이들이 관료적이고 위계적인 형태의 조직에서 벗어날 것을 주장하며, 권위, 책임, 의사결정이 탈중심화되고 분산된 네트워크를 모델로 한 보다 융통성 있고 수평적이며 슬림화된 구조를 찬미한다. 산업화 시대의 육체노동자와 비교하여 전문 지식노동자들은 다른 방식으로 관리해야 한다는 점이 강조되고 있다. 지식노동자에게는 권한을 위임해서 조직 발전에 더 깊이 참여할 수 있도록 해야 한다는 것이다. 이렇게 해야 조직의 창의성이 발휘될 것으로 보이기 때문이다.

지식 경제를 지향하는 세계적인 변화는 또한 조직 자본의 성격에도 중요한 의미가 있다고 한다. 산업화 시대에는 주요 자산이 공장, 설비 같은 물리적 자원이었다. 이런 자원은 시장에서 거래되었고 그렇게 함으로써 가치를 매길 수 있었다. 자산 가치의 측정은 자본시장에 의해 조직이 평가되는 것과 상당 부분 일치했다. 그래서 기업의 가치를 관리하는 일은 물리적 자산과 이를 활용하는 '인간 자원'으로서의 근로자를 관리하는 것으로 이해할 수 있었다. 이제 지식 경제에서는 지식이 중요한 자산이 된다. 그러나 지식은 시장에서 직접 거래되지 않기 때문에 기업의 대차대조표에 의해 측정되고 기록되지 않는다. 그 결과 기업에 기록된 가치 자산과 시장이 기업에 부여하는 가치 자본 간에는 큰 격차가 발생한다. 자산을 관리하여 이해관계자의 가치를 창출하는 것이 목적이라면 이는 분명히 문제를 일으킨다. 이것이 회사의 지적 자본을 측정하고 지적 자산을 관리해야 한다는 요구 및 지적 자본 운동의 배후에 있는 동기다.

그러므로 새로운 관리 과업이란 곧 지식의 창출을 관리하는 것이 된다. 이와 관련하여 지식은 개인의 두뇌에서 암묵적인 형태로 나오는 것이라고 여겨지는데 이는 심각한 관리상의 문제를 야기한다. 첫째, 지식을 소유한 전문가가 그 지식을 가지고 기업을 떠나버릴 수 있다. 이를 방지하기 위한 한 가지 대안은 권한 위임 등을 통해 전문 엘리트가 기업에 남을 수 있도록 하는 관리 방식을 채택하는 것이다. 또 한 가지는, 지식 관리 문헌에서 상당히 많이 다루어지고 있는 것으로, 개인의 두뇌에서 암묵적 지식을 추출하여 이를 명시적인 지식으로 전환하는 것이다. 이러한 관점에서 지식은 정보기술을 활용해서 축적되고 관리될 수 있으며 기업에 의해 소유되고 통제될 수 있는 것으로 본다. 지식의 관리와 관련한 두 번째 문제는 개인이 자신의 지식을 남들과 공유하는 것을 꺼린다고 여겨진다는 점이다. 이런 문제를 해결하려면 사람들로 하여금 지식을 공유하고 기업 전체로 확산하도록 격려하고 권고하는 관리 방식이 필요하다. 여기에서 잊혀진 대화의 기술을 재발견해야 한다는 요구가 나온다.

이상은 앞으로 조직에서의 지식에 관한 주류적 사고라고 부를 것에 대한 윤곽을 간략히 정리한 것이다. 이를 주류하고 부르는 것은 내가 접했던 대부분의 전문가 대상 문헌에서 이런 종류의 견해가 핵심적인 내용을 차지하고 있기 때문이다. 또한 이 주제를 다룬 학술 문헌에서 증거로 제시하는 부분에도 이러한 견해들이 많이 있다. 물론 학술적인 문헌에는 이와 같은 주류적 사고에 대한 비판들도 있다. 어떤 이들은 지식의 창출에 있어서 실천공동체의 중요성을 지적하기도 했고, 이와 밀접한 관련성이 있는 것으로 조직을 센스메이킹*1 체계로 보는 견해도 있다. 이 두 가지 시각은 모두 지식을 창출하고 축적함에 있어서 지식의 서사적 형태와 스토리텔링, 비공식적 대화에 중요성을 부여한다. 이러한 형태의 의사소통이 지식을 활용하고 확장하는 데 중요하기 때문에 권장되어야 한다고 여겨지고 있다.

1. 역사적 맥락

지식의 관리와 관련한 이와 같은 요구의 위상을 역사적 맥락에서 살펴보자. 지난 세기 초반에는 기본적으로 관리를 과업 수행의 통제 기능으로 생각했다. 즉 상품과 서비스를 생산하기 위해 조직 구성원들에게 특정한 활동을 수행해야 할 것이 요구되었다. 동기와 사람들의 활동이 관리의 대상이 되었던 것이다. 지난 세기 후반에는 시스템 사고가 중요한 변화를 이끌어 단지 과업만이 아니라 과업 수행에 필요한 역할 전체의 체제가 관리의 대상이 되어야 한다고 보았다. 사람들의 관계가 관리의 대상이 된 것이다. 그러다가 1980년대에는 다시 한 번 강조점이 달라졌는데 과업과 관계의 체제를 관리하는 것만으로는 충분하지 않다고 본 것이다. 그리하여 여기에 더해 가치와 신념 체계, 문화까지 설계되고 관리되고 통제되었다. 통제의 초점이 과제의 세부 내용에서 관계와 신념의 체제로까지 확대된 것이다. 이후 얼마 지나지 않아 학습 조직이 인기 있는 개념이 되었다. 관리의 범위가 학습의 과정으로까지 확대된 것이다. 학습은 기본적으로 개인적인 것이며 개인의 마음을 구성하는 것으로 여겨지는 정신 모델의 변화를 의미한다고 가정했다. 다시 말하면 마

---

*1 '센스메이킹'이란 데이터의 틈을 파고드는 날카로운 감각이자 데이터의 흐름을 꿰뚫는 탁월한 인문학적인 능력, 혹은 집단적인 정신 모델을 형성하는 과정, 즉 사람들이 집단적 경험에 의미를 부여하는 프로세스이다(옮긴이).

음의 변화가 관리 대상이 되었다. 사람들로 하여금 자신과 타인의 정신적 변화를 계획하는 것이 가능하다고 보게 된 것이다.

이렇게 지난 세기에는 설계와 관리, 통제의 영역이 지속적으로 확대되는 것을 목격했다. 통제의 확대가 시스템 언어로 표현될 때는 별로 해롭지 않은 것처럼 보인다. 그것은 과업, 관계, 가치, 신념의 체계에서 학습과 정신 기능의 체계로 통제가 확대된 것이다. 그러나 우리가 인간 개인에 관해 이야기하고 있다는 것을 인식한다면 분위기가 달라진다. 20세기에는 통제가 작업 현장에서의 활동에서 사람 사이의 관계로, 다음에는 인간의 신념과 가치로, 결국에는 인간의 마음으로까지 확대되었다. 이제 지적 자본을 측정하고 지식을 관리하는 운동과 더불어 통제의 초점이 지식 자체로 옮아가고 있다. 다시, 이것이 또 하나의 체제로 여겨진다면 그리 나쁠 것 같지는 않다. 그러나 지식이 인간의 정체성 자체와 얼마나 밀접한 관계가 있는지를 상기한다면 이는 더 불길하게 들릴 수 있다. 기업이 지식을 소유하고 관리, 통제한다고 말하는 것은, 말하자면 바로 인간의 정체성을 통제한다고 하는 것과 같다. 지적 자본의 구성 요소인 인간 자본의 측정을 말하면서 인간 자본을 조직의 '영혼'이라고 칭하는 이들도 있다. 이 지점에 이르면 인간에게서 조직의 통제권에서 벗어날 수 있는 것은 아무것도 남아 있지 않게 된다.

아이러니하게도 이런 사고방식의 기본 가정은, 개인이 중심이라는 것이다. 개인의 마음은 뇌 속에 있으며 개인은 지식을 암묵적 형태로 마음 안에 소유하고 있는 것으로 가정한다. 기업 운영의 비전을 가지고 있는 것은 영웅적인 개인이며 조직의 성공을 달성하는 것은 영웅적인 리더이다. 그러나 이렇게 개인을 모든 것의 중심에 위치시키고 나면 인간 자본을 조직의 '영혼'으로 여기게 되고 지식을 소유·측정·통제하는 것을 당연시하게 된다. 이런 과정을 거치면 인간은 하찮은 존재로 여겨진다. 나는 사태가 이렇게 된 상당한 이유가 우리의 사고방식 때문이라고 생각한다. 우리는 인간의 마음도 하나의 시스템이고 인간관계도 시스템이며 지식 자체도 시스템으로 여긴다. 주류적 사고와 이에 대한 많은 비판을 아울러 살펴보면 조직의 지식이라는 범주가 존재하며 이것은 관리될 수 있고 관리되어야 한다는 것을 당연하게 여기는 시각이 존재한다. 이는 지식이 실체화reified되어 있고 소유될 수 있는 '사물thing'처럼 취급되며 기업은 지식을 소유할 수 있다는 기본적인 사고방식을 반영한다. 지식의 창조를 하나의 시스템으로 여기고 있으며, 이로 인해 지식을 관리하고 지적 자본을 측정하는 것에 대해 논의하는 것이 윤리적일 뿐 아니라 꽤 그럴듯하게 받아들여지고 있다.

2. 시스템 사고를 넘어

이 책의 목적은 조직의 학습과 지식의 창출에 관한 시스템 사고로부터 벗어나, 지식은 사람과 사람 사이의 복잡반응과정에서 나오며 지식 자체가 끊임없이 반복되면서 잠재적으로 변형된다고 주장하는 것이다. 이런 시각을 취하게 되면 기업은 물론 어느 누구도 지식을 소유할 수 없다. 지식 자체는 축적되지 않으며 지적 자본은 측정될 수 없고 지식과 지적 자본 어느 것도 관리될 수 없다. 이런 관점에서 보면 마음은 시스템이 아니며 인간 간의 관계 역시 시스템이 아니다. 이 책에서는 인간의 활동과 인간관계를 시스템의 용어로 생각하지 않는다. 대신에 사람과 사람 사이를 연결하는 개인의 마음을 비롯하여 사회와 조직은 모두 순간순간의 과정으로서 이러한 과정을 통하여 인간의 미래가 끊임없이 만들어진다는 사유 방식을 탐색할 것이다. 인간의 자의식적인 생각은 개인 안에 존재하는, 축적된 '그 무엇^{it}'이 아니라 사람과 사람 간의 관계속에서 매 순간 끊임없이 떠오르는 것이다. 참으로 신기한 것은, 이런 식으로 개인을 탈중심화하는 사고가 실은 인간의 존엄성을 회복시킨다는 점이다. 이는 전체적인 통제 없이도 상호작용을 통하여 스스로 패턴화하는 인간의 역량을 가리킨다. 지식은 관리할 수 있는 것이 아니며 관리할 필요도 없다. 지식은 참여를 통한 자기조직화 과정이며 이 과정은 일관되게 스스로 패턴화하는 것이기 때문이다. 이것이 이 책에서 밝히고자 하는 복잡반응과정의 관점이다. 이것은 행위 주체성$^{human\ agency}$이 개인 혹은 집단/사회에 위치해 있다는 관점도 아니고, 개인 및 사회에 위치해 있다는 관점도 아니다. 행위 주체성은 어디에도 붙박여 있는 것이 아니다. 행위 주체성은 '그 무엇^{it}'이 아니기 때문이다. 대신에 이 책에서 밝히고자 하는 관점에서 보면 행위 주체성은 사람과 사람 간의 상호작용 과정이며 이 과정은 연속성이 있으면서도 잠재적으로는 변형된 모습으로 끊임없이 스스로를 구성한다.

이 시리즈의 제1권[*2]에서는 이러한 사유 방식의 뿌리에 대해 개괄했다. 한 가지 원천은 복잡성 자연과학에서 도출한 비유이다. 제1권은 기본적인 인과관계 이론에 근거해서 복잡성 과학과 관련해서 두 가지 유형으로 사유방식을 구분했다. 하나는 자연에 있어서의 인과관계와 관련하여 칸트의 입장을 취하고 있는데, 여기서 자연은 사전에 접혀 있던 형태^{form}를 펼쳐나가는 것이라고 가정한다. 형성적 목적론$^{Formative\ Teleology}$으로 불리는 이러한 인과관계 프레임에는 새로운 형식의 창발에 대한

[*2]   Stacey et al., 2000.

설명이 들어설 자리가 없다. 이러한 유형의 복잡성 사고는 자연에 관한 시스템 사고의 연장이다. 반면에 변형적 목적론Transformative Teleology은 대안적인 인과관계 프레임으로, 미드Mead의 해석에 따르면 이것은 헤겔Hegel로부터 도출한 것이다. 여기서는 미래를 끊임없이 구성되는 과정에 있는 것으로 이해한다. 이 프레임은 창발이라는 새로움의 가능성을 수용한다. 두 번째 유형의 복잡성 과학은 이것을 지칭하는 것이다. 이 책에서 인간 활동과 관련하여 비유의 원천 영역으로 사용하고자 하는 것은 바로 두 번째 유형의 복잡성 과학이다. 여기서 도출한 주요 비유는 상호작용에 관한 것이다. 복잡성 과학의 두 번째 유형은 추상적인 실체들 사이의 상호작용을 다루는 추상적 모형을 가지고 연구를 하며, 이 유형에서는 상호작용이 일관성 있게 스스로 패턴을 만드는 본질적 역량이 있다는 사실을 설득력 있게 보여준다. 이것이 사람과 사람 사이의 상호작용, 말하자면 관계 맺기의 경우에도 해당되는 것이라면 어떻게 될까? 사람과 사람 사이에서 관계 맺는 일에 일관성 있게 스스로 패턴을 만드는 본질적 역량이 있다면 어떻게 될까? 이 책에서는 추상적인 상호작용이 주로 미드Mead와 엘리아스Elias 같은 많은 사회심리학자들의 관점에서 이해된 인간관계와 유사하다고 주장할 것이다. 이러한 관점에서 보면 인간의 미래는 순간순간의 현실에서 인간 간에 벌어지는 디테일한 상호작용을 통해서, 말하자면 관계 맺기와 관련된 복잡반응과정을 통해서 끊임없이 구성되고 있다. 이 관점은 시스템 사고로부터의 탈피와 이에 대한 도전을 보여준다.

복잡반응과정이 의미하는 바가 무엇이며 이 과정이 어떻게 끊임없이 인간의 미래를 구성하는지, 특히 조직 속에서 어떻게 인간의 지식을 끊임없이 구성하는지를 밝히고자 하는 것이 이 책의 목적이다. 국지적인 상황에서 사람들이 관계를 맺는다는 것은 지식이 지속적으로 반복되면서 동시에 잠재적으로 변형되는 과정으로 이해된다. 또한 이러한 관계 맺기는 권력관계가 드러나는 의사소통 상호작용으로 볼 수 있다. 개인의 정신/자아와 사회적 관계, 그리고 개인의 정체성과 집단의 정체성은 모두 동일한 현상, 즉 관계 맺기의 다른 측면으로 이해된다. 한 편에서의 개인과 다른 한편에서의 집단과 조직 및 사회는 구분할 수 있는 것이 아니다. 이런 맥락에서 보면 지식의 창출은 사람과 사람 사이에서 이루어지는 적극적인 의사소통 과정으로 이해된다. 따라서 지식은 축적되는 것이 아니고 끊임없이 구성되는 것이다. 다시 말하면 지식은 마음의 내용으로 공유되는 것이 아니고 활동 속에서 끊임없이 생성되는 것이다. 지식은 한 사람의 정신에서 다른 사람의 정신으로 전달되는 것이 아니라 관계 맺기의 과정이다. 그러므로 나는 이 책에서 조직 속에서의 학습과 지식을 이해하는 문제에 있어서 시스템 사고의 대안을 제시하고자 한다. 이러한 전환은 전체 시스템에서부터 순간순간의 현실 속에서 진행되는 국지적인 과정으로 초점이 이동하는 것이다.

이 책에서 논의하게 될 관점에서는 특히 관계relationship에 초점을 맞추고자 한다. 그러나 통제 이데올로기의 확장과 관련한 논쟁들에서의 대응과는 다른 방식을 취할 것이다. 어떤 이들은 고대의 지혜 및 자연과의 긴밀한 관계로 돌아가거나 더 단순한 방법을 찾아야 한다거나 조직에서 더 많은 배려가 있어야 한다고 요구하기도 한다. 그러나 나의 관점은 과거로의 회귀도 아니고 자연으로 돌아가자는 것도 아니다. 그보다는 부의 증가에 대한 약속과 불안한 파괴의 가능성을 동시에 안은 채 살아가는 사람들이 복잡하고 정교한 21세기의 조직 속에서 지금 무엇을 하고 있는지를 이해하는 것이다. 탐구에 대한 나의 관점은 더 많이 배려하는 관계를 처방하는 것이 아니라 인간의 관계 맺기에서 나타나는 배려와 무관심, 나아가 무례와 공격성 같은 여러 측면을 이해하고자 하는 것이다. 그러나 관계에 초점을 두는 이들 가운데에는 전체 시스템에 관심을 갖고 조직을 전체로서 이해하려는 사람들이 있다. 그러나 이 책의 관점은 시스템 사고를 극복하고자 하는 것이기 때문에 전체 시스템을 이해하는 것이 아니며 이를 탐구의 대상으로 삼지도 않는다. 이와는 반대로 여기서는 사람과 사람 사이의 국지적인 상호작용에 주목한다. 이 책은 보다 심오한 차원이나 구조에 대한 탐구, 혹은 어떤 초월적인 전체와의 관계에 대한 것이 아니다. 이 책에서는 순간순간 현실의 국지적인 상황에서 일상적으로 접할 수 있는 사람과 사람 사이의 의사소통 상호작용을 어떻게 이해할 것인가에 대해 탐구할 것이다.

3. 이 책의 개요

1부 두 개의 장에서는 조직의 학습과 지식에 관한 주류적 사고의 기본 가정을 개략적으로 살펴볼 것이다. 기본적인 준거 체제는 시스템 사고로서, 여기에는 시스템 사고의 심리학적 버전인 인지주의가 포함된다. 인지주의의 핵심 가정 중 하나는 개인과 조직이 다른 종류의 현상이라는 것이다. 집단과 팀, 조직 차원에도 중요한 동기 유발 효과가 있음을 인정하지만 일반적으로 학습을 하고 지식을 창출하는 것은 결국 개인이라고 본다. 여기에서 지식은 주로 암묵적 형태로 개인의 뇌 속에 자리 잡고 있고 필요한 상황에서 전문적인 기술로 표현된다고 여겨진다. 지식이 조직 차원에 존재할 수 있으려면 개인들이 이를 공유해야 한다. 이렇게 되면 조직 차원의 지식이라는 이슈는 한 개인에서 다른 개인으로 지식을 이전하는 문제가 되며 조직의 지식을 구성하기 위해서는 이를 개인에게서 추출하여 명시적인 형태로 저장해야 한다. 공식적으로 인정되고 계획된 규칙과 실행 규약 대신에 조직의 '앎'을 공유하는 장과 도구로서 비공식적인 스토리의 역할을 중시하는 이들도 있다. 그러나 이러한 접근 역시 대부분 개인과 조직은 서로 다른 현상으로 보아야 하며 따라서 다른 차원의 집합체로 설명해야 한다는 기본 가정은 동일하게 유지하고 있다. 의견이 다른 부분은 개인 간 지식이 어떠한 방식으로 전달되며 조직의 지식은 어디에 위치하는가 하는 것 정도이다.

이러한 주류의 시각에서 볼 때 지식은 표상이자 모형 혹은 지도로서 개인의 머릿속이나 스토리, 관행과 규약 속에 공유되어 있다. 생각과 대화 및 행동은 대화에서 흘러나오는 행동과 생각에서 흘러나오는 대화로 분리된다. 3장에서는 조직의 학습과 지식의 창출에 관한 탐구에 있어서 개인과 집단/조직을 분리하는 것이 적절하지 않다는 점을 논의할 것이다. 개인과 집단은 프랙탈의 과정fractal process으로서 동일한 설명 차원에서 이해해야 한다고 주장할 것이다. 이러한 출발점에서 조직 내 인간관계의 성격에 주목할 것이고, 개인 간 지식의 공유와 전달 및 체계화와 테크놀로지에 대한 관심은 뒷전으로 밀려날 것이다. 개인의 뇌에서 지식을 추출해 내는 것을 계획하거나 관리할 수 있는 활동으로 논의하는 것은 매우 큰 문제가 될 수 있다. 그리고 학습 조직을 계획하고 조직의 지식을 관리한다는 생각 또한 전체적으로 문제의 소지가 있다.

2부의 여러 장에서는 조직에서의 학습과 지식의 창출에 관한 이론들을 다루며 개인과 사회를 분리하지 않는 인간 활동에 대해 설명할 것이다. 여기서는 개인의 마음과 사회가 동일한 과정임을 주장할 것이다. 사회적 관계와 마찬가지로 마음은 몸의 활동이다. 개인의 마음과 사회적 관계는 함께, 그리고 동시에 발현된다. 지식은 사람과 사람 사이의 디테일한 관계 속에서 끊임없이 구성되는 과정에 있는 것이다. 조직의 자산으로 체계화되고 저장되며 명시적 형태로 포착할 수 있는 것은 새로운 지식이 아니라 이미 만들어진 지식이다. 따라서 학습과 지식의 창조 과정을 관리하는 것에 관한 논의는 무의미해진다.

3부 두 개의 장에서는 복잡반응과정의 관점과 주류적 사고를 비교하고 그 차이가 갖는 의미를 밝힌다. 마지막으로, 지식의 관리에 관해 글을 쓰는 저자들은 자기생성체계autopoiesis의 개념에 의존하고 있는데 부록에서는 왜 자기생성체계 이론이 인간 행위에 대한 비유의 원천으로 부적절한지를 설명할 것이다.

이 책의 주요 결론은 이렇다. '어떤 방식으로도' 지적 자본을 의미 있게 측정하는 것은 불가능하다. 더욱이 조직에서 모종의 힘을 가진 인물인 '특별한 사람you'이 학습과 지식의 창출을 관리할 수 있다고 상상하는 것은 환상이다. 이는 어느 누구도, 지식이 본질적인 측면인 인간의 마음과 인간관계를 관리할 수 없다는 단순한 사실 때문이다. 지식을 측정하고 관리한다는 생각은 조직 생활에 관한 특정한 사고방식에서 나온 것인데 이것이 이 책에서 의문을 제기하는 주제 가운데 하나이다. 강한 영향력을 가진 '특별한 사람'이 할 수 있는 일은 이미 발을 담그고 있는 관계에 참여하는 일에, 그리고 다른 이들과 더불어 지식을 창출하는 일에, 기존과는 다른 방식으로 마음을 씀으로써 더 유능한 기량을 발휘하는 것이다. 이 책의 주요 목표는 다양한 문제에 다양한 방식으로 접근하고 지식이 만들어지는 '관계 형성에 있어서의 복잡반응과정complex responsive process of relating'에 주의를 기울이는 사고방식을 강조하는 것이다.

1부

조직의 학습과
지식 창출에 관한
주류 시각

1부 두 개의 장에서는 조직의 학습과 지식 창출에 관한 논의에서 일반적인 근거가 되고 있는 주요 가정들을 살펴볼 것이다. 대체로 이 가정들은 의심의 여지가 없는 것으로 인정되어 왔다.

　첫째, 조직과 개인은 서로 분리된 두 개의 차원이기 때문에 지식의 문제는 두 가지 차원에서 다루어져야 한다는 것이다. 둘째, 조직에 의한 학습 혹은 조직 내의 학습과 지식 창출은 물론 조직 자체가 모두 시스템으로 여겨져 왔다. 이것은 조직을 구성하는 하위체제 간 그리고 시스템으로서의 조직 간 상호작용에 초점을 맞추고 있다. 조직 내의 집단과 개인 구성원 또한 하나의 하위체제이며, 개인 역시 정신적 시스템으로 간주된다. 셋째, 체제와 하위체제 간의 상호작용은, 개개인의 마음에 저장되어 있고 개인들 간에 공유되고 있는 정신적 내용의 전달이라는 측면에서 주로 다루어진다. 정신적 내용의 **저장**, **전달**, **공유**라는 개념에 내재되어 있는 많은 문제들은 거의 다루어지지 않는다. 넷째, 전달에 관한 설명에서는 대개 암묵적 정신 내용과 명시적 정신 내용을 별개의 지식 범주로 구분한다. 일반적으로 이러한 구분의 불안정한 기반에 대해서는 철저한 검토를 하지 않는다. 2장에서는 주류적 사고에 들어 있는 이러한 가정들을 검토하고 이들이 어떻게 발전해 왔으며 비판받는지에 대하여 살펴볼 것이다.

　3장에서는 기본 가정, 즉 개인 차원과 집단 차원의 설명을 구분하는 것에 대해 탐구할 것이다. 주요 관심은 인간의 행위 주체성human agency에 관한 것이다. 인간의 행위 주체성은 어느 차원에 위치하는가? 인간 행위의 역량, 다시 말해 그 원인은 어디에 있는가? 개인 차원에 있는가, 사회적 차원에 있는가? 3장에서는 개인과 사회를 나누는 아이디어 전체에 의문을 제기하고 이러한 구분이 문제를 야기하며 이를 해결하기 위해서는 이러한 구분을 포기하고 개인과 사회를 동일한 설명 차원에서 접근해야 한다는 것을 제안할 것이다.

이러한 결론은 이 책 2부를 준비하기 위한 것이다. 2부에서는 사회와 개인을 하나의 존재론적 차원으로 보고 행위 주체성을 하나의 과정, 즉 관계 형성에 있어서의 복잡반응과정으로 보는 관점에서 논의를 전개할 것이다. 이 관점에서는 인간의 미래가 연속성이 있으면서도 잠재적으로는 변형된 모습으로 끊임없이 구성되는 것으로 간주한다. 이러한 관점은 조직의 학습과 지식 창출에 관한 시스템 기반의 주류적 사고에 중대한 도전장을 내미는 것이다. 이러한 도전은 지식의 창출을 관리할 수 있다는 생각에 중요한 시사점을 준다.

2장

조직의 학습과
지식 창출에 관한
주류 사고의 특징

1장에서 지적했듯이 지난 수십 년간 조직에 있어서 학습과 지식 및 지적 자본의 창출과 관리에 관한 개념들의 인기가 극적으로 증가하는 것을 목격했다. 두 명의 저자가 이러한 인기의 상승에 중요한 역할을 했는데 바로 학습 조직의 개념을 설명한 셍게Senge[3]와, 조직에 있어서 지식 창출과 관련하여 노나카Nonaka 모형을 제시한 노나카Nonaka[4]가 그 주인공이다. 셍게의 경우, 시스템으로서의 학습 조직을 제시하는 데 있어서는 시스템 다이나믹스에,[5] 단일 및 이중고리 학습과 개인의 정신 모델 개념과 관련해서는 아지리스Argyris와 쇤Schön[6]에게, 대화의 문제를 다루는 데 있어서는 봄Bohm[7]에게 크게 의존하고 있다. 셍게와 마찬가지로 노나카 역시 혼돈과 복잡성 이론에서 나온 몇몇 개념들을 포함하여 시스템 사고의 영향을 받고 있다. 그는 복잡성 이론을 시스템 사고의 연장으로 간주한다. 그 역시 아지리스와 쇤의 영향을 받고 있으며 그들 학습이론의 기원이 베이트슨Bateson[8]까지 거슬러 올라가는 것으로 본다. 뿐만 아니라 폴라니Polanyi[9]의 암묵적 지식과 명시적 지식의 구분에도 크게 의존하고 있다. 이들은 모두 많은 학술논문과 조직의 실무 관리자, 리더, 컨설턴트들을 대상으로 하는 보다 대중적인 서적에서도 폭넓게 인용된다. 나는 이 저작들을 조직의 학습과 지식 창출에 관한 주류 문헌으로 언급할 것이다. 왜냐하면 이제 학자와 관리자, 리더, 컨설턴트들이 이 문헌들의 내용을 수용하거나 비판하는 입장에서 사고하고 논

---

[3]   Senge, 1990.
[4]   Nonaka and Takeuchi, 1995.
[5]   Forrester, 1961, 1969, 1971; Meadow, 1982.
[6]   Argyrisand Schön, 1978; Argyris, 1982; Argyris et al., 1985; Schön, 1983.
[7]   Bohm, 1976, 1983.
[8]   Bateson, 1973.
[9]   Polanyi, 1958, 1960.

의하는 것이 평범한 일이 되었기 때문이다.

　이 장의 주된 목적은 주류 문헌들에서 기본적인 준거 체제로 삼는 것을 상세히 설명하는 것이다. 조직의 학습과 지식에 대한 주류적 사고는 아무리 해도 그 자체로는 새로운 지식이 어떻게 창출되는지 설명할 수 없다는 것을 주장하고자 한다. 기껏해야 조직의 학습과 지식의 표면에만 주목할 뿐이고, 최악의 경우 지식을 측정, 획득, 통제, 관리할 수 있다는 환상을 조장하는 것처럼 보인다. 그러나 주류 문헌들에 대해서는 나름 비평가들이 있기 때문에 이 장의 두 번째 목적은 학술 문헌에서 확인할 수 있는 주요 비판점들을 개략적으로 설명하는 것이다. 몇몇 비판에서는 주류의 기본적인 준거 체제를 넘어서고 있지만 사실은 어느 것도 주류의 기본 틀에서 탈피하지 못하고 있음을 주장할 것이다. 따라서 결과적으로는 그들이 주류적 사고의 한계를 극복할 가능성은 별로 많지 않은 것으로 보인다. 이 책의 나머지 부분에서는 유망한 대안으로 관계 형성에 있어서의 복잡반응과정에 대해 설명할 것이다. 이를 통해 주류적 사고에 대한 설명의 한계점을 다룰 수 있는 방법을 제시할 수 있을 것으로 보인다. 이러한 문제에 대해 어떻게 생각하느냐 하는 것은, 학습과 지식을 창출하는 조직 발전의 측면에서 볼 때 실질적으로 매우 중요하다.

　그러면 이제 조직에 있어서 학습과 지식의 창출에 관한 주류적 사고의 주요 특징들을 살펴보자.

1. 지식의 전파 및 확산 그리고 축적

주류적 사고에서 기본이 되는 준거 틀의 주요 특징들을 이끌어 내면서 나는 앞에서 언급한 문헌들과 그 문헌들에 나타난 결과를 통하여 실무자들에게 도움을 주고 있는 대표적인 저자들의 주장을 아울러 검토해 볼 것이다.[*10]

이 문헌들 전반에 걸쳐서 주목해야 할 첫 번째 포인트는 이 문헌들이 기본적으로 개인과 조직 혹은 사회를 분리된 것으로 가정하고 있다는 점이다. 개인과 조직 혹은 사회는 항상 분리된 두 차원의 현상으로 다루어지고 있기 때문에 학습과 지식의 창출이 어떻게 이루어지는지에 대해 서로 다른 설명이 요구된다. 두 차원 간의 관계는 보통 다음과 같이 이해된다. 상호작용하는 개인들은 조직/사회의 차원을 창조해 내며 집단의 차원은 개인이 활동하는 맥락을 구성한다. 다시 말해 개인은 조직/사회의 차원을 구성하고 조직/사회는 역으로 개인에게 영향을 미친다. 대부분 개별 학습이 이루어지는 팀의 중요성에 역점을 두기는 하지만 일반적으로 학습을 하고 지식을 창출하는 것은 개인이라고 주장한다. 여기서 중요한 의문은 팀이나 집단 혹은 조직이 학습을 한다고 말할 수 있는가 혹은 개인만이 학습을 한다고 할 수 있는가 하는 것이다. 주류적 사고에서 보면 결국 학습을 하고 지식을 창출하는 것은 일반적으로 개인이다. 조직의 관점에서 주된 관심은 개인의 학습과 지식을 어떻게 조직 전체가 공유하고, 조직은 어떻게 이를 획득, 축적, 유지하게 할 것인가 하는 데 둔다. 봄의 대화 개념에 대한 셍게의 해석에 의하면, 때때로 집단

[*10] Brown, 1991; Burton-Jones, 1997; Davenport and Prusak, 1998; Garven, 1993; Kleiner and Roth, 1997; Leonard and Strauss, 1997; Quinn et al., 1996; Sveiby, 1997.

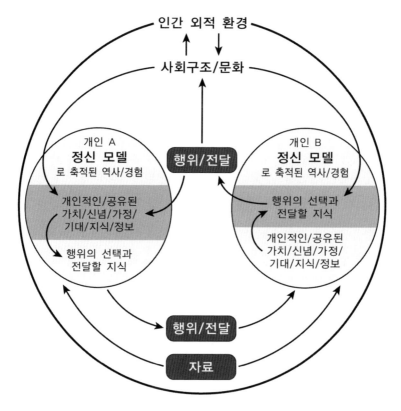

그림 2.1 주류 사고: 지식과 지식 창출의 체제

혹은 사회적 차원은 일종의 초월적인 집단정신, 공동의 의미 풀common pool of meaning, 혹은 더 큰 지능의 흐름으로 간주된다.

나는 〈그림 2.1〉에서 개인적 차원과 조직적 차원을 모두 고려하여 주류적 사고에 있어서 학습과 지식의 창출에 대한 설명의 핵심 요소로 이해한 것을 그래픽 형태로 요약했다. 물론 이것은 조직의 복잡한 개념들을 지나치게 단순화한 것이다. 이렇게 단순화하게 되면 정교함은 어쩔 수 없이 훼손되지만 기본적인 준거 체제와 이 틀의 기반이 되는 암묵적 가정을 명확한 형태로 정리할 수 있다는 이점이 있다. 이 절의 나머지 부분에서는 〈그림 2.1〉에 묘사된 주요 특징들을 설명한다.

앞서 지적한 바와 같이, 주류의 설명에서는 일반적으로 학습하는 것은 개인이며, 개인은 나름의 특성이 있는 팀 안에서 가장 효과적으로 학습을 한다고 가정한다. 〈그림 2.1〉은 두 명의 개인 A와 B가 서로 모종의 학습에 함께 참여하고 있는 것을 묘사하고 있다. 〈그림〉의 중심에는 각자가 서로에 대해 취하는 행위가 나타나 있다. 학습과 지식의 창출에는 지식의 전달을 필요로 한다는 것이 주류적 사고의 핵심적인 가정이다. 이러한 생각은 정보이론에서 나온 것이며[11] 여기서는 지식 전달에 있어서 송신자-수신자 모형을 가정하고 있다. 이 모형에서 A가 모종의 신호를 B에게 보내면 B는 이를 받아 반응하는 신호를 다시 A에게 보낸다. 이러한 신호들은 보통 데이터, 정보, 지식, 통찰 혹은 지혜, 행동 등 다양한 범주로 분류된다.[12] 이러한 범주의 정의는 주류적 사고의 기본적인 준거 체제에 관하여 많은 것을 밝혀주고 있다.

- 일반적으로 데이터는 사건에 대하여 개별적인 사실의 집합으로 정의된다.
- 정보는 차이를 만드는 데이터이다. 이것은 송신자로부터 수신자에게 전달된 메시지로서 수신자의 지각을 형성한다. 정보에는 의미가 있다. 정보는 형태를 지니며 어떤 목적을 위해서 조직된다. 정보의 생산자가 데이터에 의미를 부여할 때 데이터는 정보가 된다.
- 지식은 새로운 경험과 정보를 평가하고 통합하는 프레임으로 받아들여진다. 이 프레임은 지식을 소유한 사람의 마음에서 비롯된 것

---

[11] Shannon and Weaver, 1949.
[12] 예를 들면 Davenport and Prusak, 1998.

이며 현재의 가치와 신념뿐 아니라 과거 경험에 의해서도 형성된다. 지식은 유동적이며 구조적인 형태로 저장된다. 지식은 명시적이거나 암묵적일 수 있으며 이 구분에 대해서는 이 절에서 나중에 살펴볼 것이다. 지식은 또한 지식을 소유한 사람으로부터 다른 사람에게로 전달된다. 통찰력과 지혜는 때로는 지식으로 분류되기도 하고 어떤 경우에는 더 차원 높은 형태의 보다 직관적인 앎으로 간주되기도 한다. 달리 말하면 지식은 뒤에서 설명할 정신 모델의 개념과 동일시된다.

• 행위는 지식에 근거하여 이루어지는 선택이며, 이 지식은 그에 따른 결정과 행위의 결과에 비추어 평가된다. 이것이 오류의 작동에 의한error-activated 시스템적인 학습의 개념이다.

다음에 지적할 것은 어떻게 데이터와 정보 및 지식이 한 사람에게서 다른 사람으로 전달된다고 가정하는가 하는 점이다. 그리고 이 지점에서 명시적 지식과 암묵적 지식의 구분*13이 중요해진다.

• 명시적 지식은 형식적이고 체계적인 지식으로서 언어의 형태(음성언어, 수학적 언어, 숫자로 표현되는 언어)로 한 사람에게서 다른 사람으로 쉽게 전달된다. 전달되는 것은 기존의 암묵적 지식이 언어로, 즉 성문화된 형태로 변환되는 것이라고 간주된다. 바로 이 지점에서 언어의 본질에 관한 특정한 가정, 즉 언어는 공식적이고 객관적인 상징체계로서 인간의 외부에 존재하며 기존의 생각과 개념을 남에게 쉽게 전달할 수 있는 형태로 옮겨주는 도구라는 가정이

---

*13 Nonaka and Takeuchi, 1995.

만들어진다. 이에 대한 비판은 5장에서 다루어진다.

- 암묵적 지식은 이러한 사고방식에서 특히 중요하다. 그것은 사람의 마음 안에 존재하고 있다는 점에서 개인적이며 의식의 아래에 있는 통찰, 직관, 예감이라는 주관적인 현상이기 때문에 공식화하거나 소통하기가 어렵다. 또한, 행위에 근원을 두고 있으며 기술이나 노하우로 스스로를 드러내고 사람들이 세계를 이해하고 그 안에서 살아가는 방식에 뿌리 박혀 있는 믿음과 관점에 내재해 있다. 다른 말로 암묵적 지식은 의식의 아래 수준에 있는 정신 모델의 형태를 취한다.

새로운 지식

새로운 지식은 뇌에 있는 암묵적 지식을 활용할 때 나온다고 여겨지며 그 활용과정은 개인의 뇌에 있는 암묵적 지식을 명시적인 것으로 번역하는 것으로 이해된다. 주류적 사고에서는 이러한 번역의 과정에 주목하지만 완전히 새로운 암묵적인 지식이 어떻게 개인의 뇌에서 만들어지는지는 설명하지 않는다. 설명은 어떤 개인이 중요한 암묵적 지식을 이미 가지고 있는 시점부터 시작된다. 지식의 창출을 설명하기 위한 접근 방식에 있어서 이것은 중대한 한계이다. 여기서는 새로운 것이 어떻게 나오는지에 대한 설명도 없이, 새로운 것이 어떻게 다른 사람에게 전달되어 조직의 지식이 될 수 있는가 하는 것을 설명하는 셈이다. 조직에는 이러한 지식이 '새로운 것'일 수 있지만 그 **자체**로 새로운 것은 아니다. 지식의 전달은 암묵적 지식과 명시적 지식 사이의 이동으로 일어난다고 여겨진다.

새로운 지식은 설명되지 않는 방식으로 어떤 개인에게서 만들어져 암묵적인 형태로 한 사람으로부터 다른 사람에게로 이동함으로써 전달된다. 이러한 지식의 이동은 모방의 과정을 통하여 일어난다. 암묵적 지식의 소유자는 그 지식을 숙련된 행위의 형태로, 말하자면 전문가, 달인, 멘토 혹은 교사의 역할로서 표현한다. 이런 암묵적 지식을 획득한 사람은 전문가의 숙련된 행동을 관찰하고 모방하고 연습하면서 이를 내면화하고 학습한 것이다. 이러한 모방의 과정으로 암묵적 지식을 획득한 이 숙련된 초보자는 이제 다른 사람들과의 의사소통을 위해 그것을 명시적인 형태로 번역한다. 암묵적 지식을 명시적 지식으로 옮기는 이 단계는 표현할 수 없는 것을 표현해야 하기 때문에 문제가 있는 것으로 인식된다. 그러므로 번역을 하려면 메타포metaphor와 유추analogy라는 비유적 언어를 사용하여 의식의 아래 수준에 있는 것을 의식의 차원으로 끌어와야 한다.

그래서 팀을 이루어 일하고 학습하는 것이 중요하다. 팀의 구성원들이 어떻게 서로 관계를 맺으며 대화를 하는가, 그리고 어떤 종류의 언어를 사용하는가 하는 모든 것이 중요한 문제가 된다. 일단 암묵적 지식이 명시적으로 변형되면 다른 이들은 이것을 내재화하여 암묵적 지식의 일부가 되도록 해야 한다. 아니면 명시적 지식이 작업 모형이나 이런 저런 형태의 표준에, 문화유산에, 혹은 성문이든 불문이든 규칙과 절차에 체화될 수 있다. 이와 같이 암묵적인 것과 명시적인 것 사이의 이동이라는 과정을 통해 지식이 조직으로 확산하게 되면 이 지식은 검증을 받아야 하고, 이를 위해서 토론과 대화, 반박이 필요해진다. 토론과 대화를 구분하는 이들도 있는데 토론은 경쟁적인 형태를 취하고 대화는 협력적인 형태를 취한다. 대화 상황에서는 사람들이 자신들의 가정을 유보하기 때문에 개인적으로 학습할 때보다 집단적으로 학습할 때 훨씬 더 많이 배울 수 있다.[14]

---

[14] Senge, 1990; Bohm, 1983.

지식의 전달

그러므로 주류 관점에서 보면 학습과 지식의 창출은 기본적으로 지식이라는 매개체를 통해서 자료가 정보로 변환되는 개인 간 전달의 과정이며, 이 지식은 명시적일 수도 있지만 훨씬 중요한 것은 암묵적일 수도 있다. 사람과 사람 사이의 지식 전달은 암묵적 형태와 명시적 형태 간의 전환 과정으로, 이러한 과정의 기저에는 상호 암묵적 전이를 일으키는 모방, 메타포와 유추의 언어를 사용하여 암묵적-명시적 전이를 일으키는 집단 대화와 토론, 명시적-명시적 전이를 일으키는 형식화와 체계화, 명시적-암묵적 전이를 일으키는 내면화 등이 있다. 이와 같은 방식으로 지식은 상호작용을 통하여 개인과 집단/조직/사회 사이를 이동하는 것으로 이해되고 있다.

개인 차원: 정신 모델

〈그림 2.1〉에서는 개인 차원이 개인 A와 개인 B라는 두 개의 원으로 그려져 있다. 주류적 사고에서는 개인의 마음을 정신 모델로 이해하고 있다. 이러한 정신 모델에는 개인이 생활하고 활동하는 터전인 인간 외적인 세계만이 아니라 타인들의 세계 및 그들과의 관계에 대한 개인의 가정, 기대, 지식 및 정보도 포함된다. 이러한 것들이 개인의 가치와 신념이며 이 가치들 중에는 타인들과 공유할 수 있는 것도 있고 해당 개인에게 고유한 것도 있다. 이러한 요소들은 세계와 그 세계에 살고 있는 개인 자신의 표상들이며 이 표상들은 개인의 경험에 의해 역사적으로 결정되고, 주로 의식의 하부에 위치한다.

마음을 이렇게 이해하는 것은 인지심리학에서 나온 것이다. 인지심리학에서는 마음을 뇌의 기능이라고 주장한다.[15] 이 관점에 따르면 뇌

---

[15] McCulloch and Pitts, 1943; Gardner, 1985.

는 외부의 실재에 대한 표상을 형성하고 이 표상을 패턴이나 모형으로 구성한다. 패턴과 모형은 기억에 저장되었다가 나중에 개인이 접하는 새로운 감각 자료를 처리하기 위하여 소환된다. 여기서 정신 모델은 개인이 세계에 관한 자료를 처리할 수 있는 수단과 행위를 선택할 방법을 제시한다. 그러므로 주류적 사고는 마음의 본질과 뇌의 기능에 관한 특정의 시각에 바탕을 두고 있다. 그것은 마음과 뇌(마음은 뇌의 기능이라고 봄)가 표상을 형성하고 이를 기억에 저장하며 정보와 자료를 처리하고 이어서 선택을 한다는 주장이다. 이는 사고와 선택이 행위에 선행한다는 이론이다. 그리고 이 모든 가정들은 당연한 것으로 받아들여진다.

학습에 관한 특정 이론은 개인의 마음에 관한 이러한 시각에서 나온 것이며 주류적 사고에 따르면 아지리스와 쇤 및 베이트슨으로부터 도출된 것이다. 행위의 선택, 즉 타인에게 전달할 정보 및 지식의 선택이 주어진 정신 모델에 의해서 결정될 때 개인의 학습은 단일 고리 방식으로 이루어진다. 여기서 학습은 선택에 따른 오류의 발생을 결과에 비추어 조정하는 것으로 구성된다. 그러나 세계가 변화하고 있기 때문에 주어진 정신 모델은 적합하지 않을 수 있으며 따라서 행위의 선택에는 결함이 있을 수 있다. 이러한 상황은 이중 고리 학습을 필요로 한다. 이중 고리 학습이란 조정되어야 할 것은 단지 선택만이 아니라 선택의 기초인 정신 모델이라는 것을 의미한다.*16 정신 모델을 변화시키는 이 오류 작동 과정은 암묵적 가정과 가치 및 신념을 의식의 차원으로 끌어올려 변화시키는 것이다. 그러나 이것은 타인과의 상호작용을 필요로 하는

---

*16 단일 고리 학습은 조직의 기본적인 가정이나 규범, 목표를 그대로 유지한 채 기존의 규칙과 행동방식을 정교화하고 개선하는 것을 가리키고, 이중 고리 학습은 조직을 지배하는 기본 가정과 조직 규범 및 목표를 변화시키는 것을 말한다(옮긴이).

어려운 과정이기 때문에 이를 위해서는 토론과 대화를 통한 팀 학습이 중요해진다. 이러한 학습 역시 정신 모델에 근거해서 이루어지는데 이때의 정신 모델이란 학습 과정 자체의 모델이다. 아지리스와 쇤에 따르면 일반적으로 두 개의 다른 학습 모델이 있다. 학습 모델 1은 개인으로 하여금 지지 않고 이기려 하면서도 다른 사람들에게 상처를 주거나 자신이 창피당하지 않기 위해 정보를 숨기는 토론 모형으로 이끄는 일련의 가정들로 구성되어 있다. 이 학습 모델은 이중 고리 학습의 과정을 차단한다. 그러나 학습 모델 2를 도입하면 사람들은 진정한 대화에 참여하며 이는 이중 고리 학습을 가능하게 한다.

사회적 차원: 루틴과 지식의 공유

학습과 지식 창출의 과정에는 집단적/조직적/사회적 차원이 포함된다. 〈그림 2.1〉은 개인과 개인이 서로에 대한 행위와 서로에게 전달하는 지식, 정보, 데이터가 공유 루틴이 되는 고리, 즉 문화, 사회구조, 조직의 절차, 전통, 습관 및 집단의 규범으로 저장되는 고리를 묘사하고 있다. 이것들은 과거의 경험을 통하여 역사적으로 구축된다. 이들은 문자화될 수도 있지만 문자화되지 않은 형태일 수도 있으며 문화유산의 형태로 저장되기도 한다. 대개는 명시적인 것으로 이해되지만 때로는 집단정신으로 입에 오르내리기도 한다. 즉 암묵적일 수도 있다는 것을 의미한다. 이것들은 개인 차원을 넘어서 개인이 생활하고 행위하고 서로 관계를 맺는 사회적인 맥락을 구성한다. 개인을 넘어선 이 상위의 차원에는 개인들이 정신 모델의 일부로 내면화한 일련의 공유된 가정과 신념, 행위들이 있는데 이것들은 사회구조로부터 개인 A와 B의 정신 모델로 향하는 고리로 그려져 있다. 대화에 관한 봄의 논의에서 보듯이 때로는 개인 마음의 지도가 일종의 집단정신 혹은 더 큰 지능에 의해서 형성되기도 한다.

개인과 사회의 분리

주류적 사고에서 보면 개인과 집단/조직/사회 간에는 서로 영향을 주고받는 시스템적인 상호작용이 있다. 이렇게 서로 영향을 주고받는 상호작용의 성격은 학습과 지식 창출을 가능하게 하는 데 있어서 매우 중요한 것으로 여겨진다. 효과적인 학습과 지식의 창출을 위해서는 개방성과 진실, 긍정, 대화, 권한 위임 등과 관련된 광범위한 가치를 공유해야 한다고 널리 알려져 있다. 또한 학습과 지식 창출의 과정에서 이러한 효과를 거두기 위해서는 가치들을 확립하고 학습과 지식 창출의 과정을 안내할 핵심적인 비전을 제시하는 특별한 리더십이 요구된다고도 한다. 집단과 조직 및 사회의 관계를 확립하고 유지하는 것은 어렵다고 인식되고 있기 때문에 주류적 사고에서는 요구되는 리더십 및 가치의 형성에 장애가 되는 몇몇 걸림돌에 대해 관심을 두고 있다.

일반적으로 정치적 활동은 장애 요인으로 간주된다. 이와 관련하여 조직에서의 정치가 어떻게 학습과 지식 창출을 저해하는가에 관한 아지리스의 주장[17]이 널리 수용되고 있다. 그에 따르면 학습 모델 1에 따른 행동은 소위 조직의 방어 루틴에 해당한다. 자신이 창피를 당하거나 남에게 상처를 주는 것을 피하기 위해 사람들은 논쟁이 있는 사안을 다루지 않으려는 경향이 강하다. 그들은 상대편에 비위를 맞추면서 학습에 도움이 되는 가치를 지지하는 경향이 있다. 공개적으로 털어놓는 대신

---

[17] Argyris, 1990.

사람들은 진실이라고 생각하고 느끼는 것을 비공식적인 상황에서 공개적이지 않은 방법으로 털어놓고 개인적인 정치 행위에만 참여하려고 하는데 이런 행위는 학습과 지식 창출에 역행한다고 알려져 있다. 이에 대해 제시되는 해결책은 좀 더 솔직해지고 진정한 대화를 함으로써 지식의 공유에 대한 본연의 거부감을 극복하는 일에 함께 나서는 것이다.

개인과 집단/조직/사회의 맥락 간에 서로 영향을 주고받는 시스템적인 상호작용은 인간 외적인 환경 안에서 일어나는데 이는 〈그림 2.1〉에서 바깥 원으로 그려져 있다. 환경은 개인의 정신 모델 측면에서 이해되는 데이터를 생성하며 이러한 환경 역시 집단/조직/사회의 차원에 영향을 받는다.

지난 몇 년간 복잡성 자연과학의 발달은 조직의 지식에 관심이 있는 학자들의 관심을 끌어당겼다. 그러나 이러한 경향은 복잡성 과학을 시스템 사고의 연장으로 간주하는 것이었다. 인간 행위에 대한 복잡성 과학의 의미를 이런 식으로 보는 사고방식은 이 절에서 설명한 기본적인 준거 체제에 의미 있는 변화를 가져오지 못한다.[18] 하나의 예로서 보이소트Boisot의 주장(1998)[19]을 살펴보자.

복잡성의 관점과 지식의 창출

보이소트는 지식이 행위 능력이라는 주류의 정의를 수용하여 지식의 기반은 데이터에서 추출된 정보라고 주장한다. 효과적인 행위는 현실 세계에 대한 표상에 달려 있으며 이 표상은 세계를 이해하는 스키마타(정신 모델)를 형성한다. 지식의 창출은 데이터로부터 정보를 추출하여

---

[18] 이 논의의 전개를 보려면 Stacey et al., 2000 참조.
[19] Boisot, 1998.

통찰력을 만들어내는 과정이며 지식을 적용한다는 것은 이 통찰력을 검증하는 것이다. 지식은 일련의 유용한 서비스를 제공하는 자산이다. 지식의 두드러진 특징은 다른 사람과 함께 공유하고 또한 유지할 수 있다는 점이다. 이 점에서는 주류적 사고에 대해 의문을 제기하거나 이로부터 이탈할 수 없다.

보이소트의 주요 관심사 중 하나는, 지식이 어떤 조건에서 남과 공유되고 어떤 조건에서 그렇지 않은가 하는 것이다. 어떤 상황에서는 지식이 자연스레 확산되지만 다른 상황에서는 그렇지 않다는 것이다. 이 상황을 이해하는 것은 지식을 습득하는 데 필수이다. 보이소트에 따르면 지식이 탈맥락적이고 문자화되어 있으며 추상적이고 불필요한 데이터가 없을 때는 사람 사이에서 쉽게 전이될 수 있고 유동적일 수 있다. 반면에 지식이 풍부한 데이터로 구성되어 있고 애매하고 맥락에 따라 달라지는 경우에는 유동적이지 않아서 거의 전이되지 못한다. 그러다가 시간이 흐르면서 개인이 무언가를 이해하게 되면, 맥락에 묶여 있던 지식은 개인의 마음 안으로 깊이 새겨들어가기 때문에 개인적인 경험과 독특한 해석에 의해 강화되어 좀 더 유동적인 지식으로 바뀐다. 그러나 사람들은 이렇게 유동적이 된 지식은 공유가 어렵다고 생각한다. 그래서 지식이 조직으로 확산되기 위해서는 문자로 표현되어야 한다. 그렇지만 문자로 표현되면 경쟁자의 접근이 더 용이해지기 때문에 지식의 가치가 떨어진다.

그러므로 지식이라는 자산에는 다음과 같은 역설적인 면이 있다. 지식이 자산이 되려면 문자로 표현되어야 한다. 그러나 문자로 표현되면 그 가치를 잃게 된다. 이 역설을 해소하려면 효과적인 전략을 개발해야 한다. 지식 자산은 학습을 통해, 즉 유동적인 지식과 맥락에 묶여 있는 지식의 전이를 적절하게 활용하는 능력을 통해 구축된다. 지식이 공유되는 정도는 문화를 규정한다. 관료제는 지식을 공유하지 않지만 시장은 공유한다. 보이소트는 분명 송신자-수신자라는 지식의 관점을 받아들이고 있고 어떻게 최고 경영자가 조직의 지식 자산을 관리해야 하는가 하는 문제에 주된 관심을 두고 있다. 다시 한 번 말하거니와 이런 주장은 주류적 사고의 준거 체제 안에서 전개되고 있다.

보이소트는 복잡성 과학에서 아이디어를 끌어내고 있는데 그는 복잡성 과학을 시스템 사고의 연장으로 이해한다. 그가 보기에 개인은 복잡성을 만들어내는 데 있어서 진화의 대가를 치르는 정보처리자이다. 여기서 복잡성이란 데이터가 증가하는 것이다. 복잡성 차원이 어느 수준 아래로 내려가면 인간의 정보 처리 역량이 저하되기 때문에 이를 방지하려면 데이터 유입이 늘어나야 한다. 보이소트는 이를 복잡성 흡수라고 불렀다. 그러나 일정한 한계를 넘어서면 정보처리자는 정보처리와 저장의 한계에 봉착하게 되고 정보처리 붕괴라는 혼돈에 직면한다. 이때는 복잡성을 축소해야 한다. 즉 어떤 데이터는 버리고 다른 데이터는 통찰 행위를 통해서 정보 구조 속으로 통합해야 한다. 학습하는 역량을 유지하려면 흡수된 데이터가 '소화되도록metabolized'하여 복잡성을 줄이거나 엔트로피를 방전시켜야 한다. 여기서 보이소트는 복잡성 흡수와 복잡성 축소 사이에 있는 상태를 '혼돈의 가장자리edge of chaos'라 정의했다.

복잡성을 흡수하면 사람들의 뇌에 저장되어 있는 암묵적이고 경험적인 지식이 지속적으로 전이되지만 복잡성이 축소되면 문자화된 혹은 명시적인 지식의 전이가 이루어진다. 혁신적인 지식의 창출은 그 사이, 즉 '혼돈의 가장자리'에서 이뤄진다. 보이소트는 정보공간Information Space에 대한 논의를 위해 위상공간phase space이라는 메타포를 사용한다. 이것은 3차원 공간으로의 이동, 즉 추상적인 지식에서 구체적인 지식으로의 이동을 나타내는 첫 번째 축, 비확산적인 지식에서 확산적인 지식으로의 이동을 나타내는 두 번째 축, 그리고 문자화되지 않은 지식에서 문자화된 지식으로의 이동을 나타내는 세 번째 축으로 규정된다. 지식은 이 공간을 중심으로 개인적인 것(구체적이고 비확산적이며 문자화되지 않은 것)에서 독점적인 것(추상적이고 비확산적이며 문자화된 것)으로, 텍스트(추상적이고 확산적이며 문자화된 것)로, 그리고 상식적인 것(구체적이고 확산적이며 문자화된 것)으로 이동한다. 조직의 중심에서 통제받는 독점적 지식은 질서로 규정되는 반면 개인의 지식은 혼돈으로 규정된다. 이 질서와 혼돈 사이에 지식의 복잡성 혹은 소산 구조dissipative structure가 존재한다.

여기서 보이소트는 복잡성 과학과 전혀 관계가 없지만 주류적 사고에서 보이는 것과 동일한 지식의 체계를 설명하기 위하여 복잡성 자연과학으로부터 몇몇 용어를 차용하고 있는 것으로 보인다. 복잡성 과학으로부터 가져온 용어를 사용하여 주류적 사고에서와 마찬가지로 암묵적 지식과 명시적 지식 간 흐름의 체제를 설명하고 있는 것이다. 따라서 동일한 결론에 이르는 것은 당연하다.

만일 지식 자산에서 가치를 도출한다면 이 자산은 관리되어야 한다. 지식 자산은 생겨났다가도 끊임없이 변화하기 때문이다. 이를 위해서는 복잡성과 불확실성을 축소해야 한다. 그렇지 않으면 암묵적 지식이 인간의 뇌 속에 머물러 조직의 자산이 될 수가 없기 때문이다. 관리자는 조직에서 이러한 일이 발생하지 않도록 학습의 방향을 결정할 수가 있다. 조직의 기술적 상황, 즉 지식 자산의 윤곽을 분석하기 위해서는 조직의 정보공간the Information Space에 대해서 면밀히 조사를 해야 한다. 관리자는 정보공간의 지도를 분석하고 나서 유익한 방향으로 그것을 변경하기 위해 조치를 취할 수가 있다.

주류사고의 포커스: 학습 및 지식 관리에 대한 처방

앞에서 간략히 정리한 주류적 사고에서 볼 때 조직은 집단/사회의 맥락에서 상호작용하는 개인들의 학습 및 지식 생산 시스템이라 할 수 있다. 개인과 맥락은 뚜렷이 구분되는 두 개의 현상학적 차원으로서 상호작용하면서 전체를 형성하는 것으로 간주된다. 그리하여 전체적인 지식 생산 시스템은 기능을 최적화하거나 적어도 향상시키기 위하여 모종의 방법으로 관리되어야 한다는 것을 당연하게 여기고 있다.

이러한 관점은 자연스럽게 두 가지 방식으로 주의를 집중시킨다. 1차적으로는 명시적 지식에 대한 관심이다. 곧바로 암묵적 지식을 관리하는 문제에 대하여 거론하는 것은 어렵기 때문이다. 그러나 주류적 사고에서는 개인의 마음에 존재하는 암묵적인 것에서 지식의 기원을 찾기 때문에 두 번째는 암묵적 지식을 소유한 개인을 관리함으로써 간접적으로 암묵적 지식을 관리하는 데 관심을 갖는다. 그러면 이 두 가지 관심과 그 결과로 나타나는 처방에 대해 살펴보자.

지식은 결국 개인의 마음 안에 있는 것이기 때문에 조직 관리에서는 이 개인의 지식을 명시적인 형태로 전환하여 조직의 위치로 옮길 것을 요구한다. 이렇게 하면 지식이 문자화되고 체계화되어 모든 조직 구성원이 이용할 수 있고 지식을 소유했던 개인이 조직에서 떠나더라도 지식이 사라질 우려가 없어진다고 보는 것이다. 지식을 만들고 지탱하는 수단으로서의 비공식적인 관계는 신뢰받지 못하며 무시된다. 그런 것은 너무나 취약해서 사람들이 떠나면 사라질 위험이 있기 때문이다. 비공식적인 방식으로 생산된 지식은 사실상 조직의 지식이 아니라 단지 사적인 지식으로만 간주된다. 이것이 문제인 것은, 한편에서 지적 자본으로 여겨지는 조직의 지식과 다른 한편에서 기업에 대한 주식시장 평가 사이의 연결고리 때문으로 보인다. 이 연결고리는 주류적 사고가 그리는 것인데, 조직의 지식은 체계화되고 모종의 방식으로 측정되며 데이터베이스에 저장되어 그것을 이용하고자 하는 모든 이들이 접근할 수 있어야 하는 것으로 여겨진다. 이는 정보기술과 정보 시스템에 큰 관심을 불러일으키며 아울러 기업평가를 관리한다는 기대 하에, 지적 자본을 측정하고 주식시장 분석가에게 측정 결과를 제시하는 일에도 관심을 갖게 한다.

그러나 결국 조직 차원에서는 지식을 생산하는 데 있어서 개인에 대한 의존을 떨쳐버릴 수 없다. 그러므로 두 번째 처방에서는 암묵적 지식을 소유한 개인을 어떻게 관리할 것인가 하는 문제에 관심을 갖는다. 이는 전문가나 숙련가를 관리하기 위한 처방에서 나타난다.[20] 여기서는 소수의 엘리트가 중요한 영향을 미칠 수 있다는 믿음 하에, 최고의 인재를 영입하는 데 관심을 집중하게 된다. 그러나 일단 충원이 되면 과제를 제대로 수행하지 못하는 전문가나 숙련가들을 가려내기 위해서 이들은 수시로 평가받아야 한다. 이를 위해서는 평가와 피드백 시스템이 필요하다. 이런 평가 시스템을, 인센티브 제도를 설계하고 전문인력 양성을 밀어붙이며 그들을 안전 구역 밖으로 밀어내는 등의 처방과 연결하는 것은 꽤 흔한 일이다. 이를 통해서 그들의 창의성을 증진시킬 수 있다고 믿기 때문이다. 때로는 이러한 조치가 '혼돈의 가장자리'라는 개념과 연결되면서 정당화되기도 한다. '혼돈의 가장자리'라는 개념은 은연중에

---

[20] 예를 들어 Quinn et al., 1996.

위기로 이해된다. 이런 상황에서는 성과가 최적의 수준에 미치지 못하는 일이 감사를 통해 빈번하게 드러났을 때 이를 용납해서는 안 되는 분위기를 조성해야 한다는 요구가 증가할 것이다. 이런 까다로운 환경에서 전문가에게 동기를 부여하고 그들이 지식을 공유하기를 꺼리는 것을 극복하기 위해서는 통찰력 있는 리더십이 필요하다. 대화는 관계 맺기의 특별한 형태로서 지식 개발을 위한 도구로 활용되기도 한다.

이런 형식의 관리 통제는 흔히 위계적 구조에서 공통의 관심사와 가치를 지닌 자기관리 네트워크 구조로 조직의 설계를 바꾸어야 한다는 요청과 관련이 있다.

주류적 사고 개요 : 학습과 지식 창출 시스템 및 그 기본 가정

주류 이론과 이를 조직의 학습 및 지식 창출에 적용하는 문제에 있어서의 기본적인 준거 체제는 시스템 사고다. 주류 이론에서는 개인 차원과 집단/조직/사회 차원 간에는 서로 영향을 주고받는 상호작용이 있고, 이 모든 것은 인간 외적인 환경 안에서 기능하면서 이 환경과도 순환적인 관계를 맺고 있다고 가정한다. 개인의 하위체제 수준에서도 상호작용이 이루어진다. 개인의 마음은 시스템 용어로 말하면 감각 자료를 처리하는 정신 모델로 간주되며, 이러한 상호작용을 통해서 이 감각 자료를 정보와 지식으로 변환시킨다. 마음에 대한 이러한 견해는 뇌 역시 정보를 처리하고 저장하는 시스템으로 보는 뇌 기능 이론에 기초하고 있다. 여기에서의 심리학적 가정은 인지심리학에서 도출된 것이며 인지심리학은 인간 행위에 관한 시스템 이론으로서 학문적으로 인공지능 시스템 이론과 밀접한 관계가 있다. 이러한 관점에 내재된 학습이론은 학습을 기본적으로 오류수정의 과정으로 보는, 학습에 대한 시스템의 관점이다. 지식의 창출은 송신자-수신자 체제로 여겨지는데, 이 체제 속에서 암묵적 지식을 명시적 지식으로 변환하고 명시적 지식을 다른 사람에게 전달하여, 그가 다시 이것을 암묵적 지식으로 변환하면 지식 이 창출되는 것으로 본다. 그리고 언어는 암묵적 개념을 말이나 다른 상 징으로 번역하는 데 사용되는 시스템으로 이해된다.

필요한 처방은 모두 시스템을 계획하고 저장하는 것과 관계가 있다. 즉 명시적 지식을 일상의 관례와 절차, 인위적 장치, 데이터베이스로 저 장하는 것, 조직이 필요로 하는 암묵적 지식을 소유한 개인을 모니터링 하고 평가하며 그에게 인센티브를 제공하는 것, 그리고 의사교환dialogue 이라고 부르는 특별한 형태의 대화conversation*21를 설계하는 것과 관계 가 있다. 이론과 처방에 관련된 토론 전반에 걸쳐 저자들이 지식의 저장 과 흐름stock and flow, 피드백 프로세스 및 그 밖의 다른 시스템의 특징을 설명하고 규정할 때 그들은 명시적으로나 암묵적으로 종종 시스템 이론 에 의존하고 있다.

이 시리즈의 첫 번째 책인『복잡성과 관리: 유행인가 시스템 사고에 대한 근본적인 도전인가?Complexity and Management: Fad or Radical Challenge to System Thinking』에서는 시스템 이론이 칸트의 인과관계 개념에 대한 설명 이라고 주장했다. 그 책에서는 칸트 철학에 바탕을 두고 인과관계에 대 한 이원론을 제시했고 시스템 사고에는 이러한 이원론이 전제되어 있음

표 2.1 합리주의적 목적론과 형성적 목적론의 정의

	합리주의적 목적론	형성적 목적론
활동의 미래 지향점	추론하는 자율적 인간이 선택한 목적	활동의 시작 시점 혹은 활동 과정에 내재된 성숙한 모습 사전에 알 수 있는 최종상태를 의미함
활동의 목적	선택한 목적의 실현	성숙한 혹은 최종적인 정체성의 형태, 즉 자아 형태의 노출, 실현, 혹은 유지 어떤 의미에서 이미 있는 형상 혹은 자아의 실현
활동이나 작업의 과정, 원인	윤리적 보편성을 드러내고 인간의 가치로 반영된 합리적 추론의 과정. 원인은 동기 부여	상호작용의 본질, 원리, 또는 규칙 안에 이미 접혀 있던 전체를 펼치는 과정 반복이라는 거시적 과정, 즉 형성적 원인
내재된 자기조직화의 종류	없음	미시적 반복 속에 포개져 있던 거시적 패턴을 반복적으로 펼치는 것
변이/변화의 성격과 기원	보편성의 측면에서 합리적 선택권을 올바로 행사하여 계획한 변화	맥락에 따라 하나의 형상에서 다른 형상으로 전환 변화는 사전에 정해진 발달 단계임
자유의 기원과 구속의 성격	인간의 자유는 윤리적 보편성에 바탕을 두고 구체적인 표현을 찾음	내재적 자유가 없음, 주어진 형식에 의해 제한됨

을 밝혔다. 이원론의 첫째 요소는 합리주의적 목적론으로, 이에 따르면 인간 행위의 원인은 자율적으로 선택한 목적과 이를 실현하기 위한 수단으로 표현되는 동기이며 이는 윤리적 보편성을 갖는 합리적 추론을 통해 얻어진 것이다. 이원론의 두 번째 요소는 형성적 목적론으로, 이것은 시스템에 의해 사전에 운동 속에 접혀 있던 행동 패턴이 미리 알 수 있는 성숙한 상태로 펼쳐나간다는 시스템적인 인과관계 이론이다. 〈표 2.1〉은 인

과관계에 관한 두 이론의 주요 특징을 요약한 것이다.

조직의 학습과 지식 창출의 주류 이론은 그 자체가 시스템 이론이거나 다른 시스템 이론과 유사하며 암암리에 합리주의적 목적론과 형성적 목적론이라는 이중의 인과관계 구조를 가정한다. 〈그림 2.1〉에서 묘사되고 있는 학습과 지식 창출의 시스템은 기본적으로 개인의 뇌에 사전에 저장된 지식, 말하자면 이미 접혀 있던 암묵적 지식이 전환 과정에서 펼쳐지는 구조이다. 학습 모델과 마찬가지로 정신 모델이 이미 구축되어 있다. 이 학습 모델에 따라 정신 모델은 변화할 것이며 전체 시스템의 학습과 지식 창출을 안내하게 될 비전 역시 변화할 것으로 기대된다. 말하자면 시스템 표준^{Senge}[22]이 이미 갖추어져 있으며, 봄이 말하는 공동의 의미 풀은 이와 관련된 숨겨진 질서로서 역시 이미 존재한다.

그러나 시스템 관점은 그 정의에 비추어 볼 때 어떻게 새로운 지식이 창출되는지에 관한 설명으로서는 적절하지 않다. 이는 단지 기존에 접혀 있던 지식이 어떻게 시스템에 의해 펼쳐지는지를 설명할 수 있을 뿐이다. 시스템 관점은 그 자체로는 완전히 새로운 지식이 어떻게 생성되는지 설명하지 않는다(사실은 설명하지 못한다). 단지 지식은 어느 개인의 뇌에서 암묵적 지식으로 생성되거나 아니면 공동의 의미 풀에 존재한다고 가정할 뿐이며, 시스템 관점에서의 설명은 바로 이 지점에서부터 시작한다. 시스템의 기능을 안내할 비전의 필요성에 대해서도 동일한 지적을 할 수 있다. 여기에서도 시스템 사고 자체는 안내하는 비전이 어떻게 형성되는지는 설명하지 못한다. 시스템 관점에서는 새로운 지식의 원천과 이를 안내할 것으로 기대되는 비전의 근원이 시스템의 외

---

[22] Senge, 1990.

부에 존재하게 되며 합리주의적 목적론은 바로 이 외부에 의존하고 있다. 자율적으로 선택할 수 있는 사람은 바로 시스템의 외부에 위치하는 특별한 개인, 즉 엘리트이다. 이 점은 처방에 대해 생각해 볼 때 분명해진다. 처방은 시스템 밖에서 시스템의 설계를 선택할 수 있는 위치에 있는 특정 개인이 이러저러한 시스템을 계획하는 것과 주로 관련이 있기 때문이다. 선택은 합리적 추론뿐 아니라 메타포와 비유를 활용하는 대화에서도 이루어진다. 그러나 이 대화 내에서 창의성의 기원에 관한 설명은 거의 없다. 결국 형성적 목적론에서 합리주의적 목적론으로 전환한다고 해도 진정 새로운 지식이 어떻게 창출되는지에 대해서는 설명을 하지 못한다.

이렇게 보면 학습 및 지식의 창출과 관련하여 주류적 사고에 내재되어 있는 준거 체제는 형성적 목적론과 합리주의적 목적론이라는 이원론적인 인과관계 프레임으로 이루어진 시스템 사고라고 할 수 있다. 나는 주류 준거 체제의 암묵적 가정들을 다음 페이지에 일목요연하게 요약했다. 그러나 시스템 사고 안에도 다양성과 모순들이 존재한다. 더욱이 가정들을 목록으로 만들면서 나는 암묵적 가정이라고 판단되는 것들에 대해 내 나름의 해석을 포함시켰다. 주류적 사고에서는 보통 기본적인 인과관계 프레임이나 '양쪽 모두both/and'라는 사고와 더불어 이런 사고가 함의하는 개인과 사회의 분리에 대해 성찰하지 않는다. 요컨대 내가 보기에 주류 준거 체제에 내재된 주요 기본 가정은 다음과 같다.

- 가정 1. 인간의 뇌는 주어진 외부의 현실을 표상하여 저장했다가 후속되는 자료를 처리할 때 꺼내 쓸 수 있도록 표상된 것을 뉴런 지도로 만든다.
- 가정 2. 개인의 마음은 뇌의 기능으로서, 정신 모델로 구조화된 현

실의 표상으로 구성되어 있다.

- 가정 3. 정신적인 내용들은 언어로 번역되고 타인에게 전달되어 모방에 의해 공유될 수 있다. 다시 말하면 의사전달은 송신자-수신자 모델에 의해 이루어진다.

- 가정 4. 사고는 행위에 선행하며 정신 모델에 맞게 정보를 처리하는 하나의 방법이다.

- 가정 5. 개인의 학습과 지식의 창출은 정신 모델의 변화와 동일하다.

- 가정 6. 지식은 암묵적이거나 명시적인 형태를 취하며 지식의 창출은 근본적으로 두 범주 간 흐름의 체제다. 조직의 경우 일차적으로 중요한 것은 명시적인 것, 즉 문자화되고 절차화된 지식이다. 모방은 한 사람에게서 다른 사람으로 지식이 전달되는 과정에서 중요하다.

- 가정 7. 사회는 개인의 상호작용에 의해 만들어진 것으로 개인과 별개의 현상이며 상호작용의 맥락 속에서 그 상호작용에 다시 영향을 미친다. 사회적 차원은 일상의 관례, 절차, 문화 등으로 구성되어 있으며 개인들은 이런 구성 요소를 공유하고 있다. 다시 말하면 이것들은 개인의 정신 모델에서 중요한 역할을 한다. 즉 일종의 집단정신과 관련된 가정이 만들어진다.

- 가정 8. 이렇게 개인적인 것과 사회적인 것을 별개의 차원으로 분리했을 때 궁극적으로 새로운 지식이 창출되는 것은 개인의 마음이라는 점에서 개인이 일차적이다.

- 가정 9. 개인적인 것과 사회적인 것을 분리하는 것은 전형적인 시스템 사고의 이원론적 인과관계와 관련이 있다. 사회와 개인의 마음은 시스템 속에 접혀 있던 미래가 시스템에 의해 펼쳐진다는 점에서 형성적 목적론의 구속을 받는 시스템으로 이해된다. 그러나 시스템

의 모든 변화는 시스템 밖에서 합리주의적 목적론의 지배를 받는 자율적인 인간의 행위에 의해서 이루어진다.

- 가정 10. 감정은 이성과 분리된 것으로 간주된다. 느낌은 부정적으로 인식될 수도, 긍정적으로 인식될 수도 있다. 부정적인 경우는 지식의 창출을 가로막고 긍정적일 경우는 학습에 동기를 부여한다. 느낌은 규범적이고 처방적인 방식으로 다루어진다. 즉 부정적인 감정은 없애고, 연대와 보살핌, 공동체 같은 긍정적인 요소는 조장하라는 요청을 표현하는 것이다. 이 가정에서는 감정과 느낌이 원래 역설적인 것으로 받아들여지지 않는다. 말하자면 긍정적인 것이면서 동시에 부정적일 수 있는 것으로 이해되지 않는다. 또한 학습과 지식 창출 과정에 필수적인 것으로 여겨지지도 않는다. 마찬가지로 권력과 정치 및 비공식적인 인간관계는 일반적으로 지식 창출과 파괴의 한 과정이라기보다는 학습과 지식 창출의 장애물로 여겨진다.

이상의 가정들은 경영과 조직에 관한 문헌에서 여러 가지 방식으로 도전을 받아왔다. 공통된 도전은 모두가 앞에서 제시한 가정 1과 가정 2에 대해 이의를 제기하면서 개인의 마음은 단지 현실을 표상하는 것이 아니라 개인이 지각하고 활동하는 세계를 적극적으로 구성한다고 주장한다는 점이다.

2. 지식의 구성과 실천공동체

앞 절에서 요약한 주류적 사고에 대해서는 중요한 논의와 비판이 많이 제기되었다.

- 첫째, 조직에 관한 정신분석적 사고가 있다. 여기서는 지각의 구성에 있어서 무의식의 과정과 정서, 환상, 비공식적인 인간관계의 중요성을 강조한다. 이런 요소들은 주로 학습과 지식 창출에 있어서 장애가 되는 것으로 이해된다. 이러한 측면에서의 도전과 논의는 앞서 제시한 가정 1, 2 및 10과 관련이 있다.
- 둘째, 정신 모델을 표상으로 보는 관점에 대한 비판과 뇌-마음이 자기생성체계autopoietic system를 의미한다는 주장에 대한 비판이 있다. 이는 개인의 마음이 적극적으로 세계를 창조하거나 세계에 영향을 미친다는 생각으로 연결된다. 이는 주류적 사고의 가정 1과 2에 대한 직접적인 도전이다.
- 셋째, 주류적 사고의 문헌에서 나타나는 개인 중심의 학습이론을 비판하면서 학습과 지식의 창출을 보다 사회적인 측면에서 접근해야 한다고 주장하는 이들도 있다. 이와 유사한 것으로 조직 및 조직 현실의 실행enactment*23과 관련한 센스메이킹sense-making의 관점이 있다. 이는 가정 1과 2에 대한 후속 논의 혹은 도전이다. 이와 관련하여 가정 8과 10에 의문을 제기하는 이들도 있다.

다시 말하면 이 모든 논의 전개와 비판은 시스템 사고의 프레임 안에서 이루어지고 있으며 사회적인 것과 개인적인 것의 분리를 전제로 주장을 펼치고 있고, 따라서 형성적·합리주의적 목적론이라는 이원론적 인과관계를 암묵적으로 가정하고 있다.

---

*23 'enactment'는 인지과학자 바렐라(Varela, F. J.) 등이 인식의 객관과 주관을 분리하는 서구의 오랜 철학 전통을 비판적으로 접근하면서 제시한 개념으로, 실행, 실정, 제정 또는 창출, 활성화, 행화 등 다양한 번역어가 있다. 배문정, Enactivism을 Enact하기: 번역의 문제를 중심으로, Korean Journal of Cognitive Science, 2014, Vol. 25, No. 4, 303-341. 참조(옮긴이).

무의식의 과정을 학습과 지식 창출의 장애 요소로 보는 주장

정신분석적인 조직관을 바탕으로 무의식적 집단과정의 중요성을 강조하는 이들이 많다.[24] 그들은 무의식의 과정을 조직의 학습과 지식 창출을 방해하는 것으로 본다. 주류적 사고에서는 이러한 무의식의 과정을 인정하지 않기 때문에 매우 중요한 잠재적 장애물이 무시되고 있다. 정신분석 계열의 저자들은 개인이 어떻게 환상 속에서 현실에 대한 지각을 정교하게 다듬으며 행위 기반으로서의 현실에 대한 지각을 왜곡하는지를 지적한다. 이는 마음이 현실을 정확히 표상한다는 일부 주류적 사고의 기본 가정(가정 1과 2)에 반하는 주장이다. 정신분석의 주장에 따르면, 마음은 반응의 대상을 환상 속에서 무의식적으로 창조한다.

이런 관점의 논의에는 타비스토크Tavistock 연구소에서 함께 연구한 사람들 중에서 밀러Miller와 라이스Rice[25]가 특히 많은 영향을 끼쳤다. 그들은 인간 집단을 열린 시스템으로 보았다. 이 시스템 안에서 – 역시 열린 시스템으로 여겨지는 – 개인들은 두 가지 차원에서 상호작용을 한다. 첫 번째 차원에서는 개인들이 집단의 목적에 기여함으로써 정교한 업무집단을 구성하며, 두 번째 차원에서는 상호작용하는 상대편 개인과 집단 및 환경에 대해 모종의 느낌과 태도를 갖게 됨으로써 적대적인 관계와 상호의존 관계 혹은 짝을 이루는 관계 등 무의식적인 기본 가정에 의해 주도되는 보다 원초적인 집단을 형성하게 된다.[26] 관계 형성과 관련하여 이 두 종류의 양식은 동시에 작동하고 있다. 기본 가정 양식이 일종의

---

[24] Hirschhorn, 1990; Shipiro ans Carr, 1991; Oberholzer and Roberts, 1994; Gabriel, 1999.
[25] Miller and Rice, 1967.
[26] Bion, 1961.

배경 정서*27 분위기의 형태를 취할 때에는 집단의 업무를 지원할 수 있지만 이 모드가 너무 우세해지면 업무에 방해가 된다. 여기서 개인들은 자신들의 경계 영역을 넘어 서로 관계를 맺으면서 집단을 구성하는 열린 시스템으로 간주되며 집단 또한 경계 영역을 넘나드는 열린 시스템으로 여겨진다. 한 걸음 더 나아간 것으로 시스템 상호작용의 관점이 있는데, 이 관점에서는 조직을 개인과 상호작용하는, 그리고 개인으로 이루어진 다른 열린 시스템으로서의 소집단과 상호작용하는 열린 시스템으로 본다.

조직은 생존을 위해서 반드시 수행해야 하는 주요 과업이 있다는 점에서 과업시스템으로 간주된다. 학습과 지식의 창출은 생존을 좌우하는 주요 과업이라 할 수 있다. 주요 과업이 있기 때문에 사람들은 각자 역할을 맡아 이를 수행해야 한다. 그리고 과업 시스템으로서의 기업은 개인과 소그룹으로 구성된 시스템의 전 영역에 이러한 역할들을 부여한다. 역할 및 역할 간의 관계는 과업 시스템 영역 안에 포함된다. 그러나 개인에 있어서건 집단에 있어서건 시스템의 주요 과업에서 도출되지 않는 개인 간의 관계와 권력 게임, 욕구 등은 과업 시스템 영역 밖에서 개인 및 집단 시스템을 구성한다. 후자의 경우는 항상 두 가지 양식, 즉 업무 양식과 기본 가정 양식이 동시에 작동한다.

기본 가정 행동의 요소가 있더라도 개인과 집단의 시스템에 우호적인 배경 분위기와 같은 합리적인 특성이 있는 경우, 과업 시스템이 기능을 제대로 발휘하여 주요 과업을 잘 수행할 수 있을 것이다. 그러나 이

---

*27 다마지오(Antonio Damasio)에 따르면 배경정서(background emotion)는 행동에서 특별히 두드러지게 나타나지는 않지만 사람에게서 풍기는 열정이나 활력 혹은 불쾌나 흥분 상태, 날카롭거나 고요한 상태를 일컫는 용어이다(옮긴이).

시스템이 기본 가정의 지배를 받는 행동 (무의식 및 보다 원초적인 정서에 의해 지배되는 행동—옮긴이)만으로 넘친다면, 이 시스템은 과업 시스템 속으로 이런 행동을 내보내서 기본 과업의 수행을 방해할 것이다. 조직의 하위 시스템인 과업 시스템은 저항과 같은 유입된 기본 가정 행동을 포함하도록 조정할 수 있다. 이 경우 과업 시스템의 주된 과제는 조직을 방어하는 것이 되고 주요 과업은 조직의 다른 영역이 대신 맡게 된다. 조직에 이러한 방어 장치가 없으면 과업 시스템은 결과적으로 주요 과업 수행에 파괴적인 환상과 행동을 허용하게 된다. 이러한 달갑지 않은 유입 요소들을 축소하려면 과업을 명료화하고, 과제와 관련된 규칙 및 규칙 간의 위계관계를 명확히 규정하며, 과업 시스템 영역에서의 리더십을 적절히 조절하고, 불안에 대응하여 사회적 방어 장치를 만드는 절차와 구조를 마련해야 하며, 고도의 개인적 성숙과 자율성 등을 확보해야 한다.

이러한 정신분석의 관점은 주요 과업인 학습과 지식의 창출에 장애가 되는 감정과 환상, 무의식적 집단과정, 비공식적 관계가 미치는 영향을 구체적으로 지적함으로써 앞의 가정 10에 이의를 제기하고 있다. 뿐만 아니라 이 관점은 마음의 본질(가정 1과 2)에 대하여 다른 입장을 취하여, 마음은 외부 세계의 단순한 표상 과정이 아니라 환상, 억압 등의 과정이며 이런 과정은 현실에 대한 지각을 왜곡하는 '내적 세계inner world'를 구성하는 것으로 이해한다. 다시 말하면 개인은 그들이 살아가는 세계의 많은 부분을 구성한다는 것이다. 그러나 조직에 적용되는 이러한 주장은 분명히 시스템 사고의 프레임 안에서 진행되고 있으며 개인적인 것과 사회적인 것을 분리하고 있고 개인에게 1차적 중요성을 부여하고 있으며 형성적 목적론과 합리주의적 목적론이라는 이원론적인 인과관계를 암묵적으로 가정하고 있다.

조직의 자기생성체계, 실행 및 센스메이킹

마음이 현실을 정확히 표상하고 이러한 표상을 나중에 활용하기 위해 지각 속에 저장한다는 개념에서 탈피한 다른 접근들도 있다. 몇몇 신경과학자들[28]은, 주류적 사고가 가정하고 있듯이 뇌가 현실을 표상하고 조장한다는 주장에 의문을 제기한다. 그들의 비판은 4장에서 다시 다룰 것이다. 여기서는 생물학자 마투라나Humberto Maturana와 바렐라Francisco Varela[29]의 연구를 검토하고자 한다. 그들의 연구는 조직의 지식에 관심을 가지고 있는 많은 저자들에 의해 받아들여지고 있다.[30]

마투라나와 바렐라는 뇌가 단순히 자극을 받아들이는 것이 아니라 자극과 관련된 패턴을 만든다는 견해에 대한 증거를 제시하고 있다. 뇌는 정보를 처리하거나 현실에 대한 수동적 거울로 작용하여 현실에 대한 정확한 표상을 형성하는 것이 아니라 외부 자극에 의해 섭동되거나perturbed 촉발되어 전체적인 전기화학적 활동 패턴을 적극적으로 구성한다. 더욱이 이 패턴은 뇌의 특정 부위에 저장되지 않는다. 자극이 몸에 제시될 때마다 뇌는 새롭게 패턴을 구성하여 뇌의 여러 부분에서 뉴런의 전체 앙상블을 연출해내기 때문이다. 마투라나와 바렐라는 이러한 사실을 바탕으로, 신경계는 세계를 단순히 표상하는 것이 아니라 세계를 창출하거나 판단하거나 세계에 영향을 미친다고 결론지었다. 사람들이 살아가는 세계는 그 속에서 활동함으로써 창조해가는 세계이다. 이것이 실행enactment이라는 관념, 즉 세계를 선택하고 세계에 반향을 일으킨다는 관념이다. 인간은 단지 가능한 방식으로 주어진 세계를 지각하고 이에

---

[28] Freeman, 1994, 1995; Freeman and Schneider, 1982; Freeman and Barrie, 1994; Skarda and Freeman, 1990; Barrie et al., 1994; Kelso, 1995.
[29] Maturana and Valara, 1992.
[30] 예: Roos et al., 1977.

대해 점점 더 정확한 표상을 구축해 나가는 것이 아니라 생물학적 혹은 사회적으로 선택 가능한 지각을 선택하는 것이다. 다시 말해 마투라나와 바렐라는 주류적 사고에 내재되어 있는 인지주의의 관점이 아니라 구성주의, 때로는 사회적 구성주의의 관점을 받아들이고 있는 것이다.

뇌의 기능에 관한 이러한 견해는 마투라나와 바렐라의 자기생성체계의 개념과 관련이 있다(이러한 조직관에 대한 재검토 및 비판은 부록 참조). 자기생성체계를 구성하는 요소들의 행동 또는 구조는 그 체계의 '조직' 혹은 '정체성'에 의해 형성된다. 이러한 자기생성체계는 자신의 정체성을 유지하는 것 이외에 다른 과제나 목표, 목적이 없다. 정체성은 자신을 재생산하거나 대체하는 데 필요한 것에 맞추어 시스템의 기본 구성 요소 간 상호관계 및 그 구성 요소의 성격을 규정하고 제한한다. 이와 같이 시스템은 닫혀 있고 자기 준거적이며 자기 생산적이고 독립적 혹은 자립적이기 때문에 동일한 정체성과 통일성, 자율성을 유지한다. 이 체계는 자신의 구조를 바꿀 수 있지만, 정체성의 여하한 변화도 시스템의 해체나 파괴를 초래한다. 자기생성체계의 구조적 변화가 가능한 것은 이 체계가 환경을 구성하는 다른 체계와 연결 – 즉 개방 – 되어 있기 때문이다. 그러나 구조의 구성 요소가 재배열되는 방식은 철저히 이 시스템의 내적 과정, 즉 조직적으로 닫힌 정체성에 의해 결정된다.

마투라나와 바렐라가 제시한 관점은 여러 가지 면에서 지식 창출과 관련된 사고에 중요하다. 이 관점에서는 가정 1과 2에 의문을 제기하면서 주류적 사고의 인지주의적 토대에 중대한 도전을 하고 있다. 그들은 대안으로서 마음의 과정을 지속적으로 구성되는 것으로 보는 견해를 제시하면서, 뇌가 외부 세계를 충실히 표상하고 이것을 단순히 저장했다가 필요할 때 불러낸다는 생각에서 탈피하고 있다. 이들의 관점에서는 신체의 활동을 전면에 내세우면서 실행, 즉 구성한 것을 실행에 옮긴다는 개념을 발전시키고 있다. 그러나 여기서도 여전히 개인에게 초점이 맞춰져 있으며 그들의 이론은 결국 시스템 이론이다. 이러한 구성주의의 입장은 정신 모델이 어떻게 구성되는가에 관한 하나의 대안적 이해 방식이기 때문에 정신 모델의 개념과 다르지 않다. 사회적인 것은 여전히 개인적인 것과 다른 차원에 있으며 주류적 사고와 마찬가지로 계속해서 이원론적인 인과관계를 암묵적으로 가정하고 있다. 마음과 사회의 자기생성체계는 체계의 정체성 안에 접혀 있던 미래를 펼치고 있는 것이다.

마투라나와 바렐라의 연구를 지식 창출과 지적 자본의 관리에 관한 자신들의 아이디어에 통합시킨 이들도 있다.[31] 그들은 두 사람의 연구에 근거해서 지식은 항상 개인의 내부에 있는 것이고 자기생성적인 뇌 안에서 창출되는 것이라고 결론을 내린다. 그들에게 지식은 언제나 암묵적이며 소위 명시적 지식이라는 것은 다른 이들로 하여금 지식을 창출하도록 해 주는 데이터에 불과하다. 그들은 뇌의 기능과 관련한 논의를 받아들여, 지식을 고정된 외부 현실에 관한 표상을 구조화하는 것으로 보는 견해에 반대한다. 결과적으로 그들은 개인에 더 확실히 초점을 두고 주류적 사고의 프레임 내에서 많은 논의를 전개하고 있다.

사회적으로 구성되는 조직의 학습과 지식 창출

암묵적인 것과 명시적인 것을 구분하는 것은 조직의 학습과 지식의 창출에 관한 주류적 사고의 관점에서 핵심적인 것이다. 이중 고리 학습은 의식 수준 아래에 있는 정신 모델, 즉 암시적이거나 암묵적인 정신

---

[31] 예를 들면 Roos et al., 1997.

모델을 의식의 차원으로 끌어올리는 과정, 말하자면 명시적인 것이 되게 하는 과정이다. 그러므로 이 학습은 암묵적 지식과 명시적 지식 사이의 전환과정이다. 지식의 창조 역시 일종의 전환과정으로 간주된다. 말하자면 처음에는 모방을 통해 암묵적인 것에서 암묵적인 것으로, 다음에는 암묵적인 것에서 명시적인 것으로, 원형과 모형의 형태로 명료화함으로써 명시적인 것에서 명시적인 것으로, 그리고 교수 학습의 과정을 통해 명시적인 것에서 암묵적인 것으로 전환하는 과정인 것이다. 따라서 이와 같이 그럴듯한 전환과정을 진지하게 비판하는 것은 주류 프레임 전체를 크게 훼손하는 것이다.

추카스Tsoukas*32는 암묵적인 지식과 명시적인 지식이 별도로 분리된 지식의 형식이라기보다는 모든 지식에서 분리할 수 없는 필요한 구성요소라고 한 폴라니Polanyi*33의 주장을 소개하고 있다. 그러므로 하나의 형식에서 다른 형식으로의 전환, 그리고 다시 그 역으로의 전환에 대해 논의하는 것은 별로 의미가 없다. 이와 관련해서 추카스는 서사적 지식narrative knowledge보다 명제적 지식propositional knowledge을 우선하는 주류적 사고의 관점에 문제를 제기하고 있다. 명제적 지식은 가령 자연과학이나 기술의 설계, 혹은 조직의 절차에서 볼 수 있듯이 '만일-그러면'과 같은 진술형태를 취한다. 주류적 사고에서는 명시적 지식을 모형과 원형, 규칙과 절차의 형식으로 명료화해야 한다는 점을 강조하면서 명제적 지식을 우선한다. 서사적 지식은 일화나 이야기의 형태를 취하며 평가도 포함하고 있다. 추카스의 주장에 따르면 서사적 지식은 조직에 생명을 불어넣기 때문에 명제적 지식 못지않게 중요하다. 서사와 스토리

---

*32 Tsoukas, 1997.
*33 Polanyi, 1958, 1960; Polanyi and Prosch, 1957.

텔링에 주목하게 되면 지식의 관계적 측면이 표면으로 떠오르게 된다. 서사와 스토리는 단지 개인의 마음속에 있는 것이 아니라 사람들 사이에서 사회적으로 구성되는 것이기 때문이다.

이런 비판의 노선을 따르는 이들은 조직에서의 대화뿐만 아니라[34] 서사와 스토리텔링의 중요성을 강조한다.[35] 이런 아이디어와 관련이 있는 것으로 실천공동체라는 개념이 있다.[36] 실천공동체에서는 구성원들이 서로 주고받는 이야기 속에서 지식이 창조된다. 이렇게 보면 지식은 매일 매일 벌어지는 사람들의 일상적인 대화 속에 새겨져 있다. 지식은 데이터 뱅크에 집중되어 있다기보다는 주로 국지화되어 있고 맥락에 좌우되며 조직 전체에 분산되어 있으며, 사람들이 경험을 통해 주고받는 이야기와 상호작용하면서 경험을 창조하는 이야기 속에 새겨져 있다. 지식이 사회적으로 구성된다는 이런 견해는 또한 조직에서 권력의 차이와 정치를 강조한다.

앞에서와 유사하게 조직에서 센스메이킹 전통을 따르는 이들이 취하는 접근이 있는데 그중에서 가장 주목할 만한 이는 웨이크^{Weick}이다. 그는 실행^{enactment}을 강조한 마투라나와 바렐라의 견해와 유사한 관점을 가지고 있으며 바로 앞 절에서 스토리텔링과 실천공동체의 역할을 강조한 이들의 견해와도 유사하다. 웨이크에 따르면 센스메이킹에는 다음과 같은 특징이 있다.

- 적극적인 행위자는 이해하고 설명하고 탐구하고 추정하기 위해서 프레임에 자극을 준다. 웨이크는 종종 지도라는 메타포를 사용하여

---

[34] Shotter, 1993; Boden, 1994; Grant et al., 1998.
[35] 예: Boje, 1991, 1994, 1995.
[36] Lave and Wenger, 1991; Brown and Daguid, 1991.

개인의 정신 모델에 대해 이야기한다.

- 개인은 의식적, 무의식적인 기대와 가정을 통해 마주하기를 기대하는 것에 대해 예측을 한다. 이러한 기대와 실제 결과 사이에 괴리가 있을 때 센스메이킹이 촉발된다. 이때 갑자기 설명의 필요성이 생겨나며 이 설명은 뜻밖의 일이 발생한 것을 회고하며 말하는 형식을 취한다. 의미는 센스메이킹 과정의 결과로서 회고적으로 부여되는 것이지 기대와 결과 사이의 차이를 탐지하는 것과 동시에 만들어지는 것이 아니다.
- 센스메이킹은 계속되는 활동을 방해하는 사태에 대처하기 위해 활용하는 과정이다.
- 센스메이킹은 정보 탐색과 의미 부여의 과정이다. 다시 말하면 센스메이킹에는 환경 스캐닝environmental scaning,*37 해석, 연상 반응 등이 포함된다.
- 센스메이킹은 일반적인(집단적인) 형태와 간주관적인(개인과 관련된) 형태로 구분할 수 있다.

웨이크는 센스메이킹을 개인적 활동이면서 또한 사회적 활동으로 간주한다. 그의 주장에 따르면 센스메이킹은 '텍스트'가 어떻게 구성되고 해석되는가 하는 문제와 창조/발명, 발견 모두에 관여한다. 센스메이킹은 정체성 형성에 근거를 두고 있으며 정체성은 사람들의 상호작용 과정에서 형성된다고 주장하면서 센스메이킹의 회고적 성격을 강조한다. 센스메이킹의 이러한 성격에 비추어 보면 의미는 경험에 주의를 기울이

---

*37 환경 스캐닝이란 미래 예측 기법의 하나로, 미래의 변화에 대한 정보를 지속적으로 수집, 관찰, 분석하기 위하여 사용하는 도구이다(옮긴이).

는 것이다. 센스메이킹이란 사람들이 환경을 함께 창조하고 환경에 영향을 미치면서 관계를 만들어가는 과정이다. 이 점을 염두에 두고 웨이크는 담화talk와 담론discourse, 대화conversation, 스토리텔링 및 서사를 특히 강조한다. 이러한 과정에서 사람들은 신호에 주목하면서 그것으로부터 무언가를 찾아내고 그 신호를 윤색하기도 한다. 그에 따르면 신호란 사람들로 하여금 무슨 일이 일어날지에 대한 큰 그림을 그릴 수 있게 하는 간단하고도 친숙한 구조이다. 씨앗은 형태를 만들어내기 때문에 그에게 있어 '씨앗'이라는 메타포는 센스메이킹의 열려 있는 특성을 나타낸다. 그는 여기서 쇼터Shotter*38를 인용하고 있는데 쇼터는 도토리가 참나무를 나타내는 데 어떤 한계가 있는지를 설명한다. 참나무는 도토리로부터 성장한 것이지만 참나무의 최종 모습을 정확히 예측할 수는 없다. 참나무의 성장은 예측할 수 없는 것이다. 이러한 주장이 어떻게 형성적 목적론의 인과관계 프레임을 가정하고 있는지 주목하자.

웨이크는 센스메이킹과 관련하여 새로운 순간에 특별한 중요성을 부여하고 있다. 그는 불협화음, 예측불허, 불일치, 차이, 와해, 예측되지 않은 실패, 불확실성에 새로움의 근원을 두고 있다. 그가 볼 때 새로운 설명의 원천인 센스메이킹을 촉발하는 것은 이런 종류의 사건들이다. 그는 센스메이킹의 과정에는 정서가 포함되어 있고 또 혼란이 꼭 필요하다고 설명한다.

이하 하위 섹션에서는 앞에서 제시한 가정 6 및 10과 관련한 주류적 사고의 문제를 제기할 것이다. 가정 6은 암묵적 지식과 명시적 지식의 구분에 대한 것이며 후자에 우선권을 주는 부여한다. 가정 10에서는 지

---

*38 Shotter, 1993.

식의 창출에 있어서의 정서적인 요소, 권력, 개인적 관계를 배제한다. 앞에서 언급한 저자들은 대화와 서사적 지식을 강조하는 등 주류적 사고와 상당히 다른 견해를 제시하고 있지만 웨이크의 경우에서 보다시피 그들은 정신 모델의 개념과 같은 주류적 사고의 특징을 그대로 유지하고 있다. 그러나 쇼터의 경우와 같이 한 걸음 더 나아가 정신 모델의 관점(가정 1, 2, 5)에서 탈피하고 있는 이들도 있다. 쇼터처럼 지식의 창출 과정에서 개인에 1차적 중요성을 부여하는 주류적 사고(가정 8)에 의문을 제기하는 이들도 있지만 대부분은 그렇지 않다. 내가 판단하기에는 개인적인 것과 사회적인 것의 분리 및 이로 인한 이원론적인 인과관계와 관련이 있는 가정 7과 9는 아무도 문제 삼지 않은 주류적 사고의 가정이다. 내가 볼 때 여기서 제시한 주류적 사고에 대한 모든 논의 및 비판은 개인과 사회가 분리된 차원의 존재 혹은 설명의 체제라는 가정 내에서 이루어지고 있다. 이들 모두는 개인과 사회체제에 적용되는 형성적 목적론이라는 인과관계 프레임과 시스템을 변화시킬 수 있는 외부의 개인이 존재한다는 합리주의적 목적론을 가정하고 있다.

주류 시각에 대한 논의와 비판의 본질

앞에서 설명한 주류적 사고의 논의와 비판은 주류적 사고에 대한 중요한 도전 혹은 확장이다. 마음은 외부 현실의 정확한 표상을 저장하는 정보 처리 장치라는 견해와 뇌-마음은 끊임없이 의미와 지식을 구성한다는 주장은 도전을 받고 있다. 지식의 구성에 있어서 정치와 권력 및 감정뿐만 아니라 서사와 스토리텔링, 극적인 것의 중요성을 강조함으로써 개인 간 상호작용의 디테일한 측면에 대한 중요한 이해에 이를 수 있으며, 그것이 지식을 구성하는 데 중요하다는 점을 이해할 수 있다.

웨이크의 논의에서 차이/불일치와 새로움의 근원을 연관시킨 것은 매우 중요하며 이에 대해서는 2부에서 다룰 것이다.

그러나 주류적 사고를 비판하는 이들의 모든 주장은 여전히 시스템 사고의 프레임 안에서 이루어지고 있다. 그들 모두는 개인과 사회가 같은 시스템에서 별도의 차원에 존재하며 한쪽이 다른 쪽에 끊임없이 영향을 미치는 것으로 개념화하고 있다. 이는 사회와 개인 모두를 중시한다는 점에서 '양쪽 모두both/and'라는 관점이며 주류적 사고와 관련하여 그들의 논의는 개인과 사회가 어떻게 중요하며 어느 쪽이 먼저인 것으로 간주되는가 하는 것에 머물러 있다. 결국 주류적 사고를 비판하는 이들은 주류적 사고의 기본 가정인 이원론적인 인과관계 관점을 암묵적으로 유지하고 있다. 그리고 사회의 시스템이건 마음의 시스템이건 모든 시스템은 사전에 접혀 있던 것을 펼쳐가는 것이라는 형성적 목적론을 가정하고 있다. 그러나 변화의 원천에 대해서는 시스템 외부의 관점,[*39] 즉 합리주의적 목적론이라는 인과관계 관점에서 이해하고 있다.

3. 결론

조직의 학습과 지식의 창조를 다루고 있는 문헌들의 범위는 사회학, 심리학, 조직론과 경영학 등 다양한 학문에 걸쳐 있다. 혹자는 이렇게 다양한 뿌리를 가졌기 때문에 이 분야의 연구가 바람직스럽지 않게 파편화되었으며, 따라서 통합을 위해 노력을 해야 한다고 주장하기도 한

[*39] 뛰어나고 유능한 개인이 변화를 일으키듯이 변화의 원천이 뛰어난 개인과 같이 시스템의 외부에 있다는 관점(옮긴이).

다.[40] 또 어떤 이들은 다양한 접근들은 각각 별개의 것이고 서로 양립할 수 없는 것이기 때문에 통합이 어려우며 이러한 복수의 관점들은 장점으로 보아야 한다고 주장한다.[41] 여기서는 이 주제에 대해 다양한 관점들이 있는 것은 사실이지만 이것들은 대부분 특정한 기본 준거 체제 안에 포함된다는 점을 지적했다. 이 준거 체제는 바로 시스템 사고가 제시한 것이다. 이러한 사고의 근저에는 합리주의적 목적론과 형성적 목적론이라는 인과관계 프레임이 내재되어 있다. 이 관점에서는 개인과 사회를 별개의 차원에 놓고 인간행동과 학습 및 지식의 창조를 분석하는 것을 당연시한다. 이 책에서는 조직의 지식 창조와 관련한 사고에 있어서 개인과 사회를 분리하는 것에는 커다란 한계가 있음을 주장할 것이다. 따라서 다음 장에서는 여러 연구물에서 이러한 분리를 어떻게 다루고 있는지 살펴볼 것이며 이어서 2부에서는 이러한 분리를 극복하는 관점에 대해서 논의를 전개할 것이다.

---

[40] Huber, 1991; Prange, 1999.
[41] Easterby-Smith, 1997; Easterby-Smith and Araujo, 1999.

3장

조직에서 학습과
지식 창출을 둘러싼
논란

앞에서 설명했듯이 조직에서의 지식 창출과 관련하여 주류적 사고에 내재된 핵심 가정은 개인과 조직이 다른 차원의 현상이라는 것이다. 말하자면 개인과 조직은 당연히 다른 존재론적 차원을 구성하며 설명 방식도 달라야 한다고 보는 것이다. 집단과 팀 혹은 조직의 차원에도 중요한 동기 효과가 부여되지만 결국 학습을 하고 지식을 창조하는 것은 일반적으로 개인이라고 가정한다. 개인의 본성과 관련한 기본적인 사고 방식으로서 인지주의에서는 개인의 마음을, 외적 현실에 대한 표상을 형성하고 이 표상을 모형으로 구축하며 기억 속에 저장하는 것으로 본다. 지식은 개인의 뇌에 국지화되어 있고 일반적으로 암묵적이며 전문적인 기술로 표현된다. 지식이 조직 차원에 존재하려면 개인들이 이를 공유해야 한다. 그런데 일반적으로 개인은 지식의 공유를 꺼린다고 가정한다. 그러므로 핵심적인 관심은 지식이 어떻게 한 사람에게서 다른 사람에게로 전달되어 공유되도록 할 것인가 하는 것과 개인이 조직을 떠났을 때 어떻게 지식이 유지되도록 할 것인가 하는 점이다. 이와 관련하여 지식을 개인에게서 추출하여 조직의 지식으로 저장된다고 여겨지는 모종의 관행과 루틴, 규칙의 형태로 조직에 보존해야 한다는 주장이 있다. 이러한 관점에서는 관행을 규약으로 만들고 지식을 인공적 장치에 저장하고 정보기술을 활용하는 일에 주의를 집중한다.

앞 장에서 살펴보았듯이 주류적 사고는 다양한 방식으로 전개되고 또 비판받아 왔다. 어떤 이들은 인지주의에서 벗어나 개인과 집단의 무의식적인 과정이 현실에 대한 지각을 왜곡하고 학습과 지식의 창조를 저하시킨다는 정신분석의 관점을 취한다. 또 다른 방식으로 인지주의에 도전하는 이들도 있다. 그들은 지식이 표상이며 모형 혹은 지도로서 개인의 뇌에 저장되는 것이라는 주장에 이의를 제기한다. 대신에 그들은 구성주의의 관점에서 개인의 마음이 적극적으로 지각을 선택하거나 지각에 영향을 미쳐 끊임없이 의미의 패턴을 구성해 나간다고 주장한다. 또 다른 이들은 구성주의의 관점을 취하되 한 걸음 더 나아가 지식의 구성에 있어서 사회적인 것의 중요성을 강조한다. 예를 들면, 그들은 실천공동체라는 맥락에서 조직의 지식에 관해 사유하는 센스메이킹의 관점을 취하는데, 이러한 공동체의 맥락 속에서 개인들은 실천을 통하여 알게 된 것을 스토리텔링을 통하여 서로에게 전달한다고 보는 것이다. 이 관점에서는 공식적으로 인정되고 계획된 규칙과 실행지침(명제적 지식)의 중요성을 과소평가하는 대신에 조직의 '지식'을 공유하는 공간 혹은 수단으로서 비공식적인 스토리(서사적 지식)의 역할을 중시한다. 한 걸음 더 나아가 사회적 구성주의 입장을 취하는 이들도 있다. 이들 입장에서는 지식의 창출에 있어서 개인의 역할이 줄어드는 대신 개인 간의 관계가 갖는 역할이 중시된다. 주류적 사고의 논의 전개 및 비판과 관련하여 달라진 점들은 다음과 같다.

- 개인의 마음에 대한 입장은 인지주의에서 벗어나 정신분석 이론, 개인적 구성주의 혹은 사회적 구성주의의 관점을 취한다.
- 지식의 소재가 개인적인 것에서 사회적인 것으로, 명제적인 것에서 서사적인 것으로 옮겨간다.
- 지식 전달의 모형이 모방을 통한 공유에서 대화를 통한 관계 맺기와 스토리텔링 및 대화에의 참여로 옮겨간다.

그러나 이 모든 접근에는 개인과 조직이 서로 다른 차원의 현상이라는 동일한 기본 가정이 들어 있다. 이는 곧바로 개인과 사회 중 어느 쪽이 먼저이고 어느 쪽이 더 근원적인가 하는 논쟁으로 이어진다. 이 질문은 오랫동안 관심을 끌면서 사회학과 경제학에서, 그리고 개인과 집단의 관계에 대한 토론과 관련하여 심리학과 사회심리학에서 '행위 주체성agency—구조structure' 논쟁을 불러일으켰다. 이 논쟁에서는 각자의 입장을 밝히는 것이 중요하다. 왜냐하면 조직의 지식에 관한 사고와 관련하여 앞으로 이어질 상당 부분의 논의 전개 프레임은 이에 대한 입장에서 나오기 때문이다. 이번 장에서는 이러한 토론에서 취하는 전형적인 입장을 살펴본 다음 개인과 집단/조직을 개념적으로 분리하는 것은 조직의 학습과 지식의 창조에 있어서 적절하지 않다는 것을 주장할 것이다. 개인과 집단/사회는 동일한 설명 차원에서 이해해야 한다는 것이 나의 생각이다. 이러한 관점에서 보면 개인의 뇌에서 지식을 추출하여 사람들이 공유하거나 지식을 관리해야 한다는 주장에는 많은 문제가 있다.

1. 항구적 논쟁: 우선적(priority)인가 1차적(primary)인가*42

'행위 주체성인가 구조인가agency—structure'의 토론에서 '행위 주체성'이란 선택을 하고 선택한 것을 행위로 옮기는 개인의 역량을 가리킨다. 이것은 행동할 수 있는 자유를 말하며, 개인에게서 발견되는 인간 행동의 원인을 나타낸다. '구조'란 사회와 제도, 조직 및 집단에서 발견되는 행위의 원인을 의미한다. 사회구조는 사람들이 서로 어울려 살아가는 과정에서 형성되는 반복적인 관계의 패턴으로 정의되며, 사회구조에

---

*42 'primary'는 시간, 장소, 순위 등에서 최우선의 조건을 의미하며, 'priority'는 상대적 중요성을 나타낸다(옮긴이).

대한 정의에서 사람들 사이의 일시적인 접촉을 포함하는 이들도 있기는 하지만 대개는 반복적이고 지속적인 관계를 가리킨다.

사회구조의 예로는 자본의 소유주와 노동력의 제공자 간 관계의 패턴같은 경제 현상이 있다. 모든 시장은 사회구조로서 상품과 용역의 공급자와 수요자 간 관계의 패턴을 이룬다. 다른 예로는 국가와 기능, 법률적 관계, 기술의 발달, 가족, 종교 활동, 언어, 인구 변동 등을 들 수 있다. 이 모든 사회구조는 반복성과 지속성이라는 특징이 있다.

제도와 그 밖의 다른 사회구조를 구분하는 이들도 있다. 제도는 반복성과 지속성 외에 다음과 같은 특성이 있는 사회구조를 가리킨다.

- 언어로 기술
- 개인의 마음에 나타나는 표상
- 널리 수용되는 공통의 관점
- 흔히 구체적인 용어로 나타내는 실질적인 표현

가령 사회구조이면서도 제도가 아닌 예로서 인구변동 패턴 같은 것은 논의의 대상이 되지 않기 때문에 학문적으로나 정책적으로 중요하게 다루어지지 않는다. 조직은 공식적인 기술formal description과 설계라는 기본적인 요소가 있는 제도로서, 구성원과 수행해야 할 과업 간의 관계에 대해서 조직이 아닌 제도보다 더 상세하게 규정된다. 예를 들면 가족은 분명 제도이긴 하지만 이를 조직이라고 부르지는 않는다.

사회구조와 밀접하게 연결되어 있는 제도와 조직은 습관, 관습, 전통, 루틴, 도덕관, 가치, 문화, 패러다임, 신념, 사명, 비전 등에 관한 개념이다. 이들 모두는 제도화된 삶 속에서 서로 어울려 관계를 맺으며 살아가고 있는 사람들 사이에서 반복적이고 지속적으로 공유되고 있는 관행에 관한 관념들이다.

그런데 한편에서 개인 및 개인의 사고와 행동 습관, 다른 한편에서 공유된 신념과 가치, 패러다임, 관습, 전통, 문화를 이렇게 구분하게 되면 중대한 의문이 제기된다. 이 의문은 개인 행위자와 제도가 어떠한 관계에 있는가 하는 물음과 관계가 있다. 이는 일반적으로 인간 행위의 원인과 그 밑에 깔린 신념, 관습, 전통에 관한 의문으로 이해된다. 이 원인은 개인 행위자에게 있는가 아니면 사회구조에서 찾아야 하는가? 개인과 제도는 서로 어떠한 영향을 미치는가?

개인과 사회의 관계는 다음 세 가지 관점 중 하나로 이해될 수 있다.

- 개인주의
- 집단주의
- 상호영향

개인주의 관점에서는 모든 행위 주체성agency이 개인에게 귀속되며 제도와 기타 사회구조는 개인 행위의 결과로 간주된다.*43 이러한 견해의 가장 극단적인 형태에서는 인간 행위의 결정에 있어서 모든 사회구조의 역할을 부인한다. 사회에 대한 이해는 오로지 개인 행위의 측면에서만 모색된다. 그러나 이러한 극단적인 입장은 거의 받아들여지지 않으며, 이런 견해의 옹호자들 중에서도 주목할 만한 이들은 개인 행위의 성격을 결정하는 데 있어서 일반적으로 그 메커니즘에 대해서는 탐구를 하지 않지만 사회적인 영향의 중요성은 인정한다. 그러므로 순전히 개인적인 관점은 그다지 극단으로 흐르지는 않는다.

---

*43 예: Popper, 1945; Hayek, 1948.

집단주의는 반대편 극단으로, 모든 행위 주체성의 원인을 사회구조에서 찾으며 대개는 개인의 행동을 결정하는 것으로 간주되는 계급투쟁 같은 비인격적인 사회적 힘의 측면에서 이를 이해한다. 이러한 접근에서는 개인을 비인격적인 사회적 힘의 희생자로 축소하며 이러한 사회적 힘으로 인해 개인은 모든 선택의 자유를 박탈당하는 것으로 본다. 집단 무의식, 그룹 마인드, 자아 초월의 과정 등이 집단주의 관점에 가까운 것이기는 하지만 예전에 비해 지금은 이러한 접근이 별로 관심을 끌지 못하고 있다.

극단적인 개인주의와 집단주의에서 벗어나면 사회의 구조와 개인의 마음이 서로 영향을 주고받는 방식에 관한 다양한 관점들을 만나볼 수 있다.

2. 개인과 사회

이 절에서는 정신분석학과 비판적 실재론critical realism, 제도경제학institutional economics*44 그리고 사회구성주의social constructionism에서 개인과 사회의 상호영향을 어떻게 이해하고 있는지 간략하게 살펴보고자 한다. 각각의 관점에 대해서는 다음과 같은 질문에 주목할 것이다.

- 첫째, 개인과 사회의 관계가 지니는 성격은 무엇인가?
- 둘째, 어느 것이 시간적으로 먼저이고 어느 것이 근원적인가?

---

*44 경제는 사회의 일부분이고 시장은 경제의 전부가 아니며 수많은 제도 중의 하나일 뿐이라는 입장에서 고전주의 경제학의 한계를 극복하고자 하는 경제학의 한 관점(옮긴이).

- 셋째, 양자 간의 관계에서 개인이 무언가를 공유한다고 했을 때 공유하는 내용은 무엇이며 어떻게 공유하게 되는가?
- 넷째, 어떤 인과관계 이론을 가정하고 있는가?
- 다섯째, 반복되고 지속되는 제도와 개별 구성원들은 어떻게 변화하는가?
- 여섯째, 제도와 개인의 마음에 있어서 새로운 발전은 어떻게 일어나는가?

정신분석학에서 본 개인과 사회의 관계

이 절에서는 프로이드 이론과 나중에 발달한 대상관계이론의 핵심 개념을 간단히 요약할 것이다. 조직 이론에 수용된 정신분석 이론(예: Gabriel, 1999)은 주로 초기의 형태이기 때문에 최근에 발달한 정신분석 이론(예: 상호주관성 이론)[45]은 다루지 않을 것이다.

프로이드 이론[46]은 개인의 정신 구조를 설명하는 보편적 원리에 기초하고 있다. 정신은 오늘날의 개념으로 시스템 혹은 과정이라고 할 수 있으며 이드id가 생겨나면서 존재하게 된다. 이드는 정신적 에너지의 원천으로서 욕구의 형태를 지니며 이러한 욕구는 공격적이고 육욕적인 유전된 본능을 나타내는 정신적인 개념이기 때문에 생물학과 밀접한 관련이 있다. 이드에 이끌린 아동은 쾌락 원리에 따라 맹목적으로 욕구를 해소하려고 하지만 사회를 대표하는 부모의 억제 기재로 인해 맹목적인 욕구 해소가 금지된다. 사회적인 것과의 이러한 충돌은 자아ego가 출현하여 이드를 규제함으로써 개인의 행동이 사회적 상황에서 용납되도록

---

[45] Stolorow et al., 1994.
[46] Freud, 1923.

개인의 마음을 조직한다. 이러한 규제에는 용납될 수 없는 욕구를 억제하는 것이 포함되기 때문에 욕구는 무의식으로 축적된다. 따라서 무의식이라는 이 핵심적인 개념은 억압의 기제와 밀접하게 맞물려 있다. 그러나 억압된 것은 의식하지 못하는 욕구나 환상에 의해 야기된 행위로 돌아온다. 나중에 정신이 발달하면서 개인은 아버지가 금지한 것을 내부로 받아들여 또 하나의 제재와 억압의 행위 주체성인 초자아super ego를 형성한다. 사람들이 집단의 리더와 동일시하여 자신의 초자아를 사실상 리더의 초자아로 대치하면 심리 현상으로서의 집단이 존재하게 된다.[47]

정신분석학에 기반을 두고 클라인Klein이 발전시킨 대상관계이론에서는 사회의 현실과 갈등을 일으키는 유전된 무의식적 환상이라는 개념이 추가되었다. 여기서 개인의 마음은 인지주의에서처럼 주어진 현실을 표상하는 것이 아니라, 대상으로서의 타인과 맺는 관계를 표상하는 과정이며 이런 관계 속에서 타인에 대한 표상이 환상 속에서 내적으로 정교하게 다듬어져 내사introjection의 형태로 정신에 수용된다고 여겨진다. 이렇게 되면 개인의 마음은 상호작용하는 환상과 갈등 과정의 '내적 세계'로서, 내적으로 표상된 대상을 선 혹은 악으로 구분하고 이를 남에게 투사함으로써 현실을 왜곡하게 된다고 본다. 또한 투사적 동일시의 과정이 있는데 이것은 개인이 자신의 느낌을 타인에게 투사함으로써 타인으로 하여금 특정한 역할을 하도록 무의식적으로 조종하는 것이다.

집단은 이러한 투사적 통일시 과정, 말하자면 사람들이 집단을 대신하여 역할을 수행하고 집단을 대변하는 등의 역할 몰입의 과정을 통하

---

[47] Freud, 1923.

여 형성된다.*48 전체로서의 집단은 개인과 다른 현상이며, 개인들이 익명으로 정신적 내용을 부여하는 별개의 현상으로 간주된다. 개인은 무의식적으로 집단의 풀pool에 자신의 정신적 내용을 부여하고 그 내용에 따라 행동을 한다. 집단에 속해 있음으로 인해서 발생하는 불안이 너무 크면 개인은 퇴행하여 유아기에 사용한 것과 동일한 방어기제를 사용하게 된다. 분열, 투사, 거부, 억압이라는 무의식의 과정은 기본 가정 행동과 집단 환상의 형태를 취하며 집단의 행동을 특징짓는다. 다시 말하면 집단의 무의식 과정은 개인의 무의식적 과정의 확대이면서 이것과 동일한 형태를 취한다. 무의식적인 과정이 발휘하는 기능은 집단이든 개인이든 동일하다. 말하자면 이는 욕구에 지배되고 환상에 이끌리는 행동으로 인해서 발생하는 불안과 억압에 대한 방어 기제이다. 정신분석에서는 마음의 환상으로서의 집단에 대해, 그리고 집단성과 갈등하는 개인에 대해, 대개는 암묵적으로 때로는 명시적으로 언급된다.

주요 의문점

앞서 제기한 문제로 돌아가서 개인과 사회의 관계는 다음과 같이 정리할 수 있다. 사회는 하나의 금지로 그리고 개인의 마음을 조직하는 관계를 내적으로 표상하는 원천으로 작동한다. 여기서 개인의 마음은 생물학적 본능과 유전된 무의식적 환상에서 유래된다. 역으로 개인의 마음은 리더와의 동일시, 역할 몰입, 정신적 내용의 무의식적 제공, 투사라는 방어기제 등을 통해 사회를 구성한다. 정신적이고 사회적인 과정이 개인의 내부에서 욕구와 무의식적 환상을 처리하는 방식으로 발생한

---

*48 Bion, 1961a.

다는 점에서 개인이 근원적이다. 진화가 이루어지는 시점에는 생물학적 실체로서 개인이 사회에 선행하지만 개인의 생애 전반에서 보면 사회가 개인에 선행하며 개인의 마음을 구성하는 작용을 한다. 앞에서 제기한 세 번째 의문과 관련해서, 개인은 투사와 투사적 동일시, 내사라는 무의식의 과정을 통해 정신의 내용을 공유한다. 암묵적 인과관계 이론은 두 가지 방식으로 이해할 수 있다. 첫째는 프로이드의 이론으로, 모든 행동이 특정 원인에 의해서, 대개는 다수의 원인에 의해서 과도하게 결정되는 것으로 이해된다는 점에서 그의 이론은 작용인과성efficient causality*49의 형태를 취한다. 모든 행동은 의식적인 추론이건 무의식적인 욕구의 충족이건 다수의 원인에 기인한다고 보는 것이다. 둘째는 대상관계이론으로, 정신발달이 투사나 내사의 과정을 통해 보편적인 무의식의 환상을 펼쳐 나간다고 본다. 이러한 점에서 이 이론은 형성적 목적론이라고 할 수 있다.

앞에서 제기한 다섯 번째와 여섯 번째 의문은, 어떻게 변화가 일어나며 새로운 것이 어떻게 출현하는가 하는 것과 관련이 있다. 일반적으로 정신분석학에서는 변화를 무의식적인 것을 의식적인 것으로 끌어올리는 과정으로 생각한다. 이런 과정이 행동의 변화를 촉진한다고 보는 것이다. 그러나 변화가 어떻게 일어나며 새로운 것이 어떻게 출현하는가 하는 의문에 대해 보다 충실한 대답을 하려면 정신분석학에서 사고의 과정을 어떻게 이해하고 있는지에 대한 간략한 설명이 필요하다. 하나의 예로서 사고의 성격과 관련하려 비온Bion의 아이디어를 살펴보고자 한다.

---

*49 아리스토텔레스가 존재를 설명하는 4원인 중 하나로, 작용인(efficient cause)은 사물의 운동이나 정지의 근접적인 근원이 되는 것을 말한다. 아버지는 아이의 작용인(원인)이고 행위자는 행해지는 것의 작용인(원인)이다. 운동인이라고도 한다(옮긴이).

비온[*50]에게 있어서 사고는 감각적이고 정서적인 경험의 원초적 요소인 개인의 유전된 전개념에서 생겨나는 것으로, 여기서는 신체적인 것과 정신적인 것이 분리되지 않으며 투사적 동일시에만 의존한다. 생각을 떠올리는 사고 기제가 발달하려면 다른 사람과의 관계가 필요하다. 유아는 자신과 엄마의 관계를 단순히 투사 장치가 아닌 생각을 만드는 관계 맺기의 모형으로 활용한다. 유아가 없애고 싶어 하는 감정을 엄마가 수용하여 유아가 다시 받아들일 수 있는 형태로 변형할 수 있을 때 사고 장치가 만들어진다. 비온은 엄마의 이런 능력을 '품어주는 것container'으로, 유아의 투사projections를 '품은 것contained'으로 설명한다. 관계에 대한 이런 독특한 관점에서 핵심이 되는 것은 한 사람(유아)이 원치 않는 느낌, 즉 '품은 것(감정—옮긴이)'을 상대(엄마)에 전달하면 상대(엄마)는 그 감정의 독성을 제거한 후 다시 처음(유아)으로 되돌려 주는 것이다. 개인이 성숙해감에 따라 그는 자신의 내부 수용 능력을 발전시켜 나간다. 내적이건 외적이건 엄마container가 (유아의) 품은 감정contained을 품어주지 못하면 투사적 동일시가 일어난다.

그러므로 사고는 처음에 타인과의 관계가 아닌 개인에게서 비롯된 유전된 전개념에서 생겨난다. 이때 개인은 다른 사람과 관계를 맺고 자신에게서 일어나는 감정을 그에게 전달하게 되는데 그는 전달받은 이 감정을 품어줬다가 다시 원래의 개인에게 되돌려 준다. 이 과정을 성공적으로 마치게 되면 성숙한 사고가 가능해진다. 이것이 의사소통에 있어서의 송신자—수신자 모델인데 이 모델에 따르면 불분명한 사고가 말로 표현되고 이 말은 의식적인 행동으로 이어진다. 그렇다면 원초적 요

[*50] Bion, 1961b.

소로서의 이 유전된 선입견은 새로운 것이라고 말할 수 있는가?

정신분석학의 공동체 밖에서는 사람들 사이에서 이루어지는 정교하고 무의식적인 전달 방식을 무시하는 이들이 많다.[*51] 정신분석학의 공동체 내에서도 고전적 이론에는 설득력이 부족하다고 생각하는 사람들이 많이 있다.[*52] 다음 절에서는 무의식적 전달과정에 기반하지 않고 개인과 사회의 관계를 논의하는 비판적 실재론의 관점을 다루고자 한다. 이 관점은 어떤 면에서 고전적인 정신분석학과 유사하나 무의식적 전달과정의 메커니즘에 의존하지는 않는다.

비판적 실재론에서 본 개인과 사회의 관계

비판적 실재론에서는 현실을 자연의 세계, 개인 정신의 세계, 사회적 세계 이렇게 세 개의 층으로 구분한다.[*53] 각각의 층은, 그 아래층으로 축소될 수도 없고 아래층으로부터 예측될 수도 없는 창발적 특성에 의해 그 아래의 층과 구별된다.

가장 아래층에 있는 자연의 세계는 물리적인 원인과 작용인efficient cause에 의해, 즉 법칙과 유사한 '만일-그러면' 형식의 인과관계에 의해 지배된다. 전통적인 자연과학과 이를 지배하는 인과관계의 개념이 여기에 적용된다.

다음 층에는 의식과 마음, 행위 주체성이 존재하는데 이것들은 모두 생물학적 개인의 복잡한 신경계에서 일어나며, 이러한 창발적인 속성이 목표를 선택하는 자유와 그 목표를 달성할 수 있는 수단을 구성한다.

[*51] 예: Turner, 1994.
[*52] Stolorow et al.는 투사적 동일시를 인정하지 않고 있으며(1998) Gedo는 정신적 에너지라는 개념을 받아들이지 않음(1999). 또한 Leader는 '내적 세계'란 개념에 의문을 가짐(2000).
[*53] Bhaskar, 1975, 1989; Archer, 1995.

이 층에는 자연의 세계와는 다른 목적론적인 인과관계가 존재하며, 이에 따르면 목표를 성취하기 위해 개인이 선택하는 행위는 생물학적 차원의 영향을 받지만 이것으로 환원되지는 않는다.[*54] 이러한 심리적인 차원은 이유의 법칙에 의해 지배된다. 다시 말하면 개인의 행위는 이유와 의도, 계획에 의해 일어난다. 바스커Bhaskar의 주장에 의하면 의도는 언제나 이유 혹은 마음의 상태에 의해 생겨나지만 이유의 원인을 확인할 수는 없다. 그러므로 인간의 행위는 결국 원인불명의 이유에 의해서 일어나는 것이다. 생물학적인 차원이나 행동의 유전적 영향, 본능 같은 개념은 큰 도움이 되지 못한다. 왜냐하면 개인 차원의 세계는 생물학적인 것에서 출발은 하지만 나중에는 다른 형태의 인과관계에 의해 지배되기 때문이다(이유와 의도, 계획 등—옮긴이). 2장에서 사용한 용어로 말하면 이는 합리주의적 목적론이다.

사회적 차원의 세계는 이러한 인간의 행위로부터 출현하며 이러한 행위는 사회구조의 유일한 작용인으로 간주된다. 사회구조는 개인들의 행위로 인해 출현하며 개인들은 이러한 행위를 통하여 사회적인 것, 즉 사회구조를 구성하는 규칙과 관계 및 지위를 재생산하면서 또한 변화시킨다. 이러한 행위를 하게 하는 것은, 사람들이 행동에 옮기기 위해 지니고 있는 이유와 의도이다. 그러나 제도는 개인과 독립해서 존재하는 것은 아니지만 단순히 개인 활동의 산물은 아니다. 사회적 차원은 자체의 법칙에 의해 지배를 받으며 개인 심리학으로 축소되거나 이로부터 예측될 수 있는 것이 아니다. 2장에서 사용한 용어로 말하면 사회적 차원을 지배하는 인과관계는 형성적 목적론이다.

[*54] 목표를 성취하기 위해 개인이 선택하는 행위에는 생물학적 요인이 작용하기는 하지만 생물학적 요인만으로는 완전히 설명되지 않는다는 것(옮긴이).

사회적 차원의 세계는 개인이 활동하는 상황을 구성하기 때문에 정신분석에서와 같이 생물학적 차원의 창발적 속성인 개인의 마음을 조직하지는 않지만 개인의 행동을 제약한다. 사회구조는 인간의 삶에 안정성을 부여하는 반면에 개인은 사회적 제약 속에서도 행동을 선택할 자유가 있기 때문에 개인의 행위는 불확실하고 예측할 수가 없다.

주요 의문점

68-69쪽에 제시된 의문 중에서 첫 번째 의문에 대한 비판적 실재론자들의 응답은 다음과 같다. 개인은 이유에 따른 의도적 행위를 통해서 사회 시스템을 만드는데 그렇게 만들어진 시스템은 개인의 자유를 제약한다. 두 번째 질문과 관련한 비판적 실재론자들의 주장을 보면, 사회구조는 개인 행위자보다 항상 선행한다. 유아는 특정 사회구조와 제도 속에서 탄생한다. 다시 말하면 유아는 자기가 태어난 가정에서 현재 재생산되고 있는 기호와 상징 및 언어의 체계가 과거의 규칙이자 관계라는 점에서 이미 존재하고 있는 사회구조와 제도, 즉 기호와 상징 및 언어의 체계 안에서 태어난다. 그런데 시간적으로는 사회가 먼저이지만 개인의 행동이 사회를 구성하고 이렇게 구성된 사회가 개인의 행위를 제약하는 점에 주목한다면 분명 개인이 1차적primary이다. 개인이 어떻게 사회구조의 규칙과 시스템을 공유하게 되는가 하는 점은 전혀 명확하지 않다. 그러나 비판적 실재론자의 주장이 형성적 목적론과 합리주의적 목적론이라는 이원론적인 인과관계의 관점에 속하는 것은 분명하다. 변화와 새로움의 원천이 개인의 자유와 의도에 있지만 개인이 어떻게 이런 의도를 형성하는지에 대한 확실한 설명은 없다. 대답은 언제나 '최초의 원인uncaused cause'으로서의 이유이다.

제도주의에서 본 개인과 사회의 관계

호지슨Hodgson은 제도적, 진화적인 경제학의 개념[*55]에 근거하여 개인 행위자와 사회구조의 관계에 대해서 비판적 실재론자와 다른 결론을 도출하고 있다.[*56] 그는 생물학적, 개인적, 사회적인 차원을 분리하게 되면 생물학적인 것을 무시하게 되고 개인의 행위에 미치는 사회적인 영향을 제한하게 되기 때문에 세 가지 차원을 명확히 구분하는 것에 반대한다. 그는 이러한 구분을 유지하면서도, 하나는 그 나머지로부터 출현하며 이는 상위 차원이 하위 차원에는 존재하지 않는 더 많은 인과적 힘이 있다는 것을 의미한다고 주장한다. 그러나 비판적 실재론자들과는 달리 그는 낮은 차원의 생물학은 상위의 사회적 차원과 마찬가지로 개인의 행위에 끊임없이 인과적 영향을 미친다고 주장한다.

사회적 차원을 먼저 살펴보자. 호지슨은 제도란 물질적 환경 속에서 공동체의 삶을 영위하는 일상적인 방법이라는 베블렌Veblen의 주장에 동의한다. 베블렌은 제도란 것은 공유된 사고 습관이며, 이러한 습관이 물리적 환경에서 구체적으로 드러난 것이기 때문에 개인적인 사고 습관으로 환원될 수 없다고 주장했다. 공유된 사고 습관으로서의 제도라는 이러한 견해는 비판적 실재론자들의 논의 이상으로 사회가 개인에 더 큰 영향을 미친다는 주장의 원천이 되고 있다. 그러나 제도가 일방적으로 개인의 행위를 제약하는 환경을 구성하는 것은 아니다. 제도는 개인의 행위를 유발하는 바로 그런 사고 습관을 만들며 이러한 사고 습관을 통해서 다시 제도가 재생산되기도 하고 변화되기도 한다. 사회 구조는 개인의 사고 습관에 의해서 존재하게 되고 또 변하기 때문에 개인에 의존

[*55] Veblen, 1899, 1934; Common, 1934.
[*56] Hodgson, 1999b.

한다. 제도는 개인들이 실천한 행위의 결과물이다. 그것은 개인의 기본적인 정신 역량에 바탕을 두고 있는 지속적인 사회관계이다. 그러나 제도를 단지 개인 신념의 결과물로만 볼 수는 없다. 왜냐하면 제도는 개인의 신념을 형성한다는 점에서 부분적으로 개인 신념의 원인이기도 하기 때문이다. 이로 인해 호지슨은 '하향적 재구성 인과관계'라는 개념 reconstructive downward causation*57을 제안한다. 개인의 목적이나 목표, 사고 습관은 제도에 의해 재구성되고 형성된다. 예를 들면, 부에 대한 갈망은 타고난 것이 아니라 사회적, 역사적으로 형성된 것이다. 이는, 제도가 개인과 다른 차원에 존재하지만 개인의 행위가 제도의 발달에 인과적인 요소로 작용하듯이 제도 또한 정신의 발달에 인과적 요소로 작용한다는 것을 의미한다. 이러한 점에서 사회는 개인으로부터 출현하지만 개인으로 환원될 수는 없다.

이러한 상호 인과관계가 어떻게 작용하는가를 설명하기 위해서 진화의 과정이 도입된다. 제도와 개인은 둘 다 자연선택의 법칙을 따른다. 개인에 있어서 최적의 정신적 습관은 경쟁에 의해 선택되어 제도화된 습관 패턴을 형성한다. 제도는 서로 경쟁을 하며 경쟁에 의한 선택의 과정을 통해 어떤 제도가 살아남고 어떤 제도가 소멸되는지가 결정된다. 제도 또한 최적의 자질과 습관을 가진 개인, 즉 제도적 패턴에 적합한 개인을 경쟁적으로 선택한다. 이렇게 개인을 경쟁적으로 선택하는 과정을 통해 제도는 개인의 정신을 변화시키고 개인의 신념과 습관을 형성한다. 제도적 패턴 또한 새롭게 형성되는 개인의 정신적 습관에 대한 경쟁적인 선택의 과정을 통해 변화된다. 그렇다면 새로운 정신적 습관은 어떻게 형성

---

*57 사회구조의 인과적 힘은 단순히 개인의 행위를 한정하고 제약하는 것에 그치지 않고 개인의 기본적 특성, 능력, 성향에 영향을 끼치며, 또 그것들을 수정하기도 한다는 관점(옮긴이).

되는가? 내가 이해하기로 이에 대한 대답은 인간의 추론 능력과 관계가 있다. 추론하는 인간은 새로운 의도와 정신적 습관을 형성한다.

나는 여기가 생물학의 차원이 개입하는 지점이라고 생각한다. 베블렌의 주장에 따르면 인간은 이성적으로 생각하고 의도적으로 행위하는 역량을 어느 날 갑자기 획득한 것이 아니다. 이런 역량은 비판적 실재론자들의 주장처럼 최초의 원인uncaused cause 같은 것에 의해 그냥 주어질 수 있는 것으로 생각해서는 안 된다. 베블렌에 따르면 지적인 기능은 본능적인 성향을 통해 나타나서 이런 성향의 감시를 받으며 지속적으로 작동한다. 그러므로 개인행동의 인과관계 요소로서 이성적인 것과 생물학적인 것과의 관계는 유전적으로 결정된 추론 본능이라는 관념을 통하여 만들어진다. 또한 진화심리학에서는 합리성과 지능이 본능이라고 주장한다.*58 이것은 정신분석학에서 볼 때 성과 공격성이 유전적으로 프로그램된 것과 같이 합리성과 지능 및 언어 사용 능력 또한 유전적으로 프로그램된 것임을 의미한다.

비판적 실재론과 마찬가지로 제도주의의 관점에서는 개인의 정신이 생물학적 차원에서 출현한 것이라고 주장하지만 비판적 실재론자들과는 달리 생물학적인 차원과 개인의 정신적 차원 간의 지속적인 인과관계에 주목한다. 제도주의자들은 생물학적 차원에는 작용인으로서의 인과관계, 개인의 마음에는 목적론적 인과관계, 사회적 차원에는 사회적 힘과 관련된 인과관계, 이런 식으로 세 차원에는 각기 다른 인과관계가 따로 작용한다고 보지 않는다. 그들의 주장에 따르면 생물학적인 차원은 개인의 마음과 관련하여 작용인으로 작용하며 이는 사회적인 차원도

---

*58 Pinker, 1997.

마찬가지다. 세 차원의 세계에는 경쟁에 따른 선택이라는 진화의 과정이 동일하게 작용한다. 이와 같이 세 차원의 인과관계를 명확히 분리하는 것은 피해야 한다고 주장한다.

주요 의문점

이러한 관점이 개인-사회의 관계와 관련하여 68-69쪽에 제시된 의문을 어떻게 다루고 있는지 살펴보기로 하자. 생물학적으로 진화된 추론 본능에 의하여 작용인으로 인정된 개인의 정신적 습관은 서로 경쟁하며 제도적인 습관을 형성한다. 이 제도적인 습관 또한 살아남기 위해 경쟁을 하고 또 선택의 힘으로 작용한다. 이 선택의 힘은 개인으로 하여금 정신의 습관을 변화시키도록 한다. 이러한 견해는 인간의 자유와 관련하여 곤란한 문제를 야기한다. 정신의 습관이 한편에서 생물학적으로 진화된 추론 본능과, 다른 한편에서 사회적 경쟁이라는 선택의 힘에 의해서 만들어진다고 하면, 인간의 자유는 거의 남아 있지 않은 것으로 비춰진다. 진화심리학이 충분히 발전했을 때의 상상처럼 가장 중요한 개인의 의도가 유전적으로 프로그래밍된 것일까? 아니면 유전적으로 결정된 것은 단지 일반화된 하나의 추론 본능일 뿐이며 자유롭게 선택하는 이성의 가능성은 열려 있는 것일까? 후자가 답이라면 이 주장은 비판적 실재론자들과 매우 근접하며 우리는 특정한 이유나 의도가 어떻게 생겨나는지를 물어야 한다. 내가 아는 한 이에 대한 대답은 비판적 실재론에도 없고 제도주의에도 없다.

다음에는 시간적 선후의 문제가 있다. 첫째, 제도주의의 관점에서 볼 때 진화의 시간을 고려한다면 개인의 추론 본능이 우선일 수밖에 없다. 먼저 경쟁에 따라 선택된 유전자 수준에서 무작위 변이를 통해 진화에 의한 추론 본능이 발생하지 않았다면 개인들이 어느 날 갑자기 사회적 관행들을 따르기 시작하지는 못했을 것으로 판단된다. 신다윈주의에 따르면 개개인이 추론 능력을 보이는 수준에 이르기까지 추론 본능은 점진적으로 진화해 왔다. 이러한 수준에 이르러서야 개인들은 반복적이고 지속적인 사회적 관계에 참여하는 역량을 지닐 수 있게 되었다. 따라서 진화의 시간에서 보면 개인이 먼저였음이 분명하다. 그러나 개인사라는 시간적 틀에서 보면 사회구조가 먼저다. 호지슨은 비판적 실재론자들과 마찬가지로 개인은 출생과 더불어 참여하는 공동체의 과거 역사를 반영한다는 점에서 제도가 시간적으로 개인에 선행한다고 주장한다.

그러나 시간적 우선순위에 관한 이러한 주장에는 문제가 있다. '일반화된 개인generalized individual'과 '사회구조'의 형성에 있어서 어느 쪽이 시간적으로 먼저인가에 관한 토론에서 '특정 개인으로서의 유아'가 '일반화된 개인'으로 대체되었다. 이렇게 되면 사회구조가 앞서게 된다. 어떤 점에서 이는 하찮은 문제일 수 있다. 특정 부모가 특정 유아보다 먼저인 것은 분명한 사실이다. 그러나 이는 '사회'와의 관계에 있어서 '일반화된 개인'이 우선이라는 사실에 대해 아무것도 말해주지 않는다. 일반적인 용어로 말하면 사회적 관행에 참여하는 '일반화된 개인' 없이는 사회구조란 없으며 또한 사회적 관계가 없이는 '일반화된 개인' 같은 것도 없다. 가족은 가정이라는 사회적 관행에 참여하는 '개인들individual'이다. 이 점에서 보면 개인과 가족 어느 편도 다른 한 편이 없이는 존재할 수 없기 때문에 어느 편이 먼저라고 말할 수 없다.

진화의 시간이란 주제로 옮겨가도 유사한 문제가 발생한다. 개인의 마음 상태가 사회구조에 의해 형성된다면 이러한 사회구조 없이 어떻게 일반적으로 인간의 마음이 진화할 수 있었을까? 추론 본능을 지닌 최초의 인간이 진화하여 사회적 관행에 참여하게 되었다는 생각은 사회적 관계가 인간의 의미를 규정하는 데 꼭 필요한 것은 아니라는 말과 같다. 개인과 사회가 두 개의 분리된 차원의 세계라는 주장을 계속하면 달걀이 먼저인가 닭이 먼저인가 하는 논쟁이 끝없이 이어진다. 이러한 논쟁은 만족할만한 결론을 도출하지 못한다.

개인과 사회 중 어느 쪽이 먼저인가 하는 문제와 관련하여 제도주의자들은 '양쪽 모두both... end'라는 입장을 취한다. 제도주의는 기본적으로 습관의 진화에 대한 이론이며 개인과 사회가 분리된 차원에서 진화에 서로 영향을 주면서 개인 차원과 사회 차원 모두에서 각자 경쟁적 선택을 통하여 습관의 진화가 이루어진다고 주장한다. 양쪽 모두가 저마다의 차원에서 우선인 셈이다.

이러한 주장은 공유의 문제와 연결이 된다. 이것은 제도화된 습관이 경쟁적 선택의 과정을 통하여 개인의 정신적 습관을 형성하거나 변화시킨다는 주장이다. 개인이 생존하려면 제도화된 습관을 따라야 한다. 이러한 메커니즘을 통해서 하향적 재구성 인과관계가 작동한다. 그러나 순응을 요구하는 제도적 압력이 보장할 수 있는 것은 개인이 고분고분하게 행동하리라는 것이다. 이러한 압력으로 인해 어떻게 정신의 습관이 변화하리라는 것을 보장할 수 있는가? 제도화된 습관이 어떻게 개인의 정신적 습관으로 이어지는가? 내가 알기로 이 문제에 대한 답은 없으며 비판적 실재론과 마찬가지로 제도주의의 관점에서는 암묵적으로 모방에 기댈 수밖에 없는데 이 모방은 행위의 순응을 보장할 뿐이다. 그러나 이것은 여전히 반복적인 행위로서의 습관이 어떻게 정신의 내용으로 될 수 있는지에 대해서는 설명하지 못한다. 다른 전통에서의 논의이기는 하지만 터너Turner의 견해에 따르면 제도가 근거를 두고 있는 것은 공유된 정신적 과정이 아니라 개인이 본보기로 삼는 공통의 관행이다. 개인들에게는 각자 자기 나름의 사적인 마음의 상태가 있기 때문에 공유가 불가능하며 따라서 공유되는 것은 공통의 관행과 수행 및 의식이다. 사람들은 본보기나 모방을 통해 이러한 공통의 방식들을 공유한다.

다음으로 제도주의에는 인과관계의 문제가 있다. 제도주의에 있어서 중요한 인과관계 메커니즘은 개인의 정신적인 습관과 사회적 습관 모두에 적용되는 경쟁적인 선택이다. 정신적 습관은 생물학적 진화에 의해서 혹은 생물학적으로 진화된 일반적인 추론 본능을 자율적으로 행사함으로써 형성된다. 만일 후자의 방식으로 형성되는 것이라면 그 인과관계는 비판적 실재론, 말하자면 합리주의적 목적론에서와 같은 것이다. 그러나 이 경우에는 정신적인 습관이 생물학적으로 진화된 추론 본능에 의해 정체불명의 방식으로 정해진다. 사회적 습관 역시 경쟁적 선택에 의해 진화한다. 이 시리즈의 제1권에서는 진화의 1차적 동인으로서 자연선택에 의존하는 것과 관련하여 복잡성 과학의 몇몇 흐름에서 제기하는 의문을 지적한 바 있다.[59] 이 흐름에서는 자연선택 대신에 본질적인 자기조직화에 1차적 중요성을 부여한다. 따라서 제도주의적 관점이 경쟁적인 선택의 원리에 지나치게 의존하는 것은 도전을 받을 수 있다.

마지막으로 변화와 새로움에 대한 의문이 있다. 추측건대 경쟁적인 선택에 대한 강조를 고려할 때 변화는, 제도의 변화처럼 생존을 위해 경쟁적으로 선택되는 정신적 습관의 우연한 변동으로 발생한다. 여기서 새로움은 단지 개인 차원에서 발생하는 우연의 문제일 뿐이다.

내가 판단하기에 정신분석학과 비판적 실재론, 제도주의 관점에서

---

[59] Stacey et al., 2000.

는 개인과 사회의 관계에 대해 다소 다른 설명을 하고 있다. 정신분석학과 비판적 실재론의 관점에서는 개인에 우선순위를 부여하며 사회는 유전된 본능과 무의식적 환상 속에 혹은 개인의 행위를 제약하는 것 속에 접혀 있던 것들이 펼쳐지는 것이라고 본다. 어떤 의미에서 제도주의자들은 제도 혹은 사회적 습관이 개인의 마음과 독립적으로 진화하며 개인의 마음에 영향을 미친다는 점에서 사회에 더 큰 기능을 부여한다. 그러나 결국 새로움은 개인 차원에서 만들어지는 것으로 본다. 세 관점은 모두 진화의 시간에서 보면 개인에게 시간적으로 우선순위가 있고 개인사적 시간의 측면에서는 사회에 시간적 우선순위가 있다는 점에 동의하고 있다. 또한 세 관점은 각기 다른 인과관계 이론을 제시하고 있다. 정신분석학의 경우에는 무의식적 소망이 인과관계를 결정한다는 작용인론, 비판적 실재론에서는 형성적 목적론과 합리주의 목적론, 제도주의에서는 경쟁적인 선택을 인과관계의 중심개념으로 보는 형성적 원인론formative cause을 주장하고 있는 것이다. 정신분석학에서는 사회와 개인정신 간 연결고리로서 무의식의 과정을 가정하고 있고 비판적 실재론과 제도주의의 관점에서는 무의식의 과정이라는 가정을 거부하고 있지만 정신적인 내용이 어떻게 전달될 수 있는지에 대해서는 설명을 하지 못한다. 세 관점은 어느 것도 새로운 변화가 어떻게 일어나는지 확실한 설명을 하지 못하고 있다. 그 이유는 정신분석학에서는 사고가 유전된 선입견에서 나온다고 주장하고, 비판적 실재론자들은 이 문제를 거의 다루지 않으며, 제도주의자들은 새로움을 우연에 의한 것으로 보고 있기 때문이라고 여겨진다.

　이제 개인-사회의 관계와 관련하여 지금까지 논의한 모든 주장들과 달리 사회적인 것을 우선으로 보는 관점을 살펴보기로 한다.

사회구성주의에서 본 개인-사회의 관계

거겐Gergen은 소위 사회구성주의social constructionism의 작업가설을 다음과 같이 제시하고 있다.[60]

- 언어는 독자적인 세계를 나타내거나 묘사하지 않는다. 그보다는 현실을 나타내거나 묘사하는 데 있어서 다른 것과 비교할 수 없을 만큼 잠재적으로 무한한 기술과 설명을 하고 있다. 그렇지 않았다면 인간이 학습한 모든 것은 지금과 달라졌을 것이다.
- 언어와 다른 형식의 모든 표현은 관계 속에서 사용되면서 의미를 얻는다. 개인의 마음은 의미를 만들어 내거나 언어를 창조하거나 세계를 발견하거나 하지 않는다. 관계가 이해할 수 있는 모든 것에 우선한다.
- 관계는 의식이나 전통 같은 보다 넓은 관행이라는 패턴에 기초를 두고 있다. 관계와 현실은 사회적으로 구성된 것이고 물질계에서 문화와 역사, 그리고 인간과 연관된 것으로부터 제약을 받는다.
- 언어는 사회적 삶을 구성하며 공유된 언어가 없으면 사회적 삶을 기술하는 것이 불가능하다. 의미가 계속 생성되면서 인간은 삶을 유지한다. 그리고 의미 생성에 관한 담론에 의해 사회생활이 변화된다.
- 선the good의 출현은 언제나 전통 속에서 일어나며 이를 위해서는 성찰, 즉 명백한 것을 중단하고 가정에 의문을 제기하는 노력이 필요하다.

거겐은 구성주의 담론에 참여하는 많은 이들이 이러한 가정을 반드

---

[60] Gergen, 1999.

시 공유하는 것은 아니라는 것을 지적하고 있다. 그는 사회구성주의
social constructionism와 구성주의constructivism 그리고 사회적 구성주의social
constructivism를 구분한다.*61 구성주의는 개인의 마음이 외부 세계와 체
계적인 관계를 유지하거나*62 이런 관계를 유지하지 않고*63 현실로 받
아들인 것을 구성하는 방식에 주목한다. 그리고 사회적 구성주의에서는
개인의 마음이 사회적 관계를 통해 의미 있게 현실을 구성한다고 본다.*64

사회구성주의social constructionist의 접근에서 사회는 개인의 자아와 세
계를 연결하는 과정으로 본다. 이것은 개인을 우선으로 하는 관점에 대
한 도전으로서 관계와 사회적인 것에 우선적인 지위를 부여한다. 이러
한 방식의 사고로 전환하는 것이 더 나은 사회적인 삶을 약속한다고 주
장한다는 점에서 사회구성주의 관점에는 강력한 이념적 토대가 있다.

어떤 대안을 모색해야 하는가? 인간의 불행이 반복되지 않고 보다
유망한 삶의 형태를 열어갈 수 있으려면 어떤 방식으로 인간을 개념
화해야 하는가? …
사회구성주의는 진실과 선에 대한 약속을 사회적 과정에서 찾는다.
(앞에서) 제시한 대로 세계에 관한 지식으로 여겨지는 것은 관계를
통하여 생성되며 이는 개인의 마음이 아니라 해석학적이고 공동체
적인 전통*65에 내재되어 있다. 사실, 사회구성주의자들의 담론에

---

*61 일반적으로는 사회적 구성주의로 번역되는 'constructionism'와 개인적 구성주의로 번역되는
　　'constructivism'를 대비되는 개념으로 파악하지만 거겐(Gergen)은 'social constructivism'라
　　는 또 다른 개념을 불러들이고 있기 때문에 번역과 관련하여 'constructionism'과 개념정리를
　　할 필요가 있다고 판단하여 'social constructionism'를 사회구성주의, 'social constructivism'
　　을 '사회적 구성주의'로 옮겼다. 두 개념에 대한 설명은 이어지는 거겐의 설명을 참조(옮긴이).
*62 Piaget, 1954.
*63 von Glaserveld, 1991.
*64 Vygotsky, 1962; Bruner, 1990.
*65 집단의식(공동체 의식)을 바탕으로 텍스트를 해석하는 전통(옮긴이).

서는 개인이 아닌 관계를, 고립이 아닌 연결을, 적대감이 아닌 교감
을 선호한다.[66]

개인의 내부에 있는 마음을 관계로 대체한 거겐의 노력은 관계의 중
요성을 강조한 다른 사람들에 대한 비판에 잘 나타나 있다.

거겐은 인간의 상호의존성 및 개인과 사회의 분리 불가능성을 이해
함에 있어서 소위 미드Mead의 상징적 상호작용론이 실질적으로 기여한
점을 인정하면서도 몇 가지 문제점을 지적했다.[67] 첫째, 개인이 타인
의 역할을 맡게 되는 사적인 주체로서 태어난다고 하는 점에서 미드는
개인주의적인 요소를 강력하게 유지하고 있으며 따라서 미드는 개인의
주체성을 결코 포기하지 않고 있다는 것이 거겐의 분석이다. 4장 1절에
서 이것은 미드의 논의에 있어서 장점임을 주장할 것이다. 미드는 개인
과 사회 어느 쪽도 소홀히 하지 않고 있다.

둘째, 미드는 우리가 타인의 제스처로부터 마음의 상태를 어떻게 파
악할 수 있는지를 설명하는 까다로운 문제에 대해 답을 제시하지 못하
고 있다는 것이 거겐의 주장이다. 4장 1절에서 나는 미드가 이 점에 대해
확실하게 설명을 하고 있다는 것을 논의할 것이다.

셋째, "사회적 과정을 통하여 나타나는 자의식적인 개인보다 사회적
과정이 시간적으로, 논리적으로 선행한다"고 주장했다는 점에서 미드
는 강력한 사회적 결정론의 면모를 보인다는 것이 거겐의 주장이다.[68]
그러나 나는 이것이 생뚱맞은 비판이라 생각한다. 내가 보기에 이 비판
은 단지 거겐 자신의 주장일 뿐이기 때문이다. '특정 개인'과 '일반화된

---

[66] Gergen, 1999. p.122.
[67] Gergen, 1999. pp.124-125.
[68] Mead, 1P34, p.186.

개인'에 대해 앞에서 했던 지적을 여기에 적용해 보면, 특정 개인의 측면에서는 물론 사회가 개인에 선행하지만 일반화된 개인의 측면에서는 개인과 사회 어느 쪽도 먼저가 아니라는 것이 미드의 확실한 주장이다. 개인과 사회는 동시에 출현하는 것이다.

넷째, 거겐은 사회적 관계 속에서 타인을 생각하는 개인의 역할 놀이 _(자신과의 상호작용—옮긴이)로서의 마음에 대한 미드의 견해와 관련하여, 이는 타인이 개인의 마음에서 일어나는 일을 결정한다는 것을 의미한다고 주장하고 있으나 이 또한 초점이 어긋난 비판이라고 본다. 내가 판단하기에 이 비판은 거겐 자신의 견해이지 내가 이해한 바로는 미드의 주장이 아니라고 보기 때문이다. 이 점에 대해서는 4장에서 다룰 것이다. 여기서는 거겐이 어떻게 개인을 끌어내리고 관계나 사회를 끌어올렸는지를 지적하고자 한다. 거겐은 개인과 사회를 구분하는 이원론의 전통에서 논의를 전개하고 있으며 전자를 버리고 후자를 선택했다. 그 결과, 앞에서 논의했듯이 결국 개인의 마음에서 변화를 찾는 접근법과는 매우 다른 입장에 도달했다.

또한 거겐은 비고츠키[69]와 브루너[70]의 문화심리학에 주목한다. 그는 서사적 지식과 관계, 행동에 초점을 맞춘 그들의 공헌을 인정하면서도 그들의 연구는 미드의 경우와 동일한 비판을 받을 수 있다고 주장한다. 그는 후설^{Husserl}[71]과 슈츠^{Schuz}[72]의 현상학에 대해서도 거의 동일한 점을 지적하고 있다.

거겐은 사회적 우위에 대한 입장을 취하면서, 신체의 중요성은 대체

---

[69] Vygotsky, 1962.
[70] Bruner, 1990.
[71] Husserl, 1960.
[72] Schuz, 1967.

로 무시하고 있다. 그러나 또 한 사람의 사회구성주의자인 쇼터Shotter는 주변 환경의 사건과 특징에 대한 생생한 신체적 반응이 인간의 관계 형성에 결정적인 것으로 본다. 쇼터는 신체적 반응을 지적이고 자율적인 통제 기술의 시작으로 본다. 그의 주장에 따르면 인간의 몸은 끊임없이 관계 맺는 활동의 흐름에 참여하고 있다. 그에게 있어서 반응하는 관계의 가장 중요한 형태는 자발적이고 자연스러우며 별다른 자각 없이 수행되는 것이다. 의미와 새로움novelty은 이러한 관계 맺기 속에서 '존재의 우연한 순간once occurrent moment of being'에 생성된다. 그는 이를 공동의 행위, 즉 단순한 행위action도 아니고 행태behavior도 아닌 주체와 객체 간 세 번째 경험 영역으로 설명하고 있다. 공동의 행위는 누군가의 행위가 다른 사람의 행위에 의해 결정되어 어느 누구도 개인적으로 책임질 일이 없을 때 생겨난다. 그는 공간적 메타포를 사용하여 이 '기묘한' 세 번째 영역을 하나의 의식과 또 다른 의식 사이의 경계에 위치하여 융합되지 않은 의식들로 엮인 '대화 공간', 하나의 의식과 또 다른 의식 사이의 공간 등으로 기술하고 있다. 대화 참여자들은 완전히 질서정연하지도, 무질서하지도 않으며 따라서 충분히 알 수도 없는 상호작용의 흐름 속에서 그들의 신체 감각이 함께 섞여 독특한 상호 간의 만남 혹은 공동의 만남이라는 순간들을 만들어낸다. 아무리 상세히 규정된 상황이라 하더라도 보다 더 상세히 규정될 수 있는 가능성은 언제나 열려 있다. 쇼터는 공동 행위가 사람들이 공동으로 자신의 행위를 구성하는 영역이고 이는 구체적인 요구와 요건을 가진 제3의 행위 주체성으로 경험된다고 설명하고 있다. 이 '제3의 주제성it', 말하자면 반응하는 질서가 참여자들을 끌어들인다.

이렇게 해서 쇼터는 거겐과는 달리 반응하는 신체를 지닌 개인, 확실하게 융합이 안 된 의식을 가진 개인의 요소를 어느 정도 유지하면서, 공동 활동에 참여하는 이들에게 반응하는 제3의 영역, 제3의 행위 주체성, 즉 '그것^{it}'을 가정하고 있다. 내가 보기에 이는 결국 개인을 관계 혹은 사회에 복속시키는 것이다.

책임

이와 같이 사회를 끌어올림으로 인해서 발생하는 어려움은 책임에 관한 논의에서 분명해진다. 행위를 공동으로 한다면 개인이 어떻게 책임을 질 수 있는가? 거겐과 쇼터의 주장은 개인에게 책임을 지울 수 없다는 것이다. 맥나미^{McNamee}와 거겐은 개인의 행위에 대해서 개인에게 책임과 책무성을 요구할 수 없다고 강력히 주장한다.[73] 그들은 행위에 대한 책임의 소재로서 관계적 책임$^{relational\ responsibility}$이라는 개념, 즉 '우리'라는 개념으로의 전환이 필요하다고 주장한다. 같은 책[74]에서 매리 거겐$^{Mary\ Gergen}$은 한 걸음 더 나아가 '책임'이라는 관념을 완전히 삭제하고 대신 '관계적 판단'이란 개념을 도입해야 한다고 주장한다. 또 다른 사회구성주의자는 이러한 입장에 반대하면서 권력과 지배, 이중성, 속임수 및 이기심 같은 것을 다루어야 하는 어려움을 지적한다.[75] 라나만^{Lannamann}은 다음과 같이 주장하고 있다.

관계 형성 과정에 있어서 '우리'로 이동하는 것이 그들(McNamee와 Gergen)의 관심과 일치하기는 하지만 이는 관계 형성의 과정을 방해한다. 왜냐하면 이렇게 '우리'로 이동하게 되면 개인으로서의 '나'

---

[73] McNamee and Gergen, 1999.
[74] McNamee and Gergen, 1999를 가리킴(옮긴이).
[75] Lannamann, 1999; Deetz and White, 1999.

라는 것이 언제나 필연적으로 사회적 구성체라는 사실이 무시되기 때문이다. 이 사회적 구성체는 공동 행위를 일으키는 데 있어서 핵심적인 역할을 한다. 공동 행위의 방향에 있어서 맥내미/거겐과 쇼터의 차이는, 쇼터의 경우 사회적으로 구성된 행위 주체성(사회적 자아)을 위한 공간을 남겨 놓음으로써 의도하지 않게 무질서한 결과가 초래될 가능성에 더 많은 여지를 남겨 놓고 있다는 점이다.*76

그러나 결과적으로 쇼터 역시 책임의 문제에 있어서는 '우리'라는 입장을 받아들여, 개인은 서로의 행동을 구성하기 때문에 개인에게 책임을 물을 수 없다고 주장한다. 쇼터와 카츠Katz는 관계적 과정에 대한 책임을 져야 한다(개인이 아닌 '우리가 책임을 져야 한다는 것—옮긴이)는 맥나미와 거겐의 요구에 동의하면서, "우리는 마치 살아 있는 '우리we' 안에서처럼, 훨씬 더 크고 집단적인 행위 주체성의 한 신체 기관처럼 삶을 살아가게 된다"고 말한다.*77

결국 쇼터는 개인을 위한 입지를 남겨 놓았으면서도 임의의 제3 영역 속에서 개인을 잃어버리고 있는 것 같다.

주요 의문점

사회구성주의의 관점에서는 개인과 사회의 관계가 지니는 성격과 관련하여 제기된 의문점들을 어떻게 다루고 있는가? 사회구성주의자들에게 있어서 언어는 사회적인 삶을 구성하며 이 사회적인 삶은 개인 간의 관계와 동일하다. 개개인의 마음과 자아를 연결하는 것, 즉 사회적으로 구성하는 것은 바로 관계이다. 여기서 생물학은 별로 중요한 역할을

---

*76 Ibid., p.87.
*77 Shotter, J. and Katz, A.M., 1999, p.154.

하지 못하며 관계로서의 사회는 개인에 선행하며 동시에 근원적이다. 개인들은 언어와 표현을 공유한다. 다시 말해 개인들은 담화 행위를 공유하며 정신적 내용의 전달에 대한 가정을 필요 없게 만든다. 사회구성주의자들은 대화가 사회적인 삶을 변형시킨다고 주장한다. 그리고 쇼터는 새로움novelty을 '존재의 우연한 순간'에서 찾는다. 그는 변화와 새로움이 대화에 참여하는 개인들 간의 디테일한 신체적 관계 속에서 생성된다고 주장하고 있다. 사회구성주의자들은 이런 주장을 통해서 정신분석학과 비판적 실재론자 및 제도주의자들의 입장에 담겨 있는 인과관계 이론에서 벗어나, 이 시리즈의 제1권에서 소개한 변형적 목적론이라는 인과관계 프레임을 받아들이고 있다고 생각한다.[78] 이는 실체들 간에 이루어지는 상호작용의 세부 내용 속에서 미래가 끊임없이 구성되는 과정에 있다는 인과관계 관점이다. 〈표 3.1〉에서는 이 관점의 특징을 요약하고 있으며 이 표를 통해 이 관점이 사회구성주의의 입장과 얼마나 유사한지 알 수 있다.

이렇게 매우 다른 인과관계 프레임으로 옮겨 간 것은 사회구성주의의 논의에 있어서 가장 큰 진전으로 볼 수 있다. 그러나 이런 전환을 하는 데 있어서 사회구성주의자들은 개인과 사회를 분리된 차원으로 보는 토대 위에서 계속 논의하고 있다. 그리고 그들은 사회에 1차적 중요성을 부여하고 있어서 일반적으로 개인의 행위 주체성individual agency은 상실되고 있다.

이들은 윤리와 도덕성을 집단의 문제로 보고 개인의 책임이라는 관념을 무너뜨리고 있는데 이것은 중대한 문제라고 생각한다. 이러한 전환이 더 나은 사회를 지향하는 기초라고 주장하는 이들도 있을 수 있지만, 이와

[78] Stacey et al., 2000.

같이 개인의 행위 주체성과 책임을 무효화시키면 사회구성주의는 현재의 개인적, 사회적 상황을 설명하는 데 있어서 적합성을 잃게 된다. 오늘의 서구 사회는 개인의 책임이라는 관념 위에 세워졌기 때문에 이것을 배제하는 논의는 현재의 상황을 적절하게 설명할 수 없다고 생각한다.

표 3.1 변형적 목적론

- 운동은 운동 자체에 의해 지속적으로 구성되고 있는 미래를 지향한다. 최종상태란 것은 없으며 정체성과 차이, 계속성과 변형, 알려진 것(known)과 알려지지 않은 것(unknown)은 동시에 영원히 반복될 뿐이다. 미래는 '알 수 없는 것(unknowable)'이다. 그러나 알 수 없다는 것을 인식할 수는 있다(recognizable). 즉 미래는 '모른다는 것을 알 수 있는(the known-unknown)' 영역이다.
- 운동은 개인의 연속성과 변형 및 집단의 정체성과 차이를 동시에 표현하기 위한 것이다. 이것은 이전에 없었던 새로움과 변이의 창조이다.
- 운동 혹은 구성의 과정, 즉 원인은 살아있는 현재에서(in the living present) 서로를 형성하고 서로에 의해 형성되는, 미시적인 상호작용의 과정이다. 반복적인 과정은 동시에 잠재적으로 변형되면서 연속성을 유지한다. 변형의 원인으로서의 다양한 미시적 상호작용 속에서 변이가 발생한다. 선택과 의도가 그러하듯이 의미는 현재에서 발생한다.
- 내재된 자기조직화는 다양한 미시적 상호작용으로서, 역설적으로 정체성과 잠재적 변형의 가능성을 유지한다.
- 정체성의 변화는 미시적 상호작용에 있어서 변이의 우발성과 다양성에 달려 있다.
- 자유와 구속은 대립하는 제약조건으로서의 다양한 미시적 상호작용 속에서 발생한다.

지금까지 개인과 사회를 별개의 존재론적 차원에서 접근하는 네 가지 사고방식을 간략히 살펴보고 각각의 관점이 초래하는 문제점들을 언급했다. 제2장에서는 개인과 사회를 이렇게 두 차원으로 분리하는 것이 학습과 지식 창출에 관한 주류적 사고 및 이 주류적 사고를 발전시키고 비판하는 관점의 핵심적 특징임을 논의했다. 이번 장에서는 이렇게 분리해서 보는 것이 얼마나 문제가 많은지를 입증했다. 이런 사고는 어느 쪽이 먼저이며 근원적인 것이냐에 관한 끊임없는 논쟁을 낳는다. 행위 주체성이 개인 차원에 있는가 아니면 사회 차원에 있는가 하는 것은 쉽게 풀 수 있는 문제가 아니며 그렇게 하려고 하면 또 다른 문제가 발생한다. 핵심적인 질문은 이런 것이 아니라 사람들이 공유하는 것이 무엇이며 어떻게 공유가 이루어지는가, 변화, 특히 새로운 변화는 어떻게 일어나는가, 사회적 관계 맺기에서 개인의 자유와 책임은 어떻게 설명되는가 하는 문제와 관련된 것이어야 한다. 지금까지 살펴본 어떤 관점도 이 핵심적인 물음을 만족스럽게 다루지 못하고 있으며 이는 상당 부분 처음의 가정, 즉 개인과 사회가 존재론적으로 다른 차원에 있다는 가정에 기인한다고 본다. 지금부터는 개인과 사회를 동일한 존재론적 차원에서 설명하는 가정에서 출발하는 접근에 대해서 살펴볼 것이다. 이러한 접근이 만족할만한 설명을 제공한다면 이는 조직에서의 학습과 지식 창출에 관한 주류적 사고에 중요한 시사점을 던질 것이며 그 뿌리부터 흔들 것이다.

3. 개인과 사회의 분리를 넘어서

구조화 이론structuration theory은 개인과 사회의 분리를 넘어선다.[79] 이 이론에서는 개인의 마음과 행위 혹은 사회구조 어느 쪽에도 상대적 우선순위나 1차적 중요성을 부여하지 않는다. 대신에 이 이론은 사회적

---

[79] Giddens, 1976, 1984.

관행들이 반복되는 가운데 개인적인 것과 사회적인 것이 동시에 서로 형성된다고 주장한다. 사회적 관행, 즉 개인들이 지속적으로 서로 관계를 맺으며 살아가는 패턴은 시간이 경과하면서 공간을 초월하여 바로 이러한 관행이라는 매개 수단을 통해서 유지된다. 이러한 관행들은 개인 간 상호작용의 결과이자 매개 수단으로서 이러한 상호작용의 과정을 통하여 개인의 행위 역량이 형성된다. 개인이라는 주체와 사회 제도는 반복되는 관행을 통하여 함께 형성된다. 개인의 마음과 사회적 관행의 특성은 행위의 외부에 존재하는 것이 아니라 행위 안에서 형성된다. 개인적인 것과 사회적인 것은 분리된 존재 차원이 아니라 동일한 차원에 있는 것으로서 사람들 사이에서 이루어지는 상호작용 패턴이 반복되는 가운데 생겨나며 이러한 반복에는 변형의 가능성이 존재한다. 이것은 행위 주체성이 자체적으로 형성되고 있다는 주장이 된다. 행위 주체성은 다른 요인에 의해 형성되면서도 동시에 스스로를 형성하고 있는 것이다. 이 이론은 사회에 시간적으로 우선순위를 부여하지 않는다는 점에서 사회구성주의와 다르다. 또한 이는 결국 개인에게도 우선순위를 부여하지 않는다는 점에서 정신분석학이나 비판적 실재론의 접근과도 다르다. 그리고 변형을 변화의 우연성 측면에서 설명하지 않는다는 점에서 제도주의와도 다르다.

호지슨^{Hodgson}은 제도주의의 관점에서 구조화 이론에 대해 몇 가지 비판을 하고 있다. 첫째, 그는 개인과 사회가 하나의 존재 차원이라는 견해에 반대하고 있으며, 구조화의 관점은 두 차원을 뭉뚱그리면서 창발의 과정을 무시하고 있다고 주장한다. 분명 구조화 이론에서는 사회가 개인으로부터 나온다고 보지 않기 때문에 개인에는 없는 부가적인 특성을 사회에 부여하지 않는다. 그러나 창발과 관련해서는 한 가지 사고방식만 있는 것이 아니다. 호지슨은 창발을 하위 차원에 의존하지만 그 하위 차원으로 환원될 수는 없는 상위 차원에서 어떤 속성이 출현하는 것으로 정의한다.

복잡성 과학의 정의에 따르면 창발은 자기조직화 과정에서 어떤 패턴이 출현하는 것이다.[80] 여기서 어떤 실체나 구성 요소 혹은 행위자들 agents은 국지적으로 조직화하는 주제를 중심으로 상호작용하며 이렇게 국지적으로 조직화하는 주제들은 반복되면서도 잠재적으로 변형된다. 이는 다양한 실체들 간의 연결과 상호작용 및 관계에 변형을 위한 내재적 역량이 있다는 주장이다.[81] 다른 말로 하면 개인 간 관계의 관행들이 반복되면서 잠재적으로는 스스로를 변형시킨다는 것이다. 개인 간 관계의 관행들이 동시에 사회적 관행들이기도 한 것은 바로 이러한 관행들이 타인과의 상호작용에 관한 것이기 때문이다. 따라서 사회적 관행들은 개인적 관행들과 마찬가지로 반복되면서 동시에 변형된다. 말하자면 상호작용 패턴이 진행되면서, 상호작용 패턴으로부터 또 다른 상호작용 패턴이 창발하고 있는 셈이다. 행위 주체성이 역설적인 운동 속에서 서로에 의해 형성되면서, 동시에 스스로를 형성하고 있는 것이다. 이것이 바로 변형적 목적론에서의 인과관계 이론이다(93쪽 〈표 3.1〉 참조). 다시 말하면 여기서 자기조직화 혹은 창발은 하나의 변형 과정으로서 이런 과정을 통해 사회적 상호작용 패턴은 구조화 이론에서와 마찬가지로 스스로를 형성하고 있다. 기든스Giddens는 명시적으로 창발에 관해 언급하지 않고 있는 것 같지만 창발은 지금까지 설명한 그의 논의 속에 함축되어 있다.

---

[80] Stacey et al., 2000 참조.
[81] Allen, 1998a, 1998b.

따라서 내가 구조화 이론을 비판하는 것은, 이 이론이 창발은 개인적 차원에는 존재하지 않았던 어떤 특성이 사회적 차원에 부가적으로 나타나는 것으로 정의하는 것을 회피하고 있어서가 아니다. 왜냐하면 나의 비판은 인간 행동을 이해하는 데 더 흥미롭고 유용한 방식으로 정의되는 창발에 암묵적으로 기반을 두고 있기 때문이다. 내 비판의 요지는, 기든스가 창발이라는 자기조직화 개념을 충분히 발전시키지 않았고 따라서 스스로를 반복해서 형성하는 사회적 관행의 관념도 만족스럽게 진전시키지 않았다는 점이다. 거시적으로 볼 때 그는 변형이 일어나는 과정으로서의 다양한 개인 간 상호작용의 디테일한 측면에 충분한 주의를 기울이지 않았다. 이 문제에 대해서는 2부에서 다시 논의할 것이다.

구조화 이론에 대한 호지슨의 두 번째 비판은, 이 이론이 인간의 생물학적 특성과 인간이 살아가는 물질적 맥락을 무시하고 있다는 것이다. 호지슨의 주장에 따르면 구조화 이론은 인간의 자기 성찰과 의식이 어디서 나왔는지를 설명하지 못하고 있다. 내가 보기에 이러한 비판은 타당하다고 생각하며 이에 대해서는 2부에서 다룰 것이다.

호지슨 등이 지적하고 있는 세 번째 비판[82]은 역사적 시간의 중요성과 관련된 것이다. 앞 절에서 살펴본 4가지 관점(정신분석, 비판적 실재론, 제도주의, 사회구성주의―옮긴이)에서는 모두 역사적 시간에서 볼 때 사회구조가 특정 개인에 선행한다고 주장한다. 호지슨 등에 따르면, 개인과 사회가 하나의 차원이라는 기든스의 주장은 이 점을 무시하고 있다는 것이다. 그러나 내가 볼 때 구조화 이론은 중요한 의미에서 역사적 시간을 통합하고 있다. 구조화 이론에는 사회적 관행이 매 순간 새롭게 만들어진다는 주장

---

[82] Hodgson, 1999b; Archer, 1995.

이 없다. 사회적 관행은 현재에 되풀이되거나 반복된다고 보는 것이다. 그러나 어느 때든 반복되는 것은 이전 시기에 통용되었던 사회적 관행의 패턴이지만 거기에는 변형의 가능성이 항상 잠재되어 있다. 그러므로 역사가 관건이다. 내가 구조화 이론에 대해 지적하고자 하는 비판은 변형의 과정을 설명하지 못한다는 것이다. 되풀이되는 것 속에서 사회적 관행을 변형시키는 것은 무엇인가? 구조화 이론은 이에 대해 언급한 것이 거의 없다고 판단된다. 왜냐하면 구조화 이론은 사회구성주의와 달리 현재 진행되고 있는 상호작용의 디테일한 측면에 관심을 기울이지 않기 때문이다. 이 이론은 다양한 실체들 간의 상호작용이 자아내는 본질적인 패턴이나 새로운 것을 창출하는 역량을 짚어내지 못한다. 이 점에 대해서는 2부에서 다룰 것이다.

마지막으로 호지슨 등[*83]은 사회구조가 오로지 반복되는 사회적 관행이나 행위에만, 그리고 앎을 추구하는 개인 행위의 방향을 안내하는 기억의 흔적으로만 존재한다는 기든스의 주장에 비판적이다. 기든스에 따르면 사회구조는 개인의 내면에 기억의 흔적으로 들어오며 관행을 통해 한 사람에게서 다른 사람에게로 전달이 된다. 비판자들이 볼 때 이러한 주장은 사회구조가 개인 행위자의 마음속에 들어 있다는 것을 의미한다. 기든스에 따르면 사회구조는 안정된 상태를 유지한다. 왜냐하면 개인은 불안을 통제하기 위해서 판에 박힌 방식으로 행동하기 때문이다. 이러한 행동 방식은 부모가 다져놓은 보살핌과 예측 가능한 루틴을 통해 학습된다. 따라서 비판자들의 주장은 구조화 이론이 결국 사회를 개인의 심리에서 찾으려 한다는 것이다. 이 점은 2부에서 논의할 것이다.

[*83] Hodgson, 1999b; Craib, 1992; Kilminster, 1991.

주요 의문점

결론적으로 구조화 이론은 68–69쪽에 제시된 질문들을 어떻게 다루고 있는지를 살펴보자. 첫째, 개인과 사회는 서로를 형성하면서 동시에 서로에 의해 형성되는 관계에 있다. 어느 쪽도 시간적으로 먼저이거나 본질적인 것이 아니다. 그리고 개인의 정신적 내용을 공유한다는 가정을 세울 필요가 없다. 왜냐하면 사회적 행위 혹은 관행이 논의의 대상이기 때문이다. 이 이론이 가정하고 있는 프레임은 변형적 목적론인데 이것은 앞 절에서 논의한 관점들에서 가정하고 있는 프레임들과 전혀 다르다. 고전적 정신분석 이론은 작용인efficient cause의 개념에 근거를 두고 있기 때문에 결정론적이며 따라서 그 자체로는 새로운 변화를 설명할 수 없다. 비판적 실재론에서는 형성적/합리주의적 목적론이라는 두 개의 인과관계 프레임을 가정하기 때문에 이 또한 그 자체로는 새로운 변화를 설명하지 못한다. 형성적 목적론에서는 이미 접혀 있던 것이 펼쳐지는 것으로 가정하기 때문에 앞서 제기한 질문을 회피하고 있으며, 합리주의적 목적론에서는 변화의 원인을 최초의 원인uncaused cause인 인간의 이성에 돌린다. 사회구성주의에서는 구조화 이론과 다소 유사하게 새로운 변화의 원인을 사회적 관계의 디테일한 측면에 돌린다. 그러나 본질적으로 중요한 것은 사회에 귀속시킨다.

구조화 이론을 비판하는 이들은 세 가지 중요한 문제점을 지적하고 있다. 첫째, 이 이론은 개인의 생물학적 신체에 관심을 기울이지 않는다. 둘째, 이 이론은 사람이 살아가는 물질적 맥락에 거의 관심을 두지 않는다. 셋째, 사회가 개인의 기억 흔적 안에 저장되는 것으로 가정하기 때문에 개인이 먼저이고 최우선으로 간주한다. 2부에서는 여러 면에서 구조화 이론과 유사한 관점에 대해 논의하면서 또한 이 이론에 대한 비판에도 주목할 것이다. 이 논의는 여러 가지 면에서 사회구성주의와 유사하기는 하지만 사회에 본질적인 중요성을 부여하지는 않는다.

4. 결론

조직의 학습과 지식의 창조에 관한 현재의 주류적 사고에는 그 기반으로서 근원적이고 당연한 것으로 받아들여지는 기본 가정들이 있는데, 이번 장에서 나는 이런 가정들에 들어 있는 문제의 본질에 관심을 기울여 왔다. 그 기본 가정이란 개인의 정신 차원에 대한 설명과 사회구조 혹은 제도로서의 조직 차원에 대한 설명이 별도로 존재한다는 것이다. 이러한 가정에서 보면 조직에서의 지식의 창조란, 새로운 지식이 당연하게 받아들여지는 방식으로 개인의 마음 안에서 출현하는 시스템으로 간주된다. 또한 인간은 정신의 내용을 서로에게 전달하여 이를 조직의 기반으로 공유하는 것이 가능하다고 가정된다. 제도로서의 조직은 어떤 방식으로든 개인에게 영향을 미친다. 이번 장에서는 이런 가정들이 어떻게 심각한 문제를 일으키는지를 지적했고 나는 근본적인 문제가 개인과 사회를 분리된 것으로 가정하는 데 있음을 논의했다. 3장의 결론은 개인과 사회를 별개의 차원으로 분리하여 접근하는 것이 타당하지 않다는 것이다. 구조화 이론은 개인과 사회를 동일한 차원에서 설명할 수 있다는 가정 위에 구축되어 있다. 이러한 이론에 물론 문제는 있지만 이 이론은 2부에서 전개할 논의의 방향타가 될 것이다. 2부에서는 개인과 사회를 동일한 설명 차원에서 설명하는 다른 관점들, 즉 구조화 이론과 관련하여 제기된 문제들을 극복할 수 있는 관점들에 대해 논의할 것이다. 이러한 논의는 조직에서의 학습과 지식 창출에 관해 주류적 사고를 상대로 제기하는 중대한 도전이기 때문에 매우 중요한 문제라고 생각한다.

2부

복잡반응과정과
지식의 창발

2부에서는 변형적 목적론의 인과관계 이론에서 인간을 보는 관점에 대하여 논의를 전개하고자 한다(〈표 3.1〉 참조). 이 관점에서 보면 미래는 관계 형성이 이루어지는 지속적인 과정에서 끊임없이 구성되고 있으며, 이 과정에는 일정한 패턴을 형성할 수 있는 고유의 자율적인 역량이 있고 역설적으로 지속성과 잠재적 변화가 동시에 포함되어 있다. 이 관점은 인간 활동의 비유를 위한 원천 영역으로서 복잡성 과학의 특정 사고방식에 바탕을 두고 있다. 이 비유는 개인과 사회가 하나의 존재론적 차원에 존재한다고 주장하는 미드Mead 등이 개발한 개념을 통해 인간을 설명하는 용어로 번역되었다.

조직에서의 학습과 지식 창출에 관한 주류 사고의 대안으로 2부에서는 인간의 행위에 대해 설명할 때 개인의 마음과 사회가 동일한 과정임을 보여 줄 것이다. 마음이라는 것은 사람들의 상호작용에서 생겨나는 것이기 때문에, 여기서는 개인이 곧 사회라는 말이 무엇을 의미하는지에 대해 철저히 탐구할 것이다. 이것은 개인이 시야에서 사라지는 존재도, 모종의 사회적 힘 혹은 집단정신의 수동적인 구성 요소도 아니라는 관점이다. 또한 마음이란 것이 사람과 사람 사이를 정처 없이 표류한다는 관점도 아니다. 이것은 사회적 관계와 마찬가지로 마음은 몸의 활동이라는 관점이다. 다시 말하면 개인의 마음과 사회적 관계는 동시에 그리고 함께 출현한다고 보는 것이다. 이는 개인을 망각하는 것이 아니라 마음이 어떻게 생성되는지를 보여주는 관점, 말하자면 개인과 사회는 동시에 모습을 드러내는 것이기 때문에 어느 쪽이 먼저이거나 본질적일 수 없다는 관점을 보여준다.

이러한 관점 전환은 중요한 실천적 중요성을 갖는다. 이에 대해서는 3부에서 다룬다. 가장 즉각적으로 드러나는 중요성은 다음과 같다. 지식이 디테일한 인간관계 속에서 끊임없이 구성되는 과정에 있는 것이라면, 명시적으로 포착할 수 있고 조직의 구조적 자산으로 체계화하거나 저장할 수 있는 것은 새로운 지식이 아니라 이미 만들어져 있는 지식일 뿐이다. 따라서 학습과 지식의 창출을 관리하는 문제에 관해서 논의하는 것은 의미를 상실한다. 적어도 나의 관점에서 볼 때 실질적인 결실을 얻기 위해서는 성공할 수 없는 노력에 시간과 자원을 낭비하는 것을 멈추고 대신에 인간관계 패턴을 방해하고 혼란시키는 조직의 기능과 정책들을 변화시키는 데 주의를 기울여야 한다. 왜냐하면 인간관계 패턴을 방해하고 혼란시키는 조직의 기능과 정책들은 학습과 지식 창출의 과정을 방해할 것이기 때문이다. 가령 기업의 합병과 인수를 고려할 때, 핵심 질문은 인간관계 패턴을 방해하고 혼란시키는 그러한 움직임들이 합병이나 인수의 정당성을 어떻게 왜곡할 수 있는가 하는 것이 될 것이다.

4장

상호작용의 역동성

이 장은 복잡적응시스템에 바탕을 둔 미국 산타페연구소the Santa Fe Institute의 몇몇 과학자들의 연구들을 간략히 살펴보는 것으로부터 시작할 것이다.*1 시스템의 측면에서 인간의 활동에 대해 사고하는 것은 한계가 있으며 특히 새로운 지식을 창조하는 문제에 있어서는 적절하지 않다는 것을 지적하겠지만, 이 연구소 소속 과학자들의 연구를 포함한 몇몇 연구*2들은 인간 활동의 비유를 위한 원천 영역으로 기여하고 있는 점도 아울러 설명할 것이다. 이 장에서는 복잡적응시스템에 관한 연구의 주요 특징들을 훑어본 다음, 마음과 자아 및 사회에 관한 미드*3의 이론이 복잡성 과학으로부터 얻은 식견을 개인과 사회의 분리에 의존하지 않고 인간의 활동 및 앎을 이해하는 데 있어서 통찰력 있는 방법으로 활용할 수 있음을 밝힐 것이다. 앞에서도 지적했듯이 개인과 사회를 분리하는 것은 주류 사고뿐 아니라 이에 대한 비판자들 대부분의 특징이기도 하다.

1. 복잡적응시스템에서의 인간 이해

복잡적응시스템의 개념을 기반으로 하는 과학자들은 시스템의 프레임으로 연구를 하고 있지만 흥미롭게도 그중에서는 시스템 사고의 범위를 넘어선 연구들도 있다. 일부 연구자들은 어떤 청사진이나 외부 설계자 없이, 지속성과 변형처럼 스스로 일관성을 창출할 수 있는 내적인 역량을 보여주는 현상을 모형화하려고 한다. 그들의 연구는 다음의 가능

---

*1   Ray, 1992; Kauffman, 1993, 1995; Goodwin, 1994.
*2   Prigogine, 1997; Allen, 1998a, 1998b.
*3   Mead, 1934.

성을 보여준다. 첫째, 지속성과 변형은 우발적으로 일어날 가능성이 있다. 둘째, 상호작용을 지속성과 변형으로 패턴화하는 내적 역량을 지닌 것은 상호작용 과정 자체일 수 있다.

대부분의 시스템 이론에서는 일반적으로 설계자에 의해 시스템 자체에 접혀있던 것이 시스템적으로 펼쳐지는 것을 염두에 둔다. 이런 이론들은 설계자가 시스템의 외부에서 시스템을 통제할 수 있다고 주장한다. 그러므로 시스템의 변형 역시 설계자에 의해 시스템 외부에서 결정될 수밖에 없다. 그러나 내가 관심을 두는 것은 동질성과 이질성이 동시에 나타나는 진화의 내적 역동성으로서의 진화과정을 시뮬레이션 하려는 복잡성 접근 방법이다. 이러한 진화의 과정을 상호작용하는 실체의 '시스템'으로 모형화하면 이 '시스템'은 자체 생명력을 갖게 되어 설령 외부로부터 통제를 받는다 해도 통제의 정도를 훨씬 줄일 수 있다. 이런 식으로 시스템을 모형화하는 것은, 시스템이 자체 생명력에 의해 끊임없이 자신의 미래를 지속성과 변형의 패턴으로 구성한다는 것이기 때문에 변형적 목적론에 해당된다. 그러나 이렇게 구성하는 것은 '시스템'에만 집중하고 변형적 목적론의 핵심 개념인 상호작용의 과정을 놓칠 가능성이 매우 크다. 나는 인간의 활동에 대한 비유를 제공할 수 있는 것은 '시스템'이 아니라 상호작용 과정이라는 점을 밝히고자 한다. 이러한 주장의 근거와 변형적 목적론의 의미는 시리즈의 제1권에 제시되어 있으며*4 이 책 93쪽의 〈표 3.1〉에 요약되어 있다.

그러나 추상적인 상호작용 과정을 모형화하는 것은(컴퓨터 시뮬레이션을 가리킴—옮긴이) 인간의 활동과 앎에 대해 직접적으로 말해 주는 바가 없다. 그

---

*4 Stacey et al., 2000.

러므로 비유의 원천으로 이런 모형화를 하는 것에는 주의가 필요한데, 여기에는 몇 가지 이유가 있다. 첫째, 모형화라는 행위 자체가 외부의 모형 설계자를 필요로 하며 모형을 구체화하려면 시스템에 대한 초기 설계가 있어야 한다. 이는 모형화되는 것이 진화의 과정이라 하더라도, 다시 말해, 외부 설계자에 의존할 것 같지 않고 심지어 시스템으로 여겨지지 않을 수도 있는 과정이라 하더라도 마찬가지다. 둘째, 시스템으로서의 모형에 관해 외부의 관점에서 생각하지 않고 **상호작용 내부의 관점**에서 상호작용의 모형화가 무엇을 의미하는지에 대해 생각하려면 이러한 모형화는 상상력의 발휘를 요구한다. 이러한 이유 때문에 복잡성 이론은 인간의 행위에 쉽게 적용할 수가 없다. 이 이론은 인간의 행위와 관련하여 비유의 원천 영역으로서만 가치가 있을 뿐이다. 더욱이 복잡적응시스템 모형은 일련의 추상적인 관계에 불과하며 관계의 가능한 특성들을 보여줄 뿐이다. 셋째, 실제 과정에 관해 무언가를 알기 위한 비유로서 이런 모형을 사용하려면 추상적인 번역 행위가 필요하다. 왜냐하면 이러한 추상적인 관계 속에는 아무런 실제 과정의 속성도 들어 있지 않기 때문이다. 이러한 번역 행위와 관련해서는 이 장 뒤에 가서 논의할 것이다. 그에 앞서 복잡적응시스템의 주요 측면에 대해서 살펴보기로 한다.

복잡적응시스템의 구조는 다음과 같이 요약할 수 있다.

- 시스템은 많은 수의 개별적인 행위자agents로 구성되어 있다.
- 이 행위자들은 국지적 수준에서 상호작용을 조직하는 규칙에 따라 서로 상호작용을 한다. 다시 말하면 행위자는 다른 행위자들과의 상호작용 방식을 결정하는 일련의 규칙이며, 전체 시스템 차원에서

상호작용을 결정하는 일련의 시스템 차원의 규칙이 없다는 점에서 이 상호작용은 '국지적'이다. 유일한 규칙은 행위자 자신이 속해 있는 수준에서 통용되는 규칙이다.

- 행위자는 상호작용 규칙을 돌이켜 참조하면서 끊임없이 상호작용을 반복한다. 즉 상호작용은 반복적으로 이루어지며 피드백을 한다.
- 이러한 상호작용 규칙이 있기 때문에 행위자들은 서로 적응한다. 상호작용은 비선형적이며 이 비선형성은 다수의 행위자를 통해 다양한 규칙으로 표현된다.
- 규칙이 끊임없이 다양하게 생성되는 것은 무작위 변이와 교차 복제로 인한 것이다.

이러한 구조가 있는 상호작용체제의 특성과 관련하여 많은 가설들이 제기된다.

- 전체적인 청사진 없이 국지적인 규칙에 의해 행위자들이 상호작용을 함에 따라 행위자들의 우발적인 자기조직화로부터 일관성 있는 전체 질서의 패턴이 생성된다. 다시 말해 반복적으로 피드백 하는 비선형적인 상호작용 과정에서 끌개, 즉 상호작용 패턴이 만들어지는 것이다.
- 이러한 끌개들은 중요한 매개변수, 특히 에너지의 흐름, 행위자 간 관계의 빈도와 강도, 행위자의 다양성 정도에 따라 여러 가지 다른 역동적인 패턴을 보인다. 예를 들어 안정적인 평형점, 즉 순환적인 끌개도 있을 수 있고 불안정한 무작위 패턴도 있을 수 있다.
- 매개변수의 임계범위에서는 안정성과 무작위 간의 역동성이 발생하며 이는 역설적으로 안정적이면서 동시에 불안정한 끌개 패턴을

지닌다. 이것이 혼돈의 가장자리에서의 역동성이며 이 끌개는 혼돈이론에서의 이상한 끌개 혹은 프랙탈^{fractal} 끌개와 유사하다.

- 무작위 변이와 교차 복제 혹은 이 중 어느 한 가지가 발생하는 상황에서 행위자, 즉 일련의 다양한 국지적 상호작용 규칙들은 적응에 유리한 방식으로 진화한다. 다시 말하면, 다양성 속에서 새로운 끌개가 생성된다. 이러한 진화는 근본적으로 예측이 불가능하다.

- 혼돈의 가장자리에서는 끌개 패턴이 안정과 불안정을 모두 보일 수 있는데, 안정을 유지하는 이유는 중복되는^{redundant} 상호작용이 있어서이며 불안정한 이유는 작은 변화가 증폭되기 때문이다. 혼돈의 가장자리에서 나타나는 역동성의 특징에는 거듭제곱의 법칙이 있는데 이는 대량으로 멸종하는 사건은 발생 빈도가 소수이고 소량으로 멸종하는 사건은 다수라는 것을 의미한다. 거듭제곱의 법칙은 큰 사건은 드물다는 점에서, 그리고 어쨌든 멸종 사건이 존재한다는 점에서 각각 안정성과 불안정성에 대한 또 하나의 근거를 제공한다. 안정성의 또 다른 근거는 규칙으로서의 행위자들이 서로의 상호작용에 가하는 제약이다. 그리고 이러한 제약조건들이 서로 충돌한다는 사실은 불안정성을 야기한다. 이 시스템에서 규칙들은 예측할 수 없는 방식으로 진화하며 대립하는 제약조건들도 마찬가지다.

인간의 상호작용이 복잡적응시스템으로 모형화되는 추상적인 상호작용과 유사한 측면이 있다는 것은 어떤 의미인가? 다시 말하면 앞에 요약된 가설들이 인간의 상호작용과 유사한 점이 있다는 것은 무엇을 말하는가? 이는 인간의 관계 형성 활동이 기본적으로 인간의 현실적인 경험을 연속성과 변형으로 일관성 있게 패턴화한다는 것을 의미할 수 있다. 이것은 이러한 일관성이 어떤 청사진이나 계획 혹은 비전 없이도 발현될 수 있음을 말한다. 아마도 계획과 비전의 형태는 단지 상대적으로 더 많은 권력을 가진 자들의 국지적 상호작용에 의해 결정될 것이다. 이는 인간 활동의 일관성이 대립하는 제약조건의 자기조직화와 관련이 있음을 의미한다. 이와 같은 사고방식을 발전시켜 나가면 인간의 행위와 지식에 대해서 주류는 물론 이를 비판하는 이들이 취하는 관점과 매우 다른 이해 방식에 도달할 수 있다. 그러나 이 주제를 다루기에 앞서 복잡적응시스템의 관점에서 연구하는 학자들이 앞에 제시한 가설의 타당성을 어떻게 입증하고 있는지 살펴보자.

디지털 기호 매체에서의 모형의 상호작용

복잡적응시스템에서의 행동은 컴퓨터 시뮬레이션을 활용하여 탐구하는데 여기서 각각의 행위자는 컴퓨터 명령어로서 표현되는 일련의 상호작용 규칙이다. 각각의 명령어는 하나의 비트열bit string, 즉 기호의 배열로서 0와 1의 형태를 취하기 때문에 하나의 행위자는 여러 알고리즘을 지정하는 특정 패턴으로 배열된 기호의 배열이다. 이 알고리즘들은 특정 행위자가 다른 행위자와 상호작용하는 방식을 결정하는데 이 다른 행위자도 기호의 배열이다. 다시 말하면 이 모형은 단지 많은 기호 패턴들이 서로 상호작용하도록 배열된 패턴이다. 시스템 전반에 걸쳐 상호작용의 전체적인 패턴을 조직하는 명령어 세트가 따로 없기 때문에 상호작용 자체의 패턴을 조직하는 것은 기호 패턴들 간의 이러한 국지적 상호작용이다. 프로그래머가 초기 규칙, 즉 기호 패턴을 설정하면 컴퓨터 프로그램이 반복해서 실행된다. 그리고 시스템 전반에 걸쳐 상호작용 패턴, 즉 끌개가 나타난다. 이 시뮬레이션에서는 앞에 제시한 가설의 일부 혹은 전부와 일치하는 행동 패턴을 반복해서 보여준다. 다시 말해 이 모형은 이러한 가설들이 성립 가능성을 보여주고 있다. 정리하자면 이 모형은 알고리즘 규칙으로 배열된 디지털 기호의 매체를 통해 증거를 제시하고 있다.

예를 들면 레이Ray[*5]는 티에라 시뮬레이션[*6]에서 비트열의 자체 복사 방법을 지정하는 80개의 명령어로 구성된 하나의 비트열을 설계했다. 그는 비트열 복제에 무작위 변이를 도입했고 복제에 소요되는 컴퓨터 상의 제한된 시간을 선택 기준으로 삼았다. 이러한 방식으로 그는 우연성 혹은 불안정성을 복제 과정에 도입함으로써 이 복제 과정을 촉진하기도 하고 억제하기도 하는 조건을 부과했다. 억제 조건에서의 이러한 불안정성으로 인해 시스템에서는 새로운 끌개가 생성될 수 있었다. 첫 번째 것은 숫자가 기하급수적으로 증가하는 끌개였고 이는 결국 추가 복제를 억제했다. 전반적인 패턴은 컴퓨터 메모리의 점유율이 낮은 상태에서 높은 상태로 변화하는 것이었다. 그러나 이 과정이 진행되는 동안 비트열들은 무작위 비트 반전bit flipping을 통해 점진적으로 변화하다가 각자 달라졌다. 그러다가 결국에는 뚜렷하게 구분되는 비트열, 즉 긴 비트열들과 짧은 비트열들이 나타났다. 컴퓨터 시간을 제한했더니 비트열의 크기가 작아지면서 전체적인 패턴이 몇 가지 양상으로 나타났는데, 처음에는 비트열의 수가 급격히 증가하다가 안정된 수의 긴 비트열로, 다음에는 수가 감소한 긴 비트열들로, 이어서 수가 증가한 짧은 비

[*5] Ray, 1992.
[*6] 티에라(Tierra, 스페인어로 지구를 의미)는 1991년에 생태학자 Thomas Ray가 만든 컴퓨터 시뮬레이션 프로그램이다. 이 프로그램은 진화, 변이, 자기복제, 재조합이 가능하다. 이 프로그램의 목적은 캄브리아기에 다양한 동물들이 폭발적으로 발생한 사건이 어떻게 가능했는지를 알아보기 위한 것이었다(옮긴이).

트열들로 바뀌었다. 이 모형은 자동적으로 새로운 끌개, 즉 프로그래밍되지 않은 끌개를 만들어냈다. 다시 말해 개별 비트열의 길이가 동시에 달라지면 항상 증가와 감소의 전체적인 패턴이 나타나고, 증가와 감소의 전체적인 패턴이 나타나면 항상 개별 비트 열의 길이가 지속적으로 달라지기 때문에, 새로운 형태의 개별 비트열과 새로운 전체 패턴이 동시에 나타난 것이다. 개별적인 비트열 패턴과 시스템의 전체적인 패턴은 서로를 형성하면서 동시에 서로에 의해서 형성된다. 다시 말하면 새로운 끌개는 집단 전체와 개별 비트열 자체 수준 모두에서 동시에 나타난다.

더욱이 새로운 끌개는 설계된 것이 아니라 자기조직화 과정으로 발현된 것이며, 스스로를 조직하는 것은 개별 행위자가 아니고 상호작용 패턴이다. 그리고 자기조직화는 개별 행위자 수준과 집단 전체 수준에서 동시에 이루어진다. 이 개별적인 것과 전체적인 것은 동시에 나타나기 때문에 이를 둘로 분리하는 것은 문제가 있다. 고립된 비트열에서의 무작위 변이는 결국 완전히 무작위 변이로 이어질 것이기 때문에 어떤 개별적인 비트열도 그 자체로 일관성 있게 변화하지 않는다. 그러나 다른 비트열과의 상호작용에서 유리한 변이는 선택되고 다른 것들은 제거된다. 기호 패턴 간 상호작용을 통하여 스스로 조직화하는 것은 기호 패턴 자체의 변화이다. 상호작용 패턴은 다시 자신에게 피드백하여 불완전하게 스스로를 복제하고 상호작용 패턴의 변화를 일으킨다.

이 시스템의 외부에 위치한 객관적 관찰자인 레이Ray는 시뮬레이션에 나타난 기호 패턴의 변화를 생물학, 특히 생명의 진화라는 측면에서 해석했다. 그는 모형을 비유로 활용해서 생명은 유사하고 자기 조직적이며 창발적인 방식으로 진화한다고 주장했다. 그리고 다른 시뮬레이션을 활용해서 이와 같은 새로운 끌개의 창발은 안정성과 불안정성의 임계 조합이 이루어지는 혼돈의 가장자리에서 발생한다고 했다.

이와 같이 컴퓨터 시뮬레이션은 알고리즘 규칙으로 배열된 디지털 기호 매체를 통해서 이론이 제시하는 가설의 가능성을 보여준다. 디지털 기호 패턴이 촘촘히 연결되어 있고 충분히 다양하다면 이 디지털 기호는 분명 혼돈의 가장자리에서 역동적으로 자기 조직화하여 새로운 유형의 창발적인 끌개를 산출한다. 산타페연구소 및 여타 기관의 자연과학자들은 디지털 기호 매체에서 이러한 가능성의 시연을 비유의 원천으로 활용해서 생물학과 같은 특정 영역에서 나타나는 현상을 설명하고 있다. 특히 인간의 상호작용에 있어서 상징의 중요성을 고려한다면 인간의 상호작용을 이해하는 데 동일한 방식을 채택하지 말아야 할 이유가 없다고 생각한다.

이 장의 나머지 부분과 2부에서는 앞에서 설명한 디지털 기호의 패턴 간 상호작용이 인간의 상호작용에 대한 추상적인 비유를 제공한다는 점을 논의하고자 한다. 이를 위해서 마음과 자아 및 사회에 관한 미드Mead의 관점에서 인간의 상호작용을 분석할 것이다. 비유의 포인트로 상호작용에 초점을 맞출 때 복잡적응시스템과 인간 활동 간의 어떤 비유도 하지 않을 것이다. 그렇게 하면 바로 1부에서 언급했던 시스템 사고의 한계를 받아들이는 모양새가 될 것이기 때문이다. 나는 인간의 상호작용을 시스템의 측면에서 접근하는 것은 적절하지 않음을 논의할 것이다. 왜냐하면 시스템의 관점은 진행 중인 과정을 실체화reify하는 것이기 때문이다.*7 나는 모형에 있어서 개체들entities의 상호작용을 인간관계

---

*7 저자가 상호작용을 시스템의 측면에서 접근하는 것은 적절하지 않다고 보는 것은, 상호작용은 '진행 중인(ongoing)' 동적인 과정인데 이를 '실체화(reify)'하게 되면 상호작용의 본

형성에 대한 비유로 받아들이고자 한다. 또한 복잡적응시스템 모형의 프로그래머와 인간의 상호작용 간에는 유사점이 없다. 우리는 모두 이러한 상호작용에 참여하고 있기 때문에 상호작용의 외부에 서서 이에 대한 프로그램을 설계하는 것은 불가능하다.

이제 마음과 자아 및 사회의 진화에 관한 미드의 설명과 인간 관계 형성을, 상징symbol을 매개로 한 상호작용의 과정으로 보는 미드의 인간 이해 방식을 검토해보자.

2. 마음과 자아 및 사회의 진화

미드의 관점을 쉽게 이해하기 위해 마음과 사회가 어떻게 진화해 왔는지에 대해 진화심리학에서는 어떻게 설명하고 있는지 살펴보자.[8] 이와 관련해서는 3장에서 개인과 사회를 분리된 것으로 보는 제도주의의 관점에 대해 논의할 때 이미 언급한 바 있다.

진화심리학

진화심리학에서는 진화와 관련해서 신다윈주의의 설명을 제시하고 있다. 신다윈주의는 생물학적 개체에 초점을 맞추어, 이 개체들이 번식할 때는 유전자 수준에서 일어나는 무작위 변이가 생존경쟁에 의해 선택된 새로운 생물학적 종을 탄생시킨다고 주장한다. 이러한 과정을 통해 인간은 차츰 목적의식을 가지고 생각하고 말하고 서로의 상호작용을 조정하

질을 파악하지 못한다고 보기 때문이다(옮긴이).
[8] Pinker, 1997.

는 능력을 갖춘 두뇌를 점진적으로 진화시켜왔다는 것이다. 사고 능력이 뛰어난 개인들은 더 오래 생존했기 때문에 더 많이 번식했고 반면에 그러지 못한 개인들은 점차 소멸해 갔다고 본다. 이처럼 생각하는 동물은 진화에 의해 언어와 추론 본능을 갖추고 세련된 문명사회를 만드는 능력을 갖추게 되었다. 그러므로 유전자의 진화에 의해 더욱 정교한 뇌의 특성인 의식과 자의식이 생겨났으며 이런 뇌 덕분에 인간 사회가 출현했다.

이러한 관점에서 보면 학습과 지식의 창출은 먼저 개인의 뇌에서 이루어지며 이 뇌는 송신자-수신자의 지식 전달 모형에 따라 다른 뇌에 지식을 전달한다. 뇌와 동일시되는 마음은 유전자의 우연한 변이에 작용하는 경쟁적인 선택의 과정에서 출현했으며, 마음이 진화를 하게 되자 사회가 탄생할 수 있었다. 마음과 사회의 진화를 촉진하는 과정은 생존을 위한 맹목적이고 이기적이며 경쟁적인 유전자 수준의 욕구이다. 우연과 경쟁이 먼저 있고 협력은 나중에 오며 협력을 위한 동기의 원동력은 경쟁 상황에서의 생존 욕구이다.

이러한 주장은 인간이 이타적으로 협력하는 행동을 어떻게 설명할 것인가 하는 문제를 야기한다. 진화심리학에서는 사실상 이타주의가 애당초 존재하지 않았으며 개인들이 서로 협력하는 것은 자기 유전자의 생존 능력을 높이기 때문이라고 주장한다. 사람들이 유전자에 의해서 자녀나 다른 가족 구성원에게 이타적으로 행동하도록 프로그램화 되어 있는 것은 이렇게 하는 것이 유전자가 번식하여 집단 속에서 계속 생존할 수 있는 기회를 늘리기 때문이라는 것이다.

액설로드Axelrod[9]는 이러한 과정을 죄수의 딜레마 게임에서 시뮬레

---

[9] Axelrod, 1984.

이션 하고 있다. 이 게임에서는 두 사람이 경쟁하고 있으며 그들에게는
여러 가지 전략이 열려 있다. 예를 들면, 둘 다 서로 협력할 수도 있고
아니면 한쪽은 협력을 철회하여 배반하고 상대편은 계속 협력할 수도
있다. 혹은 양쪽 모두 배반할 수도 있다. 액설로드는 각각의 경우에 포
인트를 할당하고 있다. 둘 다 배반하면 양쪽 모두 약간의 점수를 잃게
된다. 둘 다 협력하면 약간의 점수를 얻게 된다. 한쪽은 배반하고 상대
편은 협력하면 배반한 쪽은 큰 점수를 얻게 되는 반면 협력한 쪽은 큰
점수를 잃게 된다.

1회성 게임에서는 협력에 따르는 위험부담이 너무 크기 때문에 양쪽
모두 배반할 가능성이 높다. 다시 말하면 이기적인 행동에 주어지는 강
력한 생존 인센티브를 감안할 때 1회성 경쟁 게임에서는 어떻게 협력이
이루어질지 알 수가 없다는 것이다. 그러나 게임이 여러 차례 진행되고
양쪽 게임 당사자가 게임의 결과가 어떻게 될지 알게 되면 승리전략이
즉각 명백해지지 않는다. 액설로드는, 게임이 여러 번 반복될 때는 조건
부 형태의 협력이 진화한다는 것을 보여주고 있다. 승리전략은 맞대응
하는 것, 즉 상대편이 배반하기 전까지는 협력하고 상대가 만일 배반한
다면 즉시 배반으로 응수하는 것이다. 이와 같이 양쪽은 조건부 형태로
협력하는 것이 장기적으로 서로에게 최적의 결과를 가져다준다는 것을
알게 된다. 그러므로 일상의 삶과 같이 오래 지속되는 경쟁적인 게임에
서는 협력이 최고의 생존 전략으로 진화한다.

협력의 진화와 관련한 이러한 설명의 문제점은 사람 사이에서 이루
어지는 많은 상호작용이 죄수의 딜레마 게임과 같은 특징을 가지고 있
는 것은 아니라는 사실이다. 첫째, 죄수의 딜레마는 점수가 고정되어 있

다는 점에서 제로섬 게임이며 더욱이 게임 참여자들이 진행하는 상호작용의 바깥에서 누군가가 보상의 구조를 설정하고 있다. 인간의 진화는 이런 식으로 진행되지 않았다. 왜냐하면 사람들은 상호작용을 하는 동안 보상에 대한 관점을 같이 만들며 협력은 대체로 전체 보상의 풀reward pool을 증가시키기 때문이다. 둘째, 게임의 한쪽 당사자는 상대에 비해 월등히 많은 권한을 가지고 있어서 단지 상대의 배반으로 인해 해를 입지 않을 수도 있다. 이렇게 되면 협력은 진화하지 않을 것이다. 한쪽은 상대의 배신이 자신을 해치는 것에 개의치 않거나 그의 배신이 상대에게 해를 끼치는 것을 즐길 수도 있으며 혹은 상대편이 존재할 권리조차 인정하지 않을 수도 있는데 이 모든 것은 협력의 진화를 불가능하게 한다. 셋째, 양쪽은 이러한 게임이 계속되리라는 것을 알아야 하거나 그럴 것이라고 가정해야 하지만 이런 일이 인간의 상호작용에 언제나 해당되는 것은 아니다. 그리고 진화가 유전자 수준에서 일어나는 것으로 본다면, 유전자가 자신은 일회성 게임에 참여하고 있지 않다는 것을 어떻게 알 수 있는지 이해하기 어렵다. 넷째, 협력의 이해에 관한 이 모든 접근법에는 아무런 감정도 작용하지 않으며, 불안은 여러 전략 중에서 순전히 개인적이고 합리적인 전략을 선택하는 데 아무런 영향을 미치지 않는 것으로 되어 있다. 다섯째, 협력의 진화와 관련한 이런 설명에는 인간의 신체와 관련된 내용과 타인과 관계를 맺고자 하는 깊은 욕구에 대한 내용이 완전히 빠져 있다. 그 결과, 인간이 어떻게 서로 협력하게 되었는지에 대해 고도의 인지론적인 설명이 제시되었는데, 이는 분명 내가 삶에서 겪은 경험과 일치하지 않는다.

마음, 자아 및 사회의 진화에 대한 미드의 이론

미드는 사회심리학자로서 매우 독특한 접근 방법을 취하고 있다.[*10] 그는 진화심리학자들과 달리, 마음이 진화의 어느 시점에 갑자기 나타났다는 것은 이치에 맞지 않는다고 보았다. 뿐만 아니라 죄수의 딜레마와 같은 시뮬레이션에서 시사하는 것처럼 마음이 사회에 앞선다거나 그 반대라고 말하는 것도 타당하지 않다고 주장했다. 왜냐하면 인간 사회는 마음이 없이는 성립하지 않으며 마음 또한 사회 없이는 가능하지 않기 때문이다. 많은 동물, 특히 인간은 경쟁만으로는 생존할 수 없다. 인간은 협력해야 하며 또한 관계를 맺고자 하는 강력한 본질적 욕구와 타인에 대한 애착심을 가지고 있다. 사실 인간의 뇌는 애착의 경험에 의해서 중요한 부분이 형성되는 것으로 판단된다.[*11] 따라서 미드는 마음과 사회, 즉 협력적인 상호작용이 어떻게 함께 진화했는지에 대해 설명하고자 했다.

그는 현상학의 입장에서 마음의 진화에 대한 설명은 인간적인 의미의 마음을 가지고 있지 않은 고등 포유동물의 상호작용 방식에서부터 시작해야 하며, 인간다운 마음이 이러한 상호작용 방식으로부터 진화하는 과정을 밝혀내야 한다고 주장했다. 그의 접근은 기본적으로 마음과 사회의 진화 방식에 대한 행위 기반의 설명이었다. 그가 말한 인간다운 마음이란 어느 포유동물이 다른 개체와의 관계에서 자신이 하는 것을 의식하고 있음을 보여주는 포유류의 행동, 즉 초보적인 형태의 의식을 의미했다. 다시 말해 미드는 자신의 행위가 상대에게 불러일으킬 수 있는 반응에 대한 성찰과 사고 및 예측의 초보적인 능력에 관해서 논의

[*10] Mead, 1934.
[*11] Schore, 1994, 1997.

하고 있다. 그는 고등 포유류의 상호작용 행동을 관찰하여 이러한 능력에 대한 설명을 도출해내려고 했으며 본보기로 종종 개를 이용했다.

그는 개들이 어떻게든 서로의 행동에 반응을 보이고 적응해가면서 관계를 맺어 나가는 방식에 주목했다. 이런 상황에서 나타나는 상호작용 방식은 예를 들면, 공격적이거나 장난치는 행동일 수도 있고 경쟁적이거나 협력적일 수도 있다. 그의 관심은 바로 동물의 상호작용, 즉 초보적인 형태의 사회적 행동이었다. 그는 이러한 관찰 결과를 바탕으로 상대편의 반응을 이끌어내는 제스처를 사회적 행동으로 정의했으며 이때 보이는 반응과 제스처가 결합하여 양쪽 당사자 모두에게 의미를 부여한다고 보았다. 아는 것과 지식은 바로 상호작용, 즉 관계의 속성이다. 예를 들어, 개 한 마리가 으르렁거리면 상대편 개는 이에 대해 꼭 같이 으르렁거리거나 도망가거나 웅크려 복종하는 반응을 보일 수 있다. 두 동물에게 있어서 으르렁거림을 주고받은 첫 번째 상호작용은 싸움, 두 번째는 한쪽의 일방적 승리, 세 번째는 즉각적인 지배와 복종을 의미한다. 미드의 주장에 따르면 의미는 제스처 자체에 있는 것이 아니고 사회적 행위 전체에 있다. 다시 말하면 의미는 행위자들이 서로 반응을 주고받으면서 상호작용하는 가운데 만들어지는 것이다. 의미는 개인 안에서 만들어진 후 행위로 표현되는 것이 아니다. 또한 의미는 한 개체에서 다른 개체로 전달되는 것이 아니라 개체 간의 상호작용을 통해서 나타나는 것이며 어떤 대상에 주어지거나 저장되는 것이 아니고 상호작용 속에서 지속적으로 창조되는 것이다.

미드는 제스처가 의미를 암시하는 행위란 점에서 이를 하나의 상징으로 표현했다. 그러나 의미는 상징 그 자체에 있는 것이 아니다. 의미는 제스처에 대한 반응에서만 분명히 드러나기 때문에 반응-제스처라는 사회적 행동 전체에 있는 것이다. 상징으로서의 제스처는 반응에서 의미가 생성되는 방식을 말해 준다. 말하자면 의미는 살아있는 현재^{living}present의 활동에서 창발되며, 이러한 활동 속에서 눈앞의 미래(반응)는 과거(제스처)로 피드백하여 의미를 바꾸어 나간다. 의미는 단지 과거(제스처)나 미래(반응)에 있지 않고, 살아 움직이는 현재에서의 양자 간 순환적인 상호작용 속에 존재하고 있다. 이렇게 볼 때 현재는 단지 하나의 고정된 시점point이 아니라 동적인 시간 구조time structure를 가지고 있다.

미드는 경쟁과 협력이라는 제스처–반응 패턴이 전형적인 사회를 구성한다고 주장했다. 일반적으로 이러한 사회는 기능적 전문성에 의존하고 있다. 예를 들면, 개미 사회는 일꾼개미와 번식개미로 전문화된 구조를 이루고 있고 포유류는 사냥과 번식 및 지배하는 자와 지배받는 자로 전문화되어 있다.

비의도적인(Mindless) 협력과 경쟁*12

지금까지 논의한 것은 〈그림 4.1〉에 나타나 있다. 이 그림에서는 지속적인 제스처와 반응의 과정을 보여주고 있다. 여기서 '지속적'이란 단어에 주목하고자 한다. 미드가 주장하는 내용을 그림에서 표현하려고 하면 시간 프레임이 오로지 현재인 것처럼 보이지만 이는 사실이 아니다. 그림에서 묘사하고 있는 것은 진행 중인 과정의 작은 스냅 사진 같은 것이며 이에 앞서 제스처와 반응의 전체 역사가 있고 뒤이어 다음 제스처와 반응이 계속 이어진다. 모든 제스처는 이전의 제스처에 대한 반응

---

*12 'mindless'란 자신의 행동을 알아차리지 못하는 습관적이고 자동적 무의식적인 마음의 상태를 말하며 의도적이고 적극적인 마음의 상태인 'mindfull'과 대비되는 개념이라고 할 수 있다(옮긴이).

이며 이 전의 제스처는 또 그에 앞선 제스처에 대한 반응이다. 이런 식으로 전체 역사가 구성된다.

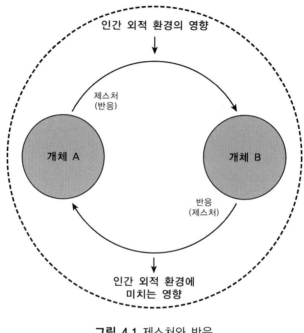

그림 4.1 제스처와 반응

〈그림 4.1〉은 개체의 상호작용을 단순화한 것이지만, 현실에서는 상호작용 과정이 여러 개체 사이에서 일어날 수 있다. 〈그림 4.1〉에서는 상호작용하는 두 개체 외에 이들이 제스처와 반응을 주고받는 환경을 묘사하고 있다. 물리적 환경과 다른 생물체로 이루어진 이러한 맥락은 그림에 있는 특정 개체들의 행동과 상호작용을 가능하게도 하지만 동시에 이를 제약하기도 한다. 이 개체들의 행동과 상호작용은 또한 역으로 물리적 환경에 영향을 미친다. 예를 들면, 많은 수의 초식 동물은 특정 종류의 식물을 먹어 치움으로써 다른 종류의 식물들이 그 자리를 차지

하는 결과를 초래하고 이는 물리적 환경을 변화시킨다. 물리적 환경에서 생명체들biological entities 간에 이루어지는 이러한 제스처와 반응의 과정이 비의도적mindless이고 반사적인 단순한 협력적 활동, 말하자면 사회적 활동을 성립시킨다. '제스처 대화'는 상호작용을 활성화하면서 동시에 제약하기도 하는데 이것이 의미를 만든다. 여기서 개체들은 의미 있는 행동을 하기는 하지만 정작 그 의미는 알지 못하는 기능적 전문화의 형태로 협력이 이루어진다. 이 단계에서 의미는 사회적 행위 자체에 은연중에 내재되어 있지만 활동하는 개체들은 정작 내재되어 있는 의미를 알지 못한다.

이러한 주장은 뭐니 뭐니 해도 사회적인 행동, 즉 협력적이면서 동시에 경쟁적인 상호작용이 기본임을 말해 준다. 이 관점에서는 협력이 어떻게 이기적인 경쟁에서 나오게 되었는지를 보여주는 신다원주의적인 설명을 받아들이기보다는 창발적 형태의 협력 – 경쟁적 선택으로 이어지기 쉬운 – 을 만들어내는 자기조직화 과정이라는 개념을 선호한다. 예를 들어, 카우프만Kauffman*13은 분자들 사이의 무작위 상호작용에서 어떻게 자가 촉매 사슬이 형성될 수 있는지 보여주고 있다. 다시 말해 분자들은 생명의 기초로서 서로의 증식에 협력한다. 그의 주장에 따르면 이러한 연결 과정은 생명체에 전형적인 것으로, 협력적이면서 동시에 경쟁적인 자기조직의 과정은 생명체의 다양성을 낳는 데 있어서 무작위 변이보다 훨씬 중요하다. 협력은 경쟁만큼이나 기대되는 것이며 어느 한쪽이 더 근본적이라 할 수는 없다.

---

*13 Kauffman, 1993, 1995.

의도적인(mindful) 협력과 경쟁

계속하여 미드의 논의를 살펴보자. 앞 단락과 〈그림 4.1〉에서 살펴보았듯이 그의 주장에 따르면 인간은 초보적인 사회구조를 만든 포유류로부터 진화해 온 것이 분명하다. 이러한 사회구조는 오늘날의 포유류에서 발견되는 것과 동일하다. 인간의 진화 과정에 대한 미드의 설명에 따르면 인간의 조상은 중추신경계가 진화하면서 상대방에게 모종의 제스처를 보낼 때 상대방이 보이는 것과 동일한 반응을 자신에게서도 불러일으킬 수 있게 되었다. 이런 일은, 예를 들어, 한 마리의 개가 상대편 개에게 으르렁거릴 때 이 동작이 상대편에게 동일한 맞대응 반응이나 도주 혹은 복종의 자세와 관련된 느낌을 순식간에 불러일으키듯이, 자신에게도 동일한 느낌을 불러일으킬 때 발생한다. 인간에게 있어 상징으로서의 제스처가 하는 역할은 특히 중요하다. 미드는 이러한 제스처를 중요한 상징으로 설명하고 있다. 중요한 상징은 상대편에게 불러일으키는 것과 동일한 반응을 자신의 제스처를 통해서 드러낸다. 따라서 제스처 실행자는 중요한 상징을 통해서 자신이 하는 일을 '알 수' 있다.

이런 간단한 아이디어에는 심오한 통찰이 들어 있다고 생각한다. 우리가 상대방에게 어떤 제스처를 보낼 때 그 제스처가 상대방의 신체에 불러일으키는 것과 동일한 반응을 우리의 신체에서 체험할 수 있다면 우리는 자신이 하고 있는 일을 '알 수'가 있다. 상대편이 보일 수 있는 가능한 반응의 범위에 대해 무언가를 직관적으로 알 수가 있는 것이다. 우리가 보내는 제스처에 대한 반응을 통해 상대방의 신체가 경험한 것과 비슷한 어떤 것을 우리의 신체에서 경험하는 이러한 능력은 앎과 의식의 기초가 된다.

3장에서는 미드의 주장에 대한 거겐Gergen의 비판을 언급한 바 있다.

미드는 하나의 생물체가 다른 생물체의 잠재적인 반응을 어떻게 알 수 있는지에 관해 설명하지 않았다는 것이다. 그러나 미드는 중추신경계 즉 생물학적으로 진화된 신체 전체가 상대편 신체에서 경험하는 것과 유사한 감정을 자신의 신체에서 불러일으키는 능력을 가지고 있다는 점을 설명했다. 신경계가 있는 신체를 가졌다는 것은 무언가를 어떻게 '아는지' 이해하는 데 핵심이 된다.

신체와 감정

미드는 신체적 상호작용에 관한 논의를 계속해 나갔다. 그의 주장에 따르면 상호작용에 대한 설명은 동물 신경계의 특성과 일치해야 한다. 신경계는 자신의 제스처로 인해 상대방의 신체에 나타난 것과 유사한 반응을 자신의 신체에도 일으킬 수 있어야 한다. 미드 자신이 이러한 아이디어를 개발한 것은 아니지만 뇌에 관한 최근의 연구는 미드의 통찰을 지지하고 있다.

예를 들어 신경 과학자 다마지오Damasio[14]는 뇌가 면역체계와 내장 및 신체의 다른 시스템뿐만 아니라 심장, 폐, 소화기관, 근육 및 다른 기관의 주기적인 활동을 끊임없이 모니터링하고 통합한다고 주장한다. 뇌는 매 순간 신체의 내부 상태를 기록한다. 그의 주장에 따르면 이러한 신체 상태가 느낌의 상태를 결정한다. 이러한 뇌의 지속적인 모니터링 활동, 즉 느낌 상태의 기록은, 사람이 얼굴이나 향기와 같은 외부의 대상을 선택적으로 지각하고 경험에 의해 신체와 느낌 사이의 연관성을 형성할 때 일어난다. 신체 외부의 대상에 대한 모든 인식은 세계에 대해

---

[14] Damasio, 1994, 1999.

작용을 가할 때 나타나는 특정한 신체 상태, 즉 느낌의 패턴과 관련이 있다. 사람은 이전에 접했던 것과 유사한 환경에 놓이게 되면 유사한 느낌의 상태나 신체 리듬을 경험하게 되고, 이러한 느낌 상태나 리듬은 그 상황에 맞게 행동하도록 한다. 이런 식으로 인간의 세계는 감정에 이끌리게 되며 감정 상태는 무의식적으로 주어진 상황에서 고려하게 될 선택의 범위를 좁힌다. 다시 말해, 느낌은 무의식적으로 선택에 영향을 미치기 때문에 느끼는 능력이 손상되면 합리적인 행동 옵션을 신속하게 선택할 수 있는 능력도 손상된다. 다마지오는 신경학적 관점에서 신체의 리듬 패턴에 대한 모니터링이 신체의 활동 무대인 세계를 구성하는 토대임과 동시에 신체의 주체성에 대한 독특한 인식이라고 주장했다.

따라서 느낌은 신체 리듬의 패턴이며 어떤 제스처를 취함으로써 상대방의 신체에 나타났던 것과 유사한 반응과 느낌의 리듬을 자신의 신체에 일으키게 할 수 있다. 다시 말해 상호작용하는 두 개체의 신체 리듬 간에는 모종의 공명이 존재한다. 이러한 능력이 있기 때문에 제스처를 보내는 사람은 그 제스처의 결과를 직감하고 예측도 할 수 있다. 즉, 그는 상대방이 반응하기 전에 자신이 하고 있는 행위를 알 수가 있다. 이러한 직감은 직접적인 의사소통의 형태로 상대방의 신체와 공명하는 자신의 신체 리듬 패턴의 형태를 취할 수 있다. 사회적 행위 전체, 즉 의미는 전체 행위를 수행하기 전에 미리 경험할 수 있으며, 제스처를 할 때 성찰과 선택의 가능성을 열어 놓는다. 또한 반응하는 측에서도 반응의 범위로부터 성찰하고 선택할 수 있는 동일한 기회를 가질 수 있다. 처음의 제스처를 보고 상대방은 자신의 반응으로부터 그 다음 제스처가 어떻게 펼쳐질지 미리 짐작할 수가 있는 것이다. 이런 방식으로 자신의 제스처로 인해 상대방의 반응이 나오고 이 반응이 다시 제스처로 이어지는 끊임없는 순환 과정 속에서 양측은 어떻게 반응할지를 서로에게 보여줄 수 있다. 이러한 역량이 있기 때문에 보다 더 정교한 형태의 협력이 가능해진다.

의식과 의미

상대방에게 일어났던 것과 동일한 반응을 자신에게서 불러일으키는 역량은 기초적인 인식 혹은 의식이며, 이런 역량은 의미와 더불어 제스처를 통한 사회적 대화에서 발현된다. 의식적인 의미가 발현됨과 동시에 보다 정교하게 협력할 수 있는 잠재력이 나타난다. 따라서 사회의 조직과 개인의 의식은 동시에 나타나는 것이며 양쪽은 서로를 형성한다. 따라서 한쪽이 없이는 다른 쪽도 존재할 수 없다. 이런 식으로 사람들이 상호작용할 때는 제스처를 하기 전에 잠시 멈추는 일이 발생할 수가 있는데 다른 이들과 반복적으로 상호작용을 하는 도중에 자신과 마음속으로 대화를 하며 이런 과정을 통하여 상대방의 태도를 취하는 법을 배우게 된다. 이는 실제로 제스처를 끝내거나 시작하기 전에 이를 시범적으로 실행해 볼 수 있게 한다. 그것이 불러오는 것은 공격일까, 두려움일까, 도주 혹은 복종일까? 각각의 경우는 어떤 결과를 초래할까?

이러한 방식으로 초보적인 수준의 사고가 나타나며 이는 사적인 역할 놀이private role playing*15의 형태를 취하게 된다. 이러한 내적 대화는 자신의 신체가 스스로에게 보내는 제스처이며 이는 자기 자신에게서 반응을 불러일으킨다. 미드에 따르면 인간은 기본적으로 역할 놀이를 하는 동물이다. 이는 사회가 보다 정교하게 협력하는 조직으로, 즉 보다

---

*15 'silent conversation'과 더불어 저자가 이 책에서 자주 사용하는 표현으로, 마음속으로 하는 자신과의 대화를 가리킨다. 이에 대비되는 것으로 타인과의 상호작용을 뜻하는 'public role play'란 표현을 사용하고 있다(옮긴이).

복잡한 형태의 사회로 진화하는 데 있어서 놀이가 갖는 중요성을 강조하는 것이다. 지금까지의 논의 방식은 언어 능력에 의존하지 않는다는 점에 주목하자. 이제까지 논의한 사적인 역할 놀이와 다른 사람과의 공적인 역할 수행은 언어 없이 이루어진 것이다. 이러한 역할 놀이 혹은 역할 수행은 중요한 상징을 매개로 하여 이루어지는데, 중요한 상징이란 신체 리듬으로서의 느낌과 활동을 뜻하며, 이 느낌과 활동이 결합하여 중요한 상징 속에서 미드가 말한 소위 '제스처 대화conversation of gestures'를 구성한다.

그리고 미드는 상대방에게서 나타난 것과 동일한 태도를 자신에게서 불러일으키는 데 특히 유용한 것은 언어에 의한 제스처라고 주장했다. 그 이유는 가령, 상대방에게 얼굴 표정으로 제스처를 보내는 경우 그가 보는 것과 동일하게 볼 수는 없지만(내 표정을 내가 볼 수 없기 때문에—옮긴이) 언어로 표현할 경우는 그와 동일하게 들을 수 있기 때문이다. 따라서 보다 정교한 음성 제스처 패턴의 발달, 즉 중요한 상징으로서 언어의 발달은 개인의 의식 및 복잡한 형태의 사회가 발현하는 데 매우 중요하다. 마음과 사회는 언어를 매개로 동시에 발현하는 것이다. 그러나 말하기와 듣기는 신체의 활동이고 신체에는 느낌이 수반되기 때문에 언어라는 매개체는 느낌의 매개체이기도 하다.

이러한 발달은 〈그림 4.2〉에 묘사되어 있는데 이 그림은 두 개인 간 제스처와 반응의 연속적인 사이클 및 각자의 사적인 역할 놀이를 보여주고 있다. 또한 이 그림에서는 상대와 제스처를 주고받는 일반적인 대화와 각자의 사적인 역할 놀이에는 신체리듬이라는 형태의 생물학적 관련요인이 있음을 보여주고 있다. 뿐만 아니라 당사자들이 서로 상호작용을 할 때 그들의 신체가 바로 함께 공명한다는 것도 보여준다.

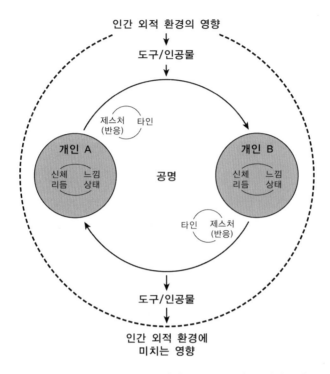

인간 외적 환경의 영향

도구/인공물

제스처
(반응)   타인

개인 A   공명   개인 B

신체   느낌   신체   느낌
리듬   상태   리듬   상태

타인   제스처
(반응)

도구/인공물

인간 외적 환경에
미치는 영향

그림 4.2 타인과 동일한 반응을 자신에게서 불러일으킴

    또한 일반적인 대화와 사적인 역할 놀이는 상호작용하는 당사자들의
경험을 구성하며, 가소성 있는 각자의 뇌에서 연결 패턴을 형성한다.[16]
이 두 유형의 대화는 뇌와 신체의 시공간 패턴을 형성함과 동시에 이 패
턴에 의해서 형성되기도 한다. 또한 이 두 가지 방식의 대화는 중요한
상징, 특히 언어라는 매개체에 의하여 동시에 진행되며, 협력적 활동을
상징적으로 매개하는 이러한 능력은 인간과 다른 동물을 구별 짓는 핵
심적인 특징 중의 하나이다.

---

[16] Freeman, 1995.

비고츠키는 인간을 구별 짓는 또 다른 주요 특징으로 손과 도구의 사용 능력이 있음을 지적하고 있다.[*17] 인간의 발달은 도구를 협력적으로 사용하는 능력에 결정적으로 의존해 왔으며 보다 정교한 방식으로 도구를 사용하는 이러한 능력은 말하는 능력 덕분에 가능하게 되었다. 따라서 〈그림 4.2〉는 인간이 도구를 사용하여 물리적 혹은 인간 외적 환경 속에서 행동하는 과정을 묘사하고 있다. 인간 사회는 물리적 환경에 중요한 영향을 미치며 이러한 환경은 인간의 활동을 활성화하기도 하고 제약하기도 한다.

우리가 상대방의 태도를 취해 보면, 즉 중요한 상징으로 의사소통을 하게 되면 적어도 초보적인 형태의 의식이 나타난다. 다시 말하면 예상되는 자기 행동의 결과를 '알 수' 있게 된다. 이렇게 해서 사회의 특성이 기능적 전문화를 통한 무의식적 협력에서 점차 의도적으로 역할을 수행하는 정교한 상호작용으로 변화되었다. 이는 언어를 사용하면서 일어난 변화이다. 의미는 특히 음성 기호라는 매개체를 통한 제스처와 반응에서 만들어진다. 그러나 다음 장에서 논의하겠지만 이 음성 기호는 항상 느낌이라는 '신호'를 포함하는 전체 과정의 한 측면이다. 다시 말해 사회적 과정을 가능하게도 하고 제약하기도 하는 주된 요소는 언어를 통한 대화이지만 이러한 대화 역시 항상 느낌을 매개로 하여 이루어진다. 마음 혹은 의식은 사적인 역할 놀이나 무언의 대화처럼 자신을 향한 신체의 제스처이자 반응 행위인 반면 사회는 서로를 향한 신체의 제스처이자 반응 행위이다. 따라서 개인의 사적인 역할 놀이와 공적인 역할 수행은 상호작용을 특징으로 하는 동일한 과정이며 개인의 신체 내부에

[*17] Vygotsky, 1962.

서 그리고 다른 사람과의 관계에서 반응하는 의사소통 행위이다. 의사소통 행위는 다른 생물체와 물리적 세계라는 환경 속에서 느낌을 구성하는 신체 리듬을 특징으로 하며 이러한 환경 속에서 사람들은 이 환경을 변형시키기기 위해 도구를 활용하여 상호작용한다.

사회적 태도

미드는 그의 주장을 한 걸음 더 진전시켜 개인의 마음속에서 이루어지는 사적인 역할 놀이가 어떻게 점차 복잡하게 진화해 나가는지 보여주고 있다. 다른 사람들과 더 많은 상호작용을 경험하면서, 더 많은 역할들과 더 넓은 범위의 가능한 반응들이 제스처에 선행하는 역할 놀이 활동의 범주 안으로 들어온다. 보다 더 정확히 말하면 다른 사람과의 일반적인 제스처/반응들과 끊임없이 연결된다. 이러한 방식으로 다른 사람의 태도를 인식할 수 있는 능력이 발달하며 이는 일반화된다. 이렇게 되면 제스처 대화에 참여하는 모든 이들은 미드가 말한 소위 일반화된 타자generalized other*18의 태도를 인식할 수 있다. 결국 개인은 집단 전체의 태도를 인식할 수 있는 능력을 발달시킨다. 미드의 용어로 말하면 게임의 단계에 이르게 된다. 다시 말하면 제스처와 반응을 하면서 사회적 태도를 인식할 수 있는 피조물로 진화하게 되는 것이다. 그 결과 더욱 정교하게 협력하면서 상호작용하는 과정으로 발전한다. 이는 〈그림 4.3〉에서 묘사되고 있다.

---

*18 자아에 반영된 일반적인 타인의 모습. 미드는 자아를, 개인적 신념과 충동에 의해서 행동하는 '주체로서의 나'와, 사회에 적용하고 사회의 요구를 대표하는 '대상으로서의 나'로 나누었는데, 일반화된 타자는 '대상으로서의 나'에 해당된다(옮긴이).

복잡계의 새로운 접근 : 복잡반응과정

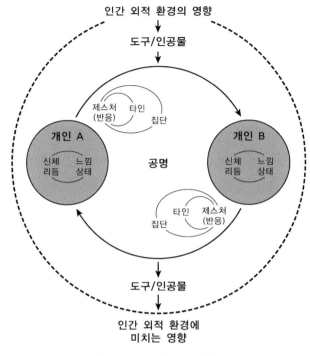

그림 4.3 집단의 태도 인식

이렇게 해서 의도적이고 사회적인 행동의 의미가 점점 정밀해지고 도구를 더욱 효과적으로 사용할 수 있는 능력이 길러지면서 상호작용하는 사람들이 살아가는 환경을 변화시킬 수 있게 된다.

자아의 출현

진화과정의 다음 단계는 특정의 타자와 일반화된 타자, 나아가 집단 전체의 태도를 '사회적 자아me'와 연결하는 것이다. 다시 말하면 나의 제스처에 대한 타인의 태도만이 아니라 나의 자아에 대한 타인의 태도를 인식할 수 있는 역량이 진화하는 것이다. '사회적 자아me'는 '개인적 자아'에 대한 타인/사회의 제스처/반응을 구성한 것이다. 여기서 진화한 것은 자기가 자신에게 대상이 될 수 있는, 말하자면 '사회적 자아'가 될 수 있는 역량이며 이는 나의 제스처만이 아니라 자기 자신에 대한 집단의 태도를 인식할 수 있는 역량이기도 하다. 따라서 자기 자신에 대한 인식, 즉 자기의식만이 아니라 '사회적 자아'와 '개인적 자아'의 관계로서의 자아가 나타난 것이다. 이러한 상호작용에서 '개인적 자아'는 집단/사회가 나에게 보내는 제스처, 즉 '사회적 자아'에 대한 반응이다. '사회적 자아'는 '개인적 자아'에 대한 타인의 반응이다. 미드에 따르면, 나에 대한 집단의 태도를 인식한다고 해도 이에 대한 나의 반응은 결정되어 있는 것이 아니다. 내가 어떻게 반응할지는 개인적 자아가 사회적 자아에 반응하는 방식이 미리 정해지지 않았기 때문에 예측이 불가능하다. 이것은 매우 중요한 사실이다. 다시 말하면 우리에 대한 타인의 생각을 지각할 때 우리는 이에 대해서 각자 다양한 방식으로 반응할 수 있다는 것이다. 여기서 미드는 새로운 것의 창발, 즉 변화의 가능성에 있어서 이질성 혹은 다양성의 중요성을 지적하고 있다. 이 점에 대해서는 7장에서 개인마다 다른 역할 놀이의 발달과 관련하여 환상의 역할을 다룰 때 미드와는 다른 방식으로 접근할 것이다. 이 단계의 진화에 있어서 언어는 매우 중요한 역할을 한다. 미드는 언어가 없다면 우리가 아는 바로서의 마음과 자아 및 사회는 성립할 수 없을 것이라 했다.

이렇게 해서 문자 그대로 인간 사회가 출현했고 이와 동시에 자아를 포함하여 마음이란 것이 생겨났다. 미드는 어느 한 편이 다른 편보다 근본적이지 않으며, 어느 한 편이 없다면 다른 편도 존재할 수 없을 것이라고 일관되게 주장했다. 인간의 측면에서 볼 때 사회는 사람들이 행동을 함께 하기 위하여 상징이라는 매개체를 통해 매우 정교하게 협력하며 상호작용하는 과정이다. 스스로를 의식하는 마음이 없다면 이와 같은 정교한 상호작용은 일어나지 않을 것이고 반대로 이런 정교한 상호작용이 없다면 스스로를 의식하는 마음 또한 존재하지 않을 것이다. 다시 말해 타인과의 정교한 상호작용이 없다면 자기 몸 자체로는 무언의 대화를 포함하여 사적인 역할 놀이가 불가능할 것이다. 마음/자아 및 사회는 모두 논리적으로 동등한 대화의 과정이다. 사회적 상호작용은 다른 사람과의 제스처 대화, 특히 언어에 의한 제스처 대화이다. 반면에 마음은 타인과 사회적으로 상호작용하는 가운데 자아의 내면에서 무언의 형태로 이루어지는 '개인적 자아', '사회적 자아', '타인' 그리고 '집단' 간의 제스처 대화이다. 그 결과 의미를 구성하는 상징이라는 매개체를 통해 재귀적self-referential이고 성찰적인 정교한 협력이 이루어진다. 항상 신체와 느낌이 관련되는 이러한 과정은 인간의 경험을 촉진하기도 하고 제약하기도 하는데 이것이 소위 관계 형성에 나타나는 복잡반응과정의 기본 형태이다.

〈그림 4.4〉는 지금까지의 설명을 보여주고 있으며 앞서 설명한 것에 덧붙여, 자기 내면에서든 남과의 관계에서든 모든 상호작용은 물리적이고 인간외적인 환경 안에서 사람들이 협력하여 도구와 기술을 활용하면서 살아가는 과정이라는 사실을 말해 주고 있다. 이러한 환경 속에서 살아갈 때 인간은 환경에 영향을 미치지만 이와 동시에 환경 또한 인간이 하는 일을 촉진하기도 하고 때로는 억제하기도 하는 등 인간에게 영향을 미친다. 이 그림에서는 마음/자아가 단순히 개인의 신체 안에 존재하는 것이 아니고 사람과 사람 사이의 관계에서 발현하는 것임을 나타내기 위하여 개인의 신체 바깥에서 진행되는 자아/마음의 과정을 의도적으로 보여주고 있다. 이렇게 생각하면 개인의 마음/자아란 것은 존재

하기는 하지만, 개인의 내부가 아니라 사람과 사람 사이의 관계에서 생겨난다는 점이 대단히 중요하다.

그러나 마음/자아가 펼치는 상징 과정은 실체라기보다는 활동으로서, 몸 안에서의 리드미컬한 변화, 즉 감정 상태로 경험된다. 걷기가 몸의 활동이듯이 마음 또한 몸의 활동이다. 걷기가 몸으로부터 나온다고 할 수 없듯이, 마음이 뇌에서 나온다고 하는 것도 더는 적절하지 않다. 마음/자아에 의한 무언의 대화를 포함하여 사적인 역할 놀이는 주어진 현실의 표상으로 저장되는 것이 아니라는 사실에 주목할 필요가 있다. 이는 지속적으로 이루어지는 자발적인 활동으로서, 이러한 활동을 하는 과정에서 그 활동 패턴은 지속성과 동일성, 일치와 같은 형태로 그리고 동시에 일치 속의 잠재적 변형 같은 형태로 끊임없이 반복된다. 다시 말하면 다른 사람과의 사회적 상호작용과 마찬가지로 자기와의 상호작용, 즉 마음속으로 하는 상호작용에는 습관이라는 친숙한 반복의 경험과 자발적 변화 가능성이 동시에 존재한다. 그 과정은 표상하거나 저장하는 것이 아니라 새롭고 의미 있는 경험을 지속적으로 재생산하고 창조하는 것이다. 이와 같은 방식으로 개인의 자아 및 동일성과 사회가 모두 본질적으로 중요하다는 점이 인정된다. 또한 지속성과 잠재적인 변형의 가능성은 항상 동시에 존재한다.

3장에서 거겐Gergen이 미드의 사상을 비판한 점에 주목한 바 있다. 거겐은 미드가 개인의 사적 주체성을 전혀 포기하지 않았다고 비판했다. 앞서 지적했듯이 거겐은 개인의 주체성을 포기하고 사회를 선택했지만 미드는 개인과 사회에 대해 동일하게 중요성을 부여했다. 이는 미드의 강점이라고 생각한다. 또한 거겐에 따르면 미드는 어떻게 타인의 마음 상태를 파악할 수 있는지에 대해 설명을 하지 않았다고 했지만 이러한

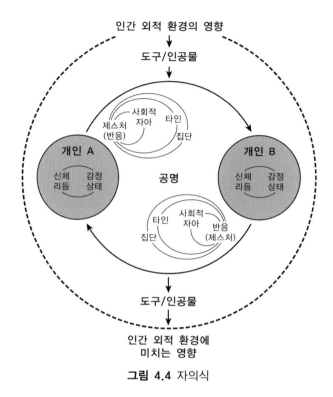

그림 4.4 자의식

비판은 적절하지 않다. 미드의 주장은 자신의 제스처를 통해 타인에게 불러일으키는 것과 유사한 반응을 자신에게도 불러일으킬 수 있다는 것이다. 이것이 가능한 것은, 사람의 신체는 타인과 유사한 감정 리듬을 경험할 수 있기 때문이다. 이는 타인의 마음 상태를 이해할 수 있다는 말과 같지는 않지만 인간의 신체는 타인의 신체에 공감할 수 있고 거기에 맞출 수도 있음을 의미한다. 이러한 생각을 지지해 주는 근거는 뇌와 신체의 기능에 관한 연구에서 확인할 수 있다.

그리고 거겐은 미드의 주장에 사회적 결정론의 조짐이 있다고 주장한다. 그는 미드의 사적인 역할 놀이에 관한 논의를 지적하면서 이것은 타인의 제스처로 인해 유발된다는 것이다. 그러나 '개인적 자아'에 관한 미드의 논의를 보면 그는 이런 주장을 하지 않았다. 미드에 따르면 '개인적 자아'의 반응은 미리 정해진 것이 아니며 여기에는 개인의 자율성이라는 관념이 있다. 그러나 거겐의 주장에도 일리는 있다. 첫째, 미드의 논의 속에는 '개인적 자아'가 반응하는 토대에 대한 설명이 없다는 점에서 이 '개인적 자아'에는 약간 불가사이한 점이 있는 것 같다. 더구나 상대편의 제스처에 의해서 반응이 유발된다는 것은 타인이 반응을 결정한다는 것처럼 들릴 수도 있다. 따라서 나는 상대의 제스처로 인해 모종의 반응이 일어나는 것과 응답자가 적절한 반응을 선택하고 실행하는 것은 동시에 일어나는 일이라는 점을 지적하고자 한다. 다시 말하면 '개인적 자아'의 반응은 상대편에 의해 유발되지만 응답자의 과거 경험과 생물학적, 개인적, 사회적 상황에 의해 선택되고 구체화된다. 상대방의 제스처가 나의 반응을 유발하기는 하지만 실제 반응으로 구체화할 수 있는 것은 '나'이며 이는 나의 과거에 달려 있다. 그러므로 2장에서 언급한 구성주의의 논의는 미드의 주장을 보완해준다. 내가 주장하는 것은 반응에서의 움직임에 따른 긴장, 말하자면 선택selection과 실행enactment 및 환기evocation와 유발provocation로 인한 긴장이다. 이와 같이 살아 있는 현재에 나타나는 역사적 반응에 있어서의 반복 및 잠재적 변형은 환기에 있어서의 반복 및 잠재적 변형과 긴장 관계를 유지한다.[*19] 따라서 구조화 이론(3장 참조)에 대한 호지슨Hodgson의 비판은 여기에서의 논의에 적용되지 않는다. 왜냐하면 구조화 이론은 역사, 맥락 그리고 신체적 상호작용을 중요하게 다루기 때문이다. 나의 주장은 창발에 관한 것이며

[*19] 상대의 제스처로 인해 나에게서 유발되는 반응은 이전 반응을 반복할 수도 있고(재생산) 이전 반응과 달라질 수도 있는데 이것은 나의 과거 경험에서 어떤 것을 환기(evocation)시키느냐에 달려 있다는 의미임(옮긴이).

이는 궁극적으로 변화의 근원을 개인의 내부에서만 찾고 있지는 않다.

내가 주장하는 것은 어떤 점에서 사회구성주의의 관점과 유사하다. 두 관점 모두 관계 형성에 있어서의 디데일한 측면에 중점을 두고 있다는 점에서 특히 그러하다. 그러나 중요한 차이가 있다. 첫째, 나의 관점에서는 사회구성주의와 달리 개인과 사회를 분리하지 않기 때문에 개인보다 사회에 우선순위를 부여하지 않는다. 그러므로 자신의 행위에 대한 책임을 지는 개인이 사라지지 않는다. 우리가 자기 자신에게서 상대방의 태도를 떠올릴 수 있는 능력, 사적인 역할 놀이와 무언의 대화 능력, 사유와 성찰의 능력이 있다면 상대방에게 어떤 행위를 했을 경우 그것이 초래할 결과를 알지 못한다 하더라도 그 행위에 대해 설명해야 할 의무를 지게 된다. 도덕적 책임은 개인적인 것이면서 동시에 사회적인 것이다. 사회구성주의자들의 주장과는 달리 윤리적 책임이 나로부터 우리로 옮겨갈 수는 없다. 미드는 도덕적 질서에 있어서 사회의 중요성과 개인의 윤리적 책임을 끊임없이 주장했다.

3. 비유의 원천으로서의 복잡성 과학

앞 절에서 설명한 것은 사람과 사람 사이에서 제스처와 반응 행위를 중요한 상징으로 이해하는 상호작용 과정에 대한 것이었다. 다시 말하면 이러한 상호작용의 과정은 특별한 형태의 체화된 상징 간의 상호작용, 즉 말이라고 하는 음성 언어를 통해 이루어지는 중요한 제스처 상징 간 상호작용의 하나이다. 이 장의 첫 부분에서 언급했던, 복잡적응시스템의 관점에 기반을 두고 있는 과학자들은 이와 다른 디지털 기호 사이에서 진행되는 추상적인 상호작용 모형의 특성을 찾는 일을 하고 있다. 앞 절에서는 체화된 상징을 매개로 사람과 사람 사이에서 끊임없이 순환하면서 진행되는 제스처와 반응의 과정인 상호작용에 관한 사유의 한 유형을 살펴봤다. 복잡적응시스템 모형에서는 디지털 기호의 매개체에서 나타나는 컴퓨터 프로그램 간의 지속적이고 순환적인 상호작용 과정의 특징을 탐구한다. 추상적인 모형에서 구현된 상호작용의 특성은 미드의 아이디어를 통해 해석된 인간의 상호작용에 대한 비유를 제공할 수 있다. 그러나 왜 구태여 비유를 우선적으로 찾아야 하는가? 지금부터 설명하겠지만 그 이유는, 미드의 통찰력이 놀랍기는 해도 이것만으로는 우리의 논의를 진전시키는 데 한계가 있기 때문이라고 생각한다.

앞 절에서는 하나의 예로서 두 사람 사이에서 진행되는 상호작용을 활용해서 미드의 기본 사상을 단순화된 형태로 제시했다. 수많은 사람들 사이에서 이루어지는 제스처와 반응의 과정을 생각해 볼 때, 그 엄청난 복잡성은 상상을 초월한다. 수천 아니 수만 명의 사람들 사이에서 끊임없이 순환하면서 진행되는 제스처와 반응의 과정이 어떻게 일관성을 유지할 수 있겠는가? 이것은 미드가 다룬 주제가 아니지만 복잡성 과학이 중요한 통찰력을 제공해 주는 주제라고 생각한다.

상호작용의 본질적 특성

이 장 앞부분에서 언급했듯이 복잡성 과학의 주요 통찰은 상호작용의 본질적 속성에 대한 이해이다. 복잡계 모형에서는 복잡계를 구성하는 하나하나의 개체가 국지적인 자기조직화 원리에 따라 서로 반응하는 가운데, 다수의 개체들 사이에서 이루어지는 상호작용으로 인해 특정 조건에서 새로운 것이 출현할 가능성과 더불어 일관된 패턴이 생성될 수 있는 가능성, 즉 혼돈의 가장자리에서 역설적 역동성이 발생할 가능성을 보여준다. 다시 말해 상호작용하는 개체들이 충분히 촘촘하게 연결된다면, 자기 조직화하는 이 상호작용의 과정은 어떤 청사진이나 프로그램 없이도 일관성 있는 패턴을 스스로 생성할 수 있는 본질적 역량을 가지고 있다. 뿐만 아니라 상호작용하는 개체들이 충분히 서로 이질적인 때는 스스로 새로운 패턴을 생성할 수 있다. 다시 말하면 추상적인 시스템은 연속성과 참신성, 동일성과 이질성이라는 역설적인 특징이 동시에 나타나는 상황에서 스스로를 패턴화한다. 나는 복잡성 과학의 비유를 통해서 서로 이질적인 사람 사이의 제스처와 반응의 순환적인 과정을 이해하고자 한다. 이러한 상호작용의 과정에 참여하는 사람들은 패턴화하는 내적 역량이 있는 상징의 매개체를 통해 서로 관계를 형성하면서 자기 조직화한다. 다시 말하면 관계를 맺는 패턴은 연속성과 참신성, 동일성과 이질성을 동시에 구현하는 방식으로 관계를 패턴화한다. 이것이 바로 관계 맺기에 있어서의 복잡반응과정의 의미이며 이는 특정한 인과관계 프레임, 즉 변형적 목적론의 관점이다. 이 프레임에 따르면 미래는 연속성과 잠재적 변화라는 패턴을 중심으로 끊임없이 재구성된다. 변형적 목적론이라는 하나의 인과관계 프레임이 주류 사고의 기반인 합리주의적 목적론과 형성적 목적론이라는 이원론적인 인과관계 프레임을 대체하고 있다.

관계 형성의 과정에 있어서 일관성 있는 관계 패턴의 창발에 관한 이러한 관점을 받아들이면 심층구조와 원형archetypes, 집단 무의식, 초월적 전체, 공동의 의미 풀, 집단정신, 집단 전체, 초개인적 과정, 기본 매트릭스foundation matrix, 개인의 역동적 무의식, 내면세계, 정신 모델 등과 같은 개념에서 일관되게 나타나는 인간 행동의 원인을 찾을 필요가 없다. 대신에 인간의 관계 형성이 본래 패턴을 형성하는 것이라고 이해하면 된다. 이는 인간의 행위 주체성agency에 대해 전혀 다른 개념으로 접근하는 것이다. 행위 주체성은 실행을 의미하며 인간의 행위 주체성은 인간의 몸이 무언가를 실행하는 것을 의미한다. 행위 주체성은 무엇이 인간의 몸으로 하여금 무언가를 하게 하는지에 관심을 갖는다. 생존을 위해서 신체가 하는 일은 서로 상호작용하는 것이다. 인간은 사회적 동물이며 인간이 무언가를 하는 원인을 단순히 몸 안에 있는 것으로 못 박아 둘 수는 없다. 그러나 사회구조와 제도는 단지 신체의 연장으로서의 관행이자 관습일 뿐이기 때문에 행위 주체가 될 수 없다. 그러므로 행위 주체성을 사회구조와 제도에 둘 수도 없다. 또한 인간의 관계 형성은 고정된 '실체it'가 아니고 흘러가는 과정ephemeral process이기 때문에 관계를 제3의 경험 영역인 어떤 '실체'로 분리시켜 거기에 행위 주체성을 부여할 수도 없다. 사람들이 살아가면서 하는 일이 서로의 몸을 통해 관계를 맺으면서 반응하는 과정으로서 서로의 관계 형성을 끊임없이 패턴화하는 것이라고 본다면, 행위 주체성은 이러한 패턴화 과정을 형성하면서 동시에 패턴화 과정에 의해 형성되기도 한다.

프랙탈 과정

복잡반응과정은 또한 복잡성 과학의 개념을 활용해서 프랙탈 상호작용으로 이해할 수 있음을 밝히고자 한다. 프랙탈은 불규칙한 형태로서 자기 유사성 혹은 척도 불변성을 보여준다. 이는 그 형태를 아무리 세밀하게 분석해도 거기에 나타나는 불규칙한 패턴의 정도는 유사하며 따라서 어떤 디테일한 수준도 다른 수준에 비해 더 근본적이 아님을 의미한다. 예를 들면 나뭇가지 하나의 모양은 불규칙한 정도에 있어서 전체 나무와 유사하다. 프렉탈 과정에는 다중시간 척도에 있어서 불규칙한 요동fluctuation을 특징으로 하는 시간적 측면이 있다. 요동을 조사하는 기간을 얼마로 정하든 비슷한 정도의 불규칙성을 보인다. 다른 수준보다 더 근본적인 시간척도는 존재하지 않는다. 따라서 프렉탈 현상에 있어서 중요한 것은 모든 척도에 자기 유사성이 있다는 것과 어느 척도도 다른 척도에 비해 더 근본적이지는 않다는 것이다.

〈그림 4.4〉가 기본적으로 시간의 과정을 공간상에 나타낸 것이라는 점을 염두에 둔다면 이것은 마음과 사회에 대한 미드Mead의 설명에 해당된다는 것을 알 수 있다. 거시적으로 보면 이 그림은 두 사람이 물리적 환경 안에서 도구와 인공물을 가지고 협력하는 과정을 묘사하고 있다. 이 물리적 환경은 그들이 협력하는 행동을 촉진하기도 하지만 제약하기도 한다. 어떤 의미에서 그들은 협력해서 물리적 환경에 제스처를 보내고 있고 이 물리적 환경은 다시 그들에게 반응을 함으로써 이 물리적 환경이 인간을 협력하게 만들고 있기도 하지만 이러한 협력이 상당한 정도로 물리적 환경을 변화시키기도 한다. 협력하며 상호작용하는 모습을 좀 더 자세히 들여다보면, 상호작용하는 개인들이 서로 마음의 코드를 맞추면서resonate 주로 언어에 의한 제스처와 반응을 주고받는 자기 유사 과정self similar process의 패턴을 보이고 있음을 확인할 수 있다. 집단 속의 특정 개인을 좀 더 세밀하게 들여다보면, 사적인 역할 놀이, 즉 무언의 역할 놀이에서 제스처를 보내고 반응하는 자기 유사 과정을 보게 된다. 이러한 사적인 무언의 역할 놀이는 언어를 통한 공적인 상호작용 과정을 반영한 것으로, 이 사적인 과정과 공적인 과정(자신과의 무언의 대화와 타인과의 언어적 상호작용—옮긴이)은 서로를 형성하고 서로에 의해 형성되는 관계에 있다. 좀 더 깊숙이 들여다보면, 신체 리듬이 역할 놀이와 상호작용

을 형성하면서 동시에 역으로 이를 통해 형성된다는 점에서 자신과의 무언의 역할 놀이와 다른 사람과의 공적인 상호작용 또한 하나의 자기 유사 과정임을 알 수 있다.[20] 이러한 프랙탈의 관점에서 물리적 환경 속에 있는 개인과 집단을 들여다보면 우리는 어떤 근본적인 것에 대해서가 아니라 단지 분석의 수준에 대해 이야기하고 있음이 분명해진다. 프랙탈 과정에서는 어떠한 수준도 다른 수준에 비해 더 근본적이거나 우선적이지 않다. 〈그림 4.4〉에서는 한 사람이 두 사람보다 더 근본적이라고 할 수도 없고 그 반대 또한 마찬가지다.

따라서 복잡반응과정의 관점에서는 개인과 집단, 조직과 사회 모두를 동일한 존재론적 차원에 있는 같은 현상으로 본다. 이들을 분리하는 것은 불가능하기 때문에 어느 것이 우선이고 본질적인 것인가 하는 질문 자체가 성립하지 않는다. 개인의 마음과 자아는 몸이 나타내는 상징을 매개로 하여 사적으로, 또한 무언의 형태로, 자기 자신과 주고받는 상호작용 역할 놀이의 과정이다. 집단과 조직, 사회 역시 동일한 상징을 매개로 이루어지는 상호작용의 과정으로, 이 경우에는 다른 사람과 신체적으로 상호작용하면서 공개적으로 그리고 언어를 통해서 이루어진다. 이러한 관점에서 보면 개인과 사회는 단지 전체 과정을 분석함에 있어서 디테일 정도의 차이일 뿐이다.

습관과 시스템

3장에서는 공유되고 반복되며 지속되는 가치와 신념, 전통, 습관, 관행, 절차의 측면에서 문화와 사회구조를 설명했다. 복잡반응과정의 관

---

[20] Dardik, 1997.

점에서 보면 이러한 것들은 특별한 형태의 사회적 행위들이다. 이들은 예측이 가능하고 매우 자주 반복되는 형태의 제스처와 반응들의 결합으로 형성된 것들이다. 이것들은 어떤 장소에 유의미한 방식으로 존재하지 않고 사람과 사람 사이의 상호작용을 통해서 끊임없이 재생산된다. 그러나 습관조차 정확히 똑같지는 않다. 상호작용하는 상대가 변하고 그 상호작용의 맥락이 달라지면 습관도 종종 달라질 수 있다. 다시 말하면 대개 습관이라는 패턴이 반복적으로 재현되는 가운에 저절로 변화가 일어날 수 있다.

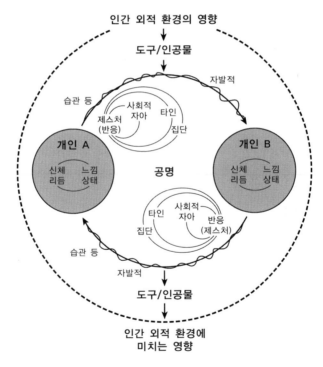

그림 4.5 제스처-반응: 습관적이고 자발적인 것

앞의 〈그림 4.5〉에서는 제스처와 반응 패턴의 반복과 변화의 측면으로서 사회적 습관과 관행, 가치, 신념을 추가하여 묘사하고 있다. 이러한 습관과 관행, 가치 및 신념은 어떤 상위의 수준에 실체로서 존재하는 것이 아니라 사람 간 상호작용 패턴의 한 부분이다. 더욱이 여기에는 정신적 내용을 공유해야 한다거나 모든 사람들이 동일한 사적인 역할 놀이에 참여해야 한다거나 할 필요가 없다. 습관과 관행 등으로 이해되는 것과 관련하여 사회적으로 요구되는 유일한 것은 사람들이 이러한 것들은 실천해야 한다는 것뿐이다.

뿐만 아니라 이 그림에서는 통신기술이라든가 서적, 기타 지식의 '아카이브'를 포함하는 범주로서의 도구와 문화적 인공물들을 묘사하고 있다. 시스템이나 데이터베이스, 저장되거나 기록된 인공물들은 흔히 지식의 저장고로 이해되지만, 복잡반응과정의 관점에서 보면 이것들은 단지 기록된 것일 뿐이며 사람들이 제스처와 반응을 주고받으면서 이들을 도구로 사용할 때 비로소 살아 있는 지식이 된다. 이러한 인공물에서 포착되는 것은 어쩔 수 없이 이미 수행된 사회적 행위의 의미에 관한 것이다. 사회적 행위는 유동적인 것이고 지식은 사회적 행위이기 때문에 저장하거나 붙잡을 수 없다. 여기서 습관은 공유된 정신적 내용이 아니라 마음속으로 하건 드러내 놓고 하건 과거에 기반을 두고 반복해서 실천하는 행위로서 비교적 큰 변동 없이 살아 있는 현재에서 재현된다.

지식의 창출

주류 사고에서 보면 지식은 결국 개인의 마음속에 있는 정신 모델과 내면세계에 들어 있으며, 과거의 경험을 통해서 만들어지고 기억에 저장되어 있는 표상으로 이루어져 있다. 새로운 자극이 주어지면 기억에서 적절한 모형이 떠올라 데이터를 처리하고 지식을 창출한다. 그러나 복잡반응과정의 관점에서는 개인의 마음이란 끊임없이 반복되면서(역사적이면서) 동시에 잠재적으로 변형이 이루어지는 자기 내면에서의 역할 놀이이자 무언의 대화이며, 여기에는 타인과의 의사소통 상호작용이 반영되어 있는 것으로 본다. 제스처-반응을 통한 타인과의 의사소통 상호작용이 진행되면 자기 내면에서의 역할 놀이이자 무언의 대화가 변화된다. 여기에는 저장되는 것도, 떠올려지는 것도 없으며 오로지 역사적 경험에 의해 습관화된, 끊임없는 주제의 반복과 변형이 있을 따름이다. 과거의 경험으로 인해 타인과의 상호작용 및 자신과의 내적인 역할놀이를 패턴화하는 주제들이 형성되어 왔지만 정확히 꼭 같은 형태로 반복되지는 않는다. 과거의 경험은 특별한 방식으로 패턴화하는 뇌-신체를 형성해 왔으며 이어지는 관계에서는 반복과 변형을 일으킨다. 주류의 관점과 복잡반응과정의 관점에서 달라진 것은 과거 경험의 개념이다. 말하자면 다소간 정확히 기록되고 저장고에 축적된 것으로서의 과거 경험에서, 살아 있는 현재에서 진행되고 있는 관계 형성과정을 구체화하는 것으로서의 과거 경험으로 바뀐 것이다. 그리고 살아있는 현재에서의 관계 형성과정에는 우발적으로 변화할 가능성이 늘 존재한다. 9장에서는 이 대안적 관점이 뇌의 작동 방식과 어떻게 일치하는지에 대해 설명할 것이다. 이렇게 본다면 지식은 저장되는 것이 아니라 끊임없이 창조되는 것이다.

4. 결론

이번 장에서는 복잡반응과정이란 측면에서 개인과 집단에 대한 접근 방식의 주요 특징을 설명했다. 복잡반응과정은 기호 혹은 상징을 매개로 이루어지는 인간 간의 상호작용 과정이다. 이는 또한 사회적인 행위를 통해서 만들어지는 의미가 끊임없이 반복되면서 잠재적으로 변화되는 과정이다. 미드의 관점에서는 '개인적 자아'가 '사회적 자아'에 대해 예측할 수 없는 반응을 보인다는 데 변화의 잠재력이 존재한다. 그 이유는, 개인이 자신에 대한 타인의 태도를 알았을 때 자신이 할 수 있는 반응이 미리 정해져 있지 않기 때문이다. 미드는 개인의 마음을 집단에서의 인간관계 형성과 논리적으로 동일한 과정으로 보고 있기는 하지만 개인의 행위 주체성이라는 개념을 포기하지 않았음에 유의하자. 개개인은 새로운 방식으로 반응할 수 있기는 하지만 그 반응은 언제나 그들이 형성하기도 하고 또 그들을 형성하기도 하는 관계 속에서 이루어진다. 그러므로 행위 주체성은 개인에 있는 것도 아니고 집단에 있는 것도 아니며 둘 다에 있는 것도 아니다. 그것은 개인적이면서 동시에 사회적으로 패턴화하는 과정이다. 이러한 관점에서 보면 지식은 어딘가에 저장했다가 끄집어내서 행위의 기반을 이루는 것이 아니라 개인 간에 이루어지는 관계적 상호작용을 통해서 끊임없이 재현되고 변형되는 것이다.

조직의 학습과 지식의 창출을 어떻게 이해할 것이냐 하는 문제와 관련하여 이런 방식의 접근은 중요한 의미를 지닌다. 주류 사고의 관점에서 보면 지식은 주로 암묵적 형태로 개인의 뇌에 저장되는 것으로 간주되며, 개인의 뇌에서 추출하여 인위적인 도구(예: 문서)에 명시적인 지식으로 저장했을 때만 조직의 자산으로 될 수 있다. 그러나 복잡반응과정의 관점에서 보면 지식은 항상 하나의 과정이며 관계적인 것으로, 단지 개인의 머릿속에 저장했다가 끄집어내어 조직의 자산으로 공유할 수 있는 것이 아니다. 지식은 대화의 행위이며 대화 방식과 관계 패턴이 달라질 때 학습이 일어난다. 이런 의미에서 보면 지식은 저장될 수 없으며 모종의 인위적 도구에 저장하려고 하면 더욱 하찮은 것만 포착될 것이다. 사람과 사람 사이의 관계 패턴에 지장을 주는 조직의 정책은 조직의 지식 창출 능력을 심각하게 훼손할 것이다. 그러므로 조직의 지식 자산은 구성원 간 관계의 패턴에 있으며 이 패턴이 파괴되면 지식 자산도 사라진다. 이러한 설명은 조직에서 지식을 '관리한다'는 것이 어떤 의미인지에 대해 매우 색다른 사고방식을 제안하는 출발점이 된다.

이 장에서 소개한 관점에서 한 걸음 더 나아가 다음 장에서는 상징의 성격을 분석하며 6장에서는 상징적 상호작용의 패턴을 살펴볼 것이다. 그런 다음 관계 형성에서 나타나는 활성화하는 제약조건들을 살펴보고 마지막으로 관계의 역동성에 관한 몇몇 아이디어를 검토하고자 한다.

5장

상징을 매개로 한
의사소통 행위

앞 장에서는 개인의 자의식적인 마음과 사회적 상호작용을 본질상 별개로 보지 않고, 사람 사이의 협력적인 복잡반응관계라는 동일한 과정의 다른 측면으로 바라보는, 인간의 행위와 앎에 관한 하나의 사유 방식을 제시했다. 이러한 접근 방법의 주목할 만한 특징은 다음과 같다.

- 개인적 정체성과 사회적 정체성은, 사람들이 서로 반응을 주고받으며 관계를 맺을 때 그들 간의 복잡한 상호작용을 통해서 발현된다. 의미 혹은 지식 또한 이러한 상호작용에서 생성된다.

- 반응하는 관계 형성의 과정을 통하여 사람들은 의도된 행위가 대략 어떻게 진행될지를 서로에게 암시하며 이런 암시가 사람들로 하여금 세심한 방식으로 협력할 수 있게 한다. 반응하는 관계 형성이란, 사람들이 서로의 행동을 엮어냄으로써 계속해서 함께 존재하고 살아가는 과정이다. 이렇게 지속적으로 반응을 주고받는 과정을 통하여 서로의 행위가 조정된다. 이러한 행위의 조정은 사회적인 과정이며 이를 통해서 사람들은 상대방과의 관계에 따라 선택적으로 행위하고 이로 인해 상대방 역시 선택적으로 반응한다.

- 인간의 신체는 유일하게 개인적인 것이며 이 유일무이한 것의 일부가 자기 자신을 의식하는 마음이다. 마음은 상대방의 신체를 겨냥한 행위로 인해 유발된 것과 유사한 신체적 반응을 자신에게서 불러일으키기 위해 신체가 반사적으로 자신을 향하는 행위이다. 신체가 자신에게서 자발적으로 불러일으키는 반응은 타인과 어떤 관계를 맺어왔느냐에 따라 선택되고 실행된다. 다시 말하면 인간의 마음은 어떤 경우에도 신체와 분리되어 있지 않으나 그렇다고 마음의 작동 과정이 몸 안에 있는 것도 아니다. 마음과 자아는 걷는 동작과

마찬가지로 전신whole body이 작용하는 행위이다. 걷는 행위는 신체에 의해서 수행되며 이 행위는 신체와 분리되어 있지도 않지만 그렇다고 신체 안에 존재하는 것도 아니다. 마음과 자아의 작용이 걷기 등의 동작과 다른 것은, 전자가 다시 당사자의 몸으로 향하는 데 반해 후자는 몸 주변의 공간을 향한다는 점이다.

- 사회적 행위는 다른 사람을 향하는 공적인 행위인 반면, 개인의 마음/자아는 자신을 향하는 사적인 행위이다.

- 그러므로 인간의 행위는 자신의 신체, 즉 자신의 마음과 자아를 향한 사적인 행위이면서 동시에 타인 간의 관계를 지향하는 공적인 행위, 즉 사회적인 행위이기도 하다.

- 공적이든 사적이든 인간 행위의 두드러진 특징은 상징을 매개로 하는 의사소통이며 이는 정교한 협력행위를 가능하게 한다.

- 인간의 협력적인 활동에 있어서 또 하나 중요한 특징은 이러한 활동이 도구의 사용, 즉 본질적으로 신체의 확장에 의해서 이루어진다는 점이다. 이러한 도구에는 인간 외적인 환경에서 삶을 영위하기 위하여 사용하는 인공물, 테크놀로지 및 설계된 제도 등이 있다.

- 의사소통이나 도구의 조작 같은 행위는 공적인 것이건 사적인 것이건, 어딘가에 저장할 수 있는 것이 아니며 단지 반복되고 잠재적으로 변형될 뿐이다. 무언가를 조작하는 행위에서 사용되는 도구는 보통 형태가 있어서 저장이 가능하지만 기호의 경우에는 저장의 문제가 좀 더 복잡해진다. 물론 의사소통 행위에 사용되는 기호는 기록이 될 수 있고 책 같은 인공물로 저장도 가능하다. 그러나 이러한 기록은 누군가에 의해서 활용될 때에만, 즉 행위의 일부로 쓰여질 때만 실효성 있는 상징(혹은 기호), 말하자면 반응을 불러일으키는

제스처가 된다. 의미의 생성은 독서와 같이 인공물을 사용하는 행위를 통해서만 이루어진다. 그러나 기호는 단지 행위이고 제스처이기 때문에 그 자체는 저장이 불가능하다. 그러므로 의미 혹은 지식자체는 저장할 수 없다. 기록된 기호의 저장은 어떠한 것이든 단지의사소통 과정과 의미를 구성하는 데 있어서 잠재적으로 사용하기위한 도구가 될 뿐이다.

- 인간의 모든 행위는 역사 의존적이다. 상징을 매개로 한 것이든 도구를 활용한 것이든 현재의 모든 행위는 선행하는 행위로 인해 촉진되기도 하고 제약되기도 한다. 모든 행위는 이전의 역사와 현재의 상황에 의해 패턴화된다.
- 상호작용 혹은 관계는 본질적으로 패턴을 형성하는 특성이 있는데 여기에는 상호작용이 충분히 이질적일 때 새로움이 창발하는 것도 포함된다.

따라서 복잡반응과정의 접근에서 핵심적인 것은 의사소통 상호작용이 상징을 매개로 이루어지며 이러한 의사소통 관계가 본질적으로 패턴화하는 특성이 있다는 것이다. 이 장의 목적은 상징의 본질을 한 걸음 더 들어가 탐구하는 것이며 다음 장에서는 패턴을 형성하는 의사소통 상호작용의 특성을 검토할 것이다.

일반적으로 '상징'이라는 단어의 의미는, 마치 '탁자'가 다른 물체를 올려놓을 수 있는 나무로 된 물건을 나타내듯이, 자신이 아닌 어떤 것을 표현하는 것으로 간주된다. 이 단어는 그리스어로 '기호' 혹은 '증표'를 뜻하는 심볼론symbolon 및 '함께 던지다'는 뜻을 지닌 심발레인sym—ballein이라는 말에서 온 것이다. 이 단어에 대한 미드의 용법은 일반적인 용법과 매우 다른데 상징을 행위로 받아들이는 점에서 이 단어의 기원에 더 가깝다. 그에게 있어서 상징이란 한 개체가 상대편 개체에 보내는 반응으로서의 제스처이다. 이는 제스처가 반응과 함께 작동하며 또한 이 둘이 결합하여 의미를 나타내거나, 보다 정확히 말하면, 함께 의미를 구성하는 것으로 이해할 수 있다. 미드는 상징을 그 의미와 독립된 것으로 보는 관념을 거부했고 상징은 행위의 영역밖에 존재할 수 없다고 말했다. 미드는 중요한 상징에 주목했지만 나는 여기서 세 가지 종류의 상징을 구분하고자 한다.

- 원초적 상징
- 중요한 상징
- 실체화된 상징

1. 느낌

앞 장에서는 신체적 경험에 있어서 시간의 중요성을 지적했다. 1/1000초의 시간척도를 갖는 뇌에서의 신경 발화, 초 단위의 척도를 따르는 심장 박동과 대사 및 내분비계의 보다 느린 리듬, 소화기 계통의 시간 단위 동역학, 월 및 연 단위 리듬을 갖는 신체 에너지 등 신체적 경험은 기관에 따라 다양한 시간척도를 갖는다. 이것이 시사하는 바는, 신체 부위에 대응하는 이러한 시간의 역동성이 박동, 지속 시간 및 강도의 변화로 표시되는 특정한 시간 윤곽time contours을 갖는 리듬의 교향곡과 결합하여 스턴Stern*21이 말한 '활력 정동vitality affects*22'과 다마지오Damasio*23가 말한 '배경 느낌background feelings*24'을 구성한다는 것이다. 다시 말하면 느낌은 신체 리드의 변이이며 신체의 시공간적 역동성이다. 모든 인간은 대체로 이러한 생리적인 특성을 공유하면서도 개개인은 각자 자신의 신체적 시간 윤곽ime contours에 있어서 고유의 패턴을 갖는다.[25] 이 고유한 신체적 시간 윤곽이 자아라는 독특한 경험으로서의 느낌, 즉 정체성을 구성한다. 신체적 자아감, 즉 정체성은 타인이 그의 독특한 신체적 시간 윤곽에 반응하는 방식과 이러한 반응을 경험하는 방식을 통해서 현실화된다.

달리 말하면 신체적 자아감은 사회적 과정, 즉 자아가 공동으로 창조되는 과정에서 형성된다. 지각 방식이 어떠하건 간에, 사람들은 타인의 시간 윤곽을 바로 알아차리는 것 같다. 이와 같이 서로 다른 지각 방식을 인식할 수 있는 능력이 있기 때문에 인간은 시각, 청각, 촉각, 후각 및 미각의 내용을 사람이나 사물 전체에 대한 경험에 함께 통합할 수 있다고 생각한다.[26] 이러한 능력은 음악에서 분명하게 드러나는데, 사람들은 신체를 통하여 음악에서 소리의 리듬을 평온과 흥분 같은 느낌의 움직임으로서 경험한다. 마찬가지로 다른 사람과 함께 하는 경험은 그 사람의 느낌이 갖는 역동성에 대한 처음의 지각과 관계가 있는데, 이는 지각 방식의 차이를 넘어서 타이밍, 강도 및 모양을 지각하는 것에서부터 맨 처음 느낌의 역동성으로 변화하는 과정을 거친다.

---

[21] Stern, 1985, 1995.
[22] 스턴(Stern)에 따르면 활력정동이란 시간에 따라 자극이 변하면서 생기는 내적 기분 상태에 대한 주관적 경험의 전환을 말한다(옮긴이).
[23] Damasio, 1994, 1999.
[24] 다마지오는 감정 느낌과 느낌을 구분한다. 감정 느낌이란 감정에 의해 변화된 신체를 지각, 주시하는 것이고 배경 느낌은 신체의 거의 모든 것들의 전반적인 상태를 반영하는 것으로 규정한다(옮긴이).
[25] 심장과 관련해서는 Goldberger, 1997; Dardik, 1997 참조.
[26] Barrie et al., 1994; Stern, 1995.

핵심 포인트를 지적하자면, 인간은 신체에 주어지는 여러 자극(시각, 청각, 촉각, 후각, 미각) 중에서 생물학적으로 선택을 할 수 있으며, 그 선택에 있어서 무형의 시공간적 질감을 직접 지각하고 이러한 질감을 신체가 경험한 질감과 결합, 일치, 나아가 융합까지 할 수 있는 것으로 보인다. 그러므로 통합되는 자극에서 의미의 창발을 가능하게 하는 것은 자극에 있어서의 시공간적 윤곽과 신체적인 느낌에 있어서의 시공간적 윤곽 간의 등가성인 것 같다. 사실, 정신적 발달의 가능성 자체가 바로 이 생리적인 것에 바탕을 둔 내적인 느낌의 역동성과 외적으로 주어진 자극 간 시공간적 윤곽의 등가성에 바탕을 두고 있다고 해도 지나친 말은 아닐 것이다. 나는 지각된 경험의 질적인 측면과 신체적으로 느껴지는 유사한 질적 측면 간의 이러한 연결이 지식의 기초라고 주장하고자 한다. 나는 이러한 연결, 즉 신체의 반응과 자극이 함께 작동하는 것을 원초적인 상징으로 부르고자 하는데, 이 원초적 상징들은 원초적인 정신 작용의 수단을 제공한다. 이 원초적인 정신 작용은 신비한 내적인 실체가 아니라 신체의 전반적인 행위라는 사실에 주목하는 것이 중요하다고 생각한다. 〈그림 4.1〉에서 설명하고 있듯이 이것은 미드가 제안한 의사소통 과정을 이해하는 방식이다. 원초적인 상징은 반응과 관련하여 의사소통 당사자 양쪽 모두에 대해 의미를 구성하는 제스처이지만, 제스처를 보내는 쪽에게 제스처에 대응하는 쪽과 유사한 반응을 불러일으키지는 않는다.

이러한 형태의 의사소통은 원초적인 대화에 해당하지만 결코 미숙하거나 원시적이지는 않다. 이는 낮은 단계에서 다른 형태의 대화에 기반을 제공하는 것이 아니라, 모든 형태의 대화 속에 들어 있다. 왜냐하면 모든 대화에는 신체가 필요하고 모든 신체에는 항상 느낌의 역동성이 있기 때문이다. 원초적인 대화는 신체적 공명으로서의 느낌에 의한 무의식적인 의사소통으로서, 감각적이고 생생한 경험 영역에서의 깊은 실존적 수준에서 욕구가 충족되고 이해될 필요성을 나타내는 것이며, 궁극적으로 이런 대화가 삶에 의미를 부여한다. 내가 보기에, 현실과 실존에 대한 의미 있는 느낌은 사람과 사람 사이의 리드미컬하고 원초적인 대화의 교류를 통하여 끊임없이 만들어진다. 원초적 대화에는 비트, 리듬, 지속, 강도라는 패턴과 더불어 주제와 변이의 형식이 있다. 원초적 대화를 통해서 우리는 신체적 경험의 리듬과 강도, 시간에 따른 느낌의 역동성을 표정과 음성, 감촉으로 직접 나타내며, 타인으로부터 오는 느낌의 리듬과 관련하여 반응을 나타낸다. 기본적으로 우리가 하는 일은 시간에 따라 나타나는 서로의 느낌의 역동성을 반영하고 흉내내고 공명하면서 공감하는 마음으로 서로에게 맞추어 나가는 것이다. 뿐만 아니라 이런 일에 대한 반복적인 경험은 원서사protonarratives로 조직되고 통합되며 이는 다시 이런 종류의 후속 경험을 조직하고 통합한다.

원초적 대화는 원서사를 구성하는 것으로 이는 경험을 의미로 조직하고 통합하는 무의식적인 정신 작용이며, 함께 하는 행위를 통한 끊임없는 지식의 구성이다. 스턴Stern은 어머니와 유아의 관계 형성에 대하여 동료들과 공통으로 세심하게 관찰한 것을 바탕으로 이러한 관계 형성과정이 어떻게 유아의 자아와 정체성을 형성하는지를 보여주고 있다.[27]

지금까지 설명한 것은 끊임없이 지속되지만 어디에도 저장할 수 없는 행위와 상호작용의 과정이다. 이것은 살아있는 현재에서 이루어지는 과정이지 어딘가에 '실체itself'로서 존재하는 것이 아니다. 그렇다고

---

[27] Stern, 1985.

해서 매 순간 전적으로 새로운 것이 무에서부터 생성된다는 것을 의미하지는 않는다. 원초적 상징을 매개로 한 상호작용은 상호작용의 과거역사를 포함해서 언제나 구체적인 시간과 장소라는 맥락에서 이루어진다. 살아있는 현재에서 이루어지는 상호작용은 상호작용의 역사적 경험을 연장한 것으로, 이러한 상호작용을 통하여 원초적 상징은 항상 변화의 가능성이 있는 지속적인 반복의 과정에서 또 다른 원초적 상징을 유발한다.

다시 말해 아무리 반복적으로 이루어지는 습관이라 할지라도 완전히 동일한 형태로 재현되는 일은 거의 발생하지 않는다는 점에서 반복되는 습관적 느낌의 역동성은 우발적인 변이와 얽혀 있다. 개개인은 이와 같이 해서 독특한 고유의 신체 리듬을 확장한다. 상호작용의 경험과 그 맥락에서의 작은 변이는 몸이 경험하는 정체성에 있어서 다양한 패턴으로 증폭되며 이는 초기 조건의 민감성이라는 복잡성 과학의 전형적인 사례에 해당한다. 이는 사람들이 경험하는 고유한 자아감의 신체적 토대가 될 수 있다. 정신과 자아 및 의사소통에 관한 이러한 접근방식에는 공유라는 개념이 필요하지 않다는 점에 주목하자. 개개인은 정신적인 내용을 공유하거나 서로에게 감정을 토로하지 않고서도 그들 나름의 방식으로 신체적으로 공명한다. 신체적으로 공명할 수 있다는 것은 무언가를 서로 공유하거나 전달함 없이도 공감과 조율을 설명하는 데 충분하다.

리뷰: 느낌, 의미, 지식

원초적 상징은 신체 리듬을 매개로, 한 사람(A)의 '제스처에 의한 신체 리듬 패턴'과 이에 대한 상대편(B)의 '반응에 의한 신체 리듬 패턴'을 함께 엮는 방식으로 표현되며 다음과 같이 의미를 구성한다.

복잡계의 새로운 접근 : 복잡반응과정

신체 제스처(A) − 신체 반응(B) = 상징 = 의미

여기서 상징은 항상 시간과 공간의 살아있는 현재라는 맥락 속에서 이루어지는 사회적 행위이다. 이러한 맥락을 구성하는 것은 상호작용하는 개인들의 역사적인 경험과 그들 간 이전 상호작용의 역사, 주변 사람들과의 상호작용의 역사뿐만 아니라 다른 사람들 및 그들과의 상호작용, 그리고 그들을 둘러싼 인간 외적인 환경 등이다. 따라서 원초적 상징의 의미는 항상 현재와 과거라는 두 측면의 맥락에 달려있다. 의미 혹은 지식은 구체적인 맥락에서 원초적 상징을 매개로 개인(A)과 개인(B) 사이의 상호작용을 통해 반복되면서 또한 잠재적으로 변형된다.

예컨대 말을 전혀 하지 않고 상대방을 뚫어지게 쳐다보면 상대방은 두려움에 떨 수가 있다. 원초적 상징을 통해 두 사람은 전혀 다른 신체 리듬을 서로 주고받으면서 두려움이란 의미를 만들어 내고 있는 것이다. 아니면 어떤 사람이 해변가 바위에 앉아 평화로움을 의미하는 특별한 신체리듬을 경험하고 있다고 가정해보자. 제스처 혹은 자극이 바다의 리듬이 되어 그 사람의 느린 신체 리듬과 함께 엮이면서 평화라는 의미가 만들어지고 있다. 원초적 상징이 신체를 통하여 리듬의 변화로, 말하자면 느낌의 리듬 혹은 감정이란 형태의 의미로 직접 경험되고 있는 것이다. 이것이 의미의 패턴이 형성되는 자기조직화 과정이다. 이러한 과정에서 한 가지만 와해되어도 의사소통에 심각한 문제가 발생한다. 성인의 삶에서 원초적 상징에 대한 가장 직접적이고 확실한 경험은 음악과의 만남이다. 음악의 리듬은 신체 리듬의 변화로서 직관적으로 그리고 확실하게 느껴진다.

2. 행위에 대한 성찰

미드의 용어에서 중요한 상징이란 상대방에게서와 유사한 반응을 자신에게서 유발하는 제스처이다. 원초적 상징이 상대방에게서 신체적 반응을 불러일으켜 서로에게 의미를 만들어내는 제스처라면, 중요한 상징에는 또 하나의 특징이 있다. 그것은 나의 제스처로 인해 상대방에게서 어떤 반응이 유발되었을 때 그것과 유사한 반응을 나에게서 불러일으킨다는 것이다. 이것은 나로 하여금 내가 보낸 제스처의 의미를 알거나 그 의미에 유념할 수 있게 한다. 이렇게 되면 제스처 실행자에게는 잠재적인 인식 또는 유념이라는 또 하나의 차원이 상징의 의미에 추가된다. 여기서 '잠재적'이라는 표현을 사용한 것은 제스처 실행자가 상대와 유사한 반응을 하게 될 거라는 것을 인식하지 못할 수도 있지만, 유사한 반응을 한다는 것은 자신이 내보낸 제스처의 의미를 인식할 수 있고 또 자신의 행위에 대해 성찰할 수 있는 가능성을 열어 놓고 있기 때문이다.

중요한 상징은 표정으로 하는 제스처나 신체의 다른 동작이 될 수도 있다. 이는 상대에게 일어난 것과 유사한 느낌의 역동성을 처음의 제스처 실행자에게서 불러일으킨다. 그러나 중요한 상징에 의한 의사소통의 가능성을 극대화하는 것은 음성 제스처이다. 왜냐하면 음성 제스처 실행자는 자기가 한 말을 상대방과 같은 방식으로 알아들을 수 있기 때문이다. 중요한 상징을 가장 정교하게 활용하는 것은 말하는 행위, 즉 언어 사용에서 발생한다. 말하는 행위에서는 상대에게서 일어나는 것과 유사한 반응을 자신의 음성 제스처에 담아 함께 내보인다. 의미는 이러한 이중적 성격의 반응에 존재한다.

중요한 상징은 대개 일상적으로 벌어지는 대화라는 매개체를 통해 표현된다. 사람들은 이러한 대화를 통해 대상으로서가 아니라 주체성이 있는 존재로서, 즉 내면에서의 사적인 역할 놀이나 무언의 대화를 실행하는 존재로서 서로 관계를 맺는다. 중요한 상징에서 동시에 진행되는 음성 대화와 무언의 대화는 함께 하는 경험을 조직하는 스토리와 서사로서 형성되는데 이 문제는 다음 장에서 다룬다.

동시에 진행되는 음성 대화와 무언의 대화는 물론 신체의 동작이다. 상호작용은 중요한 상징과 원초적 상징 모두에서 이루어질 공산이 매우 크다. 원초적 상징이라고 해서 더 근본적이지는 않으며 또한 중요한 상징의 기초가 되는 것도 아니다. 그리고 원초적 상징이라 해서 시간적으로 더 먼저인 것도 아니며 더 단순한 것도 아니다. 원초적 상징은 중요한 상징과 다른 구조를 가지고 있으며 신체적 동작을 통한 의사소통은 두 유형의 상징 모두에서 일생에 걸쳐 진행된다.

리뷰: 행위 중 성찰

중요한 상징은 개인(A)의 제스처와 상대방(B)의 반응, 그리고 개인(A)의 유사한 반응을 동시에 한데 묶어서 의미를 만들어낸다.

신체 제스처(A) − 신체 반응(A) / (B) = 중요한 상징 = 의미

따라서 중요한 상징의 구조는 원초적 상징의 구조와 매우 다르다. 중요한 상징의 작용으로 개인(A)에게는 의미를 알 수 있는 가능성, 즉 행위 중 성찰을 할 수 있고 행위가 어떻게 진전되어 나갈지를 (B)에게 보여줄 수 있는 가능성이 열린다. 이 중요한 상징에는 이어지는 행위가 어떻게 전개될지를 시사하는 또 다른 특징이 있다. 중요한 상징은 원초적 상징과 마찬가지로 항상 맥락 속에서 이루어지는 사회적 행위이다. 중요

한 상징이 이루어지는 이 맥락은 원초적 상징의 경우와 마찬가지로 시공간과 상호작용의 역사적 경험이 있는 살아 있는 현재이다. 또한 중요한 상징의 의미는 현재나 예전이나 항상 상황에 따라 달라진다. 그리고 중요한 상징은 잠재적인 미래가 어떤 모습일지를 암시하며 제스처 실행자는 이를 인식할 수 있다. 다시 한 번 말하지만 의미나 지식은 대화 당사자들의 의사소통을 통해서 반복되면서도 또한 잠재적으로 변형될 가능성을 안고 있으며, 당사자들은 자신들이 반복하면서 변형하는 그 의미를 인식할 수 있다.

3. 추상적 사고

상징에는 원초적 상징 및 중요한 상징과 구분되는 또 다른 상징이 있다. 원초적 상징과 중요한 상징은 제스처-반응구조를 가진 신체 동작으로, 이 두 가지 상징은 어떤 맥락 안에서 일어난다. 상징이 일어나는 맥락은 제스처-반응 동작이 진화하는 살아 있는 현재와 역사적인 배경이다. 다시 말하면 이 맥락은 동작이 일어나는 인간적, 인간 외적 세계에서의 시간과 공간이며 행위자와 직간접으로 관련된 역사이다. 이 맥락은 세계의 실상이자 생생한 경험의 역사이다. 제스처-반응 행위 자체가 이 맥락과 직접 관계가 있는 것은 아니지만 이 행위는 이런 맥락에 의해 형태가 잡히고 의미가 부여된다. 언어, 즉 말로 하는 음성 제스처와 반응은 일상생활에서 이루어지는 의사소통 수단으로서, 대화에서 사용되는 가장 중요한 상징의 한 예이다.

그러나 언어를 이런 식으로 사용하면 의사소통에 있어서 또 하나의 매우 중요한 가능성, 말하자면 추상적 개념을 사용할 수 있는 가능성이 열린다. 사람들은 추상적이고 체계적인 프레임을 만들어 그들이 사는 세계에 대해 이야기를 해 왔다. 예를 들어 우리가 사는 물리적 환경에 대하여 이야기하는 물리학의 프레임이 있고 인간의 신체적 기능에 대해 이야기하는 의학의 프레임이 있다. 모든 종류의 추상적이고 체계적인 설명 프레임의 역사적 발전으로 원초적 상징 및 중요한 상징과 관련하여 논의되는 현재와 과거의 맥락 외에 또 하나의 맥락이 만들어졌다. 이 추가적인 맥락은 바로 추상적이고 체계적인 프레임 자체이다. 이 맥락은 제스처 반응의 성격을 상당히 많이 변화시키기 때문에 이 맥락을 설명하는 데는 또 다른 범주의 상징이 필요하다고 생각한다. 나는 이것을 '실체화된 상징들reified symbols'이라고 부르고자 한다.

사람들이 물리학과 같은 추상적인 설명 원리를 가지고 서로 대화할 때 어떤 일이 일어나는지를 생각해 보자. 대화자의 제스처는 언어나 수학적 기호의 형태를 취하게 되는데 이 언어나 수학적 기호는 추상적이고 체계적인 프레임을 표현하며 이를 직접 언급한다. 반응자의 언어 또한 마찬가지다. 여기서 상호작용은 다음과 같이 이루어진다.

신체 제스처(A) − 추상적인 프레임 − 신체 반응(A) / (B)
= 실체화된 상징 = 의미

만일 두 사람이 물리학에 대해 대화를 하고 있고 한쪽이 '중력'과 '상대성'이라는 개념을 사용하고 있다면 이 개념들은 바로 전반적으로 추상적이고 체계적인 프레임을 언급할 것이며 그들이 대화를 지속하는 한 이 개념들이 불러일으키는 반응들 또한 이 프레임을 언급할 것이다. 이 개념들의 의미는 이 개념이나 제스처 자체에 있지 않고 다른 상징과 마찬가지로 이 개념들이 불러일으키는 반응 속에 있다. 그러나 이 반응들은 프레임을 통해 제스처와 간접적으로 연결되어 있다. 게다가 우리는 특히 추상적이고 체계적인 프레임에 의해 조건화된 의사소통으로 인해 언어적 표현에서, 즉 제스처 자체에서 의미를 찾고 그 표현을 마치 실재reality인 것처럼 생각하는 경향이 많았던 것 같다. 그리하여 우리는 '중력'과 '상대성'이 마치 사물thing인 것처럼 이러한 개념들에 대해서 쉽게 이야기하게 되었다. 이러한 경향은 이 개념들이 글로 쓰여 지고 텍스트가 대화를 대신하게 되면서 더욱 일반화되었다. 이러한 이유로 나는 이를 '실체화된 상징'이라 부르고자 한다. 실체화된 상징으로 인해 제스처와 맥락의 한 측면, 즉 추상적-체계적인 프레임이 연결되며, 그 과정에서 실체화된 상징은 추상적-체계적인 프레임이 마치 설명 대상인 현상 자체인 것처럼 그 현상과 융합하여 이런 프레임을 표현하고 언급하게 된다.

실체화된 상징들은 추상적이고 체계적인 설명 프레임을 가리키거나 설명하는 일종의 제스처이다. 이런 상징들은 추상적인 방식으로 실재를 표현하며 이 추상적인 것을 현실로 언급한다. 이것이 일반적으로 상징으로 생각되는 것이지만, 인지주의의 정의에서는 상징을 언어적 표현과 동일시하기 때문에 제스처-반응의 구조와 원초적이고 중요한 형태의 상징을 무시한다.

추상적이고 체계적인 프레임은 실체화된 상징으로 구성되며 여기에는 이 상징을 처리하는 자체의 내적인 규칙과 절차가 있다. 사실 기호의 체계인 언어는 구문과 문법에 의해서 추상적이고 체계적으로 설명될 수 있다. 수학과 논리학의 규칙들은 또 다른 예가 된다. 개별 과학과, 직업, 규율, 그리고 실천 공동체에는 이와 관련한 실체화된 상징을 조작하고 처리하기 위한 자체 프레임과 관행들이 있다. 그 공동체에 가입하여 의사소통에 참여하려는 사람은 누구나 이러한 규칙과 절차 안에서 그렇게 해야 한다. 그렇지 않으면 공동체에서 배제된다. 이러한 프레임 자체가 의미와 지식으로 간주되며, 따라서 자주 상기시키는데도 불구하고 의미에 있어서 제스처-반응은 그 본질을 잃어버리는 경향이 있다.

리뷰: 추상적 사고

실체화된 상징들은 맥락의 특별한 측면, 즉 추상적이고 체계적인 설명 프레임을 표현하는 언어적 제스처(음성 혹은 기호)로서 제스처 자체가 상징이 되며 이 프레임에 의해서 의미는 그 상징과 동일시된다. 프레임은 실재와 쉽게 융합이 되고 상징이 실체화되어 반응은 살아 있는 현재와 과거의 경험이라는 보다 넓은 맥락이 아니라 추상적인 설명 프레임이라는 맥락에서 이루어지는 제스처와의 관계에 의해 선택되고 또 그런 제스처에 의해 유발된다. 따라서 반응에 미치는 맥락의 영향은 제한되어 있다. 이 문제는 8장에서 조직의 권력과 합법적인 시스템에 관한 토론에서 다루게 될 것이다.

이렇게 실체화된 형태의 상징을 사용하면 사람들이 삶의 경험으로부터 분리될 수 있다. 이러한 상징들은 일반적으로 느낌과 지성의 이중성으로 표현되는 의미와 정체성의 변화에 따르는 감정과 불안을 방어하는 데 사용될 수 있다. 또 다른 한편, 이러한 상징들은 매우 창의적으로, 때로는 매우 파괴적으로 사용되어 인간 행위의 맥락을 변화시키기도 한다. 그러나 사람들은 추상적이고 체계적인 프레임 안에서 토론할 때조차도 중요한 상징과 원초적인 상징을 통해 의사소통을 할 것이기 때문에 실체화된 상징만으로 의사소통하는 것은 불가능하다. 사람은 신체를 가진 존재이기 때문이다.

실체화된 상징으로 대화할 때 사람들은 신체 외부에 있는 것이든 신체 내부에 있는 것이든 객관적인 현상, 말하자면 대개 정량화되었거나 정량화될 수 있는 현상에 대해 이야기한다. 그들은 마음이나 경험에 대해서도 이런 식으로 대화를 한다. 그들의 서사 구조는 명제적 형태를 따르기 때문에 보통의 일상적인 대화와 매우 다른 대화 패턴을 사용한다. 실체화된 상징은 주관적인 경험의 외부에 존재하는 세계를 사회적으로 구성된 명제의 형태로 나타내며 인공물로 저장될 수 있다. 따라서 실체화된 상징은 문자 언어를 매개로 하여 표현된다. 실체화된 상징은 문자 형식으로 표현된 물리적 자극과 신체적 반응을 결합하여 의미를 생성한다.

그러나 타인과의 의사소통에서 읽혀지거나 사용된다는 의미에서 실체화된 상징이 활용될 때, 이러한 상징은 바로 중요한 상징 혹은 원초적 상징의 자격을 어느 정도 갖추게 된다. 내가 실체화된 상징으로 상대와 의사소통을 한다고 할 때 실체화된 상징은 대화의 상대에게서 나타나는 것과 유사한 반응을 자신으로부터 불러일으켜야 한다. 그렇지 않으면 대화가 불가능하다. 그러므로 실체화된 상징의 활용은 내가 처음에 제시했던 정의만큼 객관적일 수 없다. 학자들과 경영자들이 그들의 이론을 옹호할 때 보여주는 활기와 열정이 이를 입증한다. 이는 다양한 상징 간의 관계로 우리의 관심을 이끈다.

4. 상징의 여러 측면

복잡반응과정의 관점에서 볼 때 상징들은 신체적 상호작용이다. 이러한 상호작용은 관계, 반응, 연상, 연결이라는 속성을 지닌 신체 제스처-반응의 리듬으로 이루어져 있다. 원초적 상징은 선택된 신체적 반응을 대화 상대에게 직접 불러일으키는 신체 동작이다. 중요한 상징도 제스처 실행자에게 유사한 반응을 불러일으키며, 실체화된 상징은 추상적인 준거 틀과 관련된 반응을 불러일으킨다. 여기서 지적할 점은 의사소통 행위가 단 하나의 단순한 반응만을 불러올 가능성은 매우 희박하다는 사실이다. 이러한 의사소통 행위는 거의 항상 많은 반응을 동시에 불러오며 이 반응들은 서로 모순되고 갈등을 일으킬 수도 있다. 누군가 내게 하는 말은 흥미라는 반응을 매우 쉽게 불러일으켜 나로 하여금 더 깊이 생각하도록 할 수도 있지만 동시에 두려움이라는 반응을 일으켜 나로 하여금 뒤로 물러서도록 할 수도 있다. 제스처 실행자에게서는 이 중에서 일부의 반응만이 나올 수 있다. 그러므로 이러한 상호작용에서 의사소통 상호작용의 어떤 측면은 원초적 상징의 형태를, 또 어떤 측면은 중요한 상징의 형태를 지닌다. 더구나 테크놀로지가 발전한 사회에서의 의사소통 상호작용에서는 법률이나 조직의 절차, 기술의 활용 방식 등과 같은 추상적인 프레임을 명시적으로 혹은 암묵적으로 많이 언급한다.

따라서 대부분의 의사소통 상호작용은 원초적 상징, 중요한 상징, 실체화된 상징과 같은 다양한 유형의 상징을 매개로 이루어지며 이러한 상징들은 서로 모순되거나 갈등을 일으킬 소지마저 있다. 이와 같은 다양한 유형의 상징적 상호작용이 복잡성을 구성한다. 다시 말하면 어떤 제스처가 누군가에게서 특정한 반응을 자동적으로 불러일으키는 일은 없으며 예기치 않은 일이 벌어질 가능성이 상당히 많다. 그러나 새로운 것이 창발하려면 다양성이 필요하며 다양성을 불러오는 것은 바로 상징적 상호작용의 복잡성이다. 즉 기본적인 패턴 형성과 새로움을 창출하는 역량을 부여하는 것은 상징의 복잡한 성격과 그 반응적이고 관계적인 특성이다. 여기서 말하고자 하는 것은 사람들이 상징을 통한 신체적 관계를 맺는 과정에서 나타나는 지식의 창발에 관한 것이다.

예를 들어, 토론의 과정에서 내가 당신에게 "당신은 형성적 목적론을 가정하고 있군요."라고 말했다고 해보자. 나의 이러한 신체적 제스처는 예를 들면, 이 책에서 언급한 추상적인 토론과 관련해서만 의미가 있는 실체화된 상징 패턴이다. 그러나 나는 이 말을 특정한 시간과 장소에서 특정한 자세를 취하고 특정한 목소리 톤으로 했을 것이다. 당신은 이에 대해 이 말이 가리키는 추상적인 프레임만이 아니라 나의 목소리 톤과 자세 그리고 우리가 처한 환경까지를 고려해서 반응할 것이다. 이러한 나의 언어적 표현에 대해 당신은 추상적인 개념으로 응답하는 반응을 보이겠지만 나의 말로 인해 공격받았고 따라서 억울하다는 느낌이 들 수도 있다. 나의 말(중요한 상징)로 인해 나의 내면에서 유사한 반응이 나타날 수도 있지만(중요한 상징), 나는 당신에게서 나타나는 반응으로 인해 놀랄 수도 있을 것이다(원초적 상징). 이렇게 본다면 나와 당신 사이에서는 원초적인 상징과 중요한 상징, 실체화된 상징을 통한 상호작용이 동시에 이루어지고 있다고 할 수 있다.

앞서 2장에서는 의사소통 및 지식에 있어서 명제적인 것과 서사적인 것의 차이를 살핀 바 있다.[*28] 여기서 명제적 지식은 실체화된 상징을, 서사적 지식은 중요한 상징과 원초적 상징을 가리킨다. 명제적 지식과 서사적 지식을 구분하는 것은 다양한 상징을 구분하는 것과 마찬가지로 이해를 위해서 유용한 도움이 될 수는 있다. 그러나 양자를 이원론적으

[*28] Tsoukas, 1997.

로 구분하여 어느 한쪽을 우월한 지위가 있는 것으로 끌어올리는 이들도 있다. 전통적인 과학에서는 명제적 지식만을 유일하게 신뢰할 수 있는 지식으로 평가해 왔지만 최근 사회 현상에 관심 있는 이들 중에는 이에 대한 반작용으로 서사적 형태의 지식을 더 높게 평가하는 이들도 있다.

예를 들어 쇼터Shotter[29]는 1인칭 및 2인칭으로 하는 말과 3인칭으로 하는 말을 구별한다. 1인칭과 2인칭으로 하는 말은 수사적 체면치레를 위한 반응이나 관계를 위한 것으로, 이는 사람들이 관계를 지속하고 함께 살아가기 위해 서로의 행동을 설명하면서 일상의 대화에서 사용하는 말이다. 나의 용어로 말하면 여기서는 원초적 상징과 중요한 상징이 매개 수단이며 그 맥락은 관계 형성 경험의 역사만이 아니라 현재의 시간과 장소 및 신체의 상태이다. 그러나 우리가 3인칭으로 말을 할 때는 대화 당사자 간 직접적인 상호작용의 외부에 있는 대상에 주목한다. 3인칭으로 하는 말은 표상적이고 준거적으로 언급되는 대상을 나타내는 데 사용된다. 나의 용어로 말하면 실체화된 상징이 매개 수단이며 그 맥락을 이루는 것은 주로 추상적이고 체계적인 설명 프레임이다.[30]

쇼터의 주장에 따르면 반응적이고 관계적인 의사소통과 표상적이고 준거적인 의사소통은 서로 다른 방향에서 지속되는 상호작용의 흐름으로서, 의사소통 과정에서 전자는 '아래에서 위로upstream', 후자는 '위에서 아래로downstream' 진행된다. 또한 이 두 가지 형식의 상호작용 활동은 이해 혹은 앎의 과정이 실질적으로 다르다는 것이 그의 주장이다.

'아래에서 위로' 진행되는 관계적-반응적인 관계 형성에서의 앎은

[29] Shotter, 1993, 1999, 2000.
[30] 대화 당사자 간에 이루어지는 대화를 1차적인 것(first order)이라 한다면 세 번째 사람의 대화는 처음 두 사람 간의 대화를 대상으로 한다는 점에서 2차적인 것(second order)이다. 일종의 메타인지라고 할 수 있다(옮긴이).

'보는 방식ways of seeing'의 측면에서 설명된다. 쇼터는 이러한 '보는 방식'을, 은밀하게 행위를 형성하고 지시하는 패러다임으로 정의한다. 이것은 행위가 불러일으킬 반응을 어느 정도 예측할 수 있게 하는 기대의 배경background of anticipation이다. '보는 방식'은 어떤 사건에 주목할 것인가 하는 개입의 입장position of involvement을 결정한다. 이 '보는 방식'은 관계가 계속되면서 틀이 잡혀간다. 말하자면 관계 형성 과정에서 점차 구체화된다. 서로 반응하고 관계를 형성해 가는 상호작용의 과정에서 사람들은 자기 자신에 관해서 이야기를 한다. 여기서 이해는 다른 사람이 말로 표현한 내면의 생각을 포착하여 이를 행동으로 옮기는 과정이 아니다. 그리고 대화는 행위의 전제조건이나 행위에 불필요하게 수반되는 것이 아니라 행위 자체로 간주된다.

쇼터는 '보는 방식'에 대비되는 것으로 추상적-체계적 프레임을 제시하고 있다. 추상적-체계적 프레임은 상호작용의 과정에서 '위에서 아래로' 나타나 표상적-준거적인 상호작용을 통하여 지식을 구성한다. 여기서 상호작용은 추상적인 프레임에 토대를 두고 있다. 이 프레임에서는 이론가가 초연한 자세로 체계적 모형을 제시하고 다른 사람들은 그가 이해한 것을 그대로 따라 함으로써 이 모형을 수동적으로 받아들이기를 기대한다. 쇼터에 다르면 사람들이 추상적-체계적인 방식으로 상호작용할 때는 내적 상태와 감정, 아이디어, 정신적 표상에 대해 이야기하다가 시간이 경과하면서 점진적으로 자신의 본 모습을 조금씩 구체화해 나간다. 이런 과정을 거쳐 사람들은 정보를 전달하고 이미 존재하고는 있으나 겉으로 드러나지 않았던 어떤 것을 드러낸다.

쇼터는 분명 관계적이고 반응적인 상호작용을 근원적인 것, 한 걸음 나아가 보다 우월한 것으로 간주함으로써 이런 형식의 상호작용을 옹호하고 추상적-체계적 프레임은 경시하고 있다.[*31] 그러나 나는 이러한 이분법에서 벗어나고자 한다. 적어도 오늘날의 의사소통 상호작용은 어느 하나의 방식만을 배타적으로 취하지는 않는다고 생각한다. 대신에 쇼터가 말하는 두 가지 유형의 상호작용은 사람들 사이의 의사소통에서 거의 언제나 동시에 이루어진다. 가족 구성원들이 원초적이고 중요한 상징을 매개로 의사소통 하는 평범하고 일상적인 환경에서도 그들의 상호작용에는 법률 체계와 같은 실체화된 상징과 기성 종교, 직장 및 여타 조직의 구성원 자격 같은 것들이 한데 얽혀 있을 가능성이 크다. 정교한 테크놀로지와 복잡한 조직을 특징으로 하는 오늘날의 상황에서는 실체화된 상징 형태의 의사소통을 피하기가 어려우며 또한 이러한 상징 형태로 진행되는 가장 추상적인 의사소통조차도 중요한 상징과 원초적 상징 형태의 반응을 불러일으킨다. 다음의 일화는 이 점을 예시하고 있다.

인치케이프에서의 워크숍

1995년에 나는 인치케이프 그룹에서 경영자교육과 관련하여 모종의 과제 수행을 요청받았다. 이에 대해서는 『경영과 만트라Management and Mantras』라는 책에서 설명한 바 있다.[*32] 이 일에 대한 나의 기억은 이 책의 저자들과는 사뭇 달랐는데 이는 기억의 본질이 과거 일을 반복하면서도 변형하는 것이라는 사실을 염두에 둔다면 충분히 예상할 수 있는 일이다. 하여간 나는 재구성된 기억을 가지고 설명하고자 한다. 1995년 4월에 인치케이프 이사회 전무들이 이수하게 될 경영자교육 프로그램

[*31] Shotter, 1993; Shotter and Katz, 1996.
[*32] Butler와 Keary, 2000.

3일간의 과정 중에서 나는 하루를 맡아 프로그램을 운영해 달라는 요청을 받았다. 그날 나는 복잡성 이론에 관한 자료를 보여줬고 우리는 인치케이프 그룹의 상황과 결부하여 이에 대해서 토론을 했다. 그런데 돌아오는 반응들은 제각각이었다. 일부 임원들은 본사의 수석 임원들이라면 이런 프로그램으로부터 이익을 얻겠지만 본인들은 다르다고 생각했다.

그해 11월에 나는 본사 임원진을 위한 이틀 과정의 경영자교육 프로그램에서 둘째 날에 참석을 했다. 그날 프로그램을 시작할 때 나는 참여자들이 그다음 날 세 명의 이사회 전무들에게 무엇을 보여줄 것인지에 대해 토론하는 것을 지켜보았다. 나는 그들이 무슨 말을 하려 하는지에 놀랐고 어떻게 그런 결정을 하게 되었는지에 더욱 놀랐다. 그들은 하루 전날 준비한 플립차트를 설명했다. 여기에는 회사가 당면하고 있는 주요 이슈들과 이를 어떻게 처리할 것인가에 관한 추상-체계적 성격의 주요 항목들이 여럿 담겨 있었다. 그러나 이러한 문제들에 대해서 그들이 무엇을 말할 것인가에 관한 토론은, 사람들이 지금까지 어떻게 대접받아 왔는지에 대한 일화들과 뒤엉켜 있었다. 그래서 제시된 프리젠테이션의 전체적인 모양새는 공격적이고 매우 대립적이었다. 그들이 준비한 대로 진행된다면 다음 날은 매우 격앙된 하루가 되리라 생각했던 것으로 기억한다. 따라서 내가 말을 꺼내기도 전에 참여자들의 경험은 비즈니스와 관련한 추상적이고 체계적인 주제와 공격성과 공격에 관한 서사적인 주제들이 한데 뒤엉켜 조직되었다. 명제적 주제들과 서사적인 주제들이 한데 얽혀 매우 강렬한 느낌을 받았다.

이때 내가 소개되고 그들에게 조직학습과 복잡성에 관해 연수를 하도록 요청받았다. 그런데 순간 나는 큰 실수를 했다. 그들이 방금 논의를 중단한 부분을 포착하여 무슨 일이 일어나고 있었는지 좀 더 살펴봤어야 했는데 나는 고지식하게 초대에 응하여 요청받은 대로 조직에서의 학습에 관해 이야기하기 시작했다. 조직학습의 성격에 관해 토론할 수 있는 분위기를 조성하기 위해 나는 단일고리 학습과 이중고리 학습과 관련하여 아지리스^{Argyris}가 주장한 내용*33의 개요를 간략히 보여주었다. 다시 말하면 나는 추상적-체계적 주제를 중심으로 우리의 경험을 조직하려 했던 것이다. 그러나 참여자들은 사사건건 가로막고 나섰으며 내가 말한 모든 것의 타당성에 대해 의문을 제기했다. 그럼에도 나는 강제로 밀고 나갔고 아지리스의 '숙련된 무능력^{skilled incompetence}'의 개념을 소개하면서 어떻게 우리가 유능할수록 '숙련된 무능력'에 빠지는지를 설명했다. 나의 설명이 본인들의 무능을 탓하는 것으로 들렸을 때 그들의 공격은 더욱 심해졌다. 그들과 이사회 전무들 간의 비난과 맞비난의 배경을 생각해 볼 때, 그들이 추상적인 논점을 직접적인 비난으로 받아들인 것은 충분히 이해할 수 있는 일이었다. 그런데 나는 이런 배경을 거의 모르고 있었던 것이다.

그 시점까지 나는 적어도 참여자들만큼 화가 났고 이런 사람들이 있는 이 특정한 방이 아닌 다른 곳으로 가버리고 싶은 강렬한 욕망을 느꼈다. 그들도 그럴 것이라고 생각했다. 그때 나는 또 한 번의 '실수'를 했다. 무슨 일이 일어나고 있는지 좀 더 확인해 보지 않고, 화가 나서 내 기분이 어땠는지 털어놓으면서 오늘 프로그램을 종료하고 모두들 집으로 돌아가자고 했던 것이다.

나는 마음을 가라앉히고 커피타임을 가지면서 우리가 하고자 하는 일에 대해 생각해 보자고 제안했다. 커피타임을 갖고 나서 우리는 지금

---

*33 Argyris, 1990.

까지 함께 한 일을 이해해 보려고 노력하기 시작했다. 우리는 나머지 시간을 우리가 겪은 경험과 씨름하면서, 조직에서 무슨 일이 진행되고 있었으며 그들이 그것에 대해 어떻게 느꼈는가 하는 측면에서 이사회 전무들에게 무엇을 어떻게 집중하도록 제안할 것인가 하는 문제와 우리의 경험을 연결시켰다. 나는 예기치 않은 사건의 반전으로 가치 있는 일을 성취해냈음을 느꼈다. 다른 사람들 중에도 이렇게 생각한 이들이 있었지만 그날은 엉망이었다고 생각한 이들도 물론 있었다. 어떤 이는 이를 경영의 붕괴라고 말하기도 했다.

필자와 참여자들 간의 진화하는 관계, 즉 짧은 시간 안에 우리가 쌓은 경험이 어떻게 추상적–체계적 주제로 조직되었고 비난과 맞비난이라는 서사 주제 및 강렬한 느낌 모두와 동시에 얽혔는지 주목할 필요가 있다. 나는 추상적–체계적인 형태의 지식과 서사적인 형태의 지식을 구분하는 이원론적인 접근법을 고수하는 것은 이러한 경험을 이해하는 데 도움이 되지 않는다고 생각한다. 이 두 가지 형태의 지식은 의사소통과 관련하여 서로 연관된 반응 패턴들이 동시에 나타나는 측면들이다.

5. 결론

이 장의 핵심 내용은 다음과 같다. 인간은 상징을 매개로 서로 의사소통을 한다. 여기서 상징은 관계 형성에 있어서 제스처에 반응하는 신체적 상호작용이다. 이러한 활동적인 상징들이 의미가 되고 지식이 된다. 따라서 지식은 '실체itself'가 아니라 활동의 과정이다. 활동은 살아 있는 현재에서 이루어지기 때문에 순간적인ephemeral 것이다. 그러므로 지식은 신체적 활동이라는 사실만 놓고 보더라도 축적되거나 공유될 수 있는 것이 아니다. 상징의 측면에서 보면 신체의 활동은 원초적 상징, 중요한 상징, 실체화된 상징 등 다양한 형태의 상징을 지닌다. 실체화된 상징은 기호mark의 형태로 나타낼 수 있으며 따라서 인공물artifacts로 저장이 가능하다. 그러나 이 인공물 자체는 지식이 아니다. 이것은 사람들이 신체적 의사소통에서 활용하는 도구이다. 의미와 지식은 이러한 신체적 의사소통을 하는 과정에서 만들어진다. 이는 주류의 입장에서 보는 것과 근본적으로 다른 지식의 개념이다. 내가 제안하는 대안적인 개념에 따르면 지식은 측정하거나 관리하는 것이 불가능하다는 결론이 나온다.

지식은 상징을 패턴화하는 과정이다. 다음 장에서는 살아 움직이는 사람들 간의 상징적 상호작용에서 어떻게 일관된 패턴이 나타나는가 하는 문제를 다룰 것이다.

6장

의사소통 행위의 조직

앞 장에서는 모든 인간관계가 여러 측면의 상징(실체화된 상징, 중요한 상징, 원초적 상징)을 매개로 사람과 사람 사이에서 이루어지는 의사소통 활동이며 이러한 의사소통 상호작용의 과정에서 의미가 만들어지기도 하고 소멸되기도 한다는 점에 대해 논의했다. 다시 말하면 의사소통 행위는 관계 형성에 있어서의 복잡반응과정에 체화되어 있으며 이러한 복잡반응과정은 '살아가기' 위하여 인간적 혹은 인간외적 세계와의 관계에서 협력하여 활동할 수 있게 하는 지식을 만들기도 하고 소멸시키기도 한다. 이러한 접근 방법에서 보면 신체의 활동을 포함하여 의미의 창조 혹은 파괴와 관련한 신체 활동의 역할이 관계와 의사소통, 지식의 창출 및 학습에 관한 모든 설명에서 핵심을 차지한다. 이 접근에서는 인간들이 서로 관계를 맺는, 즉 의미 있게 의사소통하는 매개 수단에 주목한다. 이러한 의사소통을 통하여 인간은 개인적, 집단적 정체성을 드러내는데, 이 모든 것은 함께 살아가는 환경을 계속 유지하면서 동시에 변화시키기 위해 수행하는 협력행위의 본질적인 측면이다. 이런 접근 방법에 전제되어 있는 인과관계의 관점이 변형적 목적론이다(93쪽의 〈표 3.1〉 참조). 다시 말해 관계 형성에 있어서 복잡반응과정은 미래를 연속성과 동시에 잠재적 변화로 끊임없이 구성하는 과정으로 보는 변형적 인과관계transformative cause다. 더구나 동시에 일어나는 연속성과 변화는 자기 조직화하는 참여적 상호작용의 과정이며, 이런 과정을 통하여 상호작용 자체의 국지적인 세부 특성이 살아 있는 현재에서 상호작용의 창발적인 패턴을 만들어낸다.

이 장에서는 인간의 경험이 어떻게 상징을 매개로 이루어지는 의사소통에 의해 패턴화 되는지를 살펴보려고 한다. 여기서 말하는 경험이란, 인간을 둘러싼 인간적, 인간 외적 환경을 변화시키는 데 있어서, 의사소통 자체의 신체적 활동뿐만 아니라, 테크놀로지와 시스템 같은 도구를 함께 사용하는 토대로서의 의사소통이라는 신체 활동에 개인이나 집단이 현재 참여하고 있거나 과거에 참여했던 것을 의미한다. 그렇다면 의사소통 같은 행위가 어떻게 일관성 있고 유용하며 의미 있는 패턴을 보이게 되는가 하는 의문이 떠오른다. 이 문제를 논의함에 있어서 나는 상징을 매개로 이루어지는, 가장 분명하고 확실한 형태의 의사소통에 대해 다룰 것이다. 이는 말하기의 형태 혹은 말하기의 연장인 쓰기와 읽기의 형태가 될 것이다. 상징을 매개로 한 의사소통의 주요 예로서 이렇게 언어를 강조한다고 해서 비언어적 의사소통이 덜 중요하다거나 더 원시적이라고 주장할 의도는 전혀 없다. 오히려 말하기와 읽기, 쓰기는 신체 활동이기 때문에 앞에서 언급한 모든 유형의 상징을 동시에 활용해야만 의사소통이 충분히 이루어진다. 다시 말하면 느낌 및 느낌을 매개로 한 의사소통은 언제나 모든 상호작용의 중요한 부분이다.

　말하기와 읽기, 쓰기라는 활동은 담론적 관행discursive practice의 범주에 포함되는 것으로서 여기에는 다양한 형태가 있다. 이 모든 것의 공통점은 일상의 대화라는 사실이다. 때로는 '대화conversation'라는 단어를 매우 넓게 정의하여 언어에 바탕을 둔 모든 활동을 포함하는 경우가 있는데 이때는 담론discourse과 거의 구분이 되지 않는다. 그러나 대화를 다소 좁게 정의하여 사람들이 더불어 살아갈 때 늘 서로 직접 말을 하는 것을 의미하는 것으로 설명하는 이들도 있다. 이러한 의미에서의 대화에는 다음과 같은 것들이 배제된다. 주어진 토픽에 초점을 맞추는 의사소통으로서의 토론, 다른 사람으로 하여금 특정의 입장으로 견해를 바꾸도록 설득하는 의사소통으로서의 논쟁, 특정 입장을 옹호하기는 하지만 변화에 대해 열려 있는 형식으로서의 공적인 대화dialogue 등이 그것이다. 대화의 정의에서 배제되는 또 다른 형식의 담론에는 이론, 과학적 혹은 사실적 기술, 그리고 의견의 진술 등이 있다. 서사와 스토리 또한 대화와 구분되는 담론 형식이다. 지금까지 논의한 모든 형식은 정의내리는 사람에 따라 문자 언어를 포함할 수도 있고 그렇지 않을 수도 있다.

어떻게 정의하든 지금까지 언급한 모든 형식의 의사소통에는 한 가지 공통점이 있다. 그것은 사람들이 서로 대화할 때, 혹은 글을 쓰거나 다른 사람이 쓴 것을 읽을 때, 그들은 능동적으로 신체적 의사소통의 경험에 참여한다는 것이다. 이번 장에서 관심을 갖는 일반적인 질문은 이 모든 의사소통의 경험이 어떻게 구조화 혹은 패턴화되는가 하는 것이다. 이러한 질문에 대해서는 대화의 경험이, 특히 언어의 사용이 어떻게 구조화되고 패턴화되는가, 그리고 이 문제를 다루는 여러 가지 방식을 어떻게 구분할 것인가 하는 문제와 관련하여 살펴볼 것이다.

조직의 지식 창출과 관련하여 주류의 입장과 일치하는 접근 방법 중에 대화의 경험이 언어체계 규칙과 언어 활용 규칙에 의해 구조화된다고 가정하는 관점이 있다. 이에 따르면 언어는 어떤 경험이 일어나기에 앞서 존재하는 전체적인 규칙에 의해 지배되는 시스템이다. 따라서 언어는 추상적인 의사소통 체계로서 화자가 그 언어를 계속 사용하다 보면 대화 참여자들이 경험하는 일관된 패턴이 만들어진다. 또 하나의 접근은 어떤 형태의 대화인가, 즉 서사적 방식으로 구조되는 대화인가 아니면 명제적으로 구조화되는 대화인가 하는 문제에 관심을 갖는다. 이 관점에서는 서사를 지배하는 규칙인지 혹은 명제의 전개를 지배하는 규칙인지에 따라 대화의 구조가 결정된다고 본다. 또 다른 접근에서는 언어체계의 전체적인 규칙 혹은 서사 및 다른 여러 구조들의 일반적인 규칙이 아니라 국지적인 의사소통 상호작용의 규칙에 초점을 맞춘다. 이

후자의 관점은 복잡성 과학에 바탕을 두고 있는 것으로, 여기서는 의사소통을 지배하는 규칙이 개인적이고 국지적인 차원에 있으며 개인들이 의사소통 경험 패턴이 발현되는 자기 조직화 과정에서 이러한 규칙들을 사용한다고 주장한다. 3장에서 논의했듯이 이 모든 접근에서는 개인과 사회의 분리가 그대로 유지되고 있다. 이 접근법들은 의사소통의 구조화에 대한 규칙 기반 설명으로서, 이론과 실천을 분리하고 있고 규칙적인 의사소통 구조가 의사소통 행위를 규제하는 기존의 규칙 혹은 이론-총체적이건 국지적이건-에 의해 결정되는 것으로 본다. 이 접근법은 모두 형성적 목적론을 전제로 하고 있으며(〈표 2.1〉 참조) 여기서 미래의 의사소통 구조는 어떤 의미에서 규칙 속에 이미 내재되어 있던 패턴이 펼쳐지는 것이다.

이 장에서는 앞의 세 가지 접근법을 간략하게 살펴본 후 행위기반 접근법의 하나인 복잡반응과정의 관점을 제시하고자 한다. 이 관점에서는 규칙에 큰 비중을 두지 않으며 대화의 경험은 대화 행위 그 자체로 인해 패턴화된다는 점을 주장할 것이다. 다시 말하면 사람들이 서로 대화하는 경험에 있어서의 패턴은 바로 대화의 과정에서 나타난다는 것이다. 또한 이와 같이 함께 대화하는 과정은 인간의 경험을 서사와 같은 형태의 주제 및 이런 주제의 변형으로 구조화한다는 점을 입증할 것이다. 이것은 프랙탈 과정이며(4장 참조), 이러한 과정에서는 개인과 사회 혹은 이론과 실천의 분리가 발생하지 않는다. 여기서 의사소통 경험의 일관성을 유지하게 하는 것은 언어체계의 규칙이나 그 사용 규칙, 혹은 서사구조narrative structure와 명제적 구조에 관한 규칙이나 국지적 규칙이 아니라 언어의 사용에 참여하는 과정이다.

여기서는 먼저 의사소통의 구조화에 대한 전체적인 규칙 기반 설명을 살펴보고 이러한 관점이 왜 적절하지 않은지를 논의할 것이다.

1. 언어의 전체적인 규칙과 의사소통의 구조화

여기서 논의하고자 하는 내용은 소쉬르de Sausseur*34와 촘스키Chomsky*35, 핑커Pinker*36의 관점과 매우 관련이 깊다. 그러나 그들의 논의를 상세하게 다루지는 않을 것이다. 내가 관심을 갖는 이원론적 구분과 관련해서는 두 가지 기본적인 명제를 언급하는 것만으로 충분하기 때문이다.

첫 번째 기본 명제는 이렇다. 사람들이 만일 일관성 있게 대화를 하고자 한다면 사용하는 언어의 구문과 문법 규칙을 지켜야 한다. 언어 사용자들은 명사, 형용사, 동사 등의 배열순서와 관련된 규칙에 따라 단어들을 조합해야 한다. 규칙에 어긋나게 단어들을 연결하게 되면 구조도 의미가 없고 일관성 있는 대화도 불가능하다. 따라서 언어를 일관성 있게 사용하도록 하는 전체적인 규칙의 체계에 주목하게 되며 대화 참여자들은 이런 규칙을 알아야 하고 말을 할 때는 이를 일관성 있게 지켜야 한다고 여겨진다. 이는 시스템 사고의 유행을 보여주는 또 하나의 사례이다. 시스템 사고에 따르면 의사소통 경험이 모종의 구조를 갖는 것은 사람들이 문법과 구문의 시스템 규칙을 지키기 때문이다. 소쉬르와 촘스키는 언어의 의미론적 측면, 즉 의미와 내용에는 크게 관심을 갖지 않았다. 그러나 상호작용 구조의 기초로서 비전과 가치, 문화적 규범을 공유하는 것에 대해 논의할 때 규칙 기반의 개념을 언어의 의미와 내용으로

---

*34 de Sausseur, 1974.
*35 Chomsky, 1957.
*36 Pinker, 1994.

까지 확장하는 이들도 있다. 이들에 따르면 개별 언어 사용자는 조직의 지식 창출과 관련하여 주류 이론의 기저를 이루고 있는 인지주의적 가정에 맞게 규칙을 지키고 정보를 처리하는 존재로 간주된다. 이러한 관점의 연구에는 느낌에 관한 언급이 거의 없는 것 같다. 왜냐하면 개인들은 합리적이고 타산적인 방식으로 언어를 사용한다고 가정하기 때문이다.

이러한 주장에는 암묵적으로 인과관계 프레임이 들어 있는데, 그렇다면 이러한 프레임 속에 어떻게 칸트가 주장한 이원적인 인과관계 관점이 보존되고 있는지 살펴보자. 인지주의에서는 행동의 원인을 합리주의적 목적론(〈표 2.1〉 참조)의 측면에서 이해한다. 이 관점에 따르면 인간은 이성에 의해 단어를 선택하여 의사소통의 목적을 표현한다. 그는 해당 언어의 전체적인 규칙의 체계에 따라 선택을 한 것인데 여기에는 형성적 목적론(〈표 2.1〉 참조)이 함의되어 있다. 형성적 목적론에서는 대화의 구조를, 규칙 속에 접혀있던 것이 펼쳐지는 것으로 본다. 촘스키는 심층구조, 말하자면 규칙과 일치하는 언어적 입력$^{linguistic\ input}$만을 받아들이는 엄격한 통사 체계를 주장한다.

여기에 수반되는 질문은 개인이 어떻게 언어 사용을 지배하는 문법 규칙과 통사 규칙들을 갖게 되느냐 하는 것이다. 촘스키와 핑커^{Pinker}에 따르면 생득적이라는 것이 그 대답이다. 유전자가 언어의 문법 규칙과 통사 규칙에 따라 뇌의 구조를 프로그래밍한다는 의미에서 인간은 언어적 본능을 진화시켜 왔다고 보는 것이다. 다시 한 번 말하거니와 여기에는 분명 형성적 목적론이라는 기본 가정이 들어 있다. 그러나 모국어를 구사하기 위해 이러한 규칙들을 알아야 한다고 생각하는 사람은 아무도 없다. 오히려 규칙이란 것은 언어 사용자가 알지 못하는 사이에 뇌 속에 자리를 잡는 것으로 여겨진다. 말하자면 언어체계의 규칙은 무의식적이거나 암묵적이다.

샘슨Sampson*37은 유전 프로그램이 언어 사용을 주로 결정한다는 주장을 강력히 논박했다. 그는 개개인이 문법과 구문 규칙을 학습해야 하며 그 과정은 과학자가 활용하는 방법과 거의 같다고 주장한다. 그는 포퍼Popper*38와 마찬가지로, 개인들은 살아가면서 언어 사용과 관련해서 유용한 가설은 받아들이고 그렇지 않은 것은 기각하는 방식으로 가설을 검증한다고 본다. 그러나 그는 인간이 언어체계의 규칙을 획득하는 방식에 있어서는 핑커와 촘스키의 의견에 반대하면서도 기본적으로 인지주의적 접근의 다른 측면들은 그대로 받아들이고 있다. 촘스키/핑커의 접근 방법에 대한 주된 비판의 하나는 언어 사용의 유전적 결정에 관한 주장이 진정으로 새로운 아이디어를 창출하는 인간의 능력을 설명하지 못한다는 점이다. 그러나 샘슨은, 새로운 아이디어의 창출이 어떻게 가능한지를 설명하는 지점에 이르러서는 다시금 마음과 몸의 관계에 관한 이원론으로 후퇴하여 이 둘이 서로 분리된 실체라고 주장한다. 몸은 유전적으로 결정되며 생물학적 진화의 아주 긴 과정을 통해서가 아니면 새로운 것을 창출할 수 없지만 마음은 유전적으로 결정되지 않기 때문에 매우 짧은 기간에도 새로운 것을 창출할 수 있다는 것이다. 그는 진정 새로운 것이 어떻게 출현하는지를 설명하지 않고 이를 직관의 섬광으로 돌리고 있다. 뿐만 아니라 인간이 검증을 위한 새로운 가설을 형성하는 이 본능의 섬광을 어떻게 지니게 되었는지도 설명하지 않는다.

나는 의사소통 경험의 일관성을 대화 행위 바깥에 존재하는 전체적인 규칙의 체계로 설명하려는 이러한 시도는 적절하지 않다고 생각한

---

*37 Sampson, 1997.
*38 Popper, 1983.

다. 이러한 설명 방식이 적절하지 않은 이유는, 규칙이란 것이 언어학자들이 구성한 개념일 뿐인데도 그것을 마치 사람의 뇌 속에 있는 것으로 생각하기 때문이다. 앞에서 언급한 접근 방법은 모두 이러한 규칙이 어떻게 인간의 뇌 속에 자리를 잡게 되었는가 하는 문제에 봉착하며 이에 대한 대답은, 유전과 학습 모두 관련이 있지만, 이 유전과 학습 어느 것도 창조성을 설명하지 못하거나 이를 설명하려면 마음과 몸의 분리에 호소해야 한다. 다시 말하면 이 관점들은 사람들이 어떻게 규칙을 공유하게 되었으며 그들이 공유한 것이 무엇인가에 대해 만족스러운 설명을 하지 못한다. 뿐만 아니라 여기에는 또 하나의 약점이 있는데 이와 같이 합리적인 계산만을 강조하고 느낌의 역할을 경시하게 되면 특정한 유형의 대화와 특정한 형태의 지식, 즉 앞 장에서 언급한 추상적이고 체계적인 형태의 대화와 명제적 지식에다 부당한 특권을 쉽게 부여하게 된다.

따라서 규칙이 유전에 의해 결정되는 것으로 보건, 학습의 과정을 통해서 습득되는 것으로 주장하건, 그것은 별로 중요하지 않다. 두 가지 설명 모두 적절하지 않기는 마찬가지이기 때문이다. 즉 경험이 어떻게 안정적이면서도 동시에 새로운 형태로 패턴화 되는지를 설명하는 문제에 있어서, 인간 행동이 전체적인 일련의 규칙에 의해 지배를 받는다는 모든 생각들은 적절하지 않다. 언어의 통사 규칙과 문법 규칙의 체계에 관한 대안적인 사고방식에 따르면 언어의 규칙은 언어학자들이 구성한 개념이지 언어 사용자가 만들어낸 것이 아니다. 말하자면 언어의 규칙은 학술적으로 언어 사용을 기술하는 방식이지 언어 사용을 결정하는 규칙이 아닌 것이다. 더구나 앞에서 언급한 모든 접근 방법에서는 사고가 이미 어딘가에 존재하고 있어서 말로 전환되기를 기다리는 것으로 가정하고 있다. 그러나 말로 전환되기 이전에 존재하는 이 사고라는 것은 도대체 무엇인가? 이 질문에는 답을 제시할 수가 없다. 아마 말로 전환되기 이전의 사고라는 것은 존재하지 않을 것이다. 사고 자체가 곧 말이기 때문이다.

조직의 지식 창출 및 관리에 관한 사고에 있어서 이러한 결론은 의미가 매우 크다. 왜냐하면 이 문제에 관한 주류 사고의 입장은 상호작용의 일관성이 어떻게 유지되는가 하는 문제와 관련하여 규칙이 사전에 존재한다는 규칙 기반 설명에 바탕을 두는 경향이 있기 때문이다. 이러한 생각을 거부하면 주류의 관점이 밑바탕부터 흔들릴 것이다.

전체적인 규칙 기반 설명에서는 일관성의 패턴을 모종의 인과관계 규칙 체계, 즉 의사소통 참여자들이 공유하는 일종의 청사진에 기인하는 것으로 본다. 문법 규칙의 체계라는 개념을 받아들이는 주장 또한 인간 행위에 스며 있는 질서의 원인을 3장에서 논의한 비인격적인 사회적 힘 혹은 제도적 절차에서 찾는다. 이 모든 접근에서 공통적인 것은 질서 있는 행위의 원인이 인간 내부에 내면화되었다가 나중에 재현되는 전체적인 규칙 체계의 형태로 인간의 몸 바깥에 존재한다는 생각이다. 이 전체적인 규칙의 체계가 변화할 때만 행동의 변화가 일어난다는 것인데 이것은 어떻게 이런 일이 발생하는지에 대한 만족스러운 설명이 아니라고 생각한다.

앞에서 이미 언급했듯이 의사소통이 어떻게 일관성 있게 구조화되는지에 대한 이러한 방식의 설명에서는 의사소통의 내용에는 거의 관심을 두지 않는다. 이제 의사소통의 내용에 관심을 두는 접근법을 다룰 것이나, 이 접근법 역시 일관성의 원인을 의사소통하는 사람들의 상호작용 바깥에 있다고 믿는 규칙의 체계에서 찾는다.

2. 서사적 형태의 의사소통

앞 장에서는 이론과 사실적인 설명에 나타나는 '만일–그러면' 형태의 명제적 지식과, 스토리나 서사에 나타나는 서사적 지식[39] 사이에 일부 저자들이 그어 놓은 구별에 주목했다. 또한 이 저자들은 사람들이 직무를 잘 수행하기 위해서 어째서 절차나 매뉴얼 같은 명제적 지식에만 의존할 수 없는지를 지적하고 있다. 그들의 주장에 따르면 사람들은 직무에 관해 서로 얘기를 나누는 비공식적인 스토리에 체화되어 있는 서사적 지식의 도움도 받을 필요가 있다는 것이다.[40] 이러한 점에 주목하여 조직 분야에는 조직 생활에서 스토리텔링의 효용에 대해 탐구하는 저자나 연구자들이 많이 있다.[41]

이러한 연구 활동의 예로서 가브리엘Gabriel[42]의 주장을 잠시 살펴보자. 그는 서사와 스토리가 어떻게 조직에서 센스메이킹sense-making의 과정을 구성하는지를 밝히기 위해 이에 대한 개념 정의들을 검토하고 있다.[43] 그의 주장에 따르면 스토리는 서사 범주의 일부이며 스토리의 개념에 대해 세 가지 이해방식을 제시하고 있다.

- 민속학의 관점에서 보면 스토리텔링은 스토리텔러가 공동체 구성원에게 스토리를 전하는 전통적인 활동이다. 스토리는 유동적이고 진화하며 스토리의 주목적은 오락이다. 가브리엘은 스토리를 신화 및 동화와 구분하고 있다. 신화와 동화는 교훈적인 것이고 성스러운 의

---

[39] Tsoukas, 1997.
[40] Brown and Duguid, 1991.
[41] 예를 들면 Boje, 1991, 1994, 1995; Grant et al., 1998.
[42] Gabriel, 1999.
[43] 센스메이킹이란 조직의 내·외부에서 진행되는 불확실하고 복잡한 상황을 명백하게 이해하게 하고 그 이해에 바탕을 둔 행동을 취하게 하는 인지 과정을 말한다(옮긴이).

미나 도덕적 금기를 전달하며 무언가를 설명하고 정당화하며 사람들을 위로한다. 반면에 스토리는 즐거움을 준다. 전설은 빈약하기는 해도 모종의 역사적인 근거를 갖는다는 점에서 스토리와 구분된다.

- 모더니즘의 관점에서는 스토리와 신화, 동화, 전설이 모두 사실적이고 객관적인 정보에 반하는 허구이거나 개인의 경험을 바탕으로 한 지극히 주관적인 설명으로 여겨진다. 여기서는 스토리가 센스메이킹의 과정으로 주변화 되기도 하고 사실과 연관이 없다는 점에서 완전히 거부되거나 숨겨진 주관적 경험을 나타낸다 해서 해석주의의 접근 방식을 따른다. 해석의 목적은 숨겨진 의미를 드러내는 것이다. 여기서 스토리의 목적은 사람들에게 사회의 통제에서 벗어나는 수단을 제공하고 나아가 이런 통제를 비웃도록 하는 것이다. 정신분석학의 관점에서 스토리는 감정과 숨겨진 욕구, 억압된 소원을 드러낸다. 이런 것들은 무의식적인 소원의 왜곡된 표현이다. 해석주의에서는 스토리를 사실에 반하는 것이 아니라 숨겨진 사실로 본다. 스토리는 사회적 혹은 심리적 현실을 일려주는 단서로 여겨진다.
- 포스트모더니즘의 관점에서는 사실이 아닌 스토리가 경험을 의미 있게 하며 이는 독특한 형태의 센스메이킹이다. 이 관점에서는 인간의 경험이 모종의 스토리이며 스토리는 사람이 말하는 방식에 영향을 준다. 보제Boje[44]는 스토리텔링을 제도 속의 기억으로 본다. 이 기억은 지속적으로 과거를 재창조한다. 그에 따르면 스토리는 끊임없이 유동적인 상태에 있으며 대화의 조각이라는 형태를 취한다.

가브리엘은 시작과 결말을 가진 줄거리가 있고 이 사람에게서 저 사

---

[44] Boje, 1991, 1994, 1995.

람으로 전해지는 통합된 서사를 기술하기 위하여 '스토리'라는 용어를 그대로 유지할 것을 제안하고 있다. 그에게 있어서 스토리의 목적은 즐거움을 주고 상상력을 자극하며 사람들을 격려하는 것이다. 스토리는 신화처럼 교훈적이거나 심오하지 않다. 스토리의 진실성은 스토리 차체의 의미에 있다는 점에서 이는 사실에 얽매이지 않는다. 스토리는 무의식적인 소원을 표현하는 상징성과 문화의 요소이다. 스토리는 의사소통의 도구이자 정치적 지배와 반대의 표현, 그리고 정서적 긴장해소를 위한 수단이다. 이러한 논의는 이것이 좋은 스토리인지 나쁜 스토리인지, 이 스토리가 의미를 생성하는지 파괴하는지에 대한 관심으로 이어진다.

서사 범주에 대한 가브리엘의 정의에는 스토리와 신화, 동화, 전설뿐만 아니라 다른 형태의 의사소통도 있다. 이 다른 형태의 의사소통에는 정서적인 효과보다 객관성을 추구하는 사실적이고 기술적인 사건 설명, 의견, 해석, 이론과 주장, 수numbers, 로고스, 이미지, 환상, 백일몽, 슬로건, 은유, 프로토스토리protostory라고 부르는 단편적 이야기, 말장난 등이 포함된다. 여기서 가브리엘은 서사와 경험을 사실적인 근거가 있는 것과 없는 것으로 구분한다. 그는 사실에 충실한 담론, 즉 '정보로서의 사실'을 기술한 것과 스토리에 충실한 담론, 말하자면 개인적이고 주관적인 '경험으로서의 사실'에 관해서 논의하고 있다. 그는 스토리를, 조직의 숨겨진 실재를 드러내는 일터의 야화folklore of the workplace로 간주한다. 그러나 조직은 다른 형태의 담론에 지배된다는 것이 가브리엘의 주장이다. 다른 형태의 서사는 의미를 유지하고 협상하기 위해 사용된다.

가브리엘은 서사와 스토리, 이론, 사실적 설명 같은 다양한 형태의 의사소통을 엄격하게 구별한다. 스토리와 서사를 같은 것으로 보는 이들도 있다. 그러나 정의와 구별이 무엇이든 간에, 이들의 접근 방법에서는 사실적인 설명이든 다른 유형의 설명이든, 설명 자체가 아닌 다른 무언가에 '관한' 것을 설명으로 간주한다.[45] 이것들은 경험이나 사실에 '관한' 설명이다. 다시 말하면, 이것들은 사람들이 설명 자체와는 다른 실재에 대해서 주고받는 설명인 것이다. 그렇다면 문제는 설명의 유형과 그 설명이 가리키는 실재에 대한 정의다. 이러한 설명에서는 이미 어딘가에 존재하는 의미를 표현하려고 하며 문제는 이를 얼마나 잘 표현하는가 하는 것이다. 따라서 이러한 접근법은 형성적 목적론을 가정하고 있다. 여기서의 설명 형식은 사전에 접혀있던 의미와 경험을 펼치는 것이다. 논의의 핵심은 어떤 형태의 설명이 더 나은가 하는 것이다. 조직의 지식에 관한 주류 사고에서는 사실에 입각한 설명과 이로부터 구성한 이론이 더 우월한 의미 전달 수단이다. 반면에 주류 사고를 비판하는 이들은 의미를 표현하는 형식으로서 서사의 우월성을 주장한다. 예를 들면 르윈과 레진Lewin and Regine[46]은 브루너Bruner[47]를 인용하여 사실에 입각한 설명 및 이론과는 달리 서사가 생생한 경험을 더 풍부하게 포착한다고 주장한다. 이는 더 나은 연구 방법으로서의 스토리와 되살릴 필요가 있는 잃어버린 예술로서의 스토리텔링을 활용해서, 조직의 삶에 대한 이야기를 들려줘야 한다는 요청으로 받아들여진다. 실제로 이 비평가들은, 인간은 구성된 이론보다 스토리를 말할 때 더 효과적으로 학습할 수 있다고 주장한다.

---

[45] 이 부분에서 저자의 문제의식은 의사소통을 통해서 "의미를 창출하는 것인가", 아니면 "고정된 의미를 드러내는 것인가" 하는 데 있다고 판단된다. 말하자면 어떤 실재에 "관해서" 설명하는 것은 실재에 이미 내재되어 있는 의미를 펼쳐나가는 것일 뿐 의미를 만들어 가는 것이 아니라고 보는 것이다(옮긴이).

[46] Lewin and Regine, 2000.

[47] Bruner, 1990.

가브리엘의 분석을 하나의 예로 들었지만 서사와 스토리를 더 우월한 형태의 담화로 보는 이러한 견해는 의사소통 경험이 구조화되는 방식에 관한 샘슨Sampson의 주장과 기본적으로 다르지 않다고 생각한다. 서사와 스토리 형태의 의사소통은 여전히 스토리를 말하는 행위 외부에 있는 모종의 시스템에 의해 구조화된다고 가정하고 있다. 특정한 구조와 목표가 있는 것으로 스토리를 규정하고 있는 것이다. 개인이 이러한 규칙을 따르면 스토리를 만들어낼 수가 있지만 그렇지 못하면 스토리는 존재하지 않는다. 스토리는 사실 스토리 외부에 있는 현실을 표상하는 인공물인데 이는 스토리가 무의식의 현실을 은폐한다는 생각에서 분명히 드러난다. 촘스키의 경우와 비교해 보면 서사와 스토리텔링으로의 전환이 확실히 의사소통에 관한 이해의 폭을 넓히기는 했지만, 합리주의적 목적론과 형성적 목적론이라는 이원성이 여전히 지속되고 있기 때문에 이러한 전환은 인과관계에 관한 가정에 있어서 어떠한 변화로도 이어지지 못하고 있다. 뿐만 아니라 이러한 전환만으로는 개인과 사회의 분리에 관해 아무것도 말해주지 않는다.

이제 의사소통의 구조화에 관한 세 번째 접근 방법을 살펴보자. 이는 복잡성 과학을 끌어들여 의사소통을 국지적 상호작용의 규칙에 따른 자기조직화로 이해한다.

3. 국지적 규칙과 의사소통의 구조화

또 하나의 규칙 기반 접근 방법에서는 사람들 간의 상호작용이 일련의 규칙들에 의해 상호작용의 국지적 수준에서 제어되는 방식에 주목한다. 이 규칙들은 개인의 정신 모델 혹은 스키마의 형태를 취하며 일부는 여러 사람들에게 공유될 수 있다. 이러한 규칙들은 이제 외부의 추상적인 전체 시스템이 아닌 사람의 머리 안에 들어 있다. 인간의 행위를 이와 같이 규칙 중심으로 이해하는 사고방식은 바로 복잡적응시스템 이론과 일치한다. 이 이론에 기반을 둔 자기조직화와 창발이라는 개념은 국지적 규칙의 지배를 받는 인간의 상호작용에서 어떻게 일관성 있는 의사소통 패턴이 창발하는지에 대한 설명을 제공해 줄 수 있다. 불현듯 나타나는 패턴과 질서 혹은 일관성은 개인보다 상위의 차원에서 제도나 조직, 문화, 사회 등의 형태로 존재한다. 이 상위 수준의 질서는 다시 개인에 작용하여 국지적으로 이루어지는 상호작용의 규칙에 영향을 준다고 설명한다. 하나하나의 규칙이나 개인 간의 연결 패턴이 달라질 때 변화가 일어난다고 하는데 이런 설명은 복잡적응시스템 이론과 유사하다. 전체적인 규칙 기반 설명의 관점에서는 상호작용의 일관성이 규칙으로서의 외적인 청사진 ― 언어 체계의 전체적인 규칙이든 서사적 형태의 의사소통 규칙이든 ― 이 있기 때문에 발생한다고 본다. 그런데 바로 앞에서 언급한 또 다른 규칙 기반 설명에서는 일관성이 외적인 청사진 없이 국지적 규칙에 따른 자기조직화의 과정에서 발생한다.

브로엑스트라Broekstra[48]에 따르면 모든 행동은 커뮤니케이션이다.[49] 그는 의사소통을 대화에 의한 메시지 교환으로 정의하면서, 여기에 스토리, 신화, 환상, 의식을 포함시키고 있다. 그에게 있어 조직이란 일종의 대화 체계로서 이를 통해 의사소통 상호작용은 사회적인 현실을 구성한다. 말하자면 "조직화의 과정은 여러 소규모 대화들이 느슨하게 결

---

[48] Broekstra, 1998.
[49] Watzlawick, 1976.

합된 네트워크에서 끊임없이 재현되고 구성되며 이는 국지적 지식을 기반으로 한다"는 것이다.[*50] 그는 이러한 대화의 체계에 대해서 다음과 같이 주장하고 있다. 개인들은 상호 간의 국지적 상호작용을 지배하는 모종의 암묵적 규칙의 체계 속에서 태어나고 이러한 규칙의 체계로 사회화된다. 그는 복잡적응시스템 이론의 관점에서[*51] 규칙의 지배를 받는 실체들이 어떻게 서로 상호작용하면서 전체 수준에서 창발하는 질서 패턴 혹은 일관성을 만들어내는지를 설명하고 있다. 이 전체적인 질서 패턴과 관련하여 드러나는 외견상의 복잡성은 반자율적인semi-autonomous 개인 간에 이루어지는 지극히 단순한 상호작용 규칙에서 발생한다. 그의 주장에 따르면 일관된 조직 패턴을 일으키는 대화 체계에는 세 개의 수준이 있다. 첫 번째는 규칙 혹은 문법의 수준으로서 '만일-그러면'의 형태를 취한다. 두 번째 수준은 그 규칙들을 국지적 상호작용과 개인의 행동에 되풀이해서 적용하는 개인 간의 상호작용 체계이다. 세 번째는 그가 인지 수준이라고 표현한 전체 패턴의 수준으로, 이는 문화적이고 합의된 언어체계에 들어 있는 것이다. 일관성 있는 이 전체 패턴의 수준, 즉 인지 수준은 규칙을 변화시킴으로써 규칙의 수준에 영향을 미치며, 또한 시스템의 연결 정도를 변화시킴으로써 상호작용 수준에 영향을 준다. 따라서 규칙은 최상위 수준에서 작용하는 인지 과정의 역동적인 결과이다. 그의 말을 빌리면 "사회 체계에서 나타나는 이러한 구조화와 선택의 인과적 순환성은 (상호)작용의 선택을 지배하고 관찰 가능한 행동을 일으키는, 관찰 불가능한 규칙의 작용으로도 이해할 수 있다."[*52]

[*50] Broekstra, 1998, p.175.
[*51] Gell-Mann, 1994; Langton, 1993.
[*52] Broekstra, 1998, p.163.

그러므로 상호작용하면서 대화에 참여하는 개인들이 이러한 규칙들을 공유하게 되면 이 규칙들은 전체 질서의 생성 과정에서 중요한 요소로 작용한다. 브로엑스트라는 이 3단계 시스템의 작용을 사회적 구성으로 설명하면서 이것은 외부의 교란에 대항해서 자신의 정체성을 지키려고 하는 자기생성autopoietic의 과정(부록의 자기생성체계 참조)이라고 주장한다.

> 의도한 행위와 의도하지 않은 행위 및 상호작용의 네트워크에 의해 생성되고 재현되는 창발적 사회 조직의 구조가 … 결국에는 구조적으로 결정된 요소와 양립할 수 있는 참여자의 행동만을 선택 - 제약 혹은 촉진 - 한다.
> 행동과 행위의 선택은 보수적인 사회체제, 즉 조직을 유지하려는 경향이 있는 사회 체제를 설명하는 데 유용하다.[*53]

대화 체계의 변형은 첫 번째와 두 번째 수준에서 인지 수준의 작용으로 인해 일어난다. 그의 주장에 따르면 규칙은 유전자 암호와 같이 작용하여 개인의 행동과 국지적 상호작용을 구체적으로 규정하기 때문에 변화는 규칙이 재설정되었을 때 일어난다. 그러나 이러한 설명에는 누가 이 규칙을 재설정하는지, 어떻게 재설정하는지, 변화가 어떻게 다른 사람에게 공유되는지가 불분명하다.

이 변형된 접근 역시 전체적인 규칙 기반 설명 방식과 마찬가지로 일관성의 생성에 있어서 규칙의 작용에 기대고 있다. 그러나 이 관점에서는 초점이 전체적인 청사진이라는 개념에서 벗어나, 일련의 국지적 규칙이라는 개념과 국지적 상호작용의 중요성으로 옮겨가고 있다. 이 관

[*53] Ibid., p.162.

점에서 보면 질서는 단순하게 규칙으로 환원될 수 없는 보다 상위의 수준에서 생성된다는 점에서 창발적이다. 이 상위의 수준, 즉 인지적 수준이 이번에는 상호작용과 일련의 규칙 수준 모두에 적극적으로 작용한다. 전체적인 규칙 기반 설명과 또 한 가지 다른 점은 인과관계의 순환적 특성이다. 직접적으로 일관성을 생성하는 일련의 규칙 대신에, 일련의 국지적 규칙에 부합하는 국지적 상호작용이 있다. 그리고 이 국지적인 규칙은 보다 상위 수준의 일관성 혹은 인지를 생성하며 이 상위 수준이 이번에는 역으로 일련의 국지적 규칙과 상호작용 패턴을 구성하고 이렇게 구성된 것이 다시 상위 수준을 구성한다. 그러나 이러한 순환적 특성은 일관성의 성격 및 일관성이 어떻게 발생하는지에 대해 근본적으로 다르게 이해하도록 할 만큼 의미가 크지는 않은 것 같다. 이는 브로엑스트라 자신이 다음과 같은 진술에 갇혀 있기 때문이다. 그는 이 진술을 현재와 같은 통제 지향의 관리방식에 대한 하나의 대안으로 제시하고 있다. "개인 차원에서 공유되는 가치 지향의 비전을 기반으로 대화를 조직하게 되면 조직 전체에 일관된 방향, 즉 내면화된 공유 초점이 만들어진다."[54] 나는 이 말을, 대화 자체가 통제되어야 하며 공유된 생각을 바탕으로 한 이러한 통제는 일관성 있는 방향의 질서를 만들어낸다는 의미로 받아들인다. 일관성과 질서가 전체적으로 목표 지향의 통제 형태에 계속 의존하고 있는 것이다. 여전히 변화는 의도적인, 혹은 인지적으로 유도된 규칙의 변화에서 비롯된다. 그러나 이런 일을 누가, 어떻게 실행하느냐? 전체적 규칙의 접근 방법이 당면했던 이러한 문제는 여전히 이런 국지적 규칙 기반의 접근도 괴롭히고 있다. 개인들이 어떻게 일

---

[54] Ibid., p.176.

련의 규칙을 공유하느냐에 대한 설명도, 인지적인 것이 어떻게 일련의 규칙을 변화시키느냐에 대한 설명도 없다. 두 가지 접근 모두, 인간의 인식 가능성이 실제로 그림에서 사라지고 있다. 브로엑스트라는 복잡성 과학의 통찰을 시스템 이론의 연장으로 활용하면서 분명 시스템의 측면에서 사고하고 있다. 그가 내세우는 것은 형성적 목적론으로, 이미 접혀 있던 비전의 질서와 공유된 규칙이 사람 간 대화 상호작용에서 펼쳐지고 있는 것이다.

결국 어떤 형태의 규칙 기반 설명이건 인간 행동의 추동력으로서 규칙에 의존함으로써 형성적 목적론을 가정하고 있기 때문에 사람 사이의 의사소통에서 일어나는 새로운 것의 창발을 설명하지 못하고 있다. 이러한 관점에서는 상호작용의 규칙성은 강조하지만 인간이 매일같이 경험하는 모든 불규칙성과 변동성에 대한 관심은 무시된다. 인간 행동에 대한 규칙 기반 설명에서는 인간으로서의 느낌과 관련한 경험이 소멸된다. 이러한 설명에서는 사람들이 장기간의 보편적이고 전체적인 청사진 혹은 보다 일시적이고 반복적, 국지적인 청사진에 따라 행동하기 때문에 일관성 있고 질서정연한 행동 패턴이 발생하는 것으로 간주한다. 모든 초점은 공유와 일치에 있으며 일상적인 경험의 일부분인 불일치나 갈등, 혼란 같은 것은 일관된 행동에 별다른 영향을 미치지 않는다. 공유된 시스템은 주어진 것이거나 혹은 상호작용을 통하여 사람들이 구성한 것으로 받아들여진다. 그러나 어느 경우건 규칙은 대개 암묵적이며 사람들의 외부에 있는 것으로, 사람들의 내부에 내면화되고 공유되었다가 대화나 다른 형태의 행위로 나타난다고 가정한다. 이러한 설명이 어떻게 숨겨진 모델이나 이론에 바탕을 두고 있는지 주목해 보자. 이러한 모델이나 이론적 틀에서 기본적인 요소building blocks ─ 규칙 자체 ─

는 대개 암묵적이고 무의식적이며 관찰이 불가능하다.

인간의 의사소통 행위에서 어떻게 일관성과 변화가 발생하는가 하는 문제를 규칙 기반의 접근 방법으로 설명하는 것에 대해 근본적으로 회의적이고 비판적인 태도를 취한다는 것은 단순히 다른 이론적 입장을 취한다거나 명제의 형성에서 스토리텔링으로 전환하는 것 이상을 의미한다. 이는 지식의 창출과 관리에 관한 주류 입장의 토대에 대해 진지한 의문을 제기하는 것이다. 이 말의 의미에 대해서는 10장에서 다룰 것이고 여기서는 모든 규칙 기반 설명 방식에 대한 대안, 즉 앞의 두 장에서 개괄한 의사소통에 관한 미드Mead의 견해와 의사소통 수단으로서의 상징에 관한 이론에 바탕을 두고 있는 접근 방법에 대해 살펴보고자 한다. 규칙 기반 설명 방식에 대한 대안이란 바로 행위 기반action-based 설명 방식이다.

4. 패턴화 과정으로서의 의사소통 행위

이 절에서는 인간의 행위를 지배하는 궁극적인 질서의 원천으로서 아무런 규칙도 없는 상황에서 사람과 사람 사이의 의사소통이 패턴화되는 현상에 대해 살펴보고자 한다. 앞에서 설명한 국지적 규칙의 변이와 마찬가지로 이 또한 전체적이 아닌 국지적인 것에 대한 논의이다. 그러나 여기서는 일관성 있는 국지적 상호작용이 공유된 규칙의 결과가 아니라 상호작용 자체에서 발생하는 것으로 이해한다. 논의의 핵심은 인간의 상호작용이 근본적으로 사람들이 함께 살아가기 위해 협력하는 과정에서 서로에게 설명하고 협상하는 과정이라는 것이다.[*55] 일관성과

[*55] Shotter, 1993.

질서는 개개인의 행동들이 서로 얽혀 있는 자기조직화 과정에서 반복되고 잠재적으로 변형된다. 이는 개인의 차원과 사회의 차원을 분리하지 않는 접근 방법이며 이 관점에서는 4장에서 설명한 대로 개인과 사회를 동일한 차원에 있는 현상의 다른 측면으로 본다. 또한 이론, 즉 행위에 대한 설명은 바로 그 행위 속에서 협상되는 것이기 때문에 이론과 실천 간의 괴리도 발생하지 않는다.

이 접근법은 행동을 유발하는 암묵적 혹은 무의식적인 규칙에 관한 추측이 아니라, 사람들이 더불어 살아가는 일상의 경험을 하면서 상호 작용할 때 실제로 하고 있는 일에 대한 직접적인 관찰에 바탕을 두고 있다. 이 접근법에서는 민속방법론,[56] 대화분석[57] 그리고 사회구성주의[58]에서 이끌어 낸 설명을 제시한다. 그렇다면 의사소통 행위를 일관성 있게 패턴화 할 수 있도록 하는 관찰 가능한 의사소통 행위의 특징은 무엇인가? 그 특징은 다음과 같이 분석할 수 있다.

- 연상 반응에 있어서의 상호 기대
- 대화 순서
- 행위의 순서, 구분, 범주화
- 수사적 장치

여기서 설명하고 있는 것은 단지 음성 언어의 실행만이 아니라는 점을 염두에 두고서 의사소통 행위의 이러한 측면들을 하나하나 검토해 보자. 왜냐하면 말을 주고받으면서 사람들은 신체와 느낌으로도 상호

---

[56] Garfinkel, 1967; Goffman, 1981.
[57] Jefferson, 1978; Shegloff, 1991; Sack, 1992; Boden, 1994.
[58] Shotter, 1993, 2000; Shotter and Katz, 1996.

작용을 경험하기 때문이다. 사람들이 주고받는 상징에는 언제나, 중요한 상징, 원초적 상징, 때로는 실체화된 상징 등 다양한 측면들이 있다. 음성을 통한 상호작용에서 사람들은 공명하는 신체 리듬의 형태로 직접 의사소통을 하기도 한다.

연상 반응에 있어서의 상호 기대

사람들은 의사소통을 할 때마다 바로 이러한 의사소통 행위를 통해서 서로에 대한 모종의 기대를 꽤 분명히 드러낸다. 그들은 자신이 말하는 것과 연상되는 방식으로 상대방이 자신의 말에 대해 반응하기를 기대한다. 서로가 이러한 기대에 어느 정도 반응하지 않으면 의사소통은 일어나지 않는다. 따라서 연상 반응associated response은 바로 의사소통 행위의 기초가 된다. 더욱이 사람들은 의사소통할 때 일반적으로 상대방이 다소간 유능하고 원칙을 지키며 합리적이기를 기대하는데 이는 상대편도 마찬가지다.[59] 사람들은 의사소통이나 다른 행위에 대해서 서로 도덕적인 책임이 있다고 주장한다. 혹은 반대로 상대방이 무능하고 완고하며 비합리적이고 비도덕적이라고 예상할 수도 있다. 이러한 기대는 사람들이 함께 대화를 진행해 나가는 데 중요한 영향을 미친다. 그들은 상대에게 어떤 기대를 하느냐에 따라 매우 다른 방식의 의사소통을 한다. 만일 서로 비협조적인 반응을 예상한다면 의사소통을 전적으로 회피하려 할 것이다. 이렇게까지는 아니더라도 의사소통 행위에서 발생하는 의미는 기대의 맥락에 따라 크게 달라질 것이다.

사람들은 이러한 기대를 만들기 위하여 모종의 규칙 – 의식적인 것이

---

[59] Boden, 1994.

든 무의식적인 것이든 - 에 매달리지 않는다. 대신에 그들은 상호 간 의사소통 행위 속에서 그러한 기대를 형성한다. 이러한 상호작용을 통하여 그들은 이미 만들어진 국지적 혹은 전체적인 일련의 규칙을 끌어들이거나 거론할 수는 있다. 그러나 그들은 자신들의 기대를 형성하기 위해서라기보다는 서로 협상할 때 활용할 자원으로 이러한 규칙들을 따른다. 그들은 자신들의 현재 행위를 정당화하기 위하여 혹은 상대방을 설득하고 변화시키기 위하여 외부의 규칙을 언급한다. 그들은 아무 이유 없이 규칙을 엄격히 적용하고 있는 것이 아니라 자신이나 남이 규칙에서 이탈하는 것을 설명하거나 정당화, 혹은 비난하기 위하여 이를 들여다보는 것이다. 사람들은 함께 하는 행동을 안내하는 규칙을 따를 수는 있지만 규칙이 우발적으로 발생하는 것들을 모두 커버할 수는 없기 때문에, 그들이 의사소통에서 흔히 하는 일은 그들이 처해 있는 현재의 상황에서 규칙을 어떻게 활용할 것인가에 대해 협상하는 것이다. 여기서 행위란 규칙을 따르는 것이 아니라 때때로 규칙을 도구로 활용하는 것이다. 이러한 행위 기반 접근은 말하는 행위의 사회적 혹은 협력적 성격을 강조한다. 이러한 상황에서 사람들은 성찰이나 강요, 혹은 계획이 없이도 서로의 감정을 고려하여 얽히고설킨 말의 끊임없는 흐름을 자연스럽게 유지하고 수정하면서 서로의 행위를 이해한다.[60]

대화 주고받기 순서

의사소통 상호작용에 일관된 패턴을 부여하는 두 번째 식별 가능한 특징은 일상적인 삶의 리듬을 만들어내는 대화 주고받기 순서이다.[61]

---

[60] Shotter and Katz, 1996.
[61] Garfinkel, 1967; Goffman, 1981; Sacks, 1992; Shotter, 1993; Boden, 1994.

이 대화 주고받기 순서의 기저는 앞에서 설명한 대로 사람들이 서로에 대해 가지고 있는 기대이다. 사람들은 말하는 순서를 중요하게 여긴다. 그들은 말할 순서를 놓고 경쟁도 하고 포기도 하고 순번을 정하기도 하면서 말할 순서를 자신이 가져오기도 하고 상대에게 넘겨주기도 한다. 사람들은 질문하고 조언을 구하고 문제를 명확히 하고 의견을 표현하기도 하면서 자율적으로 말할 순서를 정한다. 이러한 대화 주고받기 과정을 통해서 사람들은 권리와 의무를 협상하고 있는 것이다. 말하기를 포함하여 대부분의 인간 행위를 구조화하는 것은 이와 같은 권리와 의무의 협상이다. 왜냐하면 권리와 의무는 대화를 통해서 성취되기 때문이다. 일상적인 대화에서 말하는 순서를 자신이 가져오기도 하고 상대에게 부여하기도 하는 것은 안정적이기도 하고 동시에 불안정하기도 하며 예측이 가능하기도 하지만 불가능하기도 하다. 이와 같이 반복적이고 활동적인 과정으로서의 대화는 그 활동을 지체를 통해서 자율적으로 구조화된다.

행위의 순서, 구분, 범주화

셋째, 의사소통 상호작용에서 말하는 순서를 주고받는 일은 행위의 순서를 정하고 구분하며 범주화함으로써 의사소통에 구조를 부여한다. 이러한 범주화에 있어서 가장 중요한 수단은 멤버십과 관련된 것으로,[62] 누가 말을 하고 누가 하지 않을 것인지, 누가 대화의 '내부자[in]'이고 누가 '외부자[out]'인지를 정하는 것이다.[63] 이 문제에 대해서는 다음 장에서 다시 다룰 것이다. 말하는 순서를 가져오거나 상대를 위해 기회

[62] Boden, 1994.
[63] Ibid.

를 만들어 주는 것과 관련된 또 하나 중요한 측면은 '인접 쌍adjacent pairs'
이라고 하는 것으로,*64 이는 대화의 진행을 촉진하고 화제를 자극한
다. 가령, 말하는 순서를 주고받는 것은 질문과 대답, 요청과 응답, 초대
와 수락, 알림과 용인, 불평과 반응 등과 같이 둘씩 구분되어 짝을 이루
는 범주로 구성되는 경향이 있다.

수사적 장치

넷째, 사람들은 무언가에 마음이 사로잡히거나 감동을 받을 때 혹은
충격을 받거나 대응해야 한다고 느끼고 할 때 '지시적directive'이고 '교육
적인instructive' 화법과 같은 수사학적 장치를 사용한다. 이런 식으로 사람
들은 실제 활동과 연결하기 위해 서로의 발언에 대응하면서 협상한다.
그들은 대화의 맥락에 대한 언급을 포함하여 서로가 하는 말의 내용을
알아차리고 이를 지적한다. 그들은 서로 동의하기도 하고 반대하기도
하며 서로에 대해 공감하기도 하도 공감에 실패하기도 한다. 이렇게 함
으로써 그들은 말하는 순서를 주고받는 의사소통 상호작용을 통해 서로
연결하고, 관계를 맺고, 주변 환경에 대해 적응해가면서 살아있는 사회
적 관계를 구축하고 있다.

의사소통 행위의 패턴화 효과

그러면 의사소통 행위의 패턴화 효과를 살펴보자. 사람들은 의사소
통 행위를 하면서 말하는 순서를 정하고 범주화하며 인접 쌍과 수사적
장치를 사용하는데 이 모든 것들은 의사소통할 때 생겨나는 기대로 인

---

*64 Ibid.

해 영향을 받는다.[*65] 이러한 방식으로 사람들은 이런저런 발화 형태의 제스처를 보내고 반응을 한다. 불완전한 문장이나 이야기, 명제 등은 서로 주고받는 말의 진행을 구체화한다. 한 사람이 국지적인 맥락에서 사용하는 말은 다른 사람에게 반응을 일으켜 시시각각으로 변하는 실질적인 차이를 만들어낸다. 사람들은 서로 공명하면서 보이지 않지만 새로운 대화에서 감지되는 것을 파악한다. 그들은 이러한 상호작용을 통해 사실에 대한 정보를 전달하는 것이 아니라 반응을 표현하고 잠재적으로 이해하면서 다른 사람들과 좋은 관계를 유지해 나간다. 공감하는 것이 있다면 그것은 규칙이 아니라 정교하고 세심한 감성과 반응이다.[*66] 사람들의 지속적인 의사소통 상호작용에 일관성과 패턴을 부여하는 것은 바로 이러한 상호기대의 맥락에서 나타나는 상호작용 과정의 특징, 즉 말의 순서 정하기, 수사적 장치 사용, 범주화 활동 등이다.

그러나 이러한 패턴화는 일관성과 안정성을 만들어내지만 동시에 그 속에 변화의 가능성도 내포하고 있다. 그 이유는 상호작용을 통하여 사람들의 마음을 자극하는 순간에 이해가 시작되며 이러한 자극은 대개 처음에는 하찮게 보일 수 있는 작은 것이지만 새로운 관계의 패턴으로 진화할 수 있기 때문이다.[*67] 사람들이 서로에 대해 생생한 이해를 하게 되는 것은 엄격한 규칙이 아니라 서로의 표현에서 나타나는 독특한 변이에 있다. 독특한 변이가 나타나는 생생한 순간은 사람들을 자극함으로써 아무 생각 없이 반응하는 판에 박힌 활동의 흐름을 멈추게 한다. 이러한 변이들이 점차 명확해지고 정교해지며 정밀해짐에 따라 사람들

[*65] Shotter, 1993; Shotter and Katz, 1996.
[*66] Ibid, 1993.
[*67] Shotter, 2000.

은 변화한다. 사람들 안팎에서 일어나는 독특한 영향들이 복잡하게 결합되면서 이러한 방식으로 사람들의 행위가 형성된다. 이는 사람들 사이에서 서로 반응하는 대화의 진행이 현재의 순간을 뛰어넘어 다른 가능한 관계로 진화하기 때문이다. 이러한 대화의 진행은 반복적이면서도 잠재적으로는 변형의 가능성이 있으며, 새로운 것이 나타날 가능성은 작은 변화에 있다. 국지적이고 반복이 불가능한 대화 상황의 특성을 감안할 때 이러한 대화의 순간들은 어쩔 수 없이 독특하다. 대화가 이루어지는 이런 상황에서 생각과 느낌, 지각, 기억, 충동 및 상상력은 매우 밀접히 얽혀 있기 때문에 분리하는 것이 불가능하다.[*68] 따라서 사람들의 행동은 완전히 질서 정연하지도 않고 전적으로 무질서하지도 않다.

공적 및 사적 의사소통의 패턴화

그러나 의식적인 것이든 무의식적인 것이든 모종의 규칙이 인간의 행위를 지배하는 것이 아니라면 사람들은 어떻게 이와 같은 행위를 하는 것일까? 이 질문은 우리의 논의를, 미드의 주장과, 4장에서 다룬 바 있는 개인과 집단의 관계로 되돌린다. 개인과 집단의 관계란 한편에서 개인의 마음, 즉 자의식적인 마음의 측면으로서의 사적인 역할 놀이 private role play와 다른 한편에서 집단, 즉 사회적 측면으로서의 타인과의 상호작용 간의 관계를 말한다. 사람들이 의사소통을 할 때는 자기 자신과도 의사소통을 한다. 말하자면 공적인 음성 대화 public, vocal conversation 에 참여할 때 사람들은 내면에서 자기 자신과 주고받는 사적인 무언의 대화에도 동시에 참여한다는 것이다.

[*68] Ibid, 2000.

마음속에서 진행되는 이 무언의 사적 대화는 앞에서 설명한 공적인 음성 대화와 그 특징이 정확히 일치한다. 두 형태의 대화는 서로를 반영한다. 마음은 무언가를 연상하는 특성이 있기 때문에 모종의 생각이나 목소리는 묵시적으로 다른 생각이나 목소리를 불러일으킨다. 마음속에서 진행되는 무언의 역할 놀이에서 하나의 목소리는 다른 목소리를 설득하거나 그와 협상하려 하는데 여기에는 공적인 음성 대화에서와 마찬가지로 항상 느낌이라는 신체 리듬이 관련되어 있다. 인간은 타인에 대해서와 마찬가지로 자기 자신에 대해서도 기대를 가지고 있다. 즉 자신은 역량이 있고 합리적이어야 하고 타인에 대해서와 마찬가지로 자신에 대해서도 도덕적으로 책임감을 가져야 한다고 생각한다. 인간은 다른 사람이나 자신과의 의사소통 혹은 기타 행위에 대하여 스스로를 정당화하고 자신에게 설명하려고 한다. 다른 사람과의 대화에서 말을 주고받는 순서를 정하듯이, 자신과의 대화에 참여할 때에도 자신의 한 측면과 다른 측면이 교대로 말을 주고받는 것과 같은 말하기 순서 정하기가 분명 존재한다. 멤버십의 범주화도 마찬가지로 발생하여 어떤 생각은 목소리를 얻고 다른 생각은 거절되거나 억압된다. 개인은 자신에게 질문하고 대답하고 불평하고 반응하고 자신을 칭찬하고 나무라는 것과 같은 무언의 행동을 하는 것이다. 또한 자신과의 무언의 대화에서 수사적 장치를 사용하는 일도 마찬가지로 존재한다. 개인은 자신과의 대화 도중 어떤 장면에 놀라며 이런 놀라운 순간은 스스로에게 반응을 불러일으킨다.

　요컨대 개인적인 무언의 역할 놀이와 타인과의 공적인 상호작용은 동일한 방식으로 동시에 진행되며 이 두 가지 대화는 서로가 서로를 가능하게 한다.

역사의 중요성

그러나 여기에는 더 논의해야 할 부분이 있는데 그것은 바로 역사이다. 시작과 끝이 의사소통 상호작용의 특정한 순서로 인한 것일 수도 있으나 이러한 설명은 순전히 자의적이다. 왜냐하면 특정 에피소드가 시작되기 전에도, 심지어 서로 전혀 모르는 관계에서도 각자에게는 경험의 역사가 있기 때문이다. 이러한 경험의 역사는 개인이 사적으로 혹은 공개적으로 반응하는 것을 선택적으로 활성화하기도 하고 제약하기도 하는 등 특정 방식으로 각 개인의 사적인 역할 놀이를 패턴화한다. 이 역사는 상대편 제스처의 어떤 측면이 나의 눈에 띄거나 반응을 불러일으킬지, 나에게서 어떤 종류의 반응을 불러올지를 결정한다. 이런 실행enactment과 환기evocation의 춤은 이전 역사로 인해 촉진되기도 하고 제약받기도 한다. 또한 대화 참여자들이 서로 모르는 사이가 아니라면 서로 관계를 맺어온 개인적인 역사와 그들이 속한 집단의 역사 또한 중요해진다. 그러나 이러한 역사는 모종의 '진정한' 사실에 입각한 설명이라기보다는 항상 잠재적 변형의 여지를 남겨두고 있는 살아있는 현재의 반복이다.

게다가 의사소통 행위가 이루어지고 있는 살아 있는 현재에서 반복되는 이러한 집단적 혹은 개인적인 역사는 이 역사를 미래로 확장한다. 이는 인간 경험의 서사적 구조를 말하는 것이다. 사람들은 단순히 이야기를 나누는 것이 아니며 서사가 단지 대안적인 형태의 지식도 아니다. 사람들이 대화 순서를 정하고 서로 반응하는 관계를 맺는 것은 서사를 만들어가는 일이며 이는 서사가 도덕적 책임과 대화 순서를 패턴화하는 것과 동시에 일어나는 일이라고 할 수 있다. 말하자면 과거의 경험과 마찬가지로 살아 있는 현재에서의 경험은 서사적인 방식으로 구조화된다.

지금 설명하고 있는 과정에는 두 가지 중요한 점이 있다. 이러한 의사소통 행위의 과정에서 기초가 되는 인과관계 개념은 분명 변형적 목적론이다(93쪽 〈표 3.1〉 참조). 사람들은 번갈아 말을 주고받는 미시적 상호작용을 통하여 끊임없이 살아 있는 현재와 미래를 구성한다. 이 지속적인 구성의 과정에서는 반복과 변형이 동시에 일어나는 역설적인 특징이 있다. 여기서 구성되고 있는 것은 다름 아닌 대화에 참여하는 개인과 집단의 정체성이며 이는 항상 잠재적 변형에 개방되어 있다.

나는 구분을 확실하게 하기 위해서 '서사'가 아니라 '서사적narrative-like'이라는 개념을 사용하고자 한다. 서사나 스토리는 일반적으로 그것이 '회자되는told' 의미에서 이해된다. 서사는 보통 누군가의 서사이며 내레이터의 관점에서 회자된다. 거기에는 일반적으로 시작과 결말이 있고, 시작부터 결말까지 거의 선형적인 방식으로 청자/독자를 끌고 가는 플롯이 있다. 이 '회자되는 서사'는 형성되는 도중에 있는 서사적 과정과 구분해야 한다. 앞에서 설명한 방식의 상호작용은 일반적으로 특정한 내레이터의 관점이 없는 서사적 주제로 진화한다. 시작과 결말은 다소 자의적이며 많은 플롯이 동시에 나타난다. 회자되는 서사는 회고적인데 반해서 구성과정의 서사narrative-in-its making는 살아 있는 현재에서 생성되는 과정에 있다. 전자는 필연적으로 선형적일 수밖에 없는데 반해 후자는 본질적으로 비선형적이다. 이러한 차이에도 불구하고 둘 사이에는 연결 고리가 있으며, 경험을, 과정으로서의 서사 방식으로 패턴화되고 있는 것으로 생각하는 것이 유용하다고 생각한다. 이에 대해서는 다음 절에서 살펴볼 것이다. 거기서는 사적이건 공개적이건, 사람들이 지금 설명한 방식으로 의사소통 상호작용을 하면서 함께 만들어가는 패턴에 대해 어떻게 접근할 것인가 하는 문제를 들여다 볼 것이다.

경험의 서사적 패턴화

신경과학자 다마지오Damasio[69]에 따르면 인간은 상호작용 활동의 생물학적 상관관계가 서사적 형태를 취하는 과정에서 상호작용하면서 의식과 지식을 구성한다. 그는 의식을 다음과 같이 설명하고 있다.

(의식은) 생물체가 대상 – 실제 지각하고 있는 것이든 회상하고 있는 것이든, 인체 내부에 있는 것이든(예: 고통) 외부에 있는 것이든(예: 경치) – 과 상호작용할 때 생물체 내부에서 일어나고 있는 것에 대해 설명하는 것으로 이루어져 있다. 이러한 설명은 말이 없는 단순한 서사이다. 이러한 서사에는 캐릭터(유기체, 대상)가 있다. 이 서사는 시간에 맞추어 펼쳐진다. 여기에는 시작과 중간, 결말이 있다. 시작은 생물체의 초기 상태에 해당한다. 중간은 대상이 도달하는 지점이다. 결말은 유기체의 변형된 상태를 초래하는 반작용으로 구성된다.[70]

다마지오의 주장에 따르면 인간은 다른 대상과의 접촉으로 인해 변화되는 것과 관련된, '특정한 무언의 지식'을 구성하고 제시할 때, 의식적이 되고 안다는 느낌을 갖게 된다. 그는 이런 일이 어떻게 일어날 수 있는지 상세히 설명하고 있다.

뇌에 관한 한 가상의 생물체는 내부 환경, 내장, 전정신경계 및 근골격계 프레임의 상태에 있다. 이러한 설명은 변화를 일으키는 대상을 놓고, 그것이 변화하는 … 상태와 … 감각 운동 지도 사이의 관계를 기술하고 있다. 또 다른 수준의 뇌 구조에서는 대상과 생물체 간

---

[69] Damasio, 1999.
[70] Ibid,. p.168.

상호작용의 결과로 활성화된 다양한 뇌 영역에서 일어나는 사건에 대해 단박에 비언어적 설명을 만들어낸다. 왜냐하면 뇌는 대상 - 얼굴, 멜로디, 치통, 사건에 대한 기억 등 - 의 이미지를 형성하고 대상의 이미지는 생물체의 상태에 **영향**을 미치기 때문이다. 비유적으로 말해서 부차적인 비언어적 설명이 신속하게 이야기를 들려주는 것이라고 말 할 수 있다. 여기서 말하는 이야기란 다른 것을 표현하는 과정에서 자신의 변화하는 상태를 나타내는 행위에 붙잡힌 유기체의 이야기다. 그러나 놀라운 사실은 포착자catcher라는 알 수 있는 개체가 바로 포착 과정의 서사에서 만들어졌다는 것이다.[*71]

놀랍게도 이는 4장에서 논의한 바 있는 'I - me' 대화에 관한 미드의 설명과 통하는 주장이다. 미드는 유기체 간의 상호작용에 관해서 말하고 있는 반면 다마지오는 생물학적 상호관계, 즉 다양한 뇌 영역에 있어서 신경 패턴 간의 상호작용에 초점을 맞추고 있다. 이를 통해 그는 사실상 마음과 자아가 상호작용에서 발현되며 중추 신경계는 이러한 일이 일어날 수 있도록 한다는 미드의 주장을 뒷받침하고 있다.

유아의 초기 발달에 관한 상세한 연구에서도 기본적으로 경험이 갖는 서사적 구조를 지적하고 있다. 일례로 스턴Stern[*72]은 유아와 엄마 사이에서 이루어지는 상호작용의 사회적 관계를 설명하고 있는데, 이 관계 속에서 유아의 울음, 보채기, 미소, 응시는 엄마의 어르기, 어루만지기, 달래기, 소리 지르기 등과 반응 상으로 얽혀 있다는 것이다. 이는 미드가 말한 소위 제스처를 통한 대화에 해당한다. 따라서 유아와 돌보미(보통 엄마—옮긴이) 간의 상호 접촉과 응시 및 음성 대화는 소위 원초적 대

[*71] Ibid,. p.170.
[*72] Stern, 1985, 1995; Stolorow et al., 1994.

화라 할 수 있으며 이러한 의사소통에서는 유아의 생리적인 욕구뿐만 아니라 감각적 체험 영역인 감정 차원에서 충족되고 이해되는 욕구에도 관심을 갖는다. 자신의 리듬을 통해 유아의 신체 리듬을 인식하고 자신의 제스처를 통해 직관적으로 유아에게 반응하는 돌보미는 사실상 의미 있는 현실감각을 확인하고 있는 것이다. 이 원초적 대화에 참여하고 있는 이들은 조율이라는 과정을 통해서 상호 간 순간적인 느낌의 동역학을 반영하고 반복, 공명하고 있다. 스턴의 주장에 따르면 유아에게서 자신과 남에 대한 의식이 생겨나는 것은 바로 이러한 원초적 대화를 통해서이다. 유아의 느낌이 타당하다는 것을 확인해 줄 만큼 엄마가 느낌의 역동성에 충분히 코드를 맞추게 되면 유아는 자신의 행위 주체성이 점점 성장하는 의식을 경험한다. 유아는 상대에게 영향을 주는 반응을 불러일으킬 수 있었다는 경험과 함께 자신이 필요로 하는 반응을 상대에게서 불러일으킬 수 있다는 의식을 함께 발달시킨다.

스턴의 지적에 따르면 이러한 원초적 대화의 에피소드에는 모종의 동기와 더불어 리듬과 시작 및 결말이 있다. 그는 배고픈 유아가 먹을 것을 달라고 엄마한테 보채는 사례를 들면서, 이런 유아의 주관적 경험은 서사적 형태를 갖는다고 주장했다. 원서사protonarrative라고 부른 이러한 서사는 국지적 모티브가 실행된 것으로, 여기에는 시작과 끝이 있는 정서가 수반된다.

경험을 조직하는 뇌에 관한 다마지오의 가설과 유아의 경험이 조직되고 자아가 진화하는 방식에 관한 스턴의 연구에서는, 모두 경험의 서사적 구조를 형성하는 원초적 대화의 형태를 지적하고 있다. 이 두 사람의 주장은 경험이 조직되는 방식에 관해 4장에서 논의한 미드의 입장 및 대화 과정에 관해서 이번 장에서 설명한 것과 일치한다. 그들은 모두 시작과 결말이 있는 에피소드에 초점을 맞추고 있으나 이러한 에피소드가 어떻게 다른 에피소드와 결합해서 시간이 지남에 따라 지속적으로 확장되어 순조롭게 서사적 경험을 형성하는지 확인하는 것은 어려운 일이 아니다.

브루너[Bruner][73] 또한 성인 경험의 서사적 구조화에 관해서 매우 유사한 견해를 제시하고 있다. 그의 주장에 따르면 인간은 경험을 서사적인 형태로 조직하려는 성향을 가지고 태어나며 자아란 자전적인 서사로서 끊임없이 변화하면서 재조명된다. 그의 관심은 서사가 경험을 조직하는 방식에 있다.

첫째, 서사의 순서는 구조, 즉 그 서사 자체에 내재된 구조를 생성한다. 서사에 의미를 부여하는 것은 이 내적인 구조, 즉 플롯이며, 이는 진실이건 허위이건 이 구조 외부에 있는 실재와는 관련이 없다. 서사의 의미는 전체, 즉 플롯에 있으며 각각의 사건이나 사고 혹은 정신의 상태는 이 전체의 윤곽에서 그 의미를 얻는다. 서사의 구성 요소를 이해하려면 전체 플롯을 파악해야 한다. 서사에는 진실과 가능성이 복잡하게 얽혀 있다.

둘째, 서사는 인간의 상호작용에 있어서 평범한 것과 예외적인 것에 민감하다. 사람 사이에서 의미의 협상은 이러한 서사의 특징으로 인해 가능해진다. 서사는 평범한 것에서부터 벗어난 일탈을, 이해 가능한 형태로 식별할 때 의미를 얻는다. 사람들은 집단 속에서 상호작용을 할 때 서로 상대방이 주어진 상황에서 적절하게 행동하리란 것을 당연하게 여긴다. 이러한 적절성에 대한 규범은 서로가 상호작용해 온 역사에 의해

---

[73] Bruner, 1990.

만들어진 것이다. 다시 말하면, 과거에 형성된 습관이나 관행이 현재와 미래의 행위에 대한 기대를 만든다는 것이다. 사람들이 규범에 맞고 통상적으로 행동할 때는 더 이상의 설명이 필요 없다. 이는 그냥 당연한 것으로 여겨질 뿐이며 만일 누군가로부터 설명하라고 요청을 받았을 때는 통상적으로 이러한 행동은 모두가 하는 것이거나 그렇게 하기를 기대하는 것이라고 대답하면 그만이다. 그러나 예상되는 행동이나 대화 방식에서 벗어나는 일이 발생하면, 의미를 찾는 노력이 촉발되며 의미는 그런 행동의 이유를 제공해 준다. 통상적인 규범을 벗어난 행위가 통하는 세계는 대안적인 세계이다. 의미는 대개 이런 대안적인 세계를 설명해 주는 스토리에 의해서 부여된다. 그러므로 서사는 문화적 규범과 개인의 독특한 신념, 욕구, 바람 사이를 조율한다. 서사는 예외적인 것을 이해할 수 있게 해준다. 이는 하나의 세계를 건설하고 그 흐름을 알아채며 사람들의 영향을 조율하는 수단을 제공한다.

요컨대 사람 사이의 의사소통 상호작용은 일생에 걸쳐 서사적인 순서를 형성하며, 여기에는 생물학적인 상관관계가 있는 것 같다. 사람들은 단지 서로 이야기를 하는 것이 아니다. 함께 하는 경험 자체가 스토리 같은 패턴으로 조직이 되며, 이는 함께 말을 번갈아 주고받는 과정에서 끊임없이 생성된다. 경험은 형성과정에서 서사적이 되며 살아있는 현재에서 패턴화된다. 나중에 이 경험은 '회자되는' 서사 형태로 다시 이야기로 꾸며질 수 있지만 부분적으로만 그럴 뿐이다. 또한 이 '회자되는 서사'는 살아 있는 현재에서 사람들이 의사소통 협상을 진행할 때 활용되는 하나의 도구로서 두드러진 특징을 이룬다.

5. 주제에 따른 경험의 패턴화

의사소통은 곧 관계 형성이며 이는 상징을 매개로 한 신체의 행위라고 할 수 있다. 인간은 인간적 환경 혹은 인간외적 환경 속에서 행동을 함께 할 때 도구를 조작하여 타인 및 자신과의 의사소통 상호작용을 통해 정교하게 협력할 수 있다. 인간은 의사소통을 통해 삶의 터전인 인간외적인 환경에서 가축을 기르고, 물리적 구조물을 세우고, 의사소통의 범위를 확장하는 도구를 설계하는 등 중요한 장치들을 만들어낼 수 있다. 그렇지만 상징을 매개로 이루어지는 의사소통 상호작용은 이에 그치지 않고 개인의 정신과 사회적 현실을 구성한다. 사람들이 상호작용하면서 서로에 대해 적극적으로 반응할 때 그들의 경험은 서사적 형태로 패턴화된다. 인간의 경험은 이야기 같은 것이다. 사람들은 관계 중심의 의사소통을 통해서 복잡한 서사와 추상적이고 체계적인 프레임을 구성한다. 사람들이 자기가 지금까지 해온 것, 현재 하고 있는 것, 앞으로 하고자 하는 것들에 대해서 곰곰이 생각하게 되면 복잡하게 얽힌 이 서사적/추상적 프레임의 측면들을 선택하여 현재 하고 있는 것을 설명하고 자신들의 세계를 이해하기 위해 이야기를 만들어내기도 하고 추상적이고 체계적인 프레임을 확대하기도 한다. 바로 이러한 과정에서 개별적이거나 집단적으로 그들의 정체성이 나타난다.

이러한 견지에서 보면 삶이란 여러 가지 이야기들과 명제의 프레임들이 끊임없이 이어지고 복잡하게 연결된 것이다. 이런 의미에서 회자되는 이야기가 이 모든 것 속에서 하나의 주제를 선택하고 그 주제에 선형적인 구조를 부여한다 해도 그 과정은 비선형적이다. 요컨대 모든 인간관계(마음속에서 이루어지는 자신과의 의사소통 및 사회적으로 이루

복잡계의 새로운 접근 : 복잡반응과정

어지는 타인과의 의사소통을 포함하여)는 이야기의 흐름story line이자 명제이다. 한편에서 이야기의 흐름/명제와 다른 한편에서 이러한 인간관계는 서로가 서로를 구성한다. 이 모든 것이 관계 형성에 있어서의 복잡 반응과정으로, 이는 주제와 변이가 자신을 반복해서 형성하는 것이라고 생각할 수 있다.

무언의 대화인 사적인 역할 놀이와 타인과의 공적인 상호작용은 대화의 역사를 반복해서 만들어내는 주제와 그 변이로 생각할 수 있다. 이러한 역사는 살아 있는 현재의 변화 과정에서 상대의 제스처로 인해 촉발되는 자극과 적극적으로 융합한다. 살아 있는 현재에서 개인의 경험을 조직하는 것은 다름 아닌 이러한 주제와 변이들이다. 그러나 특정한 순간에 어떤 것이 주제가 될지는 해당 개인의 역사만이 아니라 상대가 제시하는 실마리에 의해서도 달라진다. 각 개인은 상대의 반응을 자극하고 촉발하기 때문에 특정 개인이 어떤 반응에 대하여 어떤 주제를 조직할지는 그 개인만이 아니라 상대가 어떤 사람인가에 따라서도 달라진다. 그러므로 어느 누구도 고립된 상태로는 자신의 경험을 조직할 수 없다. 모든 사람은 서로 반응을 자극하기도 하고 동시에 촉발하기도 하기 때문이다. 그들은 그때그때 성찰하고 자기를 돌아보면서 함께 복잡한 반응의 과정을 구성한다. 이렇게 함으로써 함께 하는 경험을 조직하는 주제들이 만들어지며, 이러한 경험으로부터 이어지는 다음 주제들이 끊임없이 생성된다.

사회는 주제와 변이의 패턴을 끊임없이 되풀이하며 이러한 주제와 변이가 함께 하는 경험을 조직한다고 할 수 있다.[74] 이러한 주제들이

---

[74] Stern, 1985, 1995.

상호작용을 조직하는 과정에서 이들은 변형된 형태 혹은 불변의 형태로 나타난다. 말하자면 함께 하는 경험을 조직하는 주제들이 상호작용을 통해서 발현되는 것이다. 이렇게 볼 때 주제들은 사람과 사람 '사이에' 존재하는 것이지 개인의 '내면에^{inside}' 있을 수 있는 것이 아니다. 그러나 이렇게 조직된 경험은 언제나 신체적 경험이다. 내가 볼 때 개인과 집단의 주제들은 모두 사람들 사이에서 발생하는데, 개인의 신체를 통해서 때로는 뚜렷하게 때로는 미묘하게 출렁이는 신체의 리듬감으로 경험된다. 그러나 이와 같이 주제가 함께 하는 경험을 조직한다고 해서 상호작용하는 모든 개인들이 동일한 주제를 공유하는 것은 아니다. 개인들은 발현되는 주제에 대해서 다양하게 반응한다. 어떤 유형이건 정신적인 내용을 공유한다고 가정할 필요는 없다. 사람들이 함께 하는 것과 관련된 공통된 주제에 대해 개인적으로 공명한다고 해도 공유되는 것은 전혀 없을 수도 있다. 사람들은 어떤 것을 공유하지 않고도 의미 있게 서로에게 반응한다.

복잡성 과학의 비유

복잡적응시스템의 본질은 디지털 기호의 배열로 이루어진 행위자 간의 상호작용이다. 한편 앞서 설명한 복잡반응과정에 따르면 인간 행위의 본질은 실체화된 상징과 중요한 상징 그리고 원초적 상징을 매개로 이루어지는 인간 간의 의사소통 상호작용이다. 이 두 관점에서의 상호작용은 분명 매우 다른 기호 혹은 상징으로 진행되지만 양자 사이에는 유사한 점도 있다고 생각한다. 두 유형의 상호작용 모두 일관성의 발현을 특징으로 하는 자기조직화 과정으로 볼 수 있기 때문이다. 다양하게 배열된 이 기호들 사이에서 상호작용이 일어나면 여기서는 잠재적 변형과 반복이 동시에 발생한다. 왜 이런 유사점이 논의의 대상이 되는가? 이에 대한 대답은 복잡적응시스템에 대한 시뮬레이션이 상호작용을 일관된 패턴으로 조직하는 기호라는 매개체를 통해서 자기조직화 상호작용의 가능성을 명확히 하고 또 이를 보여주기 때문이다. 이러한 통찰력이 주는 시사점은, 지속성과 잠재적 변형의 가능성이라는 특징이 있는 인간 행위의 일관성을 설명하기 위하여 상호작용 외에 은폐된 모종의 실재나 메커니즘을 찾을 필요가 없다는 것이다. 복잡성 이론은 자기조직화 과정의 가능성과 이런 과정에 의해 예기치 않게 발현되는 일관성을 보여줌으로써 일관성이 어떻게 출현하는지를 설명하기 위해 모종의 설계자나 프로그램 혹은 일련의 규칙들을 가정하지 않아도 되는 방식을 제시하고 있다. 자기조직화와 창발의 힘을 진지하고 설득력 있게 입증하지 못하는 상황에서는 일관성에 대한 설명으로서 규칙과 설계도를 대신할 유일한 대안이 집단정신, 심층 구조, 집단 무의식 등과 같은 형태의 미스터리일 것이다.

복잡적응시스템의 시뮬레이션과 복잡반응과정 간의 유사점에 대해 좀 더 살펴보자. 복잡적응시스템의 시뮬레이션에서 끌개는 행위자 그룹 간, 즉 알고리즘 규칙 간의 상호작용 패턴이다. 예를 들면 앞에서 언급한 티에라^{Tierra} 시뮬레이션에서는 길이가 다른 비트 문자열이 증가하기도 하고 감소하기도 하면서 출렁이는 패턴이 있었다(이 책 114–118쪽 참조). 인간의 상호작용에서 이와 유사한 것은 대화 생활에서 확인할 수 있는 주제의 패턴이다. 가령 두 조직이 통합되었거나 한 조직이 다른 조직을 인수했다는 발표나 소문이 있으면 이는 즉시 두 조직 전체에 걸쳐 대화를 패턴화하는 매우 강력한 주제가 된다. 또 다른 예는 조직의 책임자가 조만간 은퇴를 하는 경우이다. 이때 끌개^{attractor}와 유사한 것은 누가 새 주인이 될 것인가 하는 것과 관련된 주제이다. 혹은 개인의 경우, 침묵의 대화는 이별이나 상실이라는 주제에 강력하게 끌릴 수 있다. 그러나 이것은 하나의 비유일 뿐이며 따라서 대화를 조직하는 주제에 '끌개'라는 용어를 적용하는 것은 아무 소용이 없다고 생각한다. 그렇게 하면 사태를 호도하는 것이 될 수 있다. '끌개'라는 용어는 수학적인 의미를 갖는 것으로, 대화의 패턴에는 적용할 수가 없으며 일상의 대화에서 이 용어는 어떤 것을 끌어당기는 힘이라는 의미를 가지고 있다. 이것은 대화의 주제가 의미하는 바가 아니다. 대화의 주제는 어딘가로 끌려가는 것이 아니라 지속적으로 미래를 구성하는 것이다.

끌개와 유사하게 사람들 사이에서 이루어지는 대화 생활 경험을 조직하는 주제는 복잡적응시스템의 컴퓨터 시뮬레이션을 통해 혼돈의 가장자리에서 전형적으로 나타나는 안정성과 불안정성의 속성을 동시에 보여준다. 안정성은 혼돈의 가장자리에 작용하는 원리로 ① 잉여성 redundancy, ② 느슨한 결합loose coupling, ③ 거듭제곱의 법칙power law의 특성에 의해 보존된다. 잉여성이란 동일한 패턴이 다양한 방식으로 만들어지는 것을 의미한다. 말하자면 많은 노력이 반복된다는 것인데 효율성만 생각하면 불필요한 일이지만 한 가지 이상의 상호작용으로 동일한 결과가 산출될 수 있기 때문에 잉여성은 안정성을 확보할 수가 있다. 즉 특정 행동을 반복하는 데 있어서 대화 과정의 어느 부분이 손상을 입거나 성공을 못한다 해도 다른 부분이 제대로 작동하여 목표를 달성할 수가 있는 것이다. 느슨한 결합 역시 거의 동일한 결과를 가져온다. 여기서 하나의 상호작용은 다른 여러 상호작용의 성공적인 마무리에 크게 좌우되지 않는다. 앞에서와 마찬가지로 어느 한 영역의 기능이 실패하더라도 행동은 안정적으로 반복될 수가 있는 것이다. 매일 매일의 일상적인 대화에서도 유사한 점이 있다. 사람들은 효율적이라고 판단하기 어려운 여러 가지 많은 방식으로 서로에게 말하는 것을 반복한다. 그렇지만 이러한 반복이 있기 때문에 의미와 행위의 안정감을 유지할 수 있는 기회가 늘어난다. 우리는 어떤 단어나 개념의 의미를 파악하기 위해 다른 사람들이 대화에서 사용하는 방식 그대로 단어나 개념 하나하나를 이해할 필요는 없다. 이것이 느슨한 결합이다.

대규모 멸종 사건이나 시스템의 실패는 적게 발생하고 작은 규모의 사건은 많이 발생한다는 점에서 거듭제곱의 법칙은 통제된 변화를 가져온다. 대화 역시 이러한 특성을 보여준다. 사람들이 서로 대화할 때 작은 실수는 많이, 큰 실수는 적게 저지른다. 이렇게 해서 의미의 안정성이 유지된다. 그러나 이런 안정성은 항상 불안정성과 긴장 관계를 유지한다. 다시 말하면 대화를 할 때 우리는 상대방이 말하는 것을 결코 완전히 이해하지 못한다. 그리고 무엇을 제대로 이해했고 무엇을 오해했는지도 모른다. 이러한 이유로 대화의 주제는 사람들로 하여금 예상치도 못하고 예측할 수도 없는 길로 빠져들게 한다. 작은 오해가 확대될 수 있고 중대한 오해는 순식간에 공동행동joint action에 중요한 결과를 초래할 수 있다. 다시 한 번 말하지만, 안정성과 불안정성이라는 이러한 역설적인 속성은 사람과 사람 사이의 음성에 의한 상호작용 대화만이 아니라 개인의 마음속에서 진행되는 무언의 대화에도 적용된다.

또 다른 유사점들도 있다. 컴퓨터 시뮬레이션에서는 무작위 돌연변이와 교차 복제에 의해 다양성과 자발적 진화 능력이 부여된다. 이러한 과정이 다양성과 변화를 가져온다. 인간의 상호작용에서 이와 유사한 것은 사람들 사이의 불완전한 의사소통, 오해, 그리고 공적인 대화 과정에서 다른 사람들로부터 습득한 대화 방식 중에서 한 사람의 무언의 대화를 부분적으로 받아들이는 것이다. 다양성은 다양한 대화 패턴 간의 상호작용에 의해 벌어지는 개념의 상호 교류 및 오해에서 발생한다. 제약조건 안에서 발생하는 유동적 대화의 역동성은 컴퓨터 시뮬레이션에서 혼돈의 가장자리 동역학과 유사한 것으로, 임계수준에 이른 오해 및 개념의 상호 교류와 관련이 있다. 집단 속에서 살아가는 사람들 간에 개념과 대화 방식의 체계가 잘 잡혀 있어서 오해가 별로 없으면 그들의 대화는 반복적인 것이 되기 쉽다. 반면에 매우 이질적인 집단에서 온 사람들 사이에 오해가 너무 많으면 '바벨탑'처럼 의사소통이 와해된다. 여기가 일치와 일탈 간의 긴장이 중요해지는 지점이다. 외부의 영향 없이 새로운 대화 패턴, 즉 새로운 대화 끌개로 진화할 수 있도록 내적인 능력을 부여하는 것은 바로 이러한 일탈이다. 창조적이고 유동적인 대화는 이 양극단 사이의 임계범위 어딘가에 존재한다.

마지막으로 컴퓨터 시뮬레이션에서 개별적인 비트열의 패턴과 시스템을 넘나드는 상호작용의 패턴으로 스스로를 조직화하는 것은 바로 디지털 기호의 패턴이다. 인간의 상호작용에서 이와 유사한 것은, 경험을 패턴화하는 주제가 개인의 마음 패턴과 집단의 관계 형성 패턴으로 스스로를 패턴화하는 방식이다. 인간의 경험은 다름 아닌 이러한 주제들이다. 따라서 주제가 경험을 패턴화한다는 것은 스스로를 패턴화한다는 뜻이다. 대화는 이러한 자기조직화의 기본 매개체이다. 대화는 스스로를 패턴화하며, 자기를 참조하고 정체성을 유지하면서도 변화를 조장한다.

6. 결론

　지금까지 설명한 행위 기반 접근에서는 인간의 의사소통에서 일관성을 유지하는 데 작용하는 규칙의 체계라는 개념에서 탈피하여 질서의 속성을 대화 행위의 성격 자체에서 찾는다. 이 접근에서는 대화에 있어서 말하는 순서를 둘러싼 협상의 성격에 주목하고, 일관성 및 변이로 인한 새로움novelty을 생성하는 것과 관련하여 반응적 의사소통 행위의 본질적인 특성에 초점을 둔다. 이 접근방법은 일관성의 발생을 자기 조직화하는 주제와 그 주변에 있는 변이의 측면에서 설명한다. 이러한 주제와 변이들은 마음속으로 겪는 내적인 경험과, 함께 나누는 사회적 경험을 패턴화한다. 조직화와 일관성, 그리고 구조는 행위로 실현되며, 행위는 기본적으로 살아있는 현재에서 대화의 순서를 주고받는 국지적인 자기조직화 과정이다. 조직의 구성은 바로 국지적인 언어실천을 통한 국지적 지식의 생산에 달려있다.

　이런 식으로 개념의 변화를 추구하는 것은 조직에 있어서 지식의 창출과 관리에 대해 어떻게 생각할지에 중요한 영향을 미친다. 이는 조직의 지식을 명시적 규칙에 두는 발상 전체가 요점을 놓치고 있음을 시사한다. 조직의 지식은 이러한 규칙이 아니라 지속적으로 반복되면서 더불어 살아가는 경험을 패턴화하는 주제에 들어 있다. 일체의 명시적, 절차적 혹은 서사적 지식은 경험을 주제별로 패턴화할 때 요구되는 자원, 즉 의사소통 상호작용에 사용되는 도구일 뿐이다. 그렇다면 지식 경영의 성격은 무엇인가? 경영자는 지식의 창출과 관련하여 무엇을 할 수 있는가? 이 문제는 이미 제기했지만 10장에 가서 다시 다룰 것이다. 그러나 그 전에 의사소통 행위에 대해 다룬 6장의 논의를 한 걸음 더 진행할 필요가 있다. 의사소통 행위는 권력의 문제를 제기하지 않고는 충분히 이해할 수가 없기 때문에 다음 장에서는 이 문제를 다루고자 한다.

작동하는 통제의 창발:
상호작용의 복잡성

바로 앞의 세 장에서는 논의의 출발점으로 인간이 근본적으로 사회적 동물이라는 주장을 개략적으로 설명했다. 다시 말하면 인간의 두드러진 특징은 생존하고 발전하기 위해 정교한 방식으로 공동행동을 한다는 것, 즉 서로 협력한다는 것이다. 이 공동행동은 생존과 발전을 염두에 두고 환경을 변화시키기 위하여 수행하는 것으로, 이를 위해서는 도구를 사용하고 끊임없이 의사소통 상호작용을 해야 한다. 의사소통 상호작용은 원초적 상징과 중요한 상징, 그리고 실체화된 상징을 매개로 수행되며 이러한 상호작용을 통하여 개인적이고 집단적인 정체성이 만들어진다.

상징을 매개로 몸이 상호작용하는 관찰 가능한 방식은 다음과 같은 특징들이 있다.

- 상징들은 의사소통 상대로부터 연상되는 반응을 일으키는 제스처(음성이나 다른 형태)라는 점에서 연상적이다. 제스처는 상징, 즉 의미를 구성하는 반응적이고 관계지향적인 방식으로 서로 호응한다. 다시 말하면 의사소통의 가능성은 바로 책임에 대한 서로의 기대에 달려있다. 이런 기대가 없다면 지속적인 협력을 협상하는 것은 불가능할 것이다.
- 이렇게 상징을 연상적으로 사용하는 것은 말을 교대로 주고받는 상호작용을 통해서 이루어진다. 사람들이 말하는 순서를 지키지 않는다면 그들의 행동을 서로에게 설명하는 데 있어서 상징적인 제스처를 함께 연결하여 다음 행위가 어떻게 전개될지를 보여주는 일이 불가능할 것이다.
- 말을 교대로 주고받는 것은 가령 질문과 대답처럼 서로 이어진 일

반적인 연결 장치를 통해서 이루어진다. 또한 말을 순서대로 주고받는 과정은 상징의 순서를 정하고 분리하고 범주화하는 방식에서도 일어난다. 범주화의 주요 과정 중 하나는 멤버십의 범주를 정하여 언제, 어떻게 말을 할 것인가 하는 것뿐만이 아니라 누가 할 차례인가를 확인하는 것이다.

• 말의 순서를 주고받는 과정에서 사람들은 수사적 방식으로 서로를 설득하며 행위 패턴이 어떻게 전개될지를 협상한다.

앞에서 설명한 의사소통 활동은 살아있는 현재에서 의사소통 상호작용을 서사적인 주제로 패턴화하며 이러한 주제는 역으로 의사소통 상호작용을 패턴화한다. 서사적 주제와 의사소통 상호작용의 과정은 서로가 서로를 형성하는 관계에 있는 것이다. 다시 말하면 의사소통 상호작용은 자기조직화의 방식으로 스스로를 패턴화한다. 이런 방식으로 패턴으로부터 패턴이 생성되면서 상호작용의 역사를 만들어간다. 그러나 조직화하는 주제가 서사라는 형태만을 취하는 것은 아니다. 이런 주제가 취할 수 있는 다른 형태로는 명제나 규칙이 있는데 이들도 서사의 경우와 마찬가지로 의사소통 상호작용을 패턴화하며 이 경우에는 법률이나 조직 절차 혹은 과학 이론 같은 창발적이고 추상적, 체계적인 프레임을 만든다. 이러한 명제나 규칙들도 상호작용, 즉 경험의 역사를 구성한다. 서사 및 명제적 주제가 구성하는 이러한 역사가 결국 사람들의 관계를 패턴화한 것이다. 서사적이고 명제적으로 패턴화된 이러한 역사에서 개인과 사회의 정체성이 동시에 발현된다. 내가 살아 온 역사가 살아있는 현재에서 나의 신체적 제스처를 선택하거나 실행하는 주제 패턴을 형성할 때, 그 제스처는 상대방에게 어떤 반응을 환기시키고 불러일으키는데 그 반응 역시 상대방의 역사에 의해 선택되고 실행된 것이다. 이모든 것은 역사적인 주제의 패턴을 반복하고 잠재적으로 변형시키는 순환과정 속에 있다. 행위 주체성은 이러한 과정을 형성하기도 하고 이것에 의해 형성되기도 한다.

이 과정 전반을 설명하면서 사용한 용어가 바로 복잡반응과정이다. 정교한 협력, 즉 공동행동을 가능하게 하는 것은 바로 이 복잡반응과정이며 집단의 정체성뿐만 아니라 개인의 자아/마음/정체성의 발현을 가능하게 하는 것도 복잡반응과정이다. 집단의 정체성이 없으면 협력은 불가능하다. 지금까지 제시한 인간상은 공동의 이익을 위해 함께 협력한다는 다소 계몽적인 그림이다. 하지만 이는 그림의 일부일 뿐이라는 것을 너무나 잘 알고 있다. 협력을 철저히 거부하고 경쟁적이고 공격적으로 나올 수도 있는 것이 인간이 아닌가? 전체의 이익을 희생하고 개인의 이익만을 지키기 위해 파렴치한 의사소통 행위를 하는 경우도 있지 않은가? 서로 파괴적으로 행동하고 믿을 수 없을 정도로 잔인하게 나올 수도 있지 않은까? 모욕적인 관계는 어떠한가? 이렇게 폭넓게 경험할 수 있는 인간 행위의 파괴적 측면들을 포괄하지 않는 설명은 별로 소용이 없다고 생각한다. 협력을 가능하게 하는 안정성에 대한 설명의 특성은 바로 그 협력의 붕괴도 설명할 수 있다는 점이 의사소통에 대한 행위기반의 사회적 설명이 갖는 매력이다. 더욱 매력적인 것은 이러한 붕괴가 의사소통 행위에 있어서 새로운 것이 창발하는 데 필수적이라는 사실이다. 이 장에서는 의사소통 상호작용이 어떻게 무의미한 반복과 붕괴, 파괴뿐만이 아니라 창발적인 협력과 새로움을 동시에 발현시킬 수 있는지를 탐구해 보고자 한다.

1. 대화 순서 전환

지금까지의 주장은 인간의 신체적 의사소통 상호작용 패턴이 서사 주제와 명제적 주제, 그리고 변이의 형태를 갖는다는 것이었다. 이러한 주제들은 살아 있는 현재에서 연상을 통해 대화의 순서를 주고받는 의사소통 상호작용의 과정에서 드러난다. 그러나 이와 동시에 이렇게 불현듯 나타나는 주제들과 그 변이들은 연상을 통해 대화의 순서를 주고받는 것을 패턴화한다. 그렇지만 이 주제들과 그 변이들은 아무데서나 뜬금없이 나타나지는 않는다. 이것들은 바로 의사소통 행위에서 반복되고 잠재적으로 변형되며, 매번 다른 변이를 동반하면서 반복되는 것은 개개인의 과거사에서, 그들이 현재 함께 몸담고 있는 집단의 역사에서, 그리고 그들이 구성원으로 살아가고 있는 더 넓은 공동체에서 발현되는 주제들이다. 이러한 과정은 개인의 마음과 신체를 통한 사회적 상호작용에 있어서 동일하게 진행된다.

전 과정에 있어서 특히 중요한 것은, 의사소통 행위를 앞 장에서 언급한 멤버십이란 범주로 조직하는 주제들과 변이들이 불현듯emergent 나타난다는 사실이다. 이것들은 이념적인 주제가 되어 언제, 어떻게 말을 할 것인가 하는 것뿐만 아니라 누가 대화의 순서가 될 것인가를 결정할 수 있다. 누구에게는 말할 수 있게 하고 누구에게는 유보하도록 하는 것은 대화 순서 주고받기를 이념적 주제로 패턴화하는 것이다. 여기에는 또 다른 측면도 있다. 관계를 지속하기 위해서 사람들은 각자 무엇을 해야 할지를 서로에게 설명해야 한다. 다시 말하면 관계를 유지하는 데에는 제약이 따른다. 권력은 하나의 제약으로서 어떤 의사소통 행위는 배제하고 어떤 행위는 받아들인다. 그러나 이와 동시에 권력은 힘을 부여하는 것이기도 하다. 대화 순서를 주고받는 과정은 힘을 부여하기도 하지만 동시에 제약하기도 한다. 따라서 이는 바로 권력의 격차를 발생시켜 누구는 '안'에 있고 누구는 '밖'에 머물러야 할지를 결정한다. 포용과 배제의 역동성과 관련한 이러한 권력관계는 인간의 모든 의사소통 상호작용, 즉 모든 인간관계에 존재한다. 대화 순서를 주고받는 이러한 과정은 바로 포용과 배제의 역동성을 불가피하고 불가항력적인 대화 상호작용의 특성으로 만드는데 이는 한 사람에게 순서가 주어지면 다른 사람은 당연히 배제가 되기 때문이다. 이 불가피한 역동성은 매우 중요한 결과를 가져온다. 의사소통 상호작용이 모든 개인의 생존을 위해서만이 아니라 그들의 자아, 즉 정체성의 지속적인 유지와 변형을 위해서 필요한 것이라면 배제된다는 것은 매우 위협적인 것으로 느껴질 것이 분명하다. 사회적인 것이 살아가는 데 극히 중요한 존재에게 분리되거나 배제된다는 위협은 매우 심각한 실존적 불안을 야기할 것이다. 이는 정체성의 잠재적 상실 혹은 파편화, 나아가 죽음까지 의미하기 때문이다. 뿐만 아니라 이러저러한 관점에서 사람을 이리저리 범주화하는 것 또한 위협으로 느껴질 것이다. 이로 인해 정체성이 잠재적으로 잘못 알려지거나 의사소통이 잠재적으로 차단되는 결과를 초래하기 때문이다.

대화 순서를 주고받는 과정은 협력 패턴의 주제를 반복하면서 변형시키는 동시에, 포용과 배제, 즉 권력과 관련한 주제 또한 반복하면서도 변형시키는데, 이는 실존적 불안의 감정을 불러일으키고, 이런 감정은 어떤 식으로든 그 불안을 다루는 것과 관련된 주제를 수면 위로 끌어 올린다고 생각한다. 불안으로 인해 태동한 주제는 당연히 권력관계를 변화시키면서 포용과 배제의 역동성을 다시 패턴화하는 것과 관련이 있을 수 있다. 불안에 의해 생겨난 이런저런 주제들은 협력을 와해시키고 매우 파괴적일 수 있다. 그러나 현재의 협력과 권력관계의 패턴을 와해시키지 않고는 의사소통 상호작용에서 새로운 것이 창발할 수 없으며 따라서 어떤 인간 행위에서도 새로운 것이 출현할 수 없다. 이렇게 말하는 이유는 와해가 다양성을 산출하기 때문이다. 복잡성 과학의 핵심적 통찰 중 하나는 새로움의 자발적인 창발이 다양성에 좌우된다는 것이다.[75]

더구나 불안과 그것을 해결하기 위한 환상의 활용 간에는 연결 고리가 있다. 이 말은 반드시 의식적이지는 않더라도 배제로 인해 불안을 느끼는 사람은 실제 행동과는 관련이 없지만 마음 속 무언의 대화로 자신의 행동과 타인의 행동을 되짚어 본다는 것을 뜻한다. 그 결과 상당한 수준의 환상과 오해가 발생하고 심지어는 대화를 위한 상호작용의 전 과정이 심각하게 붕괴될 수도 있다. 그러나 한편에서 환상 및 오해와 다른 한편에서 새로운 것의 창발 간에는 밀접한 관계가 있다. 환상은 상상력을 가지고 무엇인가를 꾸며내는 것과 가까우며 오해는 이해를 얻기 위해 애쓰게 하고 상상력을 발휘하여 대화를 지속하고자 하는 노력을 유발한다. 이렇게 의미를 얻기 위한 지속적인 몸부림과 상상력을 발휘하여 정성을 들이는 노력 속에서 새로운 것이 창발한다. 이 문제에 대해서는 7장 뒷부분에서 다시 다룰 것이다.

이렇게 권력과 불안, 환상, 상상력, 오해와 같이 내적으로 관련된 문제들은 인간관계를 형성하는 데 있어서의 의사소통 행위를 이해하는 데 핵심적인 것이며 이 장의 나머지 부분에서 이 문제를 더 자세히 살펴볼 것이다.

---

[75] Allen, 1998a, 1998b.

대화 순서의 연상적 성격

의사소통 상호작용의 주요 특징은 연상적이라는 것인데 대화 순서 주고받기에 있어서 전반적인 패턴의 결과가 여기에 달려 있다. 과거의 경험에서 대화와 관련한 기대가 나타나며, 사람들은 연상을 통해 이러한 경험과 그들의 의사소통 행위를 함께 연결한다. 의사소통에 있어서의 협력은 어떤 식으로든 자신들의 행위에 대해 사람들이 서로 책임을 지는 과정에서 발생한다. 사람들은 상호 의존성을 인식하는 방향으로 서로를 대하기 때문에 자신들의 행위를 놓고 서로 협상한다. 이런 과정이 없으면 관계가 와해된다.

이러한 상호의존성이 초래하는 즉각적인 결과는 개개인의 행동이 타인과 자신의 기대 및 욕구로 인해 힘이 실리기도 하고 제약을 받기도 한다. 개인의 삶이 걸려 있는 의사소통 상호작용에 계속 참여하려면 그는 힘을 실어주는 타인의 협력에 의존해야 한다. 동시에 그는 상대의 의지를 존중해야 하는데 이때 상대의 의지는 종종 그의 의지와 충돌할 수 있다. 그러므로 의사소통 상호작용은 활성화하는 제약조건enabling constraints과 대립하는 제약조건conflicting constraints을 패턴화하는데 이는 모든 복잡한 과정의 핵심적인 특징이다. 일반적으로 말하면 권력은 바로 이러한 대인관계를 설명하는 것이다.

권력은 그것이 없다면 할 수 없는 일을 가능하게 하며 또한 누군가 자기 마음대로 하고 싶어 하는 것을 하지 못하도록 제약하기도 한다. 의사소통 상호작용은 서로가 자신의 현재 행위를 설명하고 다음 행위를 협상하는 과정이다. 이것은 권력을 행사하는 정치적 과정이다. 모든 인간관계에는 이런 특징이 있기 때문에 모든 관계는 권력관계이며[76] 동

---

[76] Elias, 1970, 1989.

시에 의사소통 상호작용이기도 하다. 개인의 마음은 의사소통 상호작용인 사적인 역할 놀이로서 다른 사람과의 공적인 의사소통과 형태가 같다는 것을 인정한다면 이는 권력에서의 역할 놀이, 즉 내면에서의 정치적 과정이라고 할 수 있다. 여기서 말하고자 하는 것은 자신을 대상화하고 자신을 들여다보는 과정으로, 개인의 마음은 이러한 과정을 통하여 자신과의 사적인 관계와 타인과의 공적인 권력관계 속에서 권력관계를 형성하기도 하지만 권력관계로 인해 형성되기도 한다는 것이다.

이러한 사적인 과정과 공적인 과정들은 지속성과 변화의 양상을 보이면서 저절로 패턴화한다는 점에서 자기 조직적이고 창발적이다. 다시 말하면 의사소통 행위의 과정, 즉 권력관계의 과정은 연속성 혹은 정체성을 보존하면서 동시에 혁신적인 변화를 촉진한다는 것이다. 권력관계는 상징의 특별한 활용을 통해, 말하자면 의사소통의 패턴을 형성하는 과정의 하나인 멤버십 범주화와 관계있는 특별한 대화 방식을 통해 안정되기도 하고 변화되기도 한다.[*77] 이러한 범주화로 인해 포용과 배제의 역동성이 나타나며 이러한 역동성은 안정과 변화라는 특징을 동시에 지닌다. 이런 일이 어떻게 발생하는지 살펴보자.

2. 포용과 배제의 역동성

엘리아스Elias와 스코트슨Scotson은 영국에서 어느 노동 계급 집단이 새로운 주택 단지로 유입된 이후의 사례에 대해 연구했다.[*78] 이 단지는

[*77] Ibid.
[*78] Elias and Scotson, 1994.

다른 노동 계급 사람들이 이전부터 거주해온 오래된 지역에 인접해 있었다. 두 집단 간에는 눈에 띄는 차이가 없었음에도 기존의 주민들이 새로 유입한 주민들을 무시하는 등의 적대행동이 바로 나타났다. 엘리아스와 스코트슨은 이 문제를 기존의 주민들 사이에서 오랜 기간에 걸쳐 생겨난 응집력의 측면에서 설명했다. 그들은 자신들을 '우리^{we}'로, 즉 일정 기간 함께 살아왔다는 사실로 인해 애착이나 좋아하고 싫어하는 마음 같은 특성을 공통으로 가진 집단으로 생각하게 되었다. 말하자면 그들은 공통의 정체성을 발전시켜왔던 것이다. 새로운 유입자들에게 이런 응집력이 없었던 이유는 함께 한 역사가 없었기 때문이다. 이것이 그들을 더욱 취약하게 만들었다. 따라서 강력한 응집력을 가진 집단일수록 신규 유입자들에게 낙인을 찍고 더럽다거나 범죄를 저지르기 쉽다는 등의 혐오스러운 속성을 부여하기가 쉬웠다. 두 집단 간에는 두드러진 차이가 없었음에도 새로 들어왔다는 사실을 가지고 기존 집단은 새로 유입된 집단을 증오하고 권력의 차이를 유지해 나갔던 것이다. 불리한 자의 위치에 처한 신규 유입자들은 어떤 의미에서 이를 수용한 것이었다. 이를 복잡반응과정의 관점에서 설명하자면, 기존 집단과 신규 집단 내부 및 두 집단 사이에서 진행되는 의사소통 상호작용을 통하여 조직화하는 이념적 성격의 주제가 만들어졌으며 이러한 이념이 멤버십의 범주와 범주 간 차이를 만들었고 이를 지속적으로 강화해 나갔던 것이라고 할 수 있다.

권력의 차이가 유지되는 주요 방식 가운데 하나는 사소한 차이로 인해 다른 멤버십의 범주가 만들어지는 것이다.[79] 이는 종족이나 종교의

---

[79] Ibid.

차이 자체가 증오를 만들어낸다기보다는 이러한 차이가 이념적인 형태를 지니게 되고 이어서 포용과 배제의 역동성으로 인해 권력의 지위를 유지하기 위해 증오를 부추기게 된다는 것을 시사한다. 달랄^{Dalal}은 집단 간의 증오가 본질적으로 아무도 의식하거나 의도하지 않는 자기조직화의 과정에서 발생한다는 점에서 무의식적으로 이루어지는 사회적 과정이라는 점에 주목하고 있다.[80] 새로운 것이 출현하는 데 필요한 차이라는 것이 어떻게 증오라는 파괴적인 과정의 발생 요인이 되는지를 주목해 보자. 또한 지금까지 설명한 것은 극단적인 것이 아니라 일상적으로 일어나는 일이라는 점에도 주목할 필요가 있다. 가령, 우리가 이론의 차이에 대해서 토론을 하거나 평범한 일상생활에서 특정한 방식으로 대화할 때 우리는 종종 권력관계를 유지하기 위해서 차이를 이용한다. 의사소통 행위와 인간의 관계 형성에 관한 이러한 견해는 3장에서 설명한 사회구성주의자들의 관념적인 주장과 상당히 다르다. 그들은 지금까지 설명한 역동성을 무시하고 '우리'라는 관념 안에 있는 책임을 요구하고 있다고 여겨진다. 상호작용의 역동성을 고려해보면 전적으로 배려하는 것으로만 이루어지는 인간관계는 성립하지 않는다.

기본적으로 무의식적이고 자기 조직화하는 방식으로 권력의 차이를 유지하는 데 관여하는 또 다른 측면의 이념적 주제로 이항 대립^{binary opposition}이 있다. 그 핵심은 '그들'과 '우리'를 분리하는 것이다. 그러므로 이념은 현존 질서를 자연스럽게 보이도록 함으로써 현존 질서를 유지하게 하는 의사소통 형식이다. 이념의 주제는 이러한 방식으로 개인과 집단의 의사소통 상호작용을 조직화한다. 이념은 개인 내면의 역할

---

[80] Dalal, 1998.

놀이, 즉 마음에서 이루어지는 무언의 대화에서 의사소통의 한 형태로 그리고 집단 내에서 권력관계의 한 측면으로 받아들여진다. 여기서 이념은 공유되거나 저장된다기보다는 의사소통이 지속되는 과정에서 대화 당사자들에 의해 재현된다는 점에 주목하자. 이념은 어딘가에 숨겨진 모종의 근본적인 대의명분이 아니다. 이념은 어디에 저장되거나 전달 혹은 공유되는 것이라기보다는 패턴화하는 과정, 즉 지속적인 반복과 잠재적인 변형 속에서 스스로를 조직화하는 포용과 배제의 서사 주제이다. 이념은 말하는 행위 속에 그리고 말한 것을 실천하는 행위 속에만 존재한다.

엘리아스와 스코트슨은 이념이 어떻게 가십gossip의 자기조직화 과정에서 창발하는지를 보여주고 있다. 동일한 가십의 흐름이라도 외부집단에 대해서는 낙인찍고 비난을 하지만 내부집단에 대해서는 칭찬한다. 가십은 '깨끗한-더러운', '좋은-나쁜', '정직한-부정직한', '열정적인-게으른'과 같이 가치가 전제된 이진 쌍binary pairs을 겹겹이 만들어낸다. 덜 분명한 형태이기는 하지만 같은 논리를, 특정한 방식의 대화, 예컨대 복잡성에 관한 대화라든가, 정신분석, 관리 통제 등에 관한 대화에서 만들어지는 '안-팎'의 동역학에도 적용할 수가 있다. 이러한 가십과 그 외 다른 방식의 대화에서는 강자에게는 '카리스마'를 부여하고 약자에게는 '낙인'을 찍음으로써 권력의 차이를 강화한다. 가십은 정착이 되고 응집력이 있는 집단의 경우는 잘 정립된 채널을 따라 흐르지만 신규 유입자에게는 이런 채널이 없다. 그런데 낙인효과는 힘의 차이가 이미 충분히 벌어진 경우에만 발생한다. 다시 말해 이 가십거리는 개인의 마음에서 이루어지는 사적인 역할 놀이에 반영되어 있는 사회적 관계로서, 강자에게는 우월감을, 약자에게는 열등감을 부여한다. 그러나 약자나 주변부 집단은 남이 보기에 부당한 힘으로 보복하려 들 수 있다. 다음 장에서는 '비공개적shadow' 주제가 함께 하는 경험을 조직하는 이러한 가십의 과정을 다시 다룰 것이다.

범주화와 무의식의 과정

내가 설명해 온 포함—배제의 동역학은 마치 존재하지 않는 것처럼 인간이 마음대로 결정할 수 있는 권력관계 및 의사소통 상호작용의 영역이 아니다. 범주화하는 과정 자체가 불가피하게 이러한 동역학을 만든다. 경험에 이름을 부여하고 경험을 분류하는 것은 그 경험을 여러 부분으로 쪼개고 그 부분들을 서로 관련짓는 행위이다. 범주화한다는 것은 경험을 저 범주가 아닌 이 범주로 분류하여 여기에 속하지 않는 다른 범주와의 차이점을 확인하는 것이다. 그 결과 유사한 것들을 특정의 범주 안에 포함시키게 되면 마테 블랑코Matte Blanco[*81]가 말한 소위 대칭성의 논리symmetric logic에 따라 그 범주 안에 있는 경험 간의 차이가 소멸된다. 그러나 마테 블랑코의 비대칭성 논리에서는 범주 간의 차이점이 강조되고 유사점은 사라진다.

이러한 방식으로 접근하면 경험은 유사성과 차이로 양극화되고 범주 내 그리고 범주 간 유사성과 차이가 동시에 존재하는 역설은 소멸된다. 마테 블랑코에 따르면 인간은 이런 과정을 무의식적으로 수행한다. 의식적인 사고는 범주의 경계에서 차이에 주목하는 반면에 범주 간 유사성은 무시하는 경향이 있다. 다시 말하면 의식적인 사고는 이질적이고 비대칭적이다. 그러나 무의식적으로는 경험이 동질적이고 대칭적인 패

[*81] Matte Blanco, 1975, 1988.

턴으로 조직되며 여기서 범주 내의 차이는 소멸된다. 그리하여 집단의 일부가 '영국인'으로 명명되면 나머지는 모두 '비영국인'이 되며, 대칭적인 사고가 바로 '영국인'과 '비영국인' 두 집단 모두에 적용되어 각각의 집단에 동질성이 부여된다. 각 집단 내에서 구성원 간의 차이는 소멸되며 이런 일은 무의식적으로 진행된다. 반면에 비대칭적인 사고가 지배하면 두 집단 간의 차이가 관심을 끌며 모두가 같은 인간이라는 유사점은 무시되는 경향이 있다.

달랄Dalal*82은 블랑코의 사상을 발전시켜 동일성identity과 이질성difference에 관해서 중요한 지적을 하고 있다. 동일성의 핵심은 대칭이며 이는 무의식적인 것으로서 이 무의식적인 대칭은 동일성을 파괴하지 않고서는 검증할 수가 없다. 그는 이를 사회적 무의식의 한 측면으로 보고 담론과 연결시켰다. 각각의 담론에는 당연한 것으로 받아들여지는 모종의 범주, 말하자면 동일성에 해당하는 것들이 있으며 이들은 균질화되어 있어서 의문의 대상으로부터 비켜나 있다. 사회적 무의식을 구성하는 것은 이러한 범주이며 권력의 차이는 무의식적인 것이 된다. 사람들은 유사성—대칭적인 것—을 중심으로 모여들어 힘의 차이를 은폐한다. "모든 문장에는 이질성과 연결된 동일성의 요소가 포함되어 있다. …… 따라서 모든 생각은 무의식의 섬으로 짜여진 것이라고 할 수 있다".*83 달랄은 엘리아스와 블랑코의 아이디어를 바탕으로 폴크스Foulkes*84의 사회적 무의식이라는 개념을 발전시켰다. 사회적 무의식의 핵심 요소는 집단이다. 그는 사회적 무의식이 만들어지는 과정을 다음과 같이 정리했다.

---

*82 Dalal, 1998.
*83 Dalal, 1998, pp.190-191.
*84 Foulkes, 1964.

- 내집단과 외집단 간 차이에 관해 말함으로써 외집단에 대한 증오를 불러일으키고 무의식적으로 감지한 권력의 차이를 유지함
- 이념으로 확립된 이항대립으로 경험을 범주화함으로써 행동을 정당하고 자연스러운 것으로 보이게 함
- 대칭과 비대칭의 논리를 사용하여 어떤 차이는 무시하고 다른 차이는 강조함으로써 경험을 양극화함

이러한 사회적 무의식의 과정은 자기조직화하며 의사소통 행동과 권력관계에 있어서 예기치 않는emergent 패턴을 낳는다. 더구나 이러한 사회적 무의식의 과정은 개인의 마음속에서 이루어지는 역할 놀이로 받아들여져 개인적 무의식의 과정을 구성한다. 이는 프로이드Freud나 융Jung의 무의식과는 상당히 다른 개념이다. 여기서 무의식적인 것은 의식의 밑에 있는 것이거나 의식보다 원시적인 것이라기보다는 의식적인 것과 엮이어 있는 것이다. 이것은 공격적이거나 성적인 본능의 억압으로 인한 욕망이 아니다. 무의식적인 것은 기본적으로 정체성을 유지하고 정체성의 파편화나 파괴를 막아주는 근간이다. 다음 장에서 '함께 하는 경험experience of being together'을 조직하는 '비공개적shadow'*85 주제에 관해 논의하게 될 때 이 문제를 다시 다룰 것이다.

앞에 제시한 사례들은 이념과 주제들, 그리고 의사소통 상호작용 과정의 여러 측면들이 권력관계를 유지하는 방식을 보여주기 위한 것으로, 다분히 극적이고 명백히 드러나는 형태였다. 그러나 이러한 권력관

---

*85 이 책에서 저자는 'shadow'를 'legitimate'에 상반되는 개념으로 사용하고 있다. 이는 합법적인 것도 아니고 그렇다고 불법적인 것도 아니며 일종의 '뒷담화'와 유사한 것으로 볼 수 있기 때문에 여기서는 '비공개적'으로 옮겼다. 학교를 포함하여 모든 조직에는 비공개적인 라인을 통한 대화 못지않게 비공개적으로 진행되는 대화도 있게 마련이며 후자 형식의 대화가 때로는 조직의 운명에 큰 영향을 미칠 수도 있다(옮긴이).

계의 역동성은 명백하고 극적인 것에 국한되지 않으며 조직을 포함하여 평범한 일상에서도 끊임없이 나타난다.

조직 생활에서 포용과 배제의 역동성

지금 사람들 간의 의사소통 상호작용은 인간의 경험을 정반대되는 두 방향으로 동시에 패턴화한다는 점에 대해서 논의하고 있다. 한편에서는 안정성과 연속성, 정체성의 방향으로 패턴화하고 다른 한편에서는 잠재적 변형으로 패턴화한다. 그러나 변형은 잠재적이며 이것이 반드시 발현된다는 보장은 없다. 더구나 발현되는 변형이 파괴적인 것이 아니고 창조적인 것이거나, 비윤리적인 것이 아니고 윤리적인 것이라는 보장도 없다. 이러한 주장의 근거는 다음과 같다.

상호작용 행위의 순서를 정하는 일은 안정적이고 일관성 있는 주제로 의사소통하는 패턴을 형성하지만 거기에는 항상 변형의 잠재력도 내포되어 있다. 대화를 주고받는 이러한 과정이 진행되는 양상은 대화 당사자들이 서로에 대해 갖는 기대에 달려 있으며 이러한 기대는 그들의 행위 및 연상과도 관련되어 있다. 다시 말하면 사람들은 각자의 행동에 대해 서로에게 책임을 지우며 또 책임을 질 것으로 기대한다. 말할 기회를 내가 가져올 것이냐 상대에게 줄 것이냐 하는 것은 질문과 대답 같이 짝지어진 인접 행위를 통해서 결정되며 이는 사실상 경험을 분할하고 범주화한다. 더구나 서로 책임을 협상하는 데 있어서 사람들은 다양한 수사적 기법을 활용하여 상대방을 움직이고 설득하려 든다. 이런 방식의 의사소통 행위는 바로 권력관계를 작동시키며, 범주화 과정 그 자체가 포용과 배제라는 이념적 주제를 패턴화한다. 그리고 이러한 이념적 주제는 무의식적으로 권력관계의 안정적인 패턴과 그로 인한 정체성을 유지한다. 동시에 이러한 이념적 주제는 저항을 불러일으켜 권력관계의 잠재적 변화를 가능하게 한다. 잠재적인 변화와 더불어 동일성의 패턴을 반복하는 끊임없는 의사소통을 촉진하고 제약하는 것은 의사소통 상호작용의 이러한 특징, 특히 범주화 및 포용과 배제의 역동성이다.

그러나 이러한 의사소통 과정의 효과는 또한 다음과 같은 방식으로 무력화될 수도 있다. 이념에 근거한 권력관계의 패턴을 유지하는 범주화 과정은 특정 대화 방식을 통하여 즉각적으로 포용과 배제의 역동성을 만들어낸다. 이러한 대화 방식을 충실히 따르는 이들은 무의식적으로 '내집단in crowd'으로 받아들여지지만 그렇지 않거나 그렇지 못하는 자들은 '외집단out crowd'으로 배척된다. 의사소통 상호작용에 있어서의 모든 변화는 권력관계에 변화를 가져올 수밖에 없으며 그에 따라 누구를 포함시키고in 누구를 배제할 것인가out의 패턴이 달라진다. 이러한 변화는 극심한 불안을 야기하며 이러한 실존적 불안에 대처하기 위해 어떠한 방식으로든 의사소통 상호작용이 동원된다. 이러한 방식은 효과적인 공동보조를 취하는 데 매우 치명적이며 일관성 있는 의사소통을 반복하고 창의적으로 변형하는 것을 철저히 와해시킬 수 있다.

조직의 모든 변화와 모든 새로운 지식의 창출은 의미상으로 의사소통 상호작용 패턴의 변화이자 권력관계의 변화이며 따라서 포용과 배제 패턴의 변화이다. 그러므로 불안은 불가피하게 변화와 창조의 동반자이며 의사소통에 있어서의 파괴적인 간섭도 마찬가지다. 더욱이 바로 이러한 전반적인 과정이 다양성을 산출해 내기 때문에 사람들은 하는 일에 있어서 변화를 추구할 수도 있고 새로운 지식을 함께 개발할 수도 있는 것이다. 변화를 유발하기도 하고 동시에 변화에 의해 유발되기도 하는 내부자/외부자의 역동성과 권력관계의 변화를 무시하면 이런 변화로 인해 발생하는 예상치 못한 사태에 당황하게 된다. 이러한 과정에 의해 예상치 못한 일이 야기될 수 있음을 알고 변화는 누구도 제어할 수 없다는 것을 받아들이면 모든 것을 더 잘 이해할 수 있게 되고 불안의 수준도 낮출 수 있다.

사례: 건강관리기관(the health care trust)

내가 겪었던 사례 한 가지를 들어보기로 한다. 최근에 나는 어느 건강관리위탁기관healthcare trust이 수행하는 과제에 참여하도록 요청받았는데 그 과제란 조직을 과감히 재편성하는 것이었다. 이 과제의 목표는 이 거대 기관을 정부 정책의 변화에 맞추어 보다 규모가 작은 4개의 조직으로 분리하는 것이었다. 새 조직에서 누가 관리직을 맡게 될지, 나아가 그 조직들을 어디에 둬야 할지 아무도 알지 못했다. 조직 재편 기한은 불과 몇 달밖에 남지 않았다. 모두가 엄청난 혼란과 점점 더 심해지는 좌절과 스트레스, 불안을 느끼는 상태에서 일상적인 일을 계속하고 있었다는 것은 의심의 여지가 없을 것이다. 변화에 대비하기 위해서 뭔가를 해야 하는 것은 정말 긴급한 일이었다.

고위 경영진이 제안한 한 가지 방침은 조직이 어떤 모습으로 재편성되더라도 기존의 리더십 자질 중에 새로운 조직에서 받아들여질 만한 것을 찾아내는 것이었다. 이러한 자질이 무엇인지 확인하기 위해 경영진과 일반직원을 대상으로 많은 포커스 그룹이 구성되었으며, 확인된 자질은 새로운 조직의 관리직을 선발하고 관리직의 수행을 판단하는 기준으로 활용될 참이었다. 나는 계획 수립 회의에 참석하여 이 포커스 그룹이 해야 할 일을 결정하고 그중 한 그룹의 일을 도와주도록 요청받았다. 이 계획 수립 회의에서 도출된 주제, 즉 그 회의에 참여한 경험을 조직하는 주제는 다음과 같은 것들이었다. 사전에 정해야 할 준거를 설계하는 일, 성과를 측정하여 사람들이 무엇을 해야 할지 알 수 있도록 하는 일, 성과를 평가하여 준거에 따라 보상을 하는 일, 액션플랜을 설정하고 목표가 달성되도록 하는 일, 리더십에 대해서만 논의를 하고 현재의 상황을 구성하는 '벌레 뚜껑can of worms'을 여는 일(굵어 부스럼을 만든다는 의미—옮긴이)은 하지 않도록 집단 토론의 초점을 명확히 하는 일 등등. 회의 내내 지속된 또 다른 주제는 2년 전에 제안된 '더 나은 미래'와 관련된 것이었다. 지난 2년 동안 진행된 이 프로그램에의 장점에 대해서 비판적인 질문을 제기하기는 매우 어려운 일이었다.

　회의 참석자 중에 두 사람은 회의적인 의견을 표출하면서 제안 받은 포커스 그룹이 무엇을 성취할 수 있을지 의문을 제기했다. 그러나 그들의 의견은 진지하게 받아들여지지 않았다. 분명 내가 방금 언급한 특정 주제에 의해 구조화되고 또 이런 주제를 구조화하는 특별한 대화 패턴이 있었던 것이다. 이런 방식에 맞게 대화하는 사람들은 '내부' 집단이 되었고 그렇지 않은 사람들은 확실히 배제되었다. 나는 회의적인 태도를 가진 '외부' 집단에 참여하여, 아무도 확실히 모르는 미래에 관한 추상적인 과제의 대안으로 현재 어떤 일이 진행되고 있으며 다음 단계는 무엇인지 하는 문제에 초점을 맞추도록 함으로써 우리가 진행할 다른 방식을 제안하기 시작했다.

　이것은 일부 사람들을 언짢게 했고 논쟁은 계속되었다. 왜 언짢아했을까? 가장 언짢아 한 사람은 고위관리로서 조직개발을 책임진 사람이었다. 대화를 구조화하고 '집단 내' 대화로 만든 것은 조직개발 전문가의 언어에서 나온 주제였다. 이 언어를 바꾸려는 여하한 시도나 자기조직화에 관한 대화 혹은 창발이 나타나게 된다면 분명 권력의 지형에 변화가 초래될 것이고 따라서 누가 '내부'에 있고 누가 '외부'에 존재하는 가에 관한 새로운 지형이 만들어질 것이다. 그러므로 조직개발의 이념을 방어할 수밖에 없었는데 그 이유는 이 이념이 분명 그 회의에서, 나아가 더 넓은 범위에서 기존 권력구조의 기반이었기 때문이다. 결국 대화의 지배적인 패턴은 유지되었고 포커스 그룹의 제안은 계속 진행되었다. 그렇지만 회의 자체는 열리지 않았으며 그 이유를 물어봤더니 되돌아오는 답은 얘기가 길어진다는 것이었다. 결국 조직의 재편성은 이루어지지 않았고 대화의 패턴을 바꾸려는 시도는 또 계속될 가능성이 컸다.

여기서 내가 말하고자 하는 것은, 주제와 의사소통 상호작용은 서로를 조직하고 서로에 의해 조직되는 관계에 있으며, 주제가 변해야만 조직도 변화할 수 있다는 것이다. 나는 또한 이것이 얼마나 어려운 일인지를 지적하고 있다. 왜냐하면 주제와 관련한 어떠한 변화도 권력관계와 내부-외부의 동역학을 달라지게 할 것이기 때문이다. 계속되는 불안을 견뎌내지 못하면 가능한 한 변화 없이 의사소통 상호작용의 특정 패턴을 반복하기 위해 많은 노력을 하게 될 것이다. 전반적인 업무 환경이 이렇게 엄청나고 예측불허의 변화를 겪고 있는 상황에서 이런 불안과 더불어 살아가는 것은 매우 힘든 일이고 이렇게 살아가기는 아마 불가능할 것이다. 기존 조직이 사라진다는 사실에 직면하여 그들은 좋은 리더와 관련이 있는 무언가를 보존하려고 할 수도 있다. 아마도 포커스 그룹의 전반적인 아이디어와 그들이 설계하게 될 준거는 어느 정도 합리적으로 여겨질 수도 있지만 이는 구원의 환상인 측면이 있으며, 이런 환상을 쫓는다면 그들이 처해 있는 참으로 비참한 상황에 대해 직면하는 것을 회피하게 될 것이다. 이런 환상에는 안정적이라는 이점이 있기는 하지만 이는 현재 직면하고 있는 어려움의 원천과 관련된 의사소통 행위에 지장을 주기 때문에 의사소통의 장애물로 작용하여 변화를 가로막을 수 있다. 따라서 의사소통 상호작용과 권력관계, 내부-외부의 역학 관계에 있어서 환상이 갖는 역할을 살펴볼 필요가 있다.

3. 환상과 무의식의 과정

앞 절에서는 어떻게 음성 제스처와 반응, 즉 언어가 우발적으로 '내부'와 '외부'의 범주로 패턴화하는지를 설명했다. 포용과 배제에 관련된 주제는 기본적으로 이념적인 것이다. 이념적인 주제는 의식적으로 가십으로, 즉 대화를 조직하는 주제로 표현되는데, 이러한 주제는 포용과 배제의 패턴을 유지하는 요인지지만 이는 '실체로서 어딘가'에 객관적으로 존재하는 것이 아니라 의사소통 행위를 통해서 구성되는 것이다. 가십이나 루머 같은 것은 공식적이고 사회적인 환상일 수도 있으며 사람 사이의 유사성과 차이에 관한 상상력의 소산일 수도 있다. 그러나 루머와 가십은 포용과 배제의 문제에 한정되지 않는다. 이것들은 또 다른 사회적 현실을 구성하고 조직하는 주제이기도 하다.

예를 들면 나의 컨설팅 과제 중 하나와 관련하여, 어느 다국적 대기업의 고위 임원들은 최고 경영자의 방침을 이야기했는데, 그 방침이란 자신들의 통제 범위를 넘어서는 목표까지 포함하여 어떤 성취 목표든 달성하지 못하면 자신들을 해고한다는 것이었다. 이 주제는 이틀 동안의 회의에 함께 참여한 경험을 강력하게 조직했다. 나중에 최고 경영자는 이 고위 임원들 모두가 어떻게 이런 방침을 사실로 믿게 되었는지 놀라움을 표현했다. 그가 말한 것은 이게 아니었다. 이것은 우연히 던진 몇

마디를 가지고 무의식적으로 꾸며낸 하나의 사회적 환상이었던 것이다.

환상이나 상상력을 통한 정교화와 유사한 과정은 마음속으로 진행되는 무언의 대화에서도 분명히 나타난다. 예를 들어 마음속에서 이루어지는 사적인 역할 놀이를 조직하는 주제가, '이 사람은 모두 나쁘다'와 '그 사람은 모두 좋다'와 같이 분리하는 형태를 취하게 되면 범주화 과정이 극단적인 형태로 나타난다. 이것이 내면에서 진행되는 포용과 배제의 역동성이다. 마음속에서 이루어지는 역할 놀이와 관련된 환상의 또 다른 예로는 전이 현상이 있다. 이것은 살아 있는 현재에서 일어나는 자신과 타인의 제스처에 대한 반응의 재현인데, 이런 반응은 어린 시절에 습득해서 그 이후에 자주 나타나는 주제의 반복으로서 가족 구성원들하고 관계 맺는 일과 관련이 있다. 그 타인이 비록 가족 구성원이 아닐지라도 이러한 주제들은 그들에 대한 반응을 패턴화하기 때문에 일종의 환상과 다를 바 없다. 또 하나의 예는 투사의 과정이다. 나의 관점에서 보면 이것은 자기 자신이나 다른 사람의 제스처에 대한 반응을 자신에게서 불러내는 것으로 생각할 수 있다. 말하자면 주로 자신의 마음속 역할 놀이에서 상상한 것을 타인에게 돌리는 것을 말한다.

그러나 환상을 현실의 왜곡으로만 바라보지 말아야 한다. 이러한 과정은 창의적인 사회적 현실과 새로운 의미를 구성하는, 상상력을 통한 정교화일 수도 있기 때문이다. 환상과 상상력을 통한 정교화는 공적인 (사회적인) 것이건 사적으로(마음으로) 이루어지는 것이건 의사소통 행위와 권력관계를 조직하는 주제로서 끊임없이 재현된다. 이러한 환상과 상상력을 통한 정교화는 거의 대부분 변화를 동반하면서 반복되기 때문에 변형에 대해 열려 있다. 사실, 환상과 상상력을 통해 의해 만들어진 차이는 새로운 것으로 확장되어 나타날 수 있다. 엘리아스^{Elias}가 환상을 정교화하는 것과 관련된 모든 언어와 상징의 활용을 강조했을 때 그는 이 관계를 이해하고 있었다.

> 환상적 지식을 만들어내는 능력은 현실과 일치하는 합리적 지식과 사고를 만들어내는 능력만큼이나 근본적이고 명백한 인간의 재능이다. 인간에 관한 이론적 모형에서 환상을 위한 공간을 찾지 못하는 것은 문화와 종교에 관한 이론을 인간의 다른 영역 및 그것의 다양한 발현에 관한 이론과 연결시키지 못하는 요인의 하나이다.[86]

나는 환상이라는 무의식적이고 개인적인 과정과 이와 관련된 이념적 행위의 공적인 과정에 대해서 논의하고 있는데, 이는 창조적 과정 및 사회적, 정신적 건강과 직접 연결되어 있다. 경험을 조직하는 주제, 특히 가십 및 환상과 관련된 주제가 분명하지 않고 단순히 반복적, 습관적인 형태로 재현되는 경우에는 사회적인 측면에서건 개인적인 측면에서건 창조적 변형이 일어날 가능성은 매우 희박하다. 반면에 경험을 조직하는 주제가 상상력을 통한 정교화에 의해 다양성이 풍부해지고 매우 우발적인 변화를 수반하면서 재현되는 경우에는 창조적 변형의 가능성이 높아진다. 이것이 사회적, 개인적 건강과의 관련성이다. 정신적으로 건강하지 못하면 내면에서의 역할 놀이가 매우 반복적인 형태로 진행되며, 사회적으로 건강하지 못한 경우에도 가십의 주제가 동일한 방식으로 나타나는 수가 많다. 복잡성의 정도가 매우 심해져서 개인 내면에서의 사적인 역할 놀이가 풍요롭고 다채로워지면 개인적인 변화와 정체성이 진화할 가능성은 더욱 높아진다.[87] 같은 원리가 공동체에도 적용된다.

---

[86] Elias, 1989, p.77.
[87] Foulkes, 1964.

인간의 상호작용에서 무의식에 관한 이러한 사유 방식은 다른 접근 방법들과 매우 다르다. 조직에서의 학습과 지식 창출에 관한 주류의 관점, 말하자면 인지주의의 접근에서는 무의식적인 것에 '암묵적'이라는 꼬리표가 수반되며 이는 주로 모방을 통해서 한 사람에게서 다른 사람에게로 전달된다. 그러나 암묵적인 것이 정확히 무엇인지는 정확하게 규정하고 있지 않다. 그것은 단지 숙련된 행동에 반영되어 있으며 다른 사람들은 그런 행동을 모방함으로써 숙달하는 것이라고 말할 뿐이다. 반면에 복잡반응과정에서는 다른 사람과의 의사소통과 내면에서 진행되는 자신과의 의사소통 모두에서 주제와 변형이 무의식적으로 이루어진다고 본다. 이것은 행위기반의 이해방식이기 때문에 전달할 내용도 없고 모방에 기댈 필요도 없다.

조직에 대한 정신분석적 접근에서는 무의식을 '무의식적인 심리the unconscious'로 이해한다. 이는 개인 중심의 접근이며 여기서 무의식적인 심리는 무의식적인 욕구를 해소하려는, 용납할 수 없는 소원에 대한 방어이다. 한편 대상관계이론에서는 '무의식적인 심리'가 타인과의 관계에 따른 경험에서 다듬어진, 유전된 환상으로 구성되어 있다고 본다. 개인들은 무의식적으로 정신적인 내용을 서로에게 전달하는 것으로 가정된다. 또한 집단의 측면에서는 개개인이 익명으로 정신적인 내용을 집단 무의식의 과정에 부여하는 것으로 가정한다.[88] 이에 반해 복잡반응과정의 관점에서는 경험을 조직하는 주제가 무의식적일 뿐만 아니라 환상 속에서 그 주제가 정교화 되는 방식일 수도 있다고 본다. 여기서는 개인이 정신적인 내용을 이 사람에게서 저 사람에게로 옮긴다는 개념이

---

[88] Bion, 1961.

없다. 무의식의 과정은 의사소통의 한 형태로 사회적 과정에서 정교화되는 것이지 원래 개인이 태어날 때부터 가지고 있는 원초적인 것이 아니다. 개인의 정신과 사회의 변화는 의사소통 행위와 권력관계를 조직하는 주제의 변화이며 이러한 변화는 주제를 조직하는 상호작용의 과정에서 창발하는 것이다.

4. 결론

이번 장에서는 이념적인 주제가, 사람들이 함께 하는 경험을 권력관계로 조직한다는 것을 논의했다. 권력관계는 지식이 창출되는 의사소통 상호작용의 본질적인 특징이다. 그러므로 지식을 관리하는 것은 이념과 권력관계를 관리하는 일이 될 것이다. 또한 이 장에서는 환상이나 상상력에 의한 정교화는 개인의 내면에서 이루어질 수도 있고 가십과 같이 사회적으로 진행될 수도 있는데, 이는 의사소통 상호작용의 기본적인 특징임을 논의했다. 따라서 지식의 창출을 관리하는 것은 또한 개인의 환상과 공적인 가십의 흐름을 관리하는 일이 될 것이다. 지식을 관리한다는 생각은 점점 가당치 않은 일이 되고 있다.

다음 장에서는 의사소통 상호작용을 패턴화하는 것이, 이와 관련된 이념의 특징과 권력관계, 환상과 상상력에 의한 정교화 및 가십과 더불어, 어떻게 조직의 지식이 창출되는 복잡한 반응 과정을 구성하는지를 밝힐 것이다.

8장

복잡반응과정과
지식의 창발

일반적으로 조직의 존재 이유는 사람들이 생존에 필요한 공동 행동을 할 수 있도록 하는 데 있다. 조직의 본질은 목적이 있는 공동행동이며 앞서 네 개의 장에서는 그 목적과 관련하여 특정 가정의 측면에서 인간의 행동을 이해하는 방식을 제시했다. 내가 제시하는 설명의 기저는 목적론이다. 목적론은 특정 현상이 왜 그렇게 되는지, 그렇게 하게끔 유발한 목적이 무엇인지에 관심을 갖는다. 이는 미래로의 움직임에 대한 가정과 관련이 있다. 예를 들면, 이 움직임은 알려진known 상태를 향해 나아갈 수도 있고 모르는unknown 상태를 향해 나아갈 수도 있다. 전자의 경우 미래는 어떤 면에서 이미 주어져 있으며 후자의 경우는 끊임없이 구성되는 상태에 있다. 목적론은 또한 미래를 향해 움직이는 이유에 관심을 갖는다. 예를 들어 어떤 현상이 미래를 향하여 나아가는 이유는 최선책을 얻기 위함일 수도 있고, 선택한 목표를 달성하기 위함일 수도 있으며, 그것의 성숙한 형태를 구현하거나 정체성을 유지 혹은 변화시키기 위함일 수도 있다.

앞서 네 개의 장에서 내가 주장한 관점의 기본 가정은 변형적 목적론으로 요약할 수 있다. 여기서는 인간 행위의 움직임이 알려지지 않은 미래, 즉 인간 행위의 움직임 자체로 인해 끊임없이 구성되고 있는 미래를 지향한다고 가정한다. 인간의 행위가 작동을 하면 개인 및 집단의 동질성과 차이에 있어서 지속성과 변형의 패턴이 동시에 나타난다. 따라서 인간 행위의 움직임은 동질성(알려진 것, 같은 것, 지속성)을 유지함과 동시에 새로운 것novelty, 즉 이전에 없었던 변이(알려지지 않은 것, 이질성, 불연속성)를 창조한다는 점에서 근본적으로 역설적이다. 인간의 행위는 끊임없는 동질성의 반복이면서 또한 잠재적 변형의 과정에 있다. 최적의 상태, 성숙한 상태 혹은 최종적인 상태라는 것은 없으며 알려진 것the known과 모르는 것the unknown은 동시에 끊임없이 구성될 뿐이다. 미래는 알 수는 없지만 인식할 수는 있다.

이런 관점에서 볼 때 끊임없이 구성되는 과정이란 살아 있는 현재에서 인간과 그가 처한 환경 간의 의사소통 상호작용의 과정이다. 다시 말하면 알려진known 미래와 모르는unknown 미래를 향한 움직임의 원인은 섬세하고 자기 조직화하는 신체적 상호작용의 과정으로서, 이 과정은 스스로 패턴을 형성하면서 동시에 그 패턴에 의해 형성되기도 한다. 이것은 순환적이고 재귀적이며 자기 지시적인 인과관계이다. 이런 인과관계 속에서 인간의 상호작용은 스스로 패턴을 형성하면서 또한 그 패턴에 의해 영향을 받는다. 여기서 자기 조직화란, 사람 사이에 이루어지는 의사소통 상호작용이 서사와 명제적 주제로 패턴화하는 것을 의미하는데, 이 과정에서 상호작용이 다양해지면 변화가 일어난다. 다시 말해 상호작용의 주제가 습관적이고 자연발생적인 상호작용을 패턴화하고 있는 것이다. 상호작용 자체가 의사소통 과정에서의 작은 차이를 불연속적이고 새로운 변화로 증폭시켜 변형의 원인으로 작용한다. 상호작용하는 개인의 입장에서 볼 때 환상과 상상력은 개인의 경험에 있어서의 작은 요동을 독특하면서도 다양한 모습의 사적인 역할 놀이 혹은 침묵의 대화로 정교화하고 증폭시킬 수 있다. 개개인의 이러한 독특한 다양성은 다른 사람과의 공적인 상호작용에서 더욱 크게 증폭될 수 있다. 권력관계의 대립적 제약조건 속에서 선택의 자유와 의도가 나타나듯이, 의미 혹은 지식은 살아 있는 현재에서의 이러한 국지적 상호작용에서 만들어진다. 그러므로 안다는 것은 의사소통 상호작용의 과정이다.

복잡성 과학의 관점과 일정 부분 일치하는 변형적 목적론에서는 조직 생활을 이해하려면 살아 있는 현재라는 국지적 수준에서 일상적으로 이루어지는 상호작용 과정에 주목해야 한다고 주장한다. 왜냐하면 이러한 과정을 통하여 미래가 끊임없이 동질성과 이질성으로 구성되기 때문이다. 앞의 네 장에서는 이러한 상호작용의 과정을 인간의 신체를 통한 끊임없는 제스처-반응 과정으로 이해하는 방식을 제시한 바 있다. 이것은 제스처-반응 과정, 즉 상징(원초적 상징, 중요한 상징, 실체화된 상징)을 매개로 말하는 순서를 주고받는 행위의 과정이며 함께 하는 경험을 조직하는 서사적 혹은 명제적 주제로 패턴화하는 과정이기도 하다. 이러한 주제들에는 다양한 형태가 있다. 여기에는 포용과 배제라는 역동성의 특징을 갖는 권력관계의 대립적 제약조건과 이러한 권력관계를 유지하는 이념 등이 포함된다.

이러한 과정 전체를 포괄하는 것이 바로 관계 형성에 있어서의 복잡반응과정이며 의미와 지식은 이러한 과정을 통하여 만들어진다고 본다. 실체화된 지식은 인공물로, 말하자면 과거의 상호작용과 이러한 상호작용에서 생겨난 속성을 설명하는 '추상화된' 주제로 저장될 수는 있지만 지식 자체는 저장될 수 있는 것이 아니다. 과거의 정체성을 나타내는 이러한 인공물로서의 '지식'은 살아 있는 현재에서 이루어지는 국지적 의사소통 상호작용의 도구로 사용될 수 있다. 이러한 도구가 아무리 정교한 것일지라도 이를 활용하는 모든 유형의 공동행동에 바탕이 되는 것은 관계형성에 있어서의 복잡한 반응과정이라는 것이 필자의 주장이다. 또한 관계 형성의 복잡반응과정으로 인해 가능해지는 것은 공동행동뿐만이 아니라는 점도 지적하고자 한다. 개인의 정체성과 집단, 조직, 사회와 같은 집합적 정체성 또한 바로 이러한 과정을 통해서 형성된다.

이 장에서는 앞에서 요약한 관점이 어떻게 조직에서의 삶을 이해할 수 있게 하는지를 밝힐 것이다. 이는 사람들이 이 새로운 관점에 따라 무엇을 해야 하는가가 아니라 그들이 조직에서 이미 하고 있는 것을 어떻게 조명할 것인가를 의미한다. 정체성과 이질성을 세 가지 측면으로 구분하여 집단과 조직 정체성의 패턴을 살펴보고는 것으로 이 탐구를 시작하고자 한다.

1. 정체성과 이질성

특정 집단이나 조직에 대해서 언급할 때 우리는 '그것'을 다른 집단이나 조직과 구분한다. 다시 말하면 다른 집단 및 조직과 구분 짓게 하는 정체성을 '그것'에다가 부여한다. 이는 '그것'과 다른 것들 사이에 경계선을 긋고 있는 것이다. 그렇다면 어떤 조직을 다른 조직과 구별 짓게 하는 정체성과 경계의 기준은 무엇인가?

조직이란 것은 생물학적 개체들이 상징을 매개로 서로 관계를 맺음으로써 이들 개체 간, 그리고 이 개체가 속한 집단/조직과 같은 공동체 내의 다른 집단/조직 간 권력관계 지형을 형성하면서 동시에 이런 지형에 의해 그 모습이 형성되는 것이라고 할 수 있다. 관계 형성이 이루어지는 과정에는 언제나 역사가 있다. 구체적으로 말하면 각 개인과 집단, 조직, 공동체, 나아가 더 확장된 사회의 역사가 있으며, 이 모든 것은 관계 형성의 과정이다. 또한 관계 형성의 과정에는 특정의 물리적 공간과 가용 자원, 특정한 도구와 기술이 포함된다. 또한 사람들은 하나 이상의 집단이나 조직 및 공동체에 가입되어 있기 때문에 한 집단의 구성원은 다른 집단의 기능에 영향을 미친다. 그렇다면 이렇게 고도로 상호연결된 조건 속에서 어떤 기준으로 경계선을 그을 것인가?

과업의 경계

조직은 추구하는 목적, 즉 과업과 그것을 달성하는 방식, 그리고 그 과업을 수행하는 데 있어서 공식적으로 역할을 부여받은 개인에 의해 구별된다. 조직의 정체성은 그 조직이 속한 더 큰 공동체 내에서 이 조직이 수행하는 과업에 의해 결정되며, 과업의 경계는 공식적이고 과제와 관련하여 역할을 맡은 사람들을 다른 사람들과 분리한다. 여기서 정체성은 역할 및 역할 간의 관계, 과업, 그리고 목적에 대한 공식적인 사항에 의해 규정된다. 이렇게 공식적인 측면에서 정체성을 이해할 때 두 가지 차이가 발생한다.

첫째, 조직의 과업을 추진하는 데 공식적인 역할을 부여받지 못한 사람들은 경계선 밖에 밀려나 있기 때문에 공식적인 역할이 없다는 것이 차이점이 된다. 그러나 과업에 대한 재정의가 이루어지기도 하고 새로운 과업이 부여되기도 하면서 과업이 계속 달라지기 때문에 과업을 정의하는 것은 말처럼 그렇게 쉬운 일이 아니다. 또한 특정인을 조직에 포함시키는 것을 정당화함에 있어서 그가 해당 과업에 얼마나 밀접하게 연결되어 있는가, 그 역할 정의가 얼마나 공식적인가 하는 문제도 있다. 예를 들면, 하청 업체는 조직 본연의 업무를 수행하는 데 필수적인가, 컨설턴트는 어떠한가?

둘째, 조직 구성원 간의 모든 비공식적 관계가 차이를 만들어낼 수 있다. 물론 사람 간의 관계가 역할에 의해 공식적으로 규정되지 않거나 과업과 분명하게 연결되지 않는 경우가 많이 있기는 하지만 공식적인 역할이나 과업이 없이는 어떤 조직도 그 기능을 제대로 수행하지 못한다. 그러나 최고 경영자의 배우자처럼, 조직에서 공식적인 역할을 부여받지 않았더라도 비공식적인 유대관계를 통하여 중요한 역할을 수행할 수 있다.

그러므로 조직의 정체성을 공식적이고 과업과 관련된 측면에서만 정의한다면 조직의 연속성 즉 정체성에 분명 중요한 많은 상호작용을 배제하게 된다. 정체성을 과업과 공식적인 역할의 측면에서만 정의할 때 발생하는 어려움은, 의사소통 상호작용을 거의 전적으로 실체화된 상징을 매개로 해서 이루어지는 것으로 사실상 규정하게 된다는 것이다. 앞에서 지적했듯이 실체화된 상징reified symbols은 명제적 주제로, 즉 추상적-체계적 프레임을 나타내는 절차와 체계로 패턴화된다. 그러나 5장에서 논의했듯이, 의사소통 행위에는 언제나 신체가 포함되며, 따라서 이러한 행위는 실체화된 상징만이 아니라 항상 원서사 주제protonarrative themes와 서사 주제narrative themes로 자기 조직화하는 원초적 상징과 중요한 상징을 동시에 매개로 해서 이루어진다. 다시 말하면 공식적인 것과 비공식적인 것은 의사소통 상호작용의 과정에 있어서 분리될 수 있는 측면이 아니다. 그러므로 정체성을 단지 공식적인 측면에서만 규정하는 것은 적절하지가 않다. 그렇지만 조직의 정체성을 공식적인 것과 비공식적인 것을 망라하는 것으로 규정하게 되면 조직의 경계라는 개념이 문제가 된다. 왜냐하면 비공식적인 관계와 관례들이 너무 많은 방향으로 확장되기 때문이다. 또한 모든 비공식적 관계와 관례들을 조직의 경계 안에 포함시킬 수 있는 것인가 하는 문제도 있다. 대부분의 사람들은 자기들 조직이 합법적이지 않거나 비윤리적인 관례에 의해 규정되는 것을 원치 않을 것이다. 따라서 정체성과 경계를 이런 공식적-비공식적이라는 측면에서 구분하여 규정하는 것은 문제가 있다. 그렇다면 이와 달리 어떤 구분이 가능할까?

의식적인 것과 무의식적인 것

조직에 연속성을 부여하는 정체성은 사람들이 목적의식을 가지고 무엇인가를 함께 할 때 의식적으로 하느냐 아니면 무의식적으로 하느냐의 차이라는 측면에서 규정할 수도 있다. 가령 7장에서는 사회나 집단 혹은 대화에 있어서의 무의식이라는 개념을 분석하면서, 일반적으로 사람들은 의사소통 상호작용을 패턴화하는 형식적 명제 형태의 주제를 의식하지만, 상당히 사려 깊은 사람들은 흔히 서사 주제narrative themes와 원서사 주제protonarrative themes를 상당 부분 알고 있다는 점을 지적한 바 있다. 그러나 후자의 경우 대부분 무의식적일 가능성이 있으며 의식에 노출되는 것을 막는 다른 주제들과 관련되어 있을 수 있다.

가령 7장에서는 무의식적으로 권력관계와 포함 및 배제의 역동성을 유지하는 이념적 주제에 대해 언급한 바 있다. 사람들은 보통 누가 '안'에 있고 '밖'에 있는지를 알고 있지만, 이러한 범주화에 부합하는 목적, 즉 기존 권력관계를 유지하는 목적은 인식하지 못하는 수가 있다. 여기서 이념 자체는 의식할 수 있지만 이념의 의심스러운 바탕은 무의식적으로 성찰의 대상에서 제외된다. 사실 언어의 범주화와 논리적 절차 자체가 어떤 차이점은 드러내지만 결국에는 자의적으로 다른 차이점은 은폐할 수가 있다. 차이는 의식적일 수 있지만 그 차이가 은폐하는 것은 무의식적일 수 있다. 정체성을 규정하는 행위 자체가 그 정체성 안에서 어떤 차이는 은폐하고 외부에 있는 것과의 차이는 강조하는 것 같다. 이것이 궁극적으로 정체성과 이질성의 구별을 문제로 만드는 것이며 인간 집단의 경계가 이렇게 모호하고 불분명한 이유이기도 하다.

조직의 공식적인 정체성은 의식적인 것이 될 가능성이 크며 이는 많은 비공식적인 관계에도 동일하게 적용된다. 따라서 정체성의 정의를 의식적인 의사소통 상호작용으로 전환하면 여기에 비공식적인 관계와 의식적인 관행들이 포함되기 때문에 정체성의 범위가 넓어진다. 그러나 정체성을 유지하는 데 있어서 매우 중요한 과정이 단지 의식적이 아니란 이유로 인해 배제되기 때문에 이렇게 하는 것에는 여전히 문제가 남아 있다. 조직이 무언인지를 이해하려고 하면 의식적인 주제와 무의식적인 주제는 둘 다 중요하다. 그렇다면 조직의 경계선을 긋는 데 있어서 이외에 어떤 다른 구분이 가능한가?

합법적인 것(legitimate)과 비공개적인 것(shadow)

또 하나의 가능성은 조직 전체의 차원에서 합법적인 것으로 여겨지는 관계와 관행의 측면에서 조직의 정체성을 규정하는 것이다. 여기서 합법적이라는 것은 공공연히 수행할 수 있는 의사소통 상호작용을 의미한다. 이때 차이는 두 가지 형태로 나타난다. 첫째는 위법적이거나 불법적인 주제이다. 둘째는 위법적이거나 불법적인 주제는 아니지만 의식적이거나 무의식적으로 드러내놓고 행동에 옮기기는 부적절한 주제이다. 나는 의사소통 상호작용을 패턴화하는 이 후자를 일컬어 '비공개적 주제shadow themes'라 명명한 바 있다.[*89] 비공개적 주제는 가십[*90]이나 기괴스러운 것, 즉 패러디에서의 유머와 축제에서의 조롱[*91] 같은 형태를 띠며 보통 소규모 신뢰 집단에서만 자유롭게 표현된다.

의사소통 상호작용을 패턴화하는 합법적인 주제의 측면에서 정의된 정체성에는 공식적, 비공식적 주제가 모두 포함되는데, 이런 주제는 가

[*89] Stacey, 1993, 2000.
[*90] Elias and Scotson, 1994.
[*91] Bhaktin, 1986.

령 권력관계의 제약과 이런 제약을 자연스러운 것으로 받아들이게 하는 이념과 관련되어 있다. 이러한 주제들은 의식적인 것이 될 가능성이 있다. 그러나 이념의 자의성과 권력의 차이를 유지시키기 위해 동원되는 수단들은 무의식적일 수 있다. 이러한 주제들 가운데는 합법적인 것, 즉 드러내놓고 표현할 수 있는 것들도 있지만 소집단에서만 표현되는 비공개적인 주제일 가능성이 있는 것들도 많다. 이것은 바흐친Bhaktin이 말한 '비공식적인 이념'*92의 개념과 매우 유사하다.

그러나 정체성은 합법적인 것이고 이질성은 비공개적인 것이라고 한다면, 이는 조직의 정체성이 유지되는 방식에 중요한 영향을 미치는 비공개적인 관계와 활동들을 배제하고서 조직의 정체성을 정의하고 있는 것이다.

경계와 관련된 문제

경계라는 측면에서 조직의 정체성과 이질성을 구분하려는 모든 노력은 실패한다. 왜냐하면 이러한 노력은 조직의 정체성을 유지하는 데 중요한 과정을 다른 것으로 배제하는 결과로 이어지기 때문이다. 이는 인간의 행동을 경계의 측면에서 접근하는 것이 적절하지 않음을 시사한다. 경계의 개념은 시스템 사고의 핵심이다. 하나의 시스템을 정의하려고 하면 이를 다른 시스템 및 환경과 구분하는 경계를 규정하는 것이 필수적이기 때문이다. 여기서 경계의 개념은 기본적으로 시간적인 측면이 아닌 공간적인 메타포이다. 시스템 사고에서 벗어나 앞의 네 장에서 논의한 과정적 사고로 전환하게 되면 '경계'라는 개념은 설 자리를 잃게

---

*92 Ibid.

된다. 과정은 기본적으로 움직임에 관한 것이고 이 움직임에는 시간과 공간의 측면이 모두 관련되어 있지만 경계와는 무관하기 때문이다. 생생한 움직임으로서의 과정에는 시간과 관련된 프랙탈 패턴이 있으며 여기서 무엇이 안에 있고 밖에 있는지를 따지는 것은 의미가 없다(3장 참조).

그렇다면 과정의 측면에서 정체성과 이질성에 관해 어떻게 접근할 것인가가 문제로 떠오른다. 과정의 측면에서 볼 때 정체성은 손에 잡히는 것이 아니며 근본적으로 알려진 것known과 모르는 것unknown이 혼재되어 있는 역설적인 운동paradoxical movement이기 때문에 '그것it'을 콕 집어 이해하는 것은 불가능하다. 그렇지만 '그것'은 매우 중요하다. 사회, 조직, 집단, 그리고 개인은 항상 정체성을 추구하지만 결코 이를 소유하지는 못한다. 정체성은 근본적으로 사물이 아니라 하나의 과정으로서 살아 있는 현재에서 끊임없이 반복되고 잠재적으로 변형되는 것이기 때문이다. 따라서 사회, 집단 혹은 개인에 대해서 명확한 경계선을 긋는 것은 불가능하다는 결론이 된다. 나는 공식–비공식, 의식–무의식, 그리고 합법적인 것–비공개적인 것의 구분을 경계의 측면에서 생각하지 않으며, 이 구분은 조직 내 의사소통 과정의 여러 흐름을 성찰하는 데 유용하다고 본다. 나는 조직의 외부에 있으면서 특정한 구분 기준에 따라 경계선을 설정하려는 것이 아니다. 내가 말하고자 하는 요점인즉 이러한 구분은 과정으로서의 조직의 움직임, 즉 우리가 참여하고 있는 의사소통 상호작용의 움직임을 명확히 밝히고 해석하는 방식과 관련이 있다는 것이다. 이 구분은 그어진 경계선의 안쪽에서 혹은 바깥에서 파악될 수 있는 하나의 실체가 아니라, 정체성(지속성)과 이질성(자연발생적 다양성)이라는 프랙탈 과정에 주목하게 하는 방식일 뿐이다. 만일 경계선을 굿는다면 그 경계선은 확실한 무엇이 되어 더 이상의 생각을 닫아버릴 것이다. 그러나 다양한 방식으로 의사소통 행위의 움직임에 주의를 기울인다면 사고는 계속 진전될 것이다.

나는 함께 하는 경험을 패턴화하는 주제와 같은 의사소통 행위의 움직임에 주목하는 5가지 방식을 다음과 같이 구분하고자 한다.

- 공식적–의식적–합법적
- 비공식적–의식적–합법적
- 비공식적–무의식적–합법적
- 비공식적–의식적–비공개적
- 비공식적–무의식적–비공개적

나는 이 다섯 가지가 의사소통 행위를 범주화하기 위해 활용할 범주라고 주장하는 것이 아님을 강조하고자 한다. 내가 말하고자 하는 바는 이 다섯 가지 범주가 의사소통 상호작용을 사려 깊게 논의하기 위해 하나의 과정이 드러내는 다양한 측면들에 주목한다는 사실이다.

몇 가지 사례

최근 한 다국적 기업의 자회사 상무 이사들을 대상으로 한 회의에 참석한 바 있다. 우리는 회사가 직면하고 있는 주요 전략적 문제들을 확인하고 조사하기 위하여 최고 경영자의 초대를 받아 함께 모였다. 최고 경영자와 그의 기획 담당자는 사전 미팅을 했다. 기획안에는 계층 구조와 관료주의가 반영되어 있었는데, 이 계층 구조와 관료주의 또한 하나의 설계도로서 공식적 권력의 자리에 있는 사람들이 사전에 결정한 것을 실행하는 것이었다.

그들은 여러 시장 부문에서 진행되고 있는 최근의 시장 개발과 매출 및 수익실적에 관하여 대화를 시작했다. 그들이 서로 주고받는 진술들에 주목해 보니 거기에는 서사와 관련된 일화들이 군데군데 섞여 있었다. 예를 들어 최고 경영자의 반응을 가늠하기 위해 자주 그를 쳐다보는 모습에서 그들이 애지중지하는 절차와 위계질서를 확인할 수 있었다. 나는 그들의 대화 순서가 적어도 처음에는 공식적인 권력관계에 의해 정해지는 모양새를 지켜봤다. 이제 그 경험담을 독자들에게 들려주면서 그때의 의사소통 상호작용에는 공식적–의식적–합법적 측면이 있었다고 말하고 싶다. 나는 그 회의에 참석하여 그들이 말하는 것을 일부러 공식적–의식적 합법적이라고 불리는 범주에 넣지 않았다. 나는 도움이 되는 방향으로 참여하기 위해 주의를 기울였기 때문에 대개는 의사소통 상호작용을 이런 추상적인 범주에 집어넣을 시간이 없었다. 그렇지만 이제 와서 돌이켜 보면 전 과정을 이해하기 위해서는 이러한 특정 주제에 관해 대화하는 것이 유용할 수도 있겠다는 생각이 든다.

이 회의에서 겪었던 경험에 대해 계속 이야기해 보려고 한다. 나는 방금 설명한 것과 다른 방식으로 진행되는 것에 주목할 수 있었다. 예를 들면 나는 보다 젊은 후배 상무이사 한 사람이 주도적인 역할을 맡는 것을 눈여겨봤다. 그러나 그것이 명백한 권력 구조 혹은 공식적인 이념을 위협한 것은 아니었다. 그가 이런 역할을 수행할 때 나는 대화의 전환이 어떻게 패턴화 되는지를 목격했다. 그것은 참석자들의 개인적인 권한과 설득력에 있어서 비공식적이기는 하지만 의식적이고 합법적인 차이로 인한 패턴화였다. 당시 나는 우리의 경험이 앞에서 언급한 공식적, 의식적, 합법적인 주제들에 의해서 패턴화 될 때 비공식적, 무의식적, 합법적인 주제들이 함께 하는 우리의 경험을 패턴화하는 것에도 관심을 가지고 있었다.

이와 동시에 나는 어떻게 이 젊은 상무이사가 한 여성 동료의 모든 개입을 일축하는지에 주목했다. 비록 그 자신은 잘 인식하지 못할 수도 있겠지만 그가 주도권을 잡은 것은, 다른 남성 동료도 공유하고 있는 것으로 보이는 남성 우월성에 대한 무의식적인 태도와 관련이 있을 수도 있다고 생각했다. 우리가 함께 하는 경험은 앞서 지적한 다른 주제들에 의해 패턴화 될 때 비공식적-무의식적-합법적인 주제들에 의해서도 패턴화되고 있는 것이다.

또한 나는 그 젊은 상무이사가 주도적으로 일을 처리하는 동안 다른 이들이 어떻게 하는지를 눈여겨보았다. 내가 보기에 세 명의 동료들은 공모하는 눈길을 서로 교환했다. 나는 이것이 그 젊은 상무이사의 제안을 폄하하려는 의도와 그의 제안에 아무 말도 하지 않겠다는 공모를 드러내는 것이 아닌가 생각했다. 그러므로 의사소통 상호작용은 공식적-의식적-합법적 명제와 비공식적-의식적/무의식적-합법적 주제에 의해 패턴화되지만 동시에 비공식적-의식적, 비공개적 주제에 의해서도 패턴화된다. 비공개적 주제라 함은 드러내놓고 표명하지 않는다는 것을 뜻한다. 그렇다. 사실 이를 표명하는 것은 떳떳한 일이 못 될 것이다. 이것들이 비공개적 주제라는 사실은 합법적인 주제를 심각하게 폄하할 가능성을 열어놓는다.

나는 세 사람이 의견 불일치를 소리 없이 서로에게 알리는 행위와 또 젊은 상무이사의 제안을 무시하는 다른 동료들과의 공모 가능성은, 그들이 최고 경영자를 두려워한다는 것과, 젊은 상무이사가 최고 경영자의 총애를 받는 것을 안다는 것, 혹은 그럴 것이라는 환상을 갖는 것과 관련이 있지 않을까 하는 생각이 들기 시작했다. 나의 추론에 나름의 일리가 있다면 이는 우리가 함께 하는 경험이 비공식적, 무의식적, 비공개적 주제에 의해서도 패턴화되고 있다는 의미일 것이다. 우리는 무의식적으로 하위 집단을 '우리'와 '그들'로 구분하는 것 같다. 여기에 주목하게 되자 내가 참여했던 의사소통 상호작용에 관해 더 잘 이해하기 시작했다. 이런 접근방법이 내가 보다 더 생산적으로 참여하는 데 도움이 되었으면 한다.

다시 한 번 말하거니와 나는 사람들의 경험을 담아내는 또 다른 일련의 범주를 제시하는 것이 아니다. 나는 이런 일을 하지 않을 것이며 다른 누군가 해야 한다고 권하지도 않는다. 이 책에서 이러한 범주를 사용하는 것은 의사소통 상호작용 행위가 어떻게 이런 상호작용을 패턴화하는지에 관한 나의 생각을 일반적인 용어로 설명하기 위한 것일 뿐이다. 나는 사람들과 일을 할 때 추상적인 범주로 생각하지 않으며, 내가 참여하고 있는 일에 대하여, 그리고 다른 사람들과 내가 어떤 방식으로 이런 일을 하고 있는지에 대하여 다양한 방식으로 관심을 기울인다. 추상적인 범주를 가지고 경험을 설명하는 일은 나중에 할 수도 있다.

2. 살아있는 현재에서의 복잡반응과정

〈그림 8.1〉은 지금까지 설명한 복잡반응과정의 여러 측면들을 요약해서 보여주고 있다. 이는 상징을 매개로 시간의 경과에 따라 진행되는 상호작용의 과정으로, 이 과정은 의사소통 행위를 통해서 여러가지 주제로 스스로를 패턴화한다. 이러한 주제들은 여러 측면에서 상호작용을 통하여 끊임없이 반복되고 또 잠재적으로 변형된다. 또한 이 주제들

은 활성화하는 제약조건으로서 창발적으로 생성되며, 이러한 제약조건 속에서 개인과 집단의 정체성과 이질성은 연속성과 잠재적 변형의 모습으로 끊임없이 구성된다.

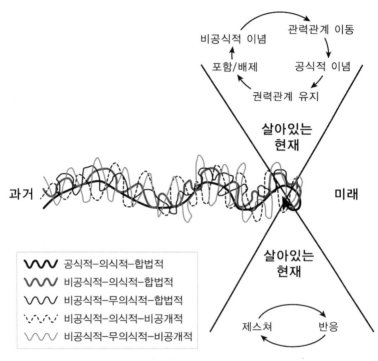

그림 8.1 경험을 패턴화하는 주제로서의 조직

〈그림 8.1〉은 과거에서 현재로 흐르는 주제의 시간적 변이 과정을 묘사하고 있으며, 여러 측면의 주제는 각기 다른 선으로 표시하고 있다. 이것은 의사소통 상호작용에서 나타나는 프랙탈 과정의 본질을 표현하려는 것이며 의사소통 상호작용의 제반 측면들이 이러한 흐름에 동시에 존재한다는 것을 의미한다. 현재는 살아있는 것으로 묘사되는데 이는 현재가 단지 과거와 미래를 분리하는 특정 시점이 아니라 의사소통 상

호작용의 시간적 구조temporal structure를 가지고 있음을 의미한다. 이 시간적 구조는 상징을 매개로 살아 움직이는 제스처-반응의 형태를 취하며 이러한 상징을 통하여 의미가 생성되지만 이는 단지 제스처를 통해서만이 아니라 전체 사회적 행위 속에서 이루어진다. 4장과 5장에서는 대화 순서 주고받기 과정을 다소 상세하게 살펴보았으며 6장에서는 이러한 과정이 어떻게 서사와 명제적 주제로 패턴화 되는지, 그리고 이것이 어떻게 신체적 상호작용을 통한 의사소통을 통해 형성됨과 동시에 이러한 의사소통을 형성하는 요인으로 작용하면서 역사적 흔적을 남기는지를 설명한 바 있다. 이 그림은 현재가 열려 있되 과거 및 미래와 긴밀하게 연결되어 있음을 나타낸다. 이것이 공식적 이념의 주제로 패턴화되는 의사소통 행위가 현재의 권력관계를 유지함으로써 포용과 배제의 역동성을 불러일으키는 방식이다. 그런데 이 포용과 배제는 공식적 이념에 도전하는 비공식적 이념의 진화와 관련이 있다. 이 문제는 7장에서 다룬 바 있다.

미래는 이렇게 살아있는 현재living present*93에서 끊임없이 구성된다. 미드*94는 '최소한의 기간specious present'*95 혹은 '형성 중인 현재forming present'라는 용어를 사용했는데, 이는 형성되면서 동시에 형성하는 시간의 구조를 가리키는 것이며, 과거와 미래를 현재의 경험에 포함되는 것

---

*93 저자가 수시로 언급하는 'living present'란 용어는 후설이 사용한 것으로, 현재를 과거와 미래로 이어지는 하나의 연결선 상으로 이해하는 관점이다. 다시 말하면 현재는 과거지향과 미래지향이 함께 지평으로서 연결되어 있으며 과거의 역사성을 포함하는 것으로서 이해하는 것이다.

*94 Mead, 1938.

*95 변화 및 지속이 직접적으로 경험된다고 여겨지는 짧은 시간적 길이(옮긴이). 예: "the short duration of which we are immediately and incessantly sensible(William James)", "the temporal equivalent of a sensory datum(C.D,. Broad)".

으로 이해하는 것이다. 후설*96이 지속적인 가능성의 의미로 '살아있는 현재living present', 그리고 맥락context의 의미로 '생활 세계life world'라는 용어를 사용했을 때 이 역시 동일한 시간적 구조를 말한 것이다. 비트겐슈타인*97은 동일한 개념을 일상의 '배경background' 혹은 '삶의 형식hurly-burly'*98으로 표현한 바 있고 일상에서의 평범한 대화를 강조한 쇼터*99에서도 동일한 생각을 확인할 수 있다. 조직이 어떻게 진화하는지 제대로 이해하려면 이와 같이 살아 있는 현재에 집중함으로써 무엇보다도 일상적인 평범한 의사소통 상호작용의 구성적 역할을 확실히 알아야 한다. 〈그림 8.1〉에서는 대화의 순서를 주고받는 제스처-반응의 구조 속에서 사람들이 서로 협상을 하고 다음에 취할 자신의 행위를 설명하는 과정을 묘사하고 있다. 이 그림은 또한 이러한 과정이 어떻게 일상의 권력관계를 유지함과 동시에 변화시키고 있는지도 보여주고 있다.

살아 있는 현재에서 의사소통 상호작용과 관련하여 지적해야 할 중요한 점이 두 가지 더 있다. 첫째, 의사소통 상호작용은 국지적local인 행위이다. 의사소통은 특정한 시간에 특정한 상황에서 이루어지는 타인과의 신체적 행위로 이루어져 있다. 의사소통을 패턴화하는 주제는 상호작용하는 사람들과 직접 관련된 주제이기 때문에 사람들은 전체적인 global 상황에서 생각할 수 있는 주제보다는 사람들 사이의 국지적인 상호작용에서 나타나는 주제에 주목하게 된다. 조직이나 사회에 관해 어떠한 거창한 주제를 논의한다 하더라도 그 주제는 살아 있는 현재에서

---

*96 Husserl, 1960.
*97 Wittgenstein, 1980.
*98 '삶의 형식(forms of life)'이란 개념은 후기 비트겐슈타인 철학의 핵심 개념으로, 인간이 서로 소통할 수 있는 기본 바탕을 의미한다고 볼 수 있다. 'background', 'streams of life,' 'hurly-burly, 'forms of life'를 동일한 맥락에서 사용하고 있다(옮긴이).
*99 Shotter, 1993.

의 국지적인 상호작용에서 표현될 때 비로소 현실성^{reality}을 지니게 된

다. 대화의 주제는 신체적 상호작용의 바깥에 '존재'하는 것이 아니기 때문에 신체적 상호작용은 국지적일 수밖에 없다. 둘째, 사람들은 살아 있는 현재에서 진행되는 국지적 상호작용에서 고도로 세련된 의사소통의 도구를 활용할 수 있으며 그중에는 전체적인 체계의 형태를 취하는 것들도 있는데 이들은 국지적 상호작용에 강력한 영향을 미친다. 이 국지적 상황과 의사소통의 도구에 관한 문제는 이 장의 뒷부분에서 다시 다룰 것이다. 그에 앞서 〈그림 8.1〉에서 언급하고 있는 주제의 성격에 대해서 몇 가지 점을 지적하고자 한다.

의사소통 상호작용을 패턴화하는 주제들

가장 분명한 주제는 공식적인 이념을 공식적-의식적-합법적 주제로 반영하는 주제들이다. 이는 놀라운 일이 아니다. 이러한 주제들은 조직에서 위계적으로 규정된 역할과 정책, 절차, 계획, 도구로서의 정보와 통제 체제, 테크놀로지를 활용하는 방식일 뿐만 아니라 조직에서 공식적으로 천명된 비전과 가치 및 문화이기도 하다. 이 모든 것들은 현존하는 권력관계를 유지하며 대개는 이것이 그 존재 이유이다. 물론 때로는 약자 우대와 같은 적극적인 차등에 의해 권력관계를 변화시키기 위한 정책이 공식적인 이념에 포함될 수도 있다는 것을 부정하지는 않는다. 그러나 이와 같은 공식적이고 의식적, 합법적 주제만으로는 조직이 제대로 기능하는데 충분하지 않다는 것은 잘 알려진 사실이며 비공식적, 의식적, 합법적인 주제들이 의사소통 상호작용을 패턴화한다는 사실도 널리 인정되고 있다. 의사소통을 패턴화하는 문화적 주제들이 의식의 저변에 많이 깔려 있기 때문에 비공식적이고 무의식적, 합법적 주

제들 또한 중요한 역할을 한다. 지금까지 논의한 의사소통 상호작용의 측면들은 〈그림 8.1〉에 실선으로 표시되어 있다. 이러한 주제들은 개인적 습관과 사회적 관습 및 전통을 통하여 최소한의 변화를 수반하면서 끊임없이 반복된다. 이것이 내가 제안하는 접근방식에서 본 제도화의 의미이다.

그러나 이렇게 주제를 패턴화하는, 일반적으로 제도화된 구성 형태 configuration와 이러한 주제들이 나타내는 공식적인 이념, 또 이런 주제들로 인해 지탱되는 현재의 권력관계, 이 모든 것들은 분명 과거의 어느 시점에서 다른 구성 형태의 변화로부터 발생했을 것이다. 지금의 형태도 아마 언젠가는 변화될 수 있고 아니면 노력을 했지만 그대로일 수도 있다. 말하자면 의사소통 상호작용과 관련한 주제의 패턴이 변화할 때 권력관계는 변화하기도 하고 변화에 실패하기도 한다. 조직의 변화는 곧 권력관계의 변화이며 관계 형성을 둘러싸고 대립하는 제약조건 conflicting constraints의 변화, 의사소통 상호작용의 변화, 그리고 함께 하는 경험을 패턴화하는 의사소통 주제의 변화이다. 그렇다면 이러한 변화는 어떻게 발생하는가? 〈그림 8.1〉에서는 변화와 관련해서 주제를 패턴화하는 다른 중요한 구성 형태들(점선으로 표현한 것—옮긴이)을 보여주고 있다.

사람들은 조직 내에서 함께 하는 경험이 앞서 언급한 합법적 주제로 패턴화 될 때 비공식적 주제, 의식적/무의식적 주제, 비공개적 주제로도 패턴화되는 방식으로 살아 있는 현재에서 상호작용한다. 이러한 주제들에는 자연 발생적이라는 특성이 있으며, 그 가운데는 비공식적인 (의식적이건 무의식적이건) 이념을 반영하는 것들도 많이 있다. 이런 비공식적인 이념들은 공식적인 이념을 훼손함으로써 권력관계를 변화시킬 수도 있다. 이러한 권력관계의 변화는 공식적, 의식적, 합법적인 주제의 창발적 변화에 반영된다. 이런 주제들은 하나의 실체로서 어딘 가에 축적되는 것이 아니며 살아 있는 현재에서 사람들이 계속하여 관계를 형성해 나가는 과정에서 끊임없이 반복되면서 또한 잠재적으로 변형된다는 점을 기억할 필요가 있다. 공식적-의식적-합법적인 주제라고 해서 모두 동일하게 의도되고 설계된 것은 아니며, 비공식적 주제, 무의식적 주제, 비공개적 주제라 해서 모두 자기조직화 하는 것이거나 창발적인 것도 아니다. 이 모든 것은 끊임없이 반복되고 잠재적으로 변형되는 의사소통 상호작용에서 나타나는 자기조직화 과정의 양상들이며 여기서는 의도와 계획도 그 자체 주제가 된다. 모든 구성 형태의 주제들은 공식적 가시성public visibility과 유연성의 측면에서는 다르지만 질적으로 다른 것은 아니기 때문에 현실적으로는 분리될 수 없다. 그렇다면 이론적으로 이들을 구분하는 이유는 무엇인가?

갈등

경험을 패턴화하는 주제들은 동일한 상징적 상호작용 과정에서 불가분의 관계에 있는 여러 측면들이 동시에 얽혀 나타나는 것이기는 하지만 이들은 서로 모순되거나 갈등하는 경우가 종종 있다. 그러므로 이런 다양한 측면의 주제들을 구분해서 살펴보는 것이 중요하다고 생각한다. 사실, 이런 주제들은 전적으로 다른 목적에 도움이 될 때가 많다. 합법적인 주제들은, 공식적이건 비공식적이건, 아니면 의식적이건 무의식적이건, 다분히 습관적이다. 이러한 주제들은 이전의 의사소통 상호작용에서 생성된 것들이며 살아 있는 현재에서의 의사소통 상호작용을 통하여 거의 변하지 않고 반복된다. 이들은 안정적이며 대체로 지속적이다. 이들은 공식적인 이념을 반영하여 현재의 권력관계를 유지하게 한다는 점에서 변화에 제약을 가한다. 이러한 제약을 통해서 합법적인 주제들은 공동행동을 반복할 수 있게 한다. 의식적이건 무의식적이건 비공개적인(항상 비공식적인) 주제들은 훨씬 우발적이고 비공식적인 이념을 반영하며 이런 이념은 현재의 권력관계를 유지하기도 하고 위협하기도 한다. 예를 들면 공식적 이념은 기회균등 정책을 지지하지만 비공식적 이념은 여성과 소수자에 대한 지속적인 차별을 자연스러운 것으로 지각하도록 함으로써 현재의 권력관계를 유지할 수 있다. 반대로 비공개적인 주제는 은연 중 공식적 이념을 폄하하는 비공식적 이념을 표방함으로써 현재의 권력관계를 위협할 수 있다. 비공개적 주제와 합법적 주제 간에 이러한 잠재적 갈등이 있기 때문에 변화의 가능성이 열린다. 왜냐하면 변화를 위해서는 항상 권력관계에, 즉 현재의 동질성에 모종의 변화가 있어야하기 때문이다.

따라서 의사소통 상호작용의 흐름에는 전체적으로 조화에 어긋나는 면이 어느 정도 있으며, 살아 있는 현재에는 조화와 협력만이 아니라 갈등과 경쟁도 존재한다. 사실 이러한 역설이 없다면 변화도 없을 것이다. 〈그림 8.1〉에서는 의사소통 상호작용에 있어서 분리할 수 없는 주제들의 흐름을 일부러 너저분하게 묘사하고 있다. 과거를 돌이켜보거나 미래를 예측할 때 의사소통에 어떤 주제들이 관여하고 있는지, 그것들이 상호보완적인지, 모순적인지, 어떻게 서로 연결되어 있는지를 명확히 판가름하고 충분히 설명할 수 있는 사람은 아무도 없다. 모든 설명은 살아 있는 현재에서의 해석 행위이며 이는 살아 있는 현재에서 이루어지는 의사소통 상호작용의 일부이다. 살아 있는 현재에서 이루어지는 각각의 해석 행위는 과거를 재구성하면서 그 의미를 잠재적으로 변화시킨다. 더구나 특정한 국지적 상황인 살아 있는 현재에서 이루어지는 의사소통 상호작용 과정에서 모든 주제를 명확히 판가름하고 설명할 수 있는 사람은 아무도 없다. 모든 해석은 진행되는 제스처-반응의 흐름 속에서 이루어지는 또 하나의 제스처인 것이다. 또한 조직이나 기업 혹은 사회 전반에 걸쳐 상호 작용하는 모든 주제를 명확히 판가름하는 것은 훨씬 더 어렵다. 다시 한 번 말하거니와 이를 위한 모든 시도는 단지 살아 있는 현재에서 이루어지는 국지적인 해석일 뿐이다.

그럼에도 불구하고 매우 많은 국지적 상황에 걸쳐 진행되는 상당히 복잡한 의사소통 상호작용의 과정에서 일관성이 생성된다. 이는 스스로를 일관성 있게 패턴화하는 자기조직화 상호작용의 내적 역량에 기인하는 것이다. 이것이 가능하다는 사실은 4장에서 언급한 몇몇 복잡성 과학의 연구로 입증된다. 그러나 이러한 일관성의 패턴은 미리 예측할 수 있는 것이 아니며 여기에는 파괴와 창조 및 안정성과 불안정성이 모두 요구된다. 복잡성 과학으로부터의 비유를 통하여 의사소통 상호작용을 안정시키는 특징과 관련된 더 많은 통찰을 얻을 수 있다.

클러스터링의 안정 효과 : 복잡성 과학의 비유

복잡계에 관한 카우프만Kauffman의 시뮬레이션에서 인간의 상호작용에 대한 비유의 증거를 얻을 수 있을 것이다.[*100] 그의 시뮬레이션에서는 복잡계를 구성하는 행위자 간 연결의 수가 시스템의 역동성을 결정한다는 것을 보여준다. 행위자 간 연결의 수가 적으면 안정적인 형태, 즉 반복성이 강한 행동 패턴을 보인다. 그 이유는 연결의 수가 적으면 행위자들이 서로를 제약하는 것이 거의 없기 때문이다. 반대로 연결의

[*100] Kauffman, 107.

복잡계의 새로운 접근 : 복잡반응과정

수가 많으면 서로 대립하는 제약조건들을 많이 부과하기 때문에 역동성이 매우 불안정해진다. 반면에 연결의 수가 너무 적지도, 많지도 않은 임계치 수준에서는 혼돈의 가장자리에서 역동성이 발생한다. 이것은 너무 안정적이어서 변화의 가능성을 방해하지도 않고 너무 불안정해서 패턴을 파괴하지도 않는 조건이다. 카우프만의 주장에 따르면 살아 있는 시스템은 혼돈의 가장자리에서 진화한다. 왜냐하면 이러한 혼돈의 가장자리에서는 시스템이 반복의 패턴에 갇히거나 불안정성으로 인해 파괴되는 일이 발생하지 않기 때문이다.

또한 카우프만은 '패칭patching'이 이러한 진화에 관여한다고 주장한다. '패칭'은 행위자를 하위 그룹, 즉 클러스터로 조직하는 것인데, 한 '패치patch' 안에서의 행위자 간 연결 수는 많을 수 있지만 다른 '패치'에 있는 행위자와의 연결 수는 적다. 다시 말하면 '패칭'이 시스템 전체에 걸친 연결 수를 줄여 시스템의 안정을 확보함으로써 고도로 불안정한 역동성으로 인한 파괴적 결과를 피하는 경향이 있다. 시스템이 스스로 클러스터로 조직화되는 특성으로 인해 안정화되면서 대립하는 제약조건들의 전체 수를 줄이는 것이다.

카우프만은 때로 매우 복잡하게 얽힌 어려운 문제 해결 계획에 대한 접근방법으로서 패칭을 이야기하기도 하지만, 자발적인 과정으로서의 패칭을 이야기하기도 한다. 후자의 경우 시스템이 자기 조직화해서 '혼돈의 가장자리'에 이를 때 이 연결 클러스터는 클러스터 안에서는 강하게, 다른 클러스터에 대해서는 약하게 형성된다. 패칭을 인간 조직의 비유로 사용하는 것은 후자의 의미이다. 여기서 패칭이란 각각의 행위자 클러스터가 다른 클러스터에 미치는 영향은 대체로 무시하고 다른 클러스터의 활동으로부터는 영향을 크게 받지 않으면서 활동을 추진해 나가는 것을 의미한다. 물론 모든 클러스터의 활동이 더 넓은 범위에서 이루어지는 상호작용의 일부이며 이러한 상호작용에 모든 클러스터의 생존이 걸려 있는 것은 사실이다. 카우프만의 연구에서 흥미로운 것은 아무런 청사진이 없이도 이런 패칭의 배열이 논리적으로 일관성 있고 생명력 있는 패턴을 만들어 낼 가능성을 보여주고 있는 점이다. 이런 식으로 클러스터링하는 상호작용은 더 많은 수의 연결을 유지하고 모든 행위자가 서로에게 미치는 영향을 반영하는 상호작용보다 합리적으로 안정적인 패턴을 생성할 가능성이 더 크다. 따라서 카우프만이 패치의 형태로 자기 조직화하는 추상적 시스템에 대하여 말하고 있는 것은 인간의 상호작용에 대한 비유가 될 수 있다고 본다.

조직에서의 클러스터링

주류 사고의 관점에서 보면 앞의 결론은 직관에 반하는 면이 매우 크다. 조직에서 자신의 일에만 주로 신경 쓰고 조직 전체에 미치는 영향에 무관심한 사람들로 이루어진 집단은 대개 조직을 해친다고 여겨진다. 모두가 자신의 일만 하고 조직 전체에 미치는 영향을 별로 고려하지 않는 사람들로 구성된 집단은 보통 재앙을 부르는 지름길이라고 생각하는 것이다. 시스템 사고에서는 사람들이 전체를 고려하도록 격려하고 그렇게 할 수 있게 시스템 도구를 설계한다. 이는 사실상 연결의 수를 증가시키고 카우프만의 연구에서 보았듯이 실제로 안정성을 해친다. 자신의 일에만 신경 쓰고 다른 일에는 그다지 많은 관심을 갖지 않는 집단들로 이루어진 조직은 모두가 긴밀하게 연결되어 있어서 항상 그들의 행동이 전체에 미치는 영향을 고려하는 집단보다 더 안정적일 것으로 생각된다.[*101] 패칭의 배열은 보다 더 안정적이어서 새로운 질서를 촉발할

복잡계의 새로운 접근 : 복잡반응과정

잠재력을 가지고 있다. 반면에 매우 복잡하게 연결된 배열은 불안정하며 무질서해질 가능성이 있다.

이는 조직에 관한 사고에 중요한 시사점을 준다. 일반적으로 시스템 전체를 아우르도록 정책과 계획을 설계해야 한다고 생각한다. 시스템 사고에서는 사람들로 하여금 그들의 행동이 시스템 전체에 미치는 영향을 고려하도록 조장한다.[102] 시스템 전체 컨설팅에서는 '하나의 방에 시스템 전체the whole system in the room를 갖추고자' 한다.[103] 합당한 사람들이 변화의 주도권을 갖도록 하고 있는가 하는 것이 관심의 대상이 된다. 뭔가 도움이 되기 위해서는 조직 전체에 걸쳐 행동 변화를 추구하는 방향으로 개입해야 한다는 것이다. 프로그램이 효과가 있으려면 프로그램을 정리하고 조직을 축소해야 한다. 이와 같이 조직 전체를 커버하지 않으면 정책과 개입이 그다지 훌륭하지 않다는 생각이 널리 퍼져 있다. '패칭'의 비유는 이와 같은 '시스템 전체'라는 접근방식이 일관성 있는 행동을 불러일으키는 데 불필요할 뿐 아니라 사실상 안정을 해치며 오히려 모순된 결과를 초래한다는 것을 말해주고 있다.

사람 사이의 의사소통 상호작용 과정을 제도화하는 것은 패칭 혹은 클러스터링의 일종이며 이는 복잡성 과학자들이 말하는 추상적 모형에서의 패칭과 같은 목적을 수행한다고 생각한다. 함께 하는 경험을 조직하는 제도적인 주제는 공식적–의식적–합법적 형태를 취하며 사람들 사이의 관계를 제약하기 때문에 상호작용 과정을 안정적인 패턴으로 이끈다. 조직에서 위계적인 보고 구조는 사람 간의 연결 수를 줄이는 클러

---

[101] Bently, 2000.
[102] Senge, 1990.
[103] Owen, 1992; Weisbord and Janoff, 1995; Prat et al., 1999.

스터의 형태를 지니기 때문에 일종의 패치로 볼 수 있다. 위계적인 구조에서 사람들은 주로 직속상관하고 상호작용을 하며 이 상관 또한 위계구조에서 자기 윗사람하고 상호작용을 한다. 이는 분명 연결의 수를 축소한다. 위계와 습관, 관습, 전통을 만들게 되면 잠재적으로 대립하는 많은 제약조건들을, 공동행동을 지속하기 위해 소수의 제약조건들로 대체한다. 현재의 권력관계가 이런 방식으로 유지되면 안정성이 나타난다. 여기서 사회 구조와 문화, 관료적 절차 및 위계적 배치 등은 의사소통 상호작용의 자기 조직적 과정에서 나타나는 일종의 패칭, 흔히는 의도 혹은 설계도로 생각할 수 있다. 이것이 위계에 대해서 단지 설계된 구조로 규정하는 일반적인 방식보다 더 포괄적으로 접근하는 방식이다. 더 포괄적인 접근 방식은 위계구조와 위계구조에 대한 결정을 폭넓은 의사소통의 과정에 포함시키는 것이다. 그러나 카우프만의 주장과는 달리, 조직은 패치로 설계할 필요가 없다고 생각한다. 왜냐하면 인간 조직은 자발적으로 창발적인 패칭을 만들기 때문이다. 사회 구조, 위계, 습관 등이 이런 패칭이라고 할 수 있다.

패칭은 함께 하는 경험을 조직하는 주제들을 제도화함으로써(위계와 습관, 관습, 전통 등을 만드는 것—옮긴이) 연결의 수를 줄이는 데 반해 의사소통 상호작용 과정의 다른 측면은 정반대의 결과를 낳는다. 예를 들어 비공식적-의식적/무의식적-비공개적 주제에 의해 조직화된 의사소통 상호작용은 훨씬 더 빨리 하위 집단들 간의 연결 수를 증가시키는 경향이 있다. 두 유형의 주제들이 하나의 의사소통 상호작용 과정에서 상반된 흐름이 되어 어느 한쪽이 지나치게 우세하지 않을 경우, 살아 있는 현재에서의 의사소통 상호작용은 '혼돈의 가장자리'에서와 유사한 속성을 지닐 가능성이 많다. 공식적-의식적-합법적 주제의 경우 공식적으로 눈에 띌

가능성은 높고 변동의 가능성은 낮다. 이는 변화 과정에서 충분한 안정성을 유지하는 것과 관련된 중요한 목적에 부합하며, 그 기저에는 의사소통 과정에 있어서의 클러스터링 효과가 있다. 이러한 주장은 위계 구조를 축소하거나 없애기 위하여 조직을 웹과 네트워크로 설계하는 것과 관련된 처방에 시사점을 준다. 이러한 처방은 창발에 도움이 되지 않는 방법으로 조직을 불안정하게 할 수 있다.

패칭의 비유는, 사회적 과정이란 것이 의사소통 상호작용을 강한 연결 클러스터로 패턴화한 것이며 다른 클러스터와의 연결 강도는 훨씬 약하다는 것을 시사한다. 제도나 조직은 이와 같이 강한 연결 클러스터에 의해 구성되며 이렇게 구성된 제도나 조직은 강한 연결 클러스터로 패턴화되지만 가령, 조직 내부에서 조직의 하위 부서라든가 프로젝트 팀 같은 다른 클러스터와는 상대적으로 약하게 연결된다. 이는 연결 수 및 이에 따른 대립하는 제약조건의 수를 감소시킨다는 점에서 기본적으로 안정화 과정으로 이해할 수 있다. 이렇게 함으로써 긴밀하게 연결된 클러스터는 클러스터 내부와 클러스터 사이의 권력 차이를 공고히 하여 클러스터 내부 및 클러스터 간 권력의 차이를 모두 제약하지만 다른 클러스터와 연결이 긴밀할 경우보다 조직을 덜 불안정하게 한다. 강한 연결은 습관의 형태를 취한다. 이렇게 해서 출현하는 강력한 제도와 조직은 사람들에게 개방되어 있는 선택을 제약하기는 하지만 대규모 집단의 사람들을 망라하는 연결을 항상 고려하는 제도나 조직보다는 제약이 덜하다.

그러나 함께 하는 경험을 조직하는 공식적-의식적-합법적 주제는 이러한 조직 과정의 한 측면일 뿐이다. 경험은 이러한 주제에 의해서도 패턴화되지만 동시에, 예를 들면, 비공식적-무의식적-비공개적 주제에 의해서도 패턴화된다. 후자의 주제들 역시 조직에서 사람들이 비공식적인 압력 단체로 조직될 때 패칭 과정을 드러내며, 때로는 사람들 사이의 유동적인 의사소통을 보여주는데 이러한 의사소통은 제도화된 주제에 의해 억제되는 경향이 있다. 이러한 압력 단체와 비공개적인 주제는 흔히 제도화된 주제와 대립하는데, 이러한 두 종류의 주제 간에 존재하는 긴장과 갈등으로 인해 제도화된 주제에 변화가 일어난다. 복잡적응시스템 이론에서 도출한 이러한 비유는 살아 있는 현재에서 의사소통 상호작용 과정의 역동성을 이해하는 데 도움을 준다. 이러한 역동성은 살아 있는 현재에서 끊임없이 새로운 미래를 구성할 때 예기치 않게 발생하는 불안정 속의 안정을 유지하는 데 필요하다고 생각한다. 조직에 있어서 가장 중요한 의사소통 형태라 할 수 있는 대화와 관련하여 이에 대한 논의를 좀 더 진전시켜 보자.

조직에서의 대화 생활

조직에서의 대화는 음성 기호 즉 언어를 매개로 이루어지는 형태의 의사소통 상호작용이며 여기에는 다른 의사소통과 동일한 측면(공식적–비공식적, 의식적–무의식적, 합법적–비공개적)이 있다. 복잡반응의 관점에서 보면 조직의 미래는 그 구성원들이 과업을 수행하는 과정에서 대화를 통하여 끊임없이 구성된다. 그러므로 과업을 수행할 때 어떻게 대화가 의사소통에 의해 구성되면서 동시에 의사소통을 구성해 나가는가 하는 것이 중요한 문제가 된다. 복잡성 과학으로부터의 비유, 말하자면 안정과 불안정 또는 혼동의 가장자리 등은 살아 있는 현재에서의 대화가 갖는 역동성을 밝혀줄 것이다.

어떤 대화의 과정이 습관적이고 매우 반복적인 주제에 의해 패턴화

될 때는 안정성의 패턴이 나타난다. 이러한 상황에서 사람들은 유연성을 상실하고 그들의 대화는 변화의 가능성을 잃어버린다. 이렇게 고착된 대화 상태에서 생성된 정체성은 지속성을 가지며 변화가 거의 없다. 이러한 대화의 역동성을 신경증적[neurotic]이라고 특징지을 수도 있다. 그 특성은 활력과 생기가 없고 강박적이기까지 하다. 대화의 과정에 생명력이 없는 또 다른 대화 방식도 있다. 이런 대화 과정에서는 주제 없이 진행되는 파편적인 대화가 또 다른 파편을 불러일으키면서 일관성 있는 패턴을 상실한 불안정성의 패턴을 보여준다. 이러한 대화에는 일관성 혹은 정합성이 없으며 이는 정신 이상[psychotic]의 상태에 가깝다고 할 수 있다. 그 특징은 정체성의 파편화로 인한 조울증적인 혼란이다. 그러나 또 다른 대화 과정은 '혼돈의 가장자리'와 유사한 역동성을 보여주기도 하며 여기서는 패턴화하는 주제가 연속성과 자발성이라는 역설적인 특성을 동시에 갖는다. 이러한 대화에는 생기, 유연성 및 활력이라는 느낌뿐 아니라 의미와 일관성을 파악하는 느낌도 곁들어 있다. 대화의 과정이 이러한 역동성으로 특징지어질 때에는 그 속에 변화의 가능성이 잠재되어 있다.

그러나 복잡성 과학의 비유를 사용하지 않으면서도 이와 같은 구분을 언급하는 이들도 있다. 예를 들면 폴크스[Foulkes][*104]는 치료적 대화[therapeutic conversation]의 특징을 설명하면서 '자유롭게 흐르는 대화[free flowing conversation]'를 언급한 바 있는데, 이를 변화 가능성이 없는 틀에 박힌 대화의 패턴으로 이어지는 집단 구성원들의 신경증적인 대화와 대비시켰다. 조직의 변화와 학습 및 지식의 창조는 의사소통 상호작용, 특히

[*104] Foulkes, 1948, 1964.

대화 생활과 관련된 주제 패턴의 변화라고 할 수 있다. 따라서 변화의 가능성이 있는 유연한 대화의 흐름이 매우 중요하다. 여기서 복잡성 과학으로부터 도출한 또 하나의 비유가 도움이 될 것이다. 알렌Allen[105]은 추상적인 모형을 활용해서 하나의 가능성, 즉 변화의 잠재력을 높이는 것은 오직 다양한 실체들 간의 상호작용뿐이라는 것을 보여준 바 있다. 인간의 대화와 관련하여 이 비유는 대화 참여자들이 다양할 때, 말하자면 서로 충분히 다를 때 대화에서 변화의 가능성이 열린다는 것을 시사한다. 이런 조건에서는 상호작용에서 발생하는 작은 차이가 이해에 있어서 중대한 불연속적 변화로 증폭될 수 있다. 이것은 그리 놀랄 일이 아니다. 부서 간cross-discipline 대화나 기능 횡단cross-functional 대화가 새로운 통찰력을 자극한다는 것은 잘 알려진 사실이다. 유동적이고 자발적으로 대화를 나누면서 서로를 이해하려고 노력할 때 새로운 지식이 창조된다. 이러한 대화는 애매성과 모호성,[106] 문제 제기와 옹호 사이의 긴장, 긍정과 부정, 자신에 대한 집중과 타인에 대한 집중[107] 등으로 특징지어진다.

그러나 이는 결코 쉬운 의사소통 과정이 아니다. 우선, 여기에는 오해가 수반되는데, 이 오해는 보통 긍정적인 측면에서의 자극과 흥분만이 아니라 부정적인 측면인 좌절과 고통으로도 경험된다. 그러나 좌절감을 해소해야 한다는 압박은 대화 탐험의 종결로 이어져 지식 창출을 매우 위태로운 과정으로 만들 수도 있다. 오해와 지식 창출이 이렇게 연결된다는 것은 중요하고도 도발적인 통찰이라고 여겨진다.

---

[105] Allen, 1998a, 1998b.
[106] Weick, 1979.
[107] Losada, 1998.

둘째, 변화의 잠재력을 지닌 대화 과정은 기본적으로 정체성이 지속되는 것을 위협한다. 가령, 어느 집단이 지난 수십 년 동안 시스템의 측면에서 생각하고 논의를 해 왔다면 그들의 개인적, 집단적 정체성은 어쩔 수 없이 그런 사고방식과 밀접하게 연결될 수밖에 없다. 여기에 도전하는 대화는 변화의 가능성을 보여주지만 동시에 정체성을 위협한다. 우리가 시스템의 측면에서 논의하고 사고하지 않는다면 어떤 방식으로할 것인가? 시스템의 모형을 세우지 않는다면 우리는 대체 누구란 말인가? 만일 우리가 수십 년 동안 책을 출판해 왔고 인터넷이 단순히 책을 배포하는 더 빠른 방법 이상의 것이라면, 우리는 어떤 존재가 될 것인가? 다시 말하면 변화의 잠재력이 있는 대화는 불가피하게 깊은 실존적차원에서 불안을 야기할 수밖에 없다. 불안을 경험하게 되면 우리는 부인과 억압, 분열 등의 과정으로 우리 자신을 방어하려 할 것이다. 그렇게 되면 변화의 잠재력을 지닌 주제에 반하는 주제가 생성되어 더 이상의 탐색적인 대화가 진행되는 것을 가로막을 것이다. 그러므로 조직 구성원들이 거의 항상 부지불식간에 어떤 방식으로 불안을 다루는가, 어떻게 불안을 안은 채 살아가는 방법을 찾는가 하는 문제는 지식 창출 과정을 이해하는 데 핵심이 된다.

셋째, 잠재적 변화를 지닌 대화는 불가피하게 조직 정체성의 중요한 측면인 현재의 권력관계를 위협한다. 앞서 언급한 패칭의 비유는 의사소통 상호작용에서 제도화된 주제의 출현을 이해하기 위해 사용되었지만 이 비유는 또한 조직에서 이루어지는 보다 유연한 대화 생활과도 관련이 있다. 진화하는 조직에서 어떤 이슈가 나타나면 사람들은 각자 특정 주제를 중심으로 뭉친다. 그중에는 비공식적 이념을 형성하는 주제에 의해 패턴화된 방식으로 의사소통하며 상호작용하는 모임들도 있는

데 이런 이념은 공식적 이념을 위협할 수가 있다. 사실, 비공식적-의식적/무의식적-비공개적인 주제로 패턴화된 대화는 제도화된 주제로 패턴화된 대화 안팎에 산재해 있다. 기존 권력관계의 훼손이 감지되면 다시 한 번 변혁과 지식 창출의 잠재력이 있는 탐색적인 비공개 대화를 차단하려는 반응이 나타난다. 현재의 권력관계를 위협하는 대화는 배제나 확대된 통합이라는 실질적인 두려움을 불러일으키고 따라서 신속하게 이런 대화를 중단시키려는 움직임들을 유발한다.

그러므로 다양한 참여로 조직의 대화에 유연한 자발성과 활력, 신명의 역동성이 넘쳐나고 예상한 대로 오해와 정체성을 위협하는 불안감 유발, 그리고 공식적인 이념과 현재의 권력관계에 대한 도전이 동반될 때, 조직의 대화 생활은 잠재적으로 변혁과 지식 창출의 과정이 될 것이다. 대화에 참여하여 그 과정을 이해하고자 한다면 이러한 측면 모두에 대해 주의를 기울일 필요가 있다. 이제 앞서 지적한 두 가지, 즉 의사소통 상호작용의 도구와 의사소통의 국지적 상황성local situatedness의 문제로 되돌아가 보자.

의사소통 상호작용의 도구

사람들이 조직에서 의사소통 상호작용을 하기 위해서는 매우 정교한 도구가 필요하다. 전화나 인터넷, 이메일, 혹은 모든 종류의 서류와 텔레비전, 신문과 같은 보다 광범위한 매체 등이 좋은 예이다. 이보다 덜 명확한 것들로, 도구라기보다는 의사소통 혹은 조직으로 오인되는 것들이 있는데 예산이라든가 갖가지 계획, 모니터링, 평가 체제, 데이터베이스 등을 포함한 정보 및 제어 관리 시스템 같은 것들이다. 이보다도 한층 더 불문명한 의사소통 상호작용 도구로는 비전과 임무, 정책 등에 대한 진술이 있다. 이 모든 것들은 넓은 의미에서 도구라 할 수 있다.

사람들이 조직의 국지적 상황이라는 살아 있는 현재에서 상호작용할 때는 이러한 시스템과 절차적 도구를 염두에 두고서 대화를 한다. 의미는 이러한 도구에 존재하는 것이 아니라 이러한 도구가 만들어내는 제스처–반응에 존재하는 것이다.

가령, 투자를 할지 말지는 고위 임원들 간의 의사소통 상호작용을 통해서 결정된다. 이 문제에 관한 그들의 의사소통은, 그들의 대화 과정에서 형성되기도 하고 대화를 이끌어 가기도 하는 많은 주제들에 의해서 예기치 않은 방식으로 패턴화된다. 이런 대화는 두세 명의 관리자로 이루어진 소집단에서 이루어지는 수가 많으며 그들의 상호작용을 패턴화하는 주제에는 앞서 언급한 여러 측면, 즉 합법적/비공개적, 의식적/무의식적, 공식적/비공식적인 측면들이 모두 담겨 있다. 그들의 대화에는 할인된 현금 흐름을 분석한 문서, 위험 요인에 대한 평가, 임무에 대한 진술 등의 의사소통 도구들이 반영되어 있다. 다시 말하면 그들은 구체적이거나 추상적, 혹은 체계적 틀을 의사소통 상호작용의 도구로 정리한 문서를 사용할 것이고, 다른 의견을 가지고 있는 사람들을 설득하기 위한 수사적 장치로서 이러한 문서들을 언급할 것이다. 이러한 문서들은 협상하는 과정에서 그리고 각자의 입장을 설명하는 과정에서 사용되는 도구들이다. 조직의 예산 및 재정 정책과 관련된 제약들도 투자 승인을 얻기 위한 절차에서 사용되는 것과 유사한 방식으로 사용된다. 이 모든 도구들은 기본적으로 제도화 과정 및 그 제도화가 행위에 강요하는 제약의 제반 측면들이다.

그러나 이러한 도구들을 의사소통 상호작용 자체로 오해하지 않는 것이 중요하다. 그리하면 의사결정과정을 패턴화하는 주제의 성격이 흐려져 의사결정이 주로 계산이라는 환상을 심어줄 것이다. 또한 도구를 의사소통 자체로 오인하면 한편에서 조직과 하위 그룹 및 개인에 있어서 정체성이 변화될 가능성으로 인해 유발되는 불안을 고려하지 못하며 다른 한편에서 기본적인 이데올로기의 과정과 이로 인해 권력관계가 유지되거나 변화되는 방식도 고려하지 못하게 된다. 대부분의 중요한 투자 결정은 어느 정도 권력관계를 바꾸며 또한 이런저런 동질성을 잠재적으로 변화시킨다. 이런 결정을 둘러싼 토론은 금전적인 측면뿐만이 아니라 이러한 권력관계와 정체성의 변화와도 관계가 있다.

복잡반응과정의 관점에서 보면, 국내외 금융 시스템은 조직 내 의사소통 상호작용의 도구이자 이런 상호작용을 활성화하는 제약조건으로 볼 수 있으며 이는 의사소통 상호작용 주제의 패턴화에 관여한다. 사실, 이러한 도구들은 의사소통을 활성화하기도 하고 강력히 제약하기도 하면서 의사소통 상호작용의 주제를 형성해 나간다. 예를 들면 할인된 현금 흐름이나 위험 요소 분석, 예산 제약 및 투자 승인 절차와 관련하여 규정된 언어로 대화를 하지 않으면 아무도 특정 조직의 투자 계획에 관한 토론에 참여할 수 없다. 이러한 언어는 일종의 근시안적인 안목을 형성하여, 참가자들로 하여금 투자 제안과 관련한 더 넓은 의사소통 과정의 다른 측면을 더 이상 보지 못하도록 할 수 있다. 또한 도구의 규모가 너무 크면 이를 사용하는 사람들은 그들의 참여와 관련한 국지적 상황성 local situatedness을 파악하지 못할 수도 있다.

의사소통 상호작용의 국지적 성격

앞에서 의사소통 상호작용은 항상 살아 있는 현재라는 특정한 국지적 상황에서 일어난다는 것을 지적했다. 이 상황의 국지적 성격은 이해하기가 그리 어렵지 않지만, 특히 조직 구조의 맨 위에 있는 관리자와 리더의 경우는 상호작용의 국지적 특성과 관련하여 어느 정도 설명이 필요할 수 있다. 가령 조직 전체와 관련해서 행동하는 것은 결국 최고 경영자의 역할로 되어 있다. 그러나 최고 경영자가 실제로 하는 일을 자세히 분석하는 것은 또 하나의 해석이라고 볼 수 있다. 유능한 최고 경영자는 사실 조직 전체의 입장에서 생각하고 논의를 하겠지만 누구를 상대로 이런 논의를 할까? 최고 경영자는 다른 조직 구성원과 마찬가지로 비교적 신뢰할 수 있는 소수 집단의 사람들과 가장 중요한 문제를 논의하는 경우가 매우 흔하다. 그러므로 최고 경영자의 중요한 의사소통 상호작용은 다른 고위 임원과의 국지적 상황에서 일어난다. 그들의 의사소통 상호작용은 다른 이들의 경우와 마찬가지로 공식적/비공식적, 의식적/무의식적, 합법적/비공개적 주제의 형성과정에 의해 패턴화된다.

물론 강력한 권한을 가진 최고 경영자가 참여하는 의사소통 상호작용의 과정과 이런 권한이 별로 없는 사람이 참여하는 과정 간에는 유사점만이 아니라 차이점도 있다. 최고 경영자가 공개적인 제스처를 보내면 힘을 덜 가진 사람이 보내는 제스처에 비해 훨씬 많은 수의 사람들이 반응을 보인다. 그러나 그 위치에 있는 사람이라면 너무 잘 알고 있겠지만, 그런 반응이 어떤 것이 될지는 최고 경영자가 정할 수 있는 것이 아니다.

가령, 거대 다국적 기업의 최고 경영자가 '네트워크 솔루션 분야에 있어서 글로벌 리더로서의 기업'이라는 새로운 비전을 발표한다고 가정해 보자. 아마도 전 세계에서 10만 명의 사람들이 그의 제스처(발표)를 들을 것이며 그중 대다수의 사람들은 이런저런 반응을 보일 것이다. 그러나 모든 제스처의 의미와 마찬가지로 그 비전이 갖는 의미는 제스처 자체에 있는 것이 아니다. 비전이 어떤 의미를 갖는가는 받아들이는 자의 반응에 의해서 창조된다. 대부분의 사람들은 단지 그 제스처에 립서비스만을 보내고 이전에 해 오던 것을 계속할까, 그렇지 않다면 무엇을 하게 될까? 사람들이 최고 경영자의 비전이 갖는 의미가 무엇인지, 그리고 이와 관련해서 무엇을 해야 할 것인지에 대해 토론하는 동안 그의 제스처는 글로벌 차원에서 진행되는 많은 미팅에서 이런저런 반응을 불러일으킬 수 있다. 최고 경영자의 제스처가 지니는 의미와 조직에 미치는 영향은 그 자신을 포함한 많은 국지적 상황에서, 즉 글로벌 차원의 살아 있는 현재에서 창출된다.

또 다른 가능성을 생각해 보자. 최고 경영자는 자신의 국지적 상황에서 가장 가까운 동료들과 토론을 한 후, 새로운 투자 평가 절차를 도입하겠다고 선언하고 그것의 일반적인 특징을 제시할 수도 있다. 그러면 다른 사람들은 이 계획에 대한 개요를 만들고 조직 전체를 아우르는 의사소통 상호작용의 새로운 도구를 창안할 것이다. 그러나 이 새로운 도구가 어떻게 사용되고 어떤 영향을 미칠지는 다양한 국지적 상황에서 이루어지는 수많은 사람들 간의 의사소통 상호작용에 달려 있다.

복잡성 과학의 연구[108]와 이 시리즈의 제1권에서 논의했듯이, [109] 조직과 관련한 이러한 연구의 활용[110]에서 미루어 볼 때, 조직 내에서 이루어지는 상호작용의 역동성을 결정할 수 있는 사람은 아무도 없다고 생각한다. 왜냐하면 이 역동성은 조직 안팎의 사람들이 무엇을 하는가에 달려 있기 때문이다. 말하자면 개인이나 집단은 권한이 있건 없건 매우 중요한 제스처를 보낼 수 있지만 이로 인해 야기되는 반응은 조직의

---

[108] Kauffman, 1995.
[109] Stacey et al., 2000.
[110] Marion, 1999.

미래가 끊임없이 구성되고 있는 살아 있는 현재에서의 국지적 상호작용을 통해서 생성되는 것이다.

최고 경영자와 같이 힘 있는 관리자가 조직 '전체'에 아무런 영향을 미칠 수 없다고 말하는 것이 아니라는 사실에 주목하자. 그들은 분명 때때로 강하고 광범위한 영향을 미친다. 최고 경영자가 하는 일은 국지적 의사소통 상호작용을 통해서 드러나며, 그것이 조직에 미치는 영향의 성격은 다른 많은 국지적 상황, 즉 살아 있는 현재에서 결정된다. 어떤 일이 일어나고 있는지를 이해하고자 함에 있어서 관심의 초점이 최고 경영자의 진술 혹은 새로운 도구(예산, 계획, 정책, 비전 등—옮긴이)에서부터, 그러한 진술과 도구가 만들어지는 과정, 그리고 이 진술과 도구가 영향을 미치는 광범위한 국지적 상황으로 옮겨가고 있는 것이다. 복잡반응과정의 관점에서는 실제로 힘 있는 최고 경영자가 의도적인 행동을 통하여 개인적으로 직접 조직을 변화시키는 것을 당연시하지 않고 의사소통 과정을 탐색하도록 이끈다. 왜냐하면 이런 과정을 통해서 단지 리더가 존재한다는 사실과 리더에 대한 이미지, 그리고 리더에 대한 환상 같은 것들이 모두 살아 있는 현재에서 진행되는 국지적 상호작용에 영향을 미치기 때문이다.

상호작용의 복잡반응과정과 지식의 창출

복잡반응과정의 관점에서는 바로 살아 있는 현재에서 펼쳐지는 국지적인 의사소통 상호작용의 중요성에 초점을 둔다. 구체적으로 말하면 이러한 상호작용의 주제가 어떻게 패턴화되며 그 제스처-반응의 구조는 어떠한지, 그리고 이런 상호작용이 〈그림 8.1〉에서 묘사하고 있는 이념과 권력관계에 어떻게 반영되어 있는지 등에 직접적인 관심을 갖는다. 이는 복잡반응과정에서의 지식 창출을 이해하는 방식을 보여준다. 사람들은 이 과정에서 의사소통의 도구와 그들의 물질적 환경을 변화시키는 도구/기술을 활용한다. 이렇게 지식을 과정으로 보는 관점은, 적극적인 의사소통 상호작용 과정에서 활용되는 인공물이나 시스템의 도구로서의 지식에 초점을 두는 일반적인 경향과 대비된다. 복잡반응과정의 관점에서는 이러한 도구 자체가 아니라 이 도구들이 어떻게 활용되는가에 초점을 맞춘다.

이런 도구들은 보다 더 광범위한 의사소통 상호작용의 과정에서 활용되는데, 이 과정에서 특정한 말하기 방식은 '포함^{in}'이 되고 다른 방식은 '배제^{out}'가 된다. 따라서 포용과 배제의 역동성이 살아 있는 현재의 국지적 상황에서 나타날 때 지식 창출의 과정에 대한 관심은 이러한 역동성에 대한 탐구를 수반한다. 여기서 어떤 종류의 배제가 작용하고 있는가? 이러한 역동성은 새로운 지식의 생성을 저해하거나 자극하는 것과 관련하여 어떤 영향을 미치는가? 이런 의문들은 곧 이념적인 근거를 갖는 권력관계가 유지되고 도전받는 방식에 대한 성찰로 이어진다. 이러한 포용과 배제의 역동성은 의사소통 상호작용과 지식의 생성에 어떤 영향을 미치는가? 지식 창출의 과정에 대한 관심은 또한 정체성을 위협하고 불안을 야기하는 과정에 대한 탐구를 수반하기 때문에 조직에서 이루어지는 대화 생활의 이런저런 측면과 변화 가능성에 주의를 기울인다.

이렇게 초점을 재설정하게 되면 조직에서의 지식 창출에 대한 주류 사고와 관련하여 중요한 의문이 떠오른다. 앎의 행위가 살아있는 현재라는 국지적 상황에서 이루어진다고 볼 때 조직 내에서 지식의 창출을 관리하는 것에 대해 논의하는 것은 어떤 의미가 있는가? 학습 조직을 만든다는 것은 어떤 의미인가? 조직의 지적 자본을 측정하고 관리하는 것에 대해 논의하는 것은 또 어떤 의미를 지니는가? 양질의 학습을 보장하기 위하여 품질보증제도를 운영할 때 정부와 교육기관이 하는 일은 무엇인가?

사실 복잡반응과정의 관점을 취하면 조직에서 의사소통 상호작용에 참여할 때 특정한 방식으로 주의를 기울이게 된다. 말하자면 특정 시간에, 특정 조직의, 특정 집단 안에서 의사소통 상호작용의 경험을 조직하는 주제들에 대해 주의를 기울이게 된다. 복잡반응과정에서는 하나의 방에 시스템 전체를 담으려 하거나 시스템 전체의 윤곽을 그리려 하기보다는, 살아 있는 현재의 국지적 상황에서 사람들이 서로 관계를 형성할 때 어떤 주제가 두드러지는가를 묻는다. 가령, 이런 상황에서 분명하게 드러나는 중요한 비공식적-무의식적-비공개적 주제가 무엇이며, 이런 주제들은 제도화된 주제들과 어떤 관계에 있는가? 어떤 권력관계가 유지되며 또 약화되는 관계는 무엇인가? 불안에 대해서는 어떻게 대처하고 있는가? 이러한 의문을 제기하고 이런저런 주제에 관심을 두면서 일어나는 추측으로 인해 나의 참여는 영향을 받는다. 단지 의사소통의 도구에만 초점을 맞춘 참여와 비교할 때 이러한 방식의 참여는 조직의 대화 생활에 다른 영향을 미친다.

3. 결론

지금까지의 논의를 종합해서 말해보면 조직은 인간과 인간 외적 환경 사이에서 신체적 접촉을 통해 제스처-반응이 복잡하게 이루어지는 과정이라고 할 수 있다. 이는 상징을 매개로 한 의사소통 상호작용의 과정이며 여기서 의사소통의 주제는 자기조직화 하는 패턴을 보인다. 단지 한 종류의 상징, 즉 실체화된 상징만이 문자나 다른 인공물로 축적될 수가 있지만 이 실체화된 상징은 의사소통 상호작용 과정에서 도구로 사용하기 전에는 아무런 의미가 없다. 다른 종류의 상징, 즉 원초적 상징과 중요한 상징은 신체적 상호작용을 통하여 끊임없이 반복되기 때문에 축적이 불가능하다. 살아 있는 현재에서 이루어지는 이 평범한 일상의 디테일한 상호작용 속에서 사람들은 조직의 미래를 구성해 나가는데 이러한 상호작용은 사람들이 함께 진행하는 의사소통의 도구에 의해 활성화되기도 하고 제약되기도 한다. 사람들은 서로 의사소통하면서 기술과 인공물, 시스템 등의 도구를 사용하는데 이들은 모두 인간의 신체가 확장된 형태들이다. 그러나 이것들은 도구일 뿐 그 자체가 지식은 아니다. 복잡반응의 관점에서는 권력관계 혹은 활성화하는 제약조건과 대립하는 제약조건의 발생에 대해 역점을 두고 설명한다. 이 관점에서는 변화를, 함께 하는 경험을 조직하는 주제 패턴의 진화로 본다. 이러한 경험에는 흥분과 불안이 동시에 수반된다. 여기서 진화는 관계 형성 자체의 본질적 특성인 반복과 잠재적 변형의 과정이다. 이러한 진화는 의사소통 상호작용의 역동성이 충분히 유동적일 때, 말하자면 '혼돈의 가장자리'에서처럼 의사소통 상호작용의 주제가 패턴화함에 있어서 다양성과 긴장, 갈등이 있을 때 가능하다.

이러한 관점에서 볼 때 지식이란 곧 의미이며 이는 오로지 의사소통 상호작용에서만 생성된다. 다시 말하면 살아 있는 현재에서 사람들이 끊임없이 서로 간에 관계 맺는 과정을 통해서 지식이 의미로서 창발되는 것이다. 이것이 지식에 대한 진화적 개념이다. 말하자면 지식은 행위 속에서 끊임없이 반복되고 잠재적으로 변형되는 의미라는 것이다. 그러므로 지식이란 함께 하는 경험을 조직하는 주제의 패턴이다. 학습의 과정도 거의 비슷하며 지식과 학습을 구분하는 것은 별로 의미가 없을 성싶다. 개인적이건 집단적이건 정체성은 진화하며 의사소통 상호작용과 학습 및 지식의 창출은 정체성의 진화와 기본적으로 동일한 과정이다. 이러한 관점에서 볼 때 조직이 학습을 하는 것인가 아니면 조직 속에 있는 인간들이 학습을 하는 것인가를 묻는 것은 의미가 없다. 이는 동일한 과정인 것이다. 암묵적 지식이 어떻게 명시적 지식으로 변형되는가를 묻는 것도 의미가 없다. 경험을 조직하는 무의식적 주제와 의식적 주제는 분리할 수 없는 동일한 과정의 두 측면이기 때문이다. 사람들이 의식하든 의식하지 않든 조직의 변화와 학습 및 지식의 창출은 의사소통 상호작용에 있어서의 변화와 동일하다. 이러한 관점은 일상적인 커뮤니케이션이 조직에서 매우 중요한 것임을 말해준다.

3부

시스템 사고와
복잡반응과정의 관점

3부는 두 가지 목적이 있다. 첫째는 복잡반응과정 이론을 주류 사고 및 이에 대한 비평가들의 이론적 관점과 비교하는 일이다. 이는 9장에서 다루게 될 주제이며 비교의 대상은 기본적으로 시스템 사고가 될 것이다. 여기서는 복잡반응과정의 관점이 조직의 지식과 관련하여 시스템 사고와는 상당히 다른 접근이 될 것이라는 점에 대해 논의할 것이다. 시스템 사고에서는 지식을 축적하고 공유할 수 있으며 조직 전체에 전파할 수 있는 것으로 여기는 경향이 있다. 여기서는 다양한 범주의 지식, 특히 암묵적 지식과 명시적 지식의 경우, 어떻게 이를 달성할 것인가 하는 데 관심을 둔다. 그러나 복잡반응과정의 관점에서 보면 지식이란 것은 신체를 통해 이루어지는 사람 사이의 관계 형성에 의해서 생성되는 의미이다.[*1] 또한 지식은 의사소통 상호작용과 권력관계의 경험을 조직하는 주제이기도 하다. 그러므로 지식은 동질성과 이질성이 지속적으로 구성되는 과정에 있으며 끊임없이 반복되면서 또 변형된다. 여기서 말하는 지식은 활동이기 때문에 살아 있는 현재의 국지적 상황에서 특정한 방식으로 실천되는 것일 뿐 축적되거나 공유 또는 전파될 수 있는 것이 아니다.

이어서 10장에서는 지식에 관한 시스템 사고와 복잡반응과정 관점 간의 차이가 갖는 의미를 살펴볼 것이다. 지식을 축적할 수 있고 공유할 수 있는 어떤 것으로 본다면, 이를 측정하고 관리하는 것에 대해 논의하는 것은 의미가 있을 수 있다. 그러나 지식이란 것이 결과가 아니라 과정이고 살아 있는 현재에서 함께 하는 경험을 패턴화하면서 나타나는 주

[*1] 복잡반응과정의 관점에 따르면 인간의 관계는 제스처-반응에 의한 상호작용을 통해서 형성되고 그 과정에서 의미가 만들어진다. 여기서 상호작용의 매개체인 제스처와 반응은 언어적인 것일 수도 있고 비언어적인 것도 될 수 있지만 일종의 신체적 활동이란 점에서는 동일하다는 것이 저자의 주장이다(옮긴이).

제라면, 그리고 국지적 상황에서 진행되는 대화나 다른 형태의 의사소통에서 이루어지는 평범하고 일상적인 인간관계와 관련 있는 것이라면, 지식을 측정하고 관리하는 것에 대해 논의하는 것은 무의미하다. 이는 지식 관리란 이름으로 행해지는 경우 여기에는 사실 다른 목적이 있음을 시사한다. 복잡반응과정의 관점에서 의미가 있는 것은 지식이 생성되는 지속적인 의사소통 상호작용의 흐름에 수반되는 패턴을 공동으로 탐구하고 성찰하는 것이다.

9장

두 관점의 비교

이 장에서는 조직의 지식 창출과 관련하여 시스템 사고(〈그림 2.1〉 참조)와 2부에서 제시한 복잡반응과정(〈그림 4.5〉 참조) 간의 차이점을 분석하고자 한다. 앞서 2장에서는 주류사고가 형성적 목적론의 인과관계 가정과 인지심리학의 가정을 기반으로 하고 있음을 지적한 바 있다. 2장에서 제시한 대안은 변형적 목적론과 인지에 관한 행위 기반의 가정에 근거하고 있다. 기본 가정에 있어서 두 관점이 보이는 차이는 특히 다음 주제와 관련한 설명에서 분명해진다.

- 인간의 관계 형성 과정
- 기억의 본질
- 새로운 지식의 창출 과정
- 암묵적 지식과 무의식적 과정의 의미
- 권한과 의사소통의 역할
- 대화의 본질

1. 송신자-수신자 관계와 호응하는 관계

지식의 창출과 인간의 관계 형성(〈그림 2.1〉 참조)에 있어서 시스템 사고에서는 개인의 마음을 그의 머릿속에 있는 내면세계인 정신 모델로 간주한다. 이 내면의 세계는 과거의 경험 속에 타인 및 함께 살아가는 세상에 대한 가정과 기대뿐만 아니라 개인적인 가치와 신념으로 구조화되어 있다고 여겨진다. 이를 바탕으로 개인 A는 또 다른 개인 B와의 관계 속에서 모종의 행위를 선택하여 실천함으로써 자신의 마음에 있는 것을 B에게 전달한다. 예를 하나 들어 보자. 개인 A는 자기 마음속에 있는 생각을 언어로 바꾸고 나서 이를 B에게 말로 표현함으로써 자기 마음속의 생각을 B의 마음으로 전달한다. 이와 같은 방식으로 A의 머리에서 만들어진 지식이 B에게 정보로 전달이 되면 B는 자신의 정신 모델을 가지고 이 정보를 처리한 다음 A에게 내보낼 반응을 선택한다. 그러면 B의 머리에 있던 지식이 정보의 형태로 A에게 전달이 된다. 개인 A 역시 같은 방식으로 이 정보를 처리한다. 정신모델의 변화 없이 이런 방식으로 상호작용을 하면 단일고리학습이 일어난 것으로 볼 수 있지만 만일 상호작용 과정에서 어느 한쪽이라도 가치라든가 신념, 가정 등의 정신모델을 변화시킨다면 이중고리 학습이 이루어진다고 할 수 있다.

이러한 사고방식에 따르면 관계 형성이란 한쪽이 먼저 생각을 하고 그 생각을 언어로 번역한 후 행동을 선택하여 실천에 옮김으로써 자기 마음속에 있는 내용을 상대편의 마음으로 전달하는 과정이다. 이것은 관계 형성에 대한 인지적 접근으로, 몇 가지 점에서 정신분석이론과 유사하다. 정신분석이론에서는 사람들이 무의식적으로 상대방의 감정과 표현을 받아들이고 다시 그 감정을 그들에게 전달하는 과정으로서 내사와 투사라는 개념을 사용한다. 인지적 접근이든 정신분석적 접근이든, 관계 형성에서의 이러한 송신자−수신자 과정을 통하여 사람들은 이런저런 습관과 전통, 말하자면 사회 구조를 만들어내며 이러한 사회 구조는 역으로 사람들의 사고 습관이나 정신 상태의 발달에 영향을 미친다. 여기서 사회 구조는 개인의 상호작용에서 생성되지만 결국에는 개인을 초월한 고유의 지배원리가 있는 현실이 된다. 따라서 개인의 정신과 사회 구조는 서로 분리된 존재론적 차원에 있는 것으로 간주된다. 조직의 측면에서 보면 이는 한편에서 개인의 머릿속에 있는 개인적 지식과, 다른 한편에서 정보 체계, 절차, 문화적 규범 등 모종의 사회 구조 속에 있는 조직의 지식을 구분해야 한다는 것을 의미한다.

2부에서 논의한 대안적 관점(〈그림 4.5〉 참조)에서는 개인 A와 B가 행위의 기반으로서 정신 모델이라든가 내면세계를 가정하지 않는다. 대신에 각자는 타인과 사회, 그리고 자신의 마음을 염두에 두고 행동하는 생물학적 유기체로 간주된다. 마음의 작용과 사회적 행동은 생물학적인 것과 상관관계가 있다. 이러한 생물학적 상관관계는 연속적인 신체 리듬의 변이로 생각할 수 있는데, 여기서 신체 리듬이란 느낌과 정서를 말한다. 의사소통 중인 생물학적 유기체는 서로 상호작용한다. 이들은 서로에게 아무것도 구겨 넣지 않으며 또 전달하지도 않는다. 이보다는 함께 어울려 살아가기 위해 이들은 서로의 행위를 연결한다. 이렇게 '함께 살아가는' 활동을 함에 있어서 이들은 동질성을 표출하고 '생존하기' 위해서 대개는 도구를 활용하여 서로 협력도 하고 경쟁도 하면서 상호작용을 한다. 각자가 자신의 행동을 상대에게 맞추어 반응한다는 점에서 여기서 설명하는 상호작용의 과정은 협력하는 관계이건 경쟁하는 관계이건, 기본적으로 반응 또는 호응을 통해서 진행된다. 이런 식으로 진행되는 관계 형성의 과정은 하나의 생물학적 유기체가 마음속 역할 놀이를 통해서 자신과 관계한다는 점에서 보면 사적인 것이지만 이 유기체가 다른 유기체와 상호작용한다는 점에서는 공적인 것이기도 하다. 자기 조직화 패턴은 개인의 마음속에서 이루어지는 사적인 역할 놀이와 사회적으로 이루어지는 공적인 역할 수행 양쪽 모두에서 일어난다.

사회적인 경험이건 마음속에서의 경험이건 모든 경험은 늘 독특한 변이를 수반하는 주제로 조직되며, 이러한 주제와 변이는 사람 사이의 관계에서 생성되면서 동시에 패턴화된다. 이는 다음과 같이 설명할 수 있다. A의 마음속 역할 놀이에서 어떤 제스처가 선택적으로 생성되면

이 제스처는 B에게서 선택적 반응을 불러온다. 이때 B 역시 마음속 역할 놀이에 참여하면 B의 선택적 반응은 끊임없이 이루어지는 관계 형성의 흐름 속에서 다시 A에게서 선택적 제스처를 불러일으킨다. 여기서 주제와 변이들이 자기 조직화하는데 이런 주제와 변이들은 개인의 마음과 사회적 관계 속에서 제스처-반응을 패턴화하기도 하고 또 이런 제스처-반응에 의해 패턴화되기도 한다. 사람들은 관계 속에서 서로의 행동을 함께 엮어나가면서 관습과 관례, 전통, 문화 등을 발전시킨다. 다시 말하면 함께 하는 경험을 조직하는 주제가 제도화되는데 이는 이 주제들이 큰 변화 없이 관습으로 반복된다는 것을 의미한다. 사회란 것은 개인 밖에 존재하는 '구조'라기보다는 개인들이 함께 겪어나가는 경험을 조직하는 주제가 규칙적으로 실현된 것, 즉 고도로 반복적이 된 것이다. 그러나 함께 살아나가는 과정에서 주제를 둘러싼 작은 차이들이 커다란 변화로 증폭되며, 이러한 변화는 개인의 마음속 역할 놀이 패턴과 사회적 상호작용 속에서의 역할수행 패턴에 동시에 나타난다. 다시 말하면 변화는 개인의 마음과 사회적 상호작용 모두에 나타나는 주제 패턴의 변화인 것이다. 사람들은 서로를 모방하거나 흉내를 낼 수 있지만 모방은 정신적인 내용이 어떻게 한 사람으로부터 다른 사람에게로 이동하는지를 설명하기 위해 필요한 것이 아니다. 이러한 이동은 일어나지 않기 때문이다. 사람은 다른 사람과의 관계 속에서 행동을 하며 이러한 상호작용을 통해 개인의 마음과 사회에서 변화가 일어나는 것이다.

이러한 관점에서 볼 때 사람 사이의 관계에서 이루어지는 사회적 패턴과, 자기 자신, 즉 자신의 마음과 관계하는 개인적 패턴에는 자기 유사성이 있다. 다시 말하면 사회적 상호작용이나 개인적 정신 활동의 수준을 아무리 세밀하게 분석하더라도 거기에 존재하는 리듬 및 반응 과정이 동일하다는 점에서 이들은 프랙탈fractal의 패턴을 보인다. 일반적으로 개인이 마음속으로 역할 놀이를 하지 못하면 협력하는 사회적 행동은 일어날 수가 없으며 역으로 사회적 상호작용이 없으면 개인의 마음 속 역할 놀이 또한 불가능할 것이다. 그러므로 개인의 마음과 사회는 동일한 존재론적 차원에 있다. 생물학적 유기체는 낮은 존재론적 차원에 있는 것이며, 거기에서 개인의 마음과 사회가 생성되어 나오는 것이라고 할 수 있다. 결국 신체 리듬 및 그 외 모든 신체 활동과 개인의 정신적 활동, 그리고 사회적 활동이 서로 영향을 주고받는다는 점에서 개인의 마음과 사회는 생물학적 활동에 영향을 미치며 또 이런 활동을 통해서 생성된다.

두 관점의 비교

두 관점은 사람 사이의 관계에 대해서 매우 다른 이해 방식을 보여준다. 시스템 관점에서는 서로 관계를 맺고 있는 사람들이 내부에 있는 정신 모델에 바탕을 두고 상호작용하며, 이러한 정신 모델에 있는 것들을 상대에게 전달하면서 잠재적으로 서로 영향을 주고 변화시킨다고 본다. 이런 과정을 통해 그들은 그 자신의 외부에 제도라든가 기타의 사회 구조를 만들며 이런 제도와 사회 구조는 나름의 인과관계 원칙을 따르면서 다시 개인에게 영향을 미치고 잠재적으로 그들의 정신 모델 혹은 내면세계를 변화시킨다. 이러한 관점에서 보면 조직의 지식은 개인의 신체 외부에, 즉 사회 구조와 테크놀로지에 존재한다. 반면에 복잡반응 과정의 관점에서는 한편에서 개인의 마음과 다른 한편에서 사회적 경험을 조직하는 반복적 주제들이 사람들의 상호작용 과정에서 동시에 출현하는 것으로 본다. 지식 혹은 의미는 상호작용의 과정에 있는 것이지 사람의 뇌 속에 있는 것이 아니다. 다시 말하면, 의미 혹은 지식은 사람들 사이의 사회적인 상호작용과 더불어 개인이 마음속에서 수행하는 사적인 역할 놀이의 과정에서 생성되는 것이다. 이러한 관점에서 보면 지식은 사람들의 관계와 별도로 존재하는 것이 아니다. 절차 매뉴얼과 같은 도구와 인공물에 구현된 것이 무엇이든, 누군가가 이를 사용하기 전에는 이 도구와 인공물 자체는 지식이 아니다. 조직의 지식은 어떤 특정한 위치에 존재하는 것이 아니라 조직 구성원 간의 관계 속에서 끊임없이 생성되는 것이다. 지식을 관리하는 문제에 대해서 이 관점은 시스템 사고와는 상당히 다른 의문을 제기한다.

요컨대 사람 사이의 관계와 관련하여 두 관점의 근본적인 차이점은 다음과 같이 정리할 수 있다.

- 시스템 관점에서는 인간의 마음은 이미 존재하고 있는 데이터 및 정보의 처리장치인 반면 사회 구조는 기존의 습관과 전통이며 이 습관과 전통의 일부가 인공물과 도구 및 테크놀로지에 구현되어 있으며, 새로운 지식은 이미 존재하는 이 처리장치와 구조를 변화시킬 수 있다고 본다. 반면에 복잡반응과정의 관점에서는 이미 존재하는 것에서부터 끊임없이 반복되고 잠재적으로 변형되는 패턴에 대한 것으로 사고의 대상이 바뀐다. 개인의 마음속에서 이루어지는 사적인 역할 놀이를 조직하는 주제들은 살아 있는 현재에서 변이를 수반한 상태로 반복되면서 동시에 잠재적으로 변형된다. 이와 동시에 경험을 조직하는 습관적이고 전통적인 주제들 역시 살아 있는 현재에서 변이를 수반한 상태로 반복되면서 잠재적으로 변형되어 사회적으로 표출된다. 이렇게 인간관계 주제들이 끊임없이 반복되

고 잠재적으로 변형되는 과정이 곧 지식이다.

- 시스템의 관점은 관계 형성 과정에서 느낌과 정서의 기본적인 역할에 크게 관심을 두지 않는다. 더 정확히 말하면, 느낌을 동기 요인으로 본다. 이에 반해 복잡반응과정의 관점에서는 신체를 통해 반응하는 상호작용에 관심을 두기 때문에 느낌/정서를 사고/행위와 분리시키지 않는다. 생명이 있는 신체는 느낌을 갖지 않을 수가 없다고 보는 것이다. 사람은 신체를 통하지 않으면 관계를 맺을 수가 없으며 모든 관계는 순간적인 느낌의 변화 과정, 말하자면 신체 리듬으로 표현되는 주제의 시간적 변이 과정이다. 감정과 느낌은 사고 및 행위와 분리될 수 있는 것이 아니며 동일한 과정이 다르게 드러난 측면들일 뿐이다. 따라서 지식은 인지적인 틀이 아니며 얽히고설킨 느낌(신체 리듬)과 생각(혼자 하는 역할 놀이) 및 행동(사회적 관계 형성)이 끊임없이 반복되고 잠재적으로 변형되는 일종의 패턴이다.

- 시스템의 관점에서는 느낌과 정서를 사고와 행동으로부터 분리시킬 뿐 아니라 사고와 행동도 분리시킨다. 첫째, 개인은 정신 모델에 따라 생각하는 것으로, 말하자면 자료와 정보를 처리하는 것으로 보며, 이런 사고 과정을 거친 후에 행동한다고 간주한다. 여기서 행동은 이성을 통해 내린 개인적 선택 혹은 생각이며 지식은 이 사람으로부터 저 사람에게로 전달된다. 반면에 복잡반응과정의 관점에서 보면 지속적인 행위의 흐름이 있을 뿐이다. 제스처를 보낼 때 각자는 끊임없이 내면에서의 역할 놀이에 참여하면서, 말하자면 생각을 하면서 상대로부터 반응을 불러일으킨다. 사회적인 행동과 개인적인 역할 놀이로서의 생각은 동일한 신체적 상호작용의 다른 측면

들이다. 이러한 관점에서 볼 때 선택 혹은 의도는 상호작용의 과정에서 상호작용을 조직하는 주제로서 나타난다. 개개인은 계속해서 상대의 제스처에 어떻게 반응할지를 선택하며 또한 어떤 방식으로 그 반응을 표현할지를 생각한다. 그러나 선택과 의도는 대화 상대편에 의해 유발되고 끊임없는 상호작용의 흐름 속에 구현되어 있는 것이기 때문에, 아무리 단순한 방식으로도 이것을 개인의 내부에 담아두는 것은 불가능하다. 요컨대 시스템의 관점에서는 선택과 의도가 개인의 인지적 처리 과정에 의해 산출된 설계인데 반해 복잡반응과정의 관점에서는 지속적인 상호작용의 흐름에서 생성되는 것이다.

지금까지 논의한 이 두 가지 다른 관점이 기억의 문제를 어떻게 다루는지 살펴보자.

2. 저장되는 기억과 재구성되는 기억

시스템 사고의 기반인 인지심리학에서는 인간의 기억을 개인적 차원의 정신 모델 혹은 내면세계에 들어 있는 과거 경험의 저장으로 간주한다. 그리고 사회적 차원의 집단 기억은 인공물이라든가 시스템, 테크놀로지에 들어 있는 기존 지식의 저장으로 보기도 하고 문화(예: 신화와의식)에 들어 있는 공유가치와 신념의 저장으로 보기도 한다. 개인이 어떤 데이터 혹은 정보를 제공받으면 장기기억 장치에서 관련된 정신 모델을 검색해서 그 데이터나 정보를 처리한 다음 적절한 의미 또는 지식을 산출하는 데 사용한다고 주장한다. 인간은 집단적으로 문화적 기억을 통하여 자료와 정보를 처리함으로써 의미를 산출한다. 계획된 기억의 회상과 자료 처리의 절차를 설명하기 위하여 흔히 컴퓨터의 비유가 활용된다.

개인적 기억과 문화적 기억 모두 개인의 뇌에 저장되어 있다고 보며 인지주의 전통을 따르는 일부 신경 과학자들은 이런 일이 어떻게 일어나는지를 설명한다. 이를 간략히 설명하면 다음과 같다. 뇌는 특정 부위에 형성되고 저장된 신경 연결 패턴의 형태로 자극을 표상한다. 자극의 후속 경험은 그 패턴을 반복하게끔 함으로써 이러한 자극을 정확히 다시 드러내며 이런 과정을 통하여 기억이 회상된다. 일부 신경과학자들[2]은 다소 단순한 방식이기는 하지만 이런 가능성에 의문을 제기한다. 그들의 연구는 다음과 같은 사실을 알려 주고 있다.

- 특정 기억을 특정 뇌 부위에서 찾는 견해는 더 이상 유지될 수 없다. 특정 자극으로 인한 패턴은 뇌에서 더 넓은 영역으로 확대되는 경향이 있기 때문이다.
- 특정 자극으로 형성된 초기의 뉴런 패턴은 급속히 사라지고 뇌 자체가 재구성된다. 이는 자극이 뇌 속에서 단순히 표상되는 것이 아님을 의미한다. 자극에 노출됨으로 인해 발생하는 뇌의 화학적 변화는 단지 몇 시간 정도만 지속되는 것으로 밝혀졌으며,[3] 뇌가 무언가를 어떻게 수년 동안이나 저장하고 있는가에 대한 설명은 유보되고 있다. 뇌는 무언가를 단순히 저장하고 일대일 대응하는 방식으로 이를 표상한다기보다는 끊임없이 신체 활동의 생물학적 상관 관계로서의 패턴을 구성한다.

---

[2]   Barrie et al., 1994; Freeman, 1994, 1995; Freeman and Shneider, 1982; Freeman and Barried, 1994; Kelso, 1995; Skarda and Freeman, 1990.

[3]   Rose, 1995.

- 자극의 맥락이 바뀌면 관련되는 뇌 활동의 패턴 또한 변화된다. 이는 동일한 자극이라 해서 항상 동일한 뉴런 패턴을 촉발하는 것은 아니라는 것을 의미한다.
- 하나의 자극과 관련된 뉴런 활동의 패턴은 나중에 다른 자극을 학습하면 변화한다.

이러한 사실은 인지주의자들의 가정과는 달리, 뇌는 자극을 직접적으로 표상하거나 저장 혹은 처리하는 것이 아님을 말해준다. 다음과 같이 주장하는 신경과학자들도 있다.[4]

- 장기기억은 뇌의 여러 부위에 걸쳐 널리 분포된 뉴런 패턴들과 생물학적으로 관계가 있다.
- 자극의 경험은 매우 유연한 뇌구조를 변화시키며 이는 평생에 걸쳐 뉴런 연결을 형성하고 재형성하면서 창발적인 뉴런 활동 패턴을 만들어낸다.
- 기억은 표상이 아니고 재구성이며 창발적인 패턴으로서 끊임없이 변화한다. 기억은 단순하게 어딘가에 저장되는 것이 아니라 끊임없이 반복되고 잠재적으로 변형되는 뉴런 패턴과 생물학적으로 관계가 있다.

이러한 사실은 2부에서 논의한 개인의 마음과 사회적 상호작용의 경우와 마찬가지로 기억의 생물학적 상관관계가 반복과 잠재적 변형의 연합과정임을 말해준다. 프리맨Freeman[5]은 뇌와 기억의 상관관계가

---

[4] Freeman, 1994.
[5] Freeman, 1994.

다음과 같은 방식으로 작용할 수 있다고 주장한다. 특정의 뉴런 연결이 특정 자극에 의해 유발될 수는 있지만 이것이 그 자극에 대한 기억을 만들어내지는 않는다. 이것은 단지 전체적인 패턴, 즉 끌개attractor의 재현을 유발하는 과정에 있어서의 첫 번째 단계일 뿐이다. 이 전체적인 패턴은 기억과 뇌의 관계에 의해서 정해질 것이다. 그러나 이 관계는 호출되길 기다리는 저장 장치로부터 떠올려지는 것이 아니라 자극을 받을 때마다 새롭게 형성된다. 기억과 관련하여 형성되는 패턴이 매번 약간씩 다른 이유는 패턴이 형성되는 과정에서 다른 경험이 뇌에 변화를 주기 때문이다. 이와 같이 기억이란 정확히 저장된 기록으로서 호출되어 처리되기를 기다리는 실체라기보다는 반복과 잠재적 변형이라는 역동적인 연합의 과정이다. 뇌에 대한 이러한 관점은, 뇌가 기억을 지속성과 변형이라는 패턴으로 끊임없이 구성한다는 점에서 변형적 목적론과 일치한다.

마음과 사회에 대한 복잡반응과정의 관점은 이러한 발견 및 뇌 기능에 관한 해석과 일치한다. 두드러진 자극을 접하면 내면에서의 사적인 역할 놀이가 달라지는 반응이 나오는데, 이 반응은 앞서 뇌 관련 설명에서와 마찬가지로 과거의 경험을 통해 형성된 주제로 조직되지만, 맥락의 변화와 그 자극을 접한 이후의 학습내용 여하에 따라 반복되기도 하고 변형되기도 한다. 말하자면 자극은 내면의 역할 놀이에 있어서 활동적인 이미지, 목소리 혹은 리듬이 되며, 여기에 참여하는 것은 끊임없이 반복되는 역할 놀이로 인해 조직되면서 또 잠재적으로 이러한 역할 놀이를 변형시킨다. 자극에 대한 반응은 저장 장치에서 검색되고 처리되는 것이 아니라 매 순간 다시 만들어지는 것으로, 과거의 경험에 의해 습관화된 주제들과 그런 주제의 변이들로 조직된다. 따라서 기억은 마음과 뇌 양쪽에 저장되어 있던 것이 소환되고 처리되는 것이라기보다는 반복과 변형의 역동적인 연합과정이다. 뇌와 신체에 있어서 변화의 형태로 '저장'된 것은, 저장 장치로서가 아니라 역할수행 패턴의 계기로서 작용하는 강화된 연결이며,[*6] 여기서 역할수행의 주제는 경험에 의해 결정된다. 이전의 경험은 특정한 방식으로 뇌-신체의 기능을 형성해왔으며 현재의 경험은 과거의 기억에 영향을 주면서 이 기능을 다시 형성한다. 내면에서의 역할 놀이에도 동일한 역동적 과정이 적용된다. 기억은 두 번 다시 꼭 같이 떠올려지는 일이 거의 없는 걸로 보아 이는 경험과도 거의 일치한다고 생각한다.

이는 기억의 개념이 달라졌음을 의미한다. 과거의 경험이 거의 그대로 기록되고 보관되어 있다가 저장될 때와 동일한 상태에서 특정한 위치로부터 검색되는 것이라는 개념은 더 이상 유지하기가 어렵다. 인간은 과거의 경험과 유사한 자극을 접하면 과거의 경험이 그 주제에 적합한 생물학적 상관관계를 만들며 이러한 관계는 나중에 개인 내면에서의 역할 놀이와 사회적인 상호작용의 상황에서 반복되는 것이다. 그러므로 과거 경험에 대한 기억은 등록되어 있다가 나중에 새로운 상황을 만나면 어느 정도 달라진다. 그러므로 기억은 사전에 저장되었다가 나중에 회상되고 정교화되는 것이 아니라, 완전히 확정되지 않은 새로운 방식으로 나타날 수 있는 패턴의 계기 혹은 단서다.

시스템 사고에서 보면 역사는 기억의 저장고로서 거의 그대로 소환하여 현재 행위의 기반으로 삼을 수 있는 것이다. 그러나 복잡과정의 관점에서는 역사란 살아 있는 현재에서 사람들의 상호작용을 통하여 재현

[*6] Hebb, 1949.

되는 설명이다. 역사에 대한 설명은 항상 현재 진행되는 상호작용의 맥락에 영향을 받기 때문에 과거와 꼭 같을 수는 없다. 역사의 설명은 의사소통 행위이며 자신의 행동을 남에게 맞추면서 진행되는 다른 의사소통 행위와 동일한 역할을 수행한다. 관계형성이라는 복잡한 과정에서 살아 있는 현재를 강조한다고 해서 상호작용의 패턴이 매 순간 전적으로 새롭게, 말하자면 무에서 만들어진다는 것을 의미하지는 않는다. 오히려 상호작용의 패턴은 잠재적 변형을 수반하는 반복 속에서 생성된다.

3. 사회로부터 분리된 개인과 사회적 관계 속에서의 개인

시스템 사고에서는 인간 행동의 원인과 새로운 지식의 생성을 주로 개인에게서 찾는다. 간략히 말하면 이는 결과 중심의 인과관계론으로, 타인의 행위와 같은 하나의 자극이 나의 행동의 근원이 되는 특정한 생각을 갖게 한다는 관점이다. 보다 체계적으로 말하면 이는 형성적 인과관계론이라 할 수 있는데, 이에 따르면 타인과의 관계라는 맥락과 물리적 환경이 나의 특정 행동을 유발하는 특정의 생각을 하게 되는 상황을 결정한다. 이 관점에서 보면 행동은 사전에 정해진 맥락에서 개인 간 상호작용을 통해 형성된다. 맥락 속에 있는 개인은 시스템과 환경을 구성하며 이러한 시스템의 과정이 또한 개인의 행동을 유발한다. 이는, 사회구조와 제도가 개인에게 작용하며 사회적 맥락 속에서 개인적인 동기로부터 행동이 유발되는 것으로 본다는 점에서 사회를 형성적인 인과관계 과정의 차원으로 끌어들이고 있다. 이런 동기화 과정은 사회구조와 제도가 개인의 목적, 의도 혹은 동기에 영향을 미치며 개인으로 하여금 특정 행동을 선택하도록 한다고 보는 점에서 목적론적 인과관계 관점을 취하고 있다. 앞서 3장에서 논의했듯이 비판적 실재론과 제도주의 그리고 구조화 이론과 같은 보다 단순한 인지주의적 접근에 대한 일부 비판적 논의에서는 행위의 궁극적인 원인 혹은 행위 주체성을 개인에게서 찾는데 그 이유는, 인간은 결국 개인적인 동기에 의해 사회적 행위를 한다고 보기 때문이다.

이와 같이 행위 주체성이 궁극적으로 개인에게 있다면 창조적이건 파괴적이건 어떻게 새로운 것이 생성되는가 하는 문제를 개인 측면에서 밝혀야 할 것이다. 새로운 것은 개인의 뇌에서 생성되어야 하지만 어떻게 이런 일이 일어나게 되는지에 대한 설명은 별로 없다. 만일 개인의 발달에 영향을 주는 반복적이고 지속적인 행동들이 습관화되어 사회구조가 만들어지는 것이라면 어떻게 사회구조와 제도가 변화하는지를 밝히는 것은 어렵게 된다. 이에 대한 대답은 다시 한 번 개인의 뇌 그리고 사회구조를 변화시키려는 개인의 의도에서 찾을 수밖에 없다. 새로운 지식은 개인에게서 생성되고 사회에 의해 동기화된 후 다른 사람에게 전파됨으로써 제도적으로 안착되는 것으로 보는 것이다. 그러나 바로 무엇이 전파되고 있으며 어떻게 이런 전파와 안착이 이루어지는가 하는 것이 문제이다. 나는 3장에서 개인과 사회를 분리하는 이러한 관점에는 형성적 목적론과 합리주의적 목적론이 혼합된 채 암묵적으로 가정되어 있음을 주장한 바 있다. 사회구성주의에서는 변형적 목적론을 주장하고 있으나 행위 주체성을 궁극적으로 사회적인 것, 즉 '우리^{we}'에게서 찾고 있다.

복잡반응과정의 관점에서는 인과관계 개념과 새로움에 대해 근본적으로 다른 설명을 제시한다. 여기서는 순환적이고 반복적인 유형의 인과관계에서 관계 패턴이 자발적으로 만들어진다고 본다. 끊임없이 이어지는 관계의 흐름 속에서 발생하는 관계 패턴에는 마음속에서 이루어지는 사적인 역할 놀이를 통해 자기 자신과 관계를 형성하는 개인적인 패턴뿐만이 아니라 집단과 제도, 즉 사회 속에서 일상을 영위하는 과정에서 공적인 역할 수행을 통해 서로 관계를 맺는 사회적인 패턴이 모두 포함된다. 관계를 형성하는 과정은 개인의 마음과 사회의 영역 모두에서 동질성을 표현하는 과정이며, 동질성의 표현은 동시에 이질성의 표현이기도 하다. 이것이 변형적 목적론이며 여기서는 기본적으로 개인과 사회가 분리되지 않는다.

이렇게 복잡하게 반응하는 과정은 각기 개성이 다른 사람들과의 관계 형성 과정이라는 점을 염두에 두는 것이 중요하다. 타인과의 상호작용에 참여하는 개개인은 유일무이하게 서로 다르다. 왜냐하면 개개인은 각자 다른 삶의 역사life history를 경험해 왔으며 이러한 삶의 역사는 각기 다른 정체성, 즉 모든 타인과 유일무이하게 다른 개인적인 역할 놀이로 표현되기 때문이다. 이러한 독특함은 어떻게 형성되었을까?

첫째, 모든 복잡한 과정에는 사실상 일반적인 특성, 즉 맥락과 역사에 있어서의 미세한 차이를 질적으로 다른 역사적 패턴으로 증폭시키는 힘이 있다. 물론 이것은 혼돈이론의 '초기조건에 민감한 의존성'과 '나비효과,' 소산구조 이론에서 질서의 창발을 설명하는 '요동'으로 알려진 특성이다. 어느 두 사람도 동일한 신체 리듬을 가지고 있지 않으며 삶을 영위하는 과정에서 신체를 가진 어느 두 사람도 가족, 학교, 거주지 등에 있어서 정확히 동일한 환경을 경험하지 않는다. 동일한 가정에서 양육된 쌍생아도 환경에 있어서 약간은 다른 것을 경험한다. 그러나 이러한 작은 차이는 개인 내면의 역할 놀이 패턴에 있어서 본질적인 차이로 증폭되기에 충분하다. 다시 말하면 작은 차이는 상당히 다른 역할 놀이로 확대될 수 있다.

둘째, 상상에 의한 조작 능력과 환상 또한 그만큼 중요하다고 할 수 있다. 인간의 뇌는 외부 현실을 정확히 표상하지도 않고 또 표상한 것을 원형 그대로 복구할 수 있게 저장하지도 않는다. 인간의 뇌는 경험과의 생물학적 상관관계를 구성하며 이러한 관계는 나중에 현재의 상황에서 경험과 변화에 개입하여 쉽게 변형되는 패턴을 반복하도록 하는 계기가 되는 것 같다. 이는 개인의 마음속에서 이루어지는 사적인 역할 놀이와도 비슷한 점이 있다. 이 역할 놀이는 '실제의(어떤 의미로 쓰였건)' 경험을 정확히 반영하지 않는다. 역할 놀이는 상상력과 환상을 동원하여 잘 다듬은 개인적인 구성물이다. 처음의 패턴들(정확히 말하면 역할 놀이를 조직하는 주제들)을 나중에 떠올릴 때, 이것들은 메모리 저장소에서 원래의 형태 그대로 검색되는 것이 아니고 추후의 환상과 상상력에 의해 다듬어지는 과정에서 반복되면서도 잠재적으로 변형된다. 지금 설명하고 있는 것은 경험과도 거의 일치한다. 우리가 함께 하고 있는 일에 대해 나와 동료들이 이해하는 방식을 살펴보면, 우리는 다른 사람들이 말한 것을 어떻게 다듬어 왔는지를 알게 되는 경우가 자주 있다. 우리는 사적인 역할 놀이 과정에서 다른 사람들과의 의사소통을 변형시킨다. 이 역할 놀이는 지금의 상황보다는 과거의 관계 형성 패턴과 더 많이 관련되어 있다.

개인의 독특한 정체성이 마음속으로 하는 역할 놀이에서 상상과 환상에 의해 정교하게 다듬어지는 능력을 통해 만들어진다는 사실은 대단히 중요하다. 이는 집단적·사회적 삶에서 상호작용하는 복잡한 과정에는 유사하면서도 독특하게 다른 면이 있는 개인들의 참여가 요구된다는 것을 의미한다. 이 복잡한 과정에는 알렌Allen*7이 미시적 다양성 micro-diversity이라고 지칭한 특징이 있다. 복잡성 과학에서는 이러한 미시적 다양성의 속성을 가진 시스템이 이전에는 없던 진정한 새로움을 창출하는 것으로 밝혀졌다. 이것은 사전에 결정된 새로움, 즉 접혀 있다가 다듬어지고 펼쳐지는 새로움이 아니고 진정한 새로움이다. 유추해 볼 때 상호작용하는 개인 간의 차이가 예기치 않는 새로움을 자발적으로 불러일으킬 수 있는 내적 능력을 상호작용에 부여한다고 할 수 있다. 만일 개개인의 독특성이 주어진 환경 안에서 벌어지는 요동의 결과일 뿐이라면 관계 형성에 있어서의 자기조직화 과정은 기껏해야 이미 결정된 것을 정교화할 따름이다. 이러한 독특성은 단지 이미 접혀 있던 것이 펼쳐지는 것에 불과하다. 그러나 개인의 내적인 역동성 자체로 인해 독특성이 발생하는 상황에서 미시적 다양성이 나타나며 이렇게 다양한 개인 간의 상호작용은 진정한 의미의 새로움을 창출할 수 있다.

이 논의의 요점은 다음과 같이 정리할 수 있다. 사람들이 각자 독특한 개성을 지니는 것은 개인의 역할 놀이 속에서 상상력을 동원하여 현실을 정교하게 다듬고 또 환상을 통하여 그 역할 놀이를 윤색하기 때문이다. 상호 간의 의사소통은 상대방의 공적인 표현으로 인해 유발된 사적 역할 놀이의 공적 표현(상대방의 표현 역시 결국은 개인적 역할 놀이의 표현임—옮긴이)으로 진행되기 때문에 그들은 서로를 이해하지 못할 때가 종종 있다. 이제 이 모든 것이 일반적으로 문제시된다. 결국, 그들의 목적은 서로를 이해하는 것이며 서로의 의사소통을 향상시키기 위해 많은 노력을 기울이게 된다. 정신분석학에서는 환상이 실재의 왜곡이며 성숙이란 현실 원리

---

*7   Allen, 1998a, 1999b.

에 따라 행동하기 위하여 환상을 줄이는 것과 같은 것이다. 그러나 복잡
반응과정의 관점에서는 환상과 그로 인한 오해가 바로 잠재적으로 새로
움의 원천이다. 물론 이 새로움은 창조적일 수도 있고 파괴적일 수도 있
을 것이다. 복잡성 과학에서 유추해 볼 때 다른 사람과의 관계에서 최소
한의 환상과 높은 수준의 이해는 사실 변형이 거의 없는 반복의 역동성
을 유발하는 반면(권태와 절망), 반대로 높은 수준의 환상과 그로 인한
오해는 분열의 역동성을 초래할 것이다(과대망상과 정신분열). 그러나
임계수준의 환상과 오해에서는 관계 형성 패턴의 반복 속에서 잠재적
변형의 역동성, 즉 잠재적인 새로움의 역동성을 기대할 수 있을 것이다.

　앞에서의 논의에서 비롯된 것으로, 새로움의 잠재력이 개인 내부의
독특한 개성에 있다는 주장에 대해 반박할 필요가 있다. 이런 주장은 복
잡반응과정에서는 있을 수 없는 일이다. 왜냐하면 개인의 독특한 개성
은 고립된 개인에게서 나오는 특성이 아니기 때문이다. 이는 관계 형성
역사의 결과이며 또한 현재 다른 사람들과의 관계에서 나타나는 독특한
개성은 개인 내면에서의 역할 놀이에서도 선택되지만 다른 사람들로 인
해서도 유발된다. 여기서 나타나는 것은 단순히 개인 내면에서 이루어
지는 역할 놀이 상에서의 개성만이 아니라 사회적인 상호작용 패턴에서
의 개성, 즉 집단적이고 사회적인 차원에서의 개성이라는 것을 명심해
야 한다. 어느 한쪽이 없이는 다른 쪽도 가능하지 않다. 환상과 오해는
단지 한 개인의 속성이 아니라 서로 간의 관계에서 나타나는 특성이다.
개성은 다른 사람과의 차이와 관련해서만 의미를 지닌다.

　이와 관련하여 권력관계의 문제를 다시금 살펴보고자 한다. 모든 관
계 형성은 사람들을 움직이게 하면서도 동시에 제약하기도 하는 제약조
건의 활성화 과정이기 때문에 권력관계는 공적인 상호작용 영역임이 분

명하다. 마음으로 하는 사적인 역할 놀이도 동일한 관계 형성의 과정 혹은 의사소통의 과정이기 때문에 이 또한 권력관계의 특징들을 지닌다. 이 경우 권력관계는 개인의 역할 놀이에서 여러 다른 '목소리들'이 서로를 활성화하면서 또 제약하는 방식으로 나타난다. 이러한 사실은 우리가 결정을 내리지 못할 때 매우 분명해진다. 따라서 개인적, 집단적 생각에 있어서의 동질성과 이질성 역시 불현듯이 나타나는 권력관계의 특성이다. 그러므로 인간의 관계 형성에 있어서 미시적 다양성 또한 권력관계의 결과이며 권력관계 역시 근본적으로 새로움의 주요 원천이다. 이는 틀에 박힌 사고가 아니다. 틀에 박힌 사고에서는 권력의 차이를 드러내는 것이 많은 불편함을 야기하기 때문에 권력에 대해서는 모른채 하는 경향이 있다. 권력에 관해 논의하는 경우, 권력은 '나쁜 것'으로 치부되는 경향이 있는 것 같고, 이에 대해 쉽게 내놓는 처방은 권력의 차이와 갈등을 줄이는 것이 된다. 복잡반응과정의 관점에서는 임계수준의 권력의 차이가 창발적인 새로움을 위한 역량을 부여한다고 주장한다.

인지주의와 그 외 여러 접근에서는 개인의 지식과 조직의 지식을 구분해서 논의하고 지식과 새로움의 창출 과정을 관리하는 문제에 관해 토론하는 것이 합리적으로 보일 수도 있다. 그러나 복잡반응과정의 관점에서는 개인의 지식과 조직의 지식은 근본적으로 차이가 없다. 양쪽 모두 신체적 관계 속에서 재현되는 패턴이기 때문이다. 여기서 지식은 인공물에 내재되어 있을 수 있지만 이것은 죽은 지식이다. 인공물을 활용하는 것은 관계 속에서만 일어난다. 새로움의 출현은 미시적 다양성과 환상 능력, 권력의 차이, 그리고 오해에 달려 있다. 이렇게 볼 때 지식과 창발의 과정을 관리하는 문제에 관해 논의하는 것이 과연 의미가 있을까?

4. 결과로서의 지식과 과정으로서의 지식

조직의 지식 창출과 관리에 관해 주류 문헌에서는 명시적 지식과 암묵적 지식의 구분을 중요하게 다룬다(2장 참조). 명시적 지식이란 개인이 알고 있으며 명확히 표현할 수 있는 지식이다. 이 지식은 쉽게 드러낼 수 있는 개별 행위의 근거가 되며, 밖으로 표현할 수가 있기 때문에 명제와 절차 및 규칙의 형태로 문자화할 수 있다. 또한 체계화가 가능하며 여러 사람이 쉽고 폭넓게 활용할 수가 있고 한 사람으로부터 다른 사람에게로 쉽게 전달될 수가 있다. 반면에 암묵적 지식은 개인이 가지고 있는 것으로, 명확히 표현은 할 수 없으나 행동은 유발할 수 있다. 대부분의 숙련된 행동은 규칙과 절차 혹은 명시적 지식으로 환원하는 것이 불가능하며 숙련된 행동의 원인은 암묵적 지식에 있기 때문에 이를 소유한 개인도 인식하지 못할 수 있다고 여겨진다. 이러한 지식은 오로지 숙련된 행동을 실천할 때만 확인된다. 따라서 지식 관리의 영역은 암묵적 지식을 그 소유자로부터 다른 사람에게 어떻게 전달할 것인가 하는 문제와 관련하여 많이 다루어진다. 이는 조직의 과업 수행 노하우가 개인의 조직이탈 같은 예기치 못한 행동에 좌우되지 않도록 하기 위함이다. 암묵적 지식은 모방에 의해서 혹은 실천공동체의 구성원들이 서로 주고받는 이야기를 통해서 전달되는 것으로 간주된다.

인간의 행동에는 숨겨진 원인이 있다는 생각, 말하자면 현실^{reality}은 겉으로 드러난 행위의 이면에 놓여 있다는 관점은 정신분석적 접근의 핵심이기도 하다. 이는 무의식의 개념으로서 효과적인 행위의 숨겨진 원인이라기보다는 현실과의 접촉을 저해하는 숨겨진 원인이다. 프로이드의 고전적인 관점에서 보면 행동의 동기는 욕구로서의 이드^{id}로 표현되는 성욕과 공격성이라는 타고난 본능에서 나온다. 이러한 욕구는 현실 원리pleasure principle에 따라 해소하려고 한다. 사회는 사람들로 하여금 이드에서 나오는 모든 소망을 드러내는 것에 대해 제약을 가하며 이러한 제약으로 인해 자아ego가 형성되고 자아는 부적절한 소망을 억압함으로써 이드와 사회 사이를 중재한다. 자아는 이드에서 나온 소망에 대응해서 부인denial이나 투사projection, 동일시identification, 이상화idealization 같은 방어기제를 형성한다. 그러나 소망은 사라지는 대신 방어기제와 마찬가지로 의식 밑으로 잠적한다. 소망과 이에 대한 방어기제는 무의식적인 것이 되고 계속해서 행동의 원인으로 작용하지만 행위자는 더 이상 이를 의식하지 못한다. 이 무의식적인 원인은 현실과 접촉하지 않기 때문에 사람들은 현실과 부합되지 않는 행동을 하게 된다. 대부분의 효과적인 행위는 억압된 바람과 그에 대한 방어기제의 본질을 이해하고 현실 원리에 더 부합되게 처신할 때 가능하게 된다.

한편 후기 대상관계이론에서는 흔히 행동의 원인이 편집성 분열증 같은 공격성과 학대라는, 보편적이고 유전적으로 타고난 환상에 있으며 사람들은 이러한 환상에 대응해서 대상을 선과 악으로 나누고 자신의 원치 않는 감정을 상대방에게 쏟는 투사적 동일시를 함으로써 스스로를 방어한다고 주장한다. 보다 성숙한 행동은 환상과 이에 대응하여 사용하는 방어기제의 본질을 이해할 때 나타난다. 사람들이 환상과 접촉하게 되면 어떤 대상이 모호하게도 선과 악을 동시에 지닐 수 있음을 알고 우울기제depressive position에 빠진다. 이러한 접근은 집단 행동이론으로 발전했는데, 이 이론에 따르면 사람들은 분리하고 희생양을 찾는 무의식적인 과정과, 의존 및 투쟁-도피 반응 같은 불안에 대응하는 방어기제에 집단적으로 굴복한다. 다시 말하면 사람들은 그들을 움직이게 하는 무의식적인 집단 과정을 인식하거나 명확한 역할과 과제를 충분히 인식하게 되면 보다 더 효과적으로 함께 협력해 나갈 수 있다고 보는 것이다.

복잡반응과정의 관점에서는 사람 사이에서 진행되는 상호작용의 겉모습appearance 이면에 놓여 있는 궁극적인 현실이라는 것이 없다. 인간 행동의 암묵적 혹은 무의식적 원인은 존재하지 않는다는 것이다. 이보다는 관계 형성의 패턴, 즉 마음속에서 진행하는 개인적인 역할 놀이의 패턴과 타인과의 상호작용에서 이루어지는 사회적인 역할 수행의 패턴은 양자 모두 서로에 대해 원인으로 작용한다고 본다. 그러나 이는 상호작용하는 사람들이 개인적인 역할 놀이와 사회적인 역할 수행의 패턴을 의식하고 있다거나 언어로 분명히 표현할 수 있다는 것을 뜻하지는 않는다. 사실 사람들은 그런 것에 대해 그리 많은 것을 알지 못한다. 그러므로 암묵적이고 무의식적인 것이 존재하기는 하지만 그것은 앞에서 언급한 이론에 제시된 그런 것은 아니다. 서로에 대해 반응하면서 관계를 형성하는 지속적인 흐름에 참여하면서도 사람들은 자신과 타인의 개인적인 역할 놀이와 관련된 모든 내러티브 주제 혹은 사회적인 상호작용을 패턴화하는 내러티브 주제들을 충분히 알지 못한다. 이러한 의미에서 많은 주제들은 암묵적이거나 무의식적이다. 상호작용에 참여하고 있는 사람들이라고 해서 자신과 타인의 변화하는 신체/느낌의 리듬을 항상 인식할 수 있는 것은 아니다. 서로에 대해 반응하면서 관계를 형성하는 일은 상당 부분 매우 신속하고 저절로 이루어지기 때문에 당사자들은 그 패턴을 인식하지 못할 수가 있는 것이다. 그러므로 함께 하는 경험을 조직하는 많은 주제들은 어쩔 수 없이 무의식적일 수밖에 없다.

더욱이 이러한 암묵적 혹은 무의식적인 주제들이 명시적으로 표현될 때 이 주제들은 모종의 숨겨진 현실을 드러내는 것이 아니라 이어지는 제스처와 반응을 지속적인 흐름으로 조직한다. 상호작용 당사자들이 생각하기에 무의식적이거나 암묵적인 것을 명시적으로 드러내는 것은, 권력관계에 대해 나름대로 의미가 있는 다른 모든 것과 마찬가지로, 단지 관계 형성과정의 지속적인 패턴화, 즉 의사소통의 구성에 더 많이 기여할 뿐이다. 그러므로 무의식적인 것을 명료화하거나 해석하는 것은 근본적으로 특별한 의미가 없다. 이런 활동은 지속적인 흐름 속에서 진행되는 다른 행위와 마찬가지로 유익한 것이 될 수도 있고 해로운 것이 될 수도 있다. 이러한 관점에서 보면 그것을 드러냈을 때 효과를 높일 수 있는 궁극적인 혹은 숨겨진 실체라는 것은 존재하지 않는다. 이보다는 관계 형성의 패턴이라는 현실이 존재하며 그러한 패턴들에 대해 언급하는 것은 모두 진행 중인 현실에 영향을 미치는 행위다. 행위의 효과를 더욱 높이는 것은 관계의 지속적인 흐름에 대한 지원의 특성이다. 미지의 것에 직면하는 데 따르는 불안을 억제하는 것은 사람들이 맺고 있는 관계의 특성과 그 관계에 참여하는 이들이 수행하는 개인적인 역할 놀이의 특성이다. 개인적인 역할 놀이의 특성은 역사적으로 형성된다. 불안과 더불어 살아갈 수 있게 하는 것은 신뢰라든가 성숙, 자신감 같은 관계의 특성이다.

복잡반응과정의 접근 방법은 관계에 초점을 두고서 암묵적인 것 혹은 무의식적인 것을 이해하려는 것이다. 인간관계에서 언어는 중요한 역할을 하며 인간관계는 항상 권력과 얽혀 있기 때문에, 무의식적인 것에 대해 사고할 때 언어와 권력이 갖는 의미는 중요하다. 달랄Dalal[*8]은

[*8] Dalal, 1998.

권력과 이념의 관계를 다룬 엘리아스Elias와 스코트슨Scotson의 분석*9에 대해 논평하면서, 관계적 주제의 패턴을 조직하는 또 하나의 관계적 주제로서의 이념이 어떻게 무의식적으로 권력관계를 유지하는지를 지적하고 있다. 예를 들면, 사람들은 권력을 유지하기 위하여 무의식적으로 내부자와 외부자를 구분함으로써, 인종차별의 이념을 지지한다. 이에 대해 외부자는 내부자를 배척하는 것으로 응수하려고 한다.

> 외부자들에게는 내부자를 배척할 힘이 없기 때문에 배척의 시도는 성공하지 못한다. 따라서 주변부 집단은 전략적 필요에서 어쩔 수 없이 동일한 무기를 사용할 수밖에 없다. 그것은 주변부 집단에 대해 새로운 근본주의를 주장하면서 사실상 새로운 중심을 구축하려고 애쓰는 것이다. 이 집단은 흑인, 여성, 노동 계급, 프로이드주의자 등이 된다는 것에는 뭔가 근본적인 것이 있다고 주장하면서 이 근본적인 것을 가지고 정체성을 중심으로 응집한다. 엘리아스는 응집력이 정치적 힘을 형성하는 데 필수불가결하다는 것을 보여주고 있다. 동질성 혹은 정체성이라고 명명된 것은 저항을 조직하는 상징이다. 이 정체성의 주변부는 다른 것과 마찬가지로 모질게 검열을 받는다. 그들은 자신들을 응집시키기 위해 지배집단과의 차이를 주장하고 중심에 참여하기 위해 지배 질서에 도전한다. 역설적이게도 결국 그들은 해체되기 위해 응집한다. 중요한 것은 이러한 궁극적인 사실에 대한 지식이 숨겨져 있다는 것, 말하자면 무의식적이라는 것이다.*10

그러나 달랄은 한 걸음 더 나아가 언어의 구조와 관련한 사회현상으

---

*9 Elias and Scotson, 1994.
*10 Dalal, 1998, pp.206-207.

로서 무의식의 개념을 발전시켰다. 인간은 경험을 다루기 위해 이를 범주화하거나 분류한다. 이름을 부여하는 이러한 행위는 기본적으로 이진논리를 따른다. 언어의 심층구조는 이진논리로서, 사물을 'A' 혹은 'A 아닌 것'으로 범주화하는 것이다. 인간은 경험을 개념화할 때 이를 둘로 쪼개는 자연스러운 경향이 있는 것 같다. 또 한 가지 포인트는, 경험을 개념화하는 데 있어서 두 가지 다른 형식의 논리, 즉 마테-블랑코 Matte-Blanco*11가 '비대칭'과 '대칭'이라고 부른 논리가 있다(7장 참조). 비대칭 논리에서는 사물을 구별하고 이를 시간과 공간에 위치시킴으로써 차이를 설정한다. 반면에 대칭 논리에서는 모든 사물을 동일한 것으로 간주한다. 말하자면 이 논리에서는 모든 것을 동질화하며 사물 사이에는 모순이나 부정이 없고 확실성이나 불확실성에 있어서도 정도의 차이가 없다고 보는 것이다. 따라서 차이도 없고 사물을 나누는 공간과 시간도 없다. 마테-블랑코의 주장에 따르면 이 두 가지 형식의 논리는 모든 유형의 사고에 동일하게 적용된다.

복잡반응과정의 관점에서 볼 때 무의식적인 것은 전적으로 개인의 뇌에 숨겨진 지식도 아니고 방어기제로서 타고난 욕망이나 환상도 아니다. 이것은 상당 부분 사람들이 언어로 신호를 보낼 때, 그리고 권력관계 및 그 권력관계를 유지하려는 것을 은폐하기 위해 이념을 활용할 때 주로 나타나는 사람들 사이의 상호작용을 패턴화하는 것이다. 그러므로 보다 효과적인 행위는 관계를 형성하는 데 보다 효과적으로 참여하는 것이며, 이 참여는 의식적인 패턴과 무의식적인 패턴 모두를 아우르는 대화를 계속 이어나가는 것이다. 숙련된 행동의 원천은 개인의 뇌 속

---

*11 Matte-Blanco, 1975, 1988.

에 잠겨 있는 암묵적 지식이 아니라 관계 형성 패턴에 지속적으로 참여하는 것이다.

5. 체제로서의 언어와 행위로서의 언어

인지주의의 관점에서는 언어란 기호 혹은 상징의 체제이며 이러한 기호 혹은 상징들은 체제 안에서 일련의 규칙과 문법, 구문에 의해 처리된다고 본다(6장 참조). 상징은 기존의 현실을 표현하며 기호의 체제는 구문에 의해 논리적으로 처리되어 의미가 만들어진다. 우선은 적어도 자아의식을 가진 의식적인 개인이 있고 다음에는 그 의식적인 개인이 언어를 사용해서 자기가 맞닥뜨리는 것으로부터 의미를 추출한다. 다마지오Damasio는 뇌의 기능에 관한 연구에서 이러한 논의의 예를 보여 주고 있다.[12] 그의 연구에 따르면 언어는 실체, 사건, 관계 및 추론을 나타내는 비언어적 이미지를 번역한 것이다. 다시 말하면 마음은 외부의 현실을 접했을 때 처음에는 그에 대한 생각 혹은 개념을 만든 다음 이어지는 이 마음의 과정을 언어로 번역한다. 의식과 자아는 언어를 사용하기 이전에 존재한다. 언어는 단지 인간에게 사물의 이름을 알려줄 뿐이며 여기에는 '개인적 자아'와 '사회적 자아me'가 포함된다. 이렇게 되면 언어는 기본적으로 인간을 실제의 경험, 즉 비언어적 경험과 정서 및 느낌의 경험으로부터 분리시킨다는 결론에 이르게 된다. 주류 정신분석의 이론에서도 언어의 본질 및 마음과 언어의 관계에 대해 거의 같은 입

---

[12] Damasio, 1999.

장을 취한다.*13

　복잡반응과정의 관점에서는 특히 미드,*14 비고츠키,*15 엘리아스,*16 바흐찐*17 등의 주장을 바탕으로 개념과 생각은 이미 언어라고 주장한다. 사고의 과정에서 대상을 가리키는 언어의 이면에 존재하는 것 혹은 언어보다 더 근본적인 것은 없다. 말과 생각은 동일한 것이다. 사고는 언어 기호 속에서 일어나며 주지하다시피 언어 없이는 개인의 마음도 존재할 수 없다. 사실 언어는 음성 제스처로서 음성 반응을 불러일으키며 이 언어와 음성 반응은 사회적 행위를 함께 구성하여 의미를 만든다. 개인의 정신 작용인 역할 놀이는 상당 부분 언어를 통해서 이루어지며 자아self는 '개인적 자아I'와 '사회적 자아me' 간의 대화이다. 그런데 언어 없이는 정교한 마음의 작용이 불가능하며 언어는 사적인 마음의 대화가 이루어지는 주요 매개체이다. 이러한 견해는 얼굴 표정이나 그림 이미지 같은 다른 유형의 의사소통 양식이나 제스처의 중요성을 무시하거나 부인하지 않는다. 마음속으로 하는 사적인 역할 놀이는 느낌이 느낌을 유발하는, 말하자면 하나의 신체리듬이 또 다른 신체리듬을 유발하는 형태의 반응이 이루어지는 상호작용을 통해 진행된다. 그러나 이러한 견해는 자아의 발달 및 타인에게서와 동일한 반응을 자신에게서도 불러일으킬 수 있는 능력의 발달에 있어서 언어가 지니는 중요성을 강조하고 있다. 언어는 사회를 구성하는 타인과의 사회적 상호작용과 마음을 구성하는 자기 자신과의 개인적 상호작용 모두에 필수적

---

*13　Wright, 1991.
*14　Mead, 1934.
*15　Vygotsky, 1962.
*16　Elias, 1970.
*17　Bakhtin, 1986.

이다. 두 가지 상호작용은 모두 사회적 과정으로서 언어가 없었다면 지금과 같은 형태의 사회적 과정은 존재할 수 없을 것이다.

다마지오가 언어와 자아, 그리고 마음 간의 밀접한 관계에 관한 이러한 논의에 반대하는 근거는 다음과 같다. 특정 뇌 부위에 손상을 입은 사람들의 경우 언어 사용 능력은 상실되지만 의식과 사고 능력은 잃지 않는다는 것을 보여준다. 그들은 여전히 의식과 주의력이 있으며 상황에 적합하게 의도적으로 행동할 수 있다. 또한 얼굴 표정과 손짓으로 의사소통을 하며 감정을 표현한다. 청각장애와 언어장애를 가진 사람에 대해서도 같은 점을 지적할 수 있을 것이다. 말하자면 언어를 사용할 수 없는 사람이라고 해서 마음 혹은 자아가 없다고 주장할 수는 없다. 이런 사람들은, 미드Mead의 용어로 표현하자면 중요한 상징을 매개로 해서 의사소통하고 있는 것이다. 미드에게 있어서 중요한 상징이란 타인에게서와 동일한 반응을 자신에게서 불러일으킬 수 있는 제스처인 것이다. 이러한 가능성은 음성 신호에만 있지 않고 어떠한 신체 제스처에도 있다. 다만 음성 신호를 사용하는 화자는 자신이 한 말을 청자와 동일하게 들을 수 있기 때문에, 음성 신호는 반응의 제스처를 보다 정교하게 다듬을 수는 있다. 뇌 손상을 입은 사람들과 농아, 혹은 다른 언어장애가 있는 사람들에게도 여전히 의식과 마음 그리고 자아가 있는 이유는 그들도 여전히 중요한 상징을 매개로 의사소통을 할 수 있기 때문이다. 마음은 상징을 매개로 한 개인의 역할 놀이인 것이다. 그러나 언어 능력이 있는 사람들과 함께 살아가는 사회에서 언어장애가 있는 이들은 분명 어려움을 겪는다. 더욱이 언어 장애가 있는 사람들의 사회적인 의사소통 능력과 자기 자신과의 개인적인 의사소통 능력은 말할 수 있는 다른 사람들과의 네트워크 속에서 형성되어 왔고 지금도 그렇게 형성되고 있다고 할 수 있다. 말할 줄 아는 사람이 아무도 없고 또 모두가 비언어적인 중요한 상징으로 의사소통하는 사회가 있다면 그런 사회는 우리가 아는 사회와 전혀 다를 것이고 개인의 마음 또한 그러할 것이다. 다마지오의 사례는 미드의 주장을 비껴가고 있는 것으로 보인다.

생각이 언어로 번역된다는 개념에 대한 다마지오의 설명에는 또 다른 문제가 있는 것 같다. 다마지오에 따르면 생각은 비언어적 이미지이며 이는 감각 자극에 대한 반응으로 신체에 기록이 되어 있다.

> 이 아이디어를 당신에게 전달하기 위해 내가 사용하고 있는 말들은 아무리 단순하고 개략적인 것일지라도 그 아이디어를 페이지에 문자로 표현하기 전에 처음에는 청각적, 시각적, 신체 감각적 음소와 형태소의 이미지로서 만들어졌다. 마찬가지로 지금 당신의 눈에 보이는 인쇄된 말들은 다른 이미지, 즉 비언어적 이미지nonverbal images의 활성화를 촉진하기 전에는 처음에 언어적 이미지verbal images로 처리된다. 이러한 비언어적 이미지를 통해 나의 말에 부합하는 '개념'을 마음속으로 나타낼 수 있다. 이러한 관점에서 보면 당신이 생각하는 모든 기호는 하나의 이미지이다. 매 순간 정신적 배경을 이루는 느낌이란 것도 앞에서 설명한 의미에서 이미지, 말하자면 신체 상태를 주로 나타내는 신체 감각적 이미지인 것이다.[18]

그는 분명 송신자-수신자 의사소통 모형을 채택하고 있다. 그는 '개념'에 부합하는 비언어적 이미지를 마음(뇌/신체) 속에 지니고 있다. 그가 이 이미지를 말로 번역하면 독자는 이 말을 시각 자극으로 처리한다. 그러면 이 시각 자극은 독자의 마음(뇌/신체) 속에서 저자의 마음(뇌/신

---

[18] Damasio, 1999, p.319.

체) 속에 있던 개념과 동일한 이미지를 형성한다. 그렇다면 이 개념은 어떤 종류의 이미지인가? 또 하나의 시각적 이미지인가 아니면 청각적 이미지인가? 혹은 신체 감각적 이미지인가? 왜 처음의 시각적 이미지로 충분하지 못할까? 한 단어가 다른 단어와의 연관성을 유발한다고 말하고 있지 않다는 점에 주목할 필요가 있다. 그의 주장인즉, 한 단어의 의미는 그의 뇌 속에 있는 '개념'으로서, 이는 번역된 형태로 독자의 뇌로 전달이 되며 이 개념은 독자의 뇌 속에서 다시 번역이 된다는 것이다. 그런데 의미가 어떻게 저자와 독자 사이의 관계라는 맥락이 아니라 별로도 분리된 뇌 속에 '개념'으로 존재한다는 것인가? 만일 누군가가 상대방에게 어떤 것을 말이나 글로 표현하는 대신 손짓을 보내고 그 손짓이 상대방에게 어떤 생각을 전달한다면 그 손짓은 번역이 되어야 하는가? 누군가에게 보내는 모든 손짓은 번역을 해야 하는가? 그렇다면 무엇으로 번역을 해야 하는가? 당신의 손짓이 나에게 공포심을 유발하고 내 느낌의 리듬이 이것을 나타내고 있다면 이미 우리 사이에 의미가 충분히 만들어지고 있는 게 아닌가? 공포라는 '개념'을 나타내기 위하여 나의 신체 상태가 무언가로 번역이 되어야 하는가? 그 번역은 또 하나의 신체리듬 외에 무엇이 될 수 있는가?

미드Mead로부터 도출한 복잡반응과정의 설명 프레임에서는 의미를 맥락 속에서 이루어지는 사회적 행위에 둠으로써 이 모든 복잡한 번역의 문제에서 벗어나고 있다. 주지하다시피 복잡한 사회적 행위의 매개체는 무엇보다도 언어이며 인간의 사고는 언어를 통해서 이루어진다. 그러나 자신과 무언의 대화를 하건 남에게 구두로 말을 하건, 화자는 하나의 신체이며 신체에는 항상 느낌의 리듬이 있다. 따라서 언어는 항상 느낌과 얽혀 있다. 그러므로 마음과 사회가 '언어를 통해서' 형성된다고 할 때 이 말은 상당 부분 언어로 표현되며, 느낌이 수반되는 인간 상호관계의 지속적인 흐름을 의미한다.

6. 제도, 의사소통 및 권력

3장에서 지적했듯이, 조직에서 지식의 창출과 경영에 관한 인지주의적 관점에서는 제도와 조직을 사람들의 상호작용에서 만들어지는 것과는 다른 차원으로 본다. 제도적인 삶의 기반은 한편에서 습관과 관행, 공유된 가치와 신념, 미션과 비전과 같은 문화와 다른 한편에서 권위의 위계적 수준에 따라 시행되는 규칙과 절차라는 것이다. 이러한 관점에서는 조직을 포함한 제도의 이러한 모습과 관련하여, 지지 문화의 사전 설계뿐 아니라 계층 구조, 절차, 정보 및 통제 시스템의 일부로서 규칙의 사전 설계에 중점을 둔다. 일반적으로 권력은 위계 구조의 한 측면이다. 사실, 위계 구조에 어긋나게 시행되는 권력에 대해서는 불법으로 보는 경향이 있다. 여기서 권력은 의사소통과는 무관한 것으로 특정인이 다른 사람에게 행사하는 강제력으로 여겨진다. 따라서 이러한 관점에서는 어떠한 형태의 인간관계에 있어서건 권력을 본질적이거나 필연적인 것으로 여기지 않는 것이 일반적이다. 이런 관점에서 보면 조직의 지식은 설계되고 체계화된 절차에 있으며 조직을 변화시키는 것은 그 설계를 의도적으로 바꾸는 것이다. 조직의 정체성, 말하자면 조직의 목적과 기본 특징은 위계적인 측면에서 권력을 가진 사람이 선택하고 설계하는 것으로 간주된다.

그러나 조직을 관계 형성에 있어서의 복잡반응과정으로 이해하게 되면 제도는 반복성이 높게 나타나는 사람 사이의 관계 형성 패턴이라 할 수 있다. 관계 형성의 패턴은 함께 하는 경험을 조직하는 의사소통의 주제이며, 이러한 경험 자체가 의사소통의 주제이다. 의사소통 관계 혹은 권력관계라 할 수 있는 이러한 주제들과 그 변이들은 자발적으로 생겨난다. 여기서 권력관계의 패턴은 동시에 의사소통의 패턴이라는 점에서, 그리고 관계에 참여하는 것을 촉진하기도 하고 제약하기도 한다는 점에서, 권력과 의사소통은 동일한 것이다. 이념 혹은 신념 패턴은 권력관계의 패턴을 자연스럽게 느끼기 때문에 권력관계의 유지를 정당화하는 의사소통 주제이다. 조직을 포함한 각종 제도들은 습관성과 반복성이 높게 나타나는 의사소통 및 권력관계의 패턴이다.

복잡반응과정의 프레임에서는 권력관계와 이를 무의식적으로 유지하게 하는 이념적인 주제를 조직의 지식 창출 과정의 중심에 자리매김한다. 조직의 권력관계는 이념으로 패턴화된 대화를 통해 생성되어 '안'에 있는 자와 '밖'에 있는 자의 역동성을 만들어낸다. 이는 우월한 대화 방식을 구별 짓는 무의식적인 과정에 반영되어 있다. 예를 들어 오늘날 대부분의 조직에서 특권화된 언어privileged language는 규칙과 절차에 관한 것이다. 이런 용어를 효과적으로 사용할 수 있는 이들은 다른 이들을 침묵시킬 수 있고 그렇게 함으로써 할 수 있는 일에 영향을 미친다. 어떤 기회가 주어졌을 때 즉흥적인 언어를 사용하고 직관적 혹은 감정적인 반응을 하는 사람들은 그런 상황에서 우위를 점하지 못할 것이다. 이런 사람들은 영향력을 발휘하기 위하여 그들의 주장을 지배집단의 언어로 바꿀 필요가 있다는 사실을 알게 될 것이다. 이렇게 하지 않으면 주류에서 밀려난다. 마찬가지로 한 집단에서 가장 설득력 있는 사람들이 자기 조직화와 창발 같은 개념을 가지고 대화할 수 있는 재능을 발전시켰을 경우 그들은 그 집단에서 주류의 위치에 있게 되겠지만, 이런 대화 능력이 부족한 사람들은 비주류로 밀려나게 될 것이다.

하위집단에서 주류냐 비주류냐를 결정하는 의사소통/권력관계의 역동성은 어디에나 있으며 이는 불가피하다고 생각한다. 그 결과 발생하는 포용과 배제의 느낌은 이어지는 공동협력의 추이에 중요한 영향을 미치며 경쟁과 대립 관계로 이어질 때는 협력을 와해시킨다. 배제를 경험한 이들은 좌절하고 극단적인 상황에서는 모욕이니 희생을 당한 것으로 생각한다. 따라서 조직 생활에서는 학대자와 피학대자, 가해자와 피해자의 역동성이 발생할 가능성이 언제나 존재한다.

이러한 관점에서 보면 조직의 지식은 의사소통과 권력의 패턴 및 포용과 배제의 패턴에 있어서 끊임없는 반복과 잠재적인 변형이 이루어지는 과정이다. 조직의 변화는 곧 의사소통과 권력관계 패턴의 변화이며 포용과 배제 패턴의 변화이다. 이러한 과정에서 조직의 정체성이 나타나며, 함께하기 위한 목적과 이에 대한 영감이 지속적으로 반복되고 잠재적으로 변형되면서 스스로를 유발한다.

7. 집단현상으로서의 협력적 대화와 일상의 자연스러운 대화

학습 조직을 다룬 문헌에서는 경영 실무자들에게 다이얼로그dialogue로서의 대화의 중요성을 일깨워주었다Senge. [19] 대화에 대한 이런 논의는 주로 봄Bohm의 주장[20]에 기반을 두고 있으며, 여기서 다룬 개념들은

---

[19] Senge, 1990.
[20] Bohm, 1965, 1983; Bohm and Peat, 1989.

복잡반응과정의 조직 논리를 개발하면서 내가 사용한 것과 여러 가지 면에서 비슷하다. 그러나 이 유사성으로 인해 근본적인 차이점이 감추어질 수 있다. 셍게가 봄의 아이디어를 채택하는 방식을 간략하게 요약하면서 이점을 지적하고자 한다.

봄에 따르면 대화dialogue란 집단을 통해 의미가 자유롭게 흐르는 것을 말하며 이런 대화를 통해서 혼자서는 불가능한 통찰을 얻을 수 있게 된다. 이것은 집단 현상이며, 구성원들이 좀 더 큰 지성의 흐름을 허용할 때 일어난다. 봄은 새로운 차원의 마음이 나타나는 문제에 관해 논의하고 있는데, 그의 주장에 따르면 사람들은 대화를 통해서 개인으로서는 접근할 수 없는 공동의 의미 풀에 참여하게 된다. 그는 부분을 조직하는 전체에 관해 이야기하고 있다. 여기서 전체란 공동의 의미 풀을 말한다. 이는 일종의 초월적인 마인드로서 우주는 분리할 수 없는 전체라는 양자물리학의 아이디어와 유사하다. 이것이 경험에 의해 펼쳐지는 감춰진 질서implicate order에 관한 봄의 발상이다. 여기서 부분이란 개인의 지각을 안내하고 형성하는 정신적 지도를 말한다.

이러한 관점과 필자의 관점 간의 차이는 인과관계에 대한 가정 및 개인과 집단의 관계에 대한 가정과 관련이 있다. 첫째, 내가 제시한 상호작용의 과정에 대한 설명에서는 미래는 끊임없이 재구성되는 과정에 있다고 하는 변형적 목적론을 가정하고 있다. 이 점에서 미래는 감춰진 질서로서 사전에 포개져 있던 것이 펼쳐지는 것이라는 봄의 견해와 구별된다. 후자의 관점에서는 아무리 애를 써도 진정한 새로움은 불가능하다. 이미 포개진 감춰진 질서라는 이러한 발상은 공동의 의미 풀이라는 개념에 나타나 있는데 이는 사람들이 대화를 통해 상호작용할 때 접근하는 초월적인 전체 혹은 집단정신이다.

둘째, 봄에 의하면 집단에는 집단 심리라는 신비한 요소가 있기 때문에 개인과 다른 존재 차원에 있다. 그러나 이 공동의 의미 풀과 더 큰 지성은 도대체 어디에 있으며 그 본질은 무엇인가? 복잡반응과정의 관점에서는 개인의 마음과 집단의 상호작용은 서로를 형성하면서 동시에 서로에 의해 형성되는 관계에 있는 것으로 본다. 개인과 집단은 동일한 존재 차원에 있으며 초월적인 전체나 집단정신, 혹은 공동 의미의 풀 같은 것은 존재하지 않는다. 의미는 현재의 국지적 상황에서 사람들 사이의 의사소통 상호작용을 통하여 생성되는 것이다. 봄은 집단적인 의미의 풀도 존재하고 이와는 별도로 개인의 외부에 있는 이러한 공통의 풀에 의해 대화를 통해서 형성되는 개인의 마음도 존재한다는 관점을 취하고 있다. 여기에는 미드의 사유 방식에서 찾을 수 있는 일종의 **역설적인 움직임**paradoxical movement이 완전히 결여되어 있다.

봄과 셍게에게 있어서 대화는 특별한 종류의 협력적 대화로서 주로 경쟁적으로 진행되는 토론과는 전혀 다르다. 자체 생명력이 있는 특별한 의미의 대화는 오늘날 거의 찾아보기 어려우며 따라서 '보다 원시적'이라 불리는 사람들이 일상적으로 실천했던 삶의 방식, 말하자면 과거의 지혜로 되돌아가야 한다고 요구한다. 북미 원주민들은 오늘날까지도 이를 실천하고 있는 몇 안 되는 사례이다. 셍게에 의하면 이런 대화를 거의 경험하지 못하고 있는 오늘날, 이는 보기 드문 일이다. 이런 이유로 그는 대화의 기술을 익히기 위한 체계적인 노력과 규율 있는 실천이 요구되며 이는 깊은 갈망을 충족하기 위해 재발견할 필요가 있다고 하면서 지금 당장 실천한다면 원하는 바를 얻을 수 있다고 말한다. 그런데 당장 실천하려면 특별한 방식으로 참여를 해야 한다. 여기에는 잠시 멈추는 것, 즉 그들의 기본 가정을 아는 것, 서로를 동료와 친구로 바라보는 것이 포함되며 또한 상황을 컨트롤할 수 있는 조력자가 있어야 한다. 이를 위해서는 저항과 방어 루틴을 줄여야 한다. 그래야만 대화가 가능하기 때문이다. 봄에 따르면 이러한 상황이 되었을 때라야 비로소 사람들은 자신의 생각을 돌아볼 수 있으며, 일단 관객의 입장에서 생각할 줄 알아야 스스로 자신의 생각으로부터 거리를 둘 수가 있다. 이렇게 되면 갈등은 사람과의 갈등이 아니라 생각에 대한 갈등이 된다. 그러므로 대화는 토론과 균형을 맞출 수 있는 안전한 환경을 제공한다. 봄은 위계적인 조직에서는 대화가 사실상 불가능하다고 했지만, 대화는 경영관리를 위한 새로운 도구와 처방이 될 수 있다.[21]

나의 주장은 이와 극명하게 대조된다. 첫째, 대화라는 에덴동산을 상실했다거나 상실한 것을 다시 찾기를 갈망한다는 낭만적인 관념은 존재하지 않는다. 대신에 필자는 살아 있는 현재의 국지적 상황에서 펼쳐지는 평범하고 일상적인 컨버세이션conversation으로의 대화의 독특한 성격을 지적해 왔다. 자발적으로 이루어지는 이런 대화는 역설적으로 창조적이면서 동시에 파괴적인 면을 지닌다. 나는 또한 살아 있는 현재에서 공동행동을 이루어내는, 매우 복잡한 의사소통 및 관계 형성과정을 이해하는 방식을 제안한 바 있다. 이것은 경쟁과 협력이 동시에 작용하는 (따라서 역설적인) 상호작용의 과정이며 따라서 인위적으로 안전하게 만들 수는 없다. 나는 이상적인 새로운 대화 방법을 제안한 것이 아니라, 갈등과 협력이 공존하는 위계적인 조직 속에서 우리가 일상적으로 참여하고 있는 의사소통 상호작용을 어떻게 이해할 것인지에 대해 말한 것이다. 일상적인 의사소통 상호작용이 반드시 안전한 것은 아니며, 따

---

[21] Isaac, 1999.

라서 불가피한 저항과 방어루틴의 성격 및 영향력을 어떻게 이해할 것인가 그리고 안전이 결여된 문제를 어떻게 해결할 것인가 하는 것은 흥미로운 질문이다. 창조적 변화를 가능하게 하는 대화의 기술을 잃어버린 것이 맞다면 우리가 현재 겪고 있는 빠른 변화가 어떻게 일어나고 있는지를 이해하는 것은 불가능할 것이다.

8. 결론

조직의 지식 창출과 관련한 복잡반응과정의 관점은 내가 이번 장에서 논의한 여러 관점과 비교할 때 도출되는 결론이 전혀 다르다. 지식은 함께 하는 경험을 조직하는 주제이자 주제의 변이이며 이런 주제와 변이들은 사람 사이에 이루어지는 관계 형성의 행위 속에서만 '발견'될 수 있다. 지식은 설계할 수 있는 것도 아니고 초월적인 공통의 풀에 존재하는 것도 아니며 살아 있는 현재의 국지적 상황에서 진행되는 사람들 간의 상호작용을 통해 자발적으로 생성는 것이다. 이러한 관점에서 보면 지식 생성의 과정을 설계하는 것은 불가능한 일이며 지식을 관리한다는 생각은 의미가 없다. 다음 장에서는 그 의미를 좀 더 상세히 검토해 볼 것이다.

10장

지식 창출과
복잡반응과정

2장에서는 조직의 학습과 지식 창출을 위한 주류의 처방에 대해 간략히 언급한 바 있다. 이번 장에서는 복잡반응과정의 관점에서 지식의 관리와 관련한 이러한 처방에 어떻게 접근할 것인가 하는 문제를 다루고자 한다. 이어서 이러한 대안적인 접근이 주류 사고의 핵심적인 관심과 어떻게 다른지 살펴볼 것이다.

1. 지식 관리에 대한 주류 처방의 한계

여기서 살펴볼 첫 번째 처방은 조직의 지적 자본을 측정하는 문제에 관한 것이다.

지적 자본의 측정과 지식의 관리

조직의 지적 자본을 측정하고 관리할 필요성을 주장하는 사람들[22]은 기업의 대차대조표상에 나타난 자본기반의 측정치와 이보다 훨씬 더 높은 자본시장 가치 간의 차이를 지적한다. 그들은 이 차이를 조직이 보유하고 있다고 여겨지는 지적 자본 탓으로 돌린다. 금융 자본과 물적 자본은 관리하면서 이보다 훨씬 더 가치 있는 지적 자본을 무시하는 것을 의아하게 생각하는 이들이 많이 있다. 이들은 측정되는 것은 관리될 수 있다는 생각에서 지적 자본을 측정하기 위한 수단과 방법들을 요구한다. 지적 자본을 측정하는 목적은 그 자본의 주주 가치에 대한 기여를 관리하기 위함이다. 루스Roos 등은 스칸디아Skandia, 스웨덴의 글로벌 금융기업—옮

---

[22] 예를 들면, Roos et al., 1997; Sveiby, 1997.

긴이*23에서 지적 자본을 측정했던 경험을 바탕으로, 지적 자본은 인적 자본과 구조 자본으로 구성되어 있다고 주장한다.*24

이 범주 중 첫 번째는 회사 직원들에게 체화되어 있는 지식, 즉 '사고 자본thinking capital'으로, 이는 역량과 기술 및 교육으로 구성되어 있다. '기업의 영혼'이라 불리는 인적 자본은 다시 세 범주로 나뉘며 각각의 범주에 대한 측정지표는 다음과 같이 제시된다.

역량: 이것을 측정하기 위한 지표로는 상위 학위 취득 종업원 비율, 정보통신 문해력, 종업원 연수 이수 시간, 평균 근속 기간 등이 있다.

태도: 제시된 지표로는 보고하는 데 소요되는 시간, 선임자가 전략과 행동을 설명하는 데 보낸 시간, 리더십 지수 등이 있다.

지적 민첩성: 관련 지표로는 권한이 부여된 직원 제안으로 이루어진 비용 절감, 제안된 새로운 솔루션, 다양성 지수, 회사 다각화 지수 등이 있다.

지적 자본의 두 번째 범주는 무형의 자산과 공정, 즉 '비사고 자본 non-thinking capital'으로, 이는 고객과의 관계, 공급자와 파트너, 그리고 관행과 절차 및 시스템으로 이루어진다. 이와 관련된 3개의 하위 범주는 다음과 같다.

---

*23 지적 자본이라는 개념은 1990년대 이후 기업의 시장가치(market value)와 장부가치(book value) 간의 차이를 설명할 필요성에서 등장했다. 상장회사의 경우 대부분 장부가치와 시장가치의 격차를 지적자본의 크기로 보고 있는데 이러한 개념의 지적자본 비율은 1990년대 초반 이후 꾸준히 증가하고 있다. 이에 따라 기업의 무형자산을 인식하고 효율적으로 관리하기 위한 방안의 하나로, 지적자본 보고서(intellectual capital report)를 발행하는 기업들이 증가하고 있는데, 스웨덴의 Skandia사, Celemi사는 이 분야의 선구자라 할 수 있다. 김수환, 국내 유통업체의 지적자본의 측정지표 개발방향, 유통과학연구·제4권 제1호 [2006년 6월] 참조(옮긴이).

*24 Roos et al., 1997.

관계: 관련 지표로는 기업이 담당하는 공급자/고객 사업, 관계 지속 기간, 파트너 만족 지수, 고객 유지 등이 있다.

내적 효율성: 관련 지표로는 행정부의 세입 대비 세출 비율, 특허 수입, 오류 없이 완료된 프로세스, 사이클 타임 및 프로세스 타임[*25] 등이 있다.

혁신과 발전: 관련 지표에는 신제품 사업의 비율, 직원 1인당 교육비/시간, 운영비 대비 혁신비, 출원한 새로운 특허 등이 있다.

마지막으로, 앞에서 요약한 지표들은 지적 자본 가중 지수[weighted index of Intellectual Capital, the IC index][*26]로 통합된다. 이 모든 측정의 목적은 경영자가 주주 가치의 관리를 위해 조직을 통한 지적 자본의 흐름을 모니터링하고 제어하기 위함이다. 지식은 다른 자산과 마찬가지로 관리되어야 하는 자산이며, 대화가 지식의 생성과 관련이 있는 정도만큼 대화 또한 관리되어야 한다고 보는 것이다. 이러한 처방의 정당성에 대한 논의는 2장에서 요약한 주류 사고에서 확인할 수 있다. 그러나 복잡반응과정 관점에서는 이러한 처방에 대해 어떻게 이해해야 하는가?

복잡반응과정의 관점에서 보면 의미와 지식은 살아 있는 현재에서 조직 내의 사람들 사이에서 진행되는 국지적이고 구체적, 일상적인 의사소통 상호작용에서 생성되는 것이다. 지식의 창출은 반복과 잠재적

[*25] 프로세스 타임은 한 개의 공정에 원자재가 투입되는 시점부터 중간 제품이 완성되어 다음 공정에 전달되기 직전까지의 시간을 의미하며 사이클 타임은 한 개의 공정에 원자재가 투입되는 시점부터 중간 제품이 완성되어 다시 작업을 시작하는 시점까지의 시간을 의미한다. 김도일, [eBook] 스마트 팩토리 적용실무(eBook), 2018, pp.39-40 참조(옮긴이).

[*26] 어떤 집단에서 다른 대상에 비해 한 대상의 상대적 중요성을 나타내는 값을 가중값이라 하는데 여기서 각 대상의 상대적 중요도를 반영하는 가중값에 따라 가중된 지수를 가중 지수라고 한다(옮긴이).

변형이 동시에 일어나는 진화의 과정이다. 다시 말하면 지식은 '고정된 실체'가 아니라 하나의 과정process이기 때문에 저장되지도 않고 공유되지도 않는다. 지식은 특히 대화라는 형식으로 진행되는 의사소통 행위이며, 함께 하는 경험을 조직하는 주제이기 때문에 활동적인 경험으로 진화한다. 또한 지식은 사람들 사이의 관계 형성에 따른 주제 패턴의 변화로 창출되며 이 주제 패턴은 스스로 조직화된다. 의사소통에 있어서의 주제 패턴은 권력관계 속에서 나타나는 대립하는 제약조건의 주제 패턴과 동일한 과정이다. 지식은 누군가에 의해 확보되거나 소유되는 것이 아님은 물론 시장에서 거래될 수 있는 것도 아니다. 지식의 창출은 의사소통을 하거나 권력관계를 형성하는 과정이며 이 과정은 긍정적으로 자극을 주기도 하지만 동시에 불안을 야기하기도 한다.

이러한 관점에서 지식의 창출을 바라보면 지식을 관리하는 것은 불가능할뿐더러 이에 대해 질문을 하는 것조차 의미가 없어진다. '지적 자본'을 측정하는 것이 전혀 불가능한 이유는 지식이 측정되거나 실체화된 형태reified form로 존재하는 것이 아니기 때문이다. 지식 그 자체가 끊임없이 반복되고 변형되는 행위의 과정이고 어디에도 저장할 수 있는 것이 아니라면, 그리고 행위는 공유할 수 없고 단지 수행할 수 있는 것일 뿐이기 때문에 지식을 공유하는 것이 불가능하다면, '지적'이라는 단어와 '자본'이라는 단어를 결합시키는 것도 의미가 없다. 사실, 조직이 이러한 지적 자본, 즉 개인의 태도와 역량, 지적 민첩성을 소유할 수 있다는 관념은 전체적으로 의심스러울뿐더러 모순적이기도 하다. 관계를 측정하는 지표를 제안하기도 하며 조직은 이러한 관계를 소유한다는 말도 있다. 그렇다면 누가 혹은 무엇이 이런 관계를 소유할 수 있는가? 조직에는 '영혼이 있다'고 말하기도 한다. 이는 조직이 영혼을 소유한다는 것을, 한 걸음 더 나아가 조직 구성원의 영혼을 '소유'한다는 것을 의미한다. 이런 주장들은 곰곰이 생각하면 할수록 더더욱 터무니없고 모순적이다. 또한 지적 자본을 측정하고 지식을 관리하려는 움직임이 어떻게 특정한 권력관계의 유지를 자연스럽게 여기게 함으로써 유용한 통제수단으로서의 특정 이념을 반영하고 있는지가 특히 명확해진다. 내가 제안하는 관점은 이와 전혀 다른 이데올로기를 반영하며 권력관계에 있어서 모종의 변화를 시사한다.

지적 자본을 측정하기 위해 제안된 방식이 측정해야 할 것을 측정하지 않는다면 무엇을 측정하고 있는 것인가? 그중에는 다른 것과의 아무런 관련도 없이 단지 측정을 위한 측정을 하는 것들도 있다. 예를 들어 종업원 1인당 교육 참여 시간이 올라간다면 이는 종업원들이 평균적으로 훈련 과정에 더 많은 시간을 보냈다는 것을 의미할 뿐이며 업무에서의 상호작용과 관계있는 것을 배웠는지 여부에 대해서는 아무것도 말해주는 것이 없다. 내가 제안하는 복잡반응과정의 관점에서 볼 때 특허 수와 같은 척도들은 사람들이 의사소통 상호작용에서 사용하는 도구를 가리킨다. 특허권 혹은 '지적 자산'은 내가 실체화된 상징(5장 참조)이라고 명명한 추상적–체계적 형태의 서류일 뿐이다. 이것들은 그 자체 지식이라고 오인되고 있지만 지식은 사람들 사이에서 의사소통 상호작용의 수단으로 사용될 때만 생성되는 것이다.

명시적 지식의 확보

조직에서의 지식 창출에 관한 주류 사고의 핵심적인 특징은 암묵적 지식과 명시적 지식을 구분하는 것이다. 암묵적 지식은 개인의 마음에 있는 것으로 가정하는데 이는 조직에 문제를 일으키는 것으로 여겨진다. 여기서의 가정은, 인간은 자신의 암묵적 지식을 타인과 공유하는 것을 꺼린다는 것이다. 이를 꺼리는 만큼 암묵적 지식의 공유는 비공식적인 교환으로 이루어진다. 주류 입장의 연구 자료에서는 이 비공식적인 교환에 대해 뿌리 깊은 불신을 드러내며 개인이 그 암묵적인 지식을 지닌 채 조직을 떠나버리는 것에 많은 관심을 둔다. 그 결과 주류의 연구 자료에서는 개인의 암묵적 지식을 명시적 지식으로 변환하고 그 명시적 지식을 중앙 집중 시스템이나 분산 시스템에 저장하는 데 중점을 두게 된다. 이와 관련된 것으로, 정보통신기술의 개발과 관련된 처방이 있다. 이 모든 것은 개인이 보유한 지식을 찾아내어 조직이 이를 소유하고 제어할 수 있도록 하는 것과 관련이 있다.

반면에 복잡반응과정의 관점에서는 암묵적 지식과 명시적 지식이 동일한 의사소통 과정의 두 측면이며 따라서 이 둘을 분리하여 논의하거나 한쪽이 다른 쪽으로 전환된다고 믿는 것은 의미가 없다. 더욱이 지식은 단순히 개인의 마음에 자리 잡고 있는 것도 아니고 문자 그대로의 의미에서 마음속에 저장되는 것도 아니다. 대신에 지식은 사람 사이의 의사소통 상호작용을 통해서 끊임없이 반복되고 잠재적으로 변형되는 것으로 본다. 의사소통 상호작용은 인간관계이며 살아 있는 과정으로, 누군가에 의해 확보되거나 저장 혹은 소유될 수 있는 것이 아니다. 사람들은 서로 상대방을 구성하는 관계에 참여하고 있으며 따라서 누구도 이 상호구성의 과정을 개인적으로 소유할 수 없다. 다시 한 번 말하거니와 암묵적인 지식을 명시적인 지식으로 전환하여 이를 점유하고 저장하는 것과 관계있는 처방은 모두 통제와 관련 있는 특정 이념을 드러내는 것이다. 주류 사고는 지식을 결국 개인의 뇌에 가둬놓는 데에 엄청난 강조를 하고 있지만 이는 개인의 중요성을 경시하는 결과를 초래한다. 이는 조직의 자산으로서의 지식에 대한 관심으로 인해 개인보다 집단을 상위에 놓는 윤리적 입장을 반영하는 것이다. 복잡반응과정의 관점에서는 마음/자아, 의미, 지식을 개인에게서만 찾지 않으며 이것들은 모두 개인 간의 관계에서 발현되는 것이라고 주장한다. 개인이 주된 윤리적 관심사가 되기 때문에 이 관점은 개인의 중요성을 경시하기는커녕 반대의 결과를 낳는다. 지식은 결코 '자산'이 아니라 사람 사이에서 이루어지는 적극적인 관계의 과정으로 이해된다. 지식은 인간 정체성의 반영이며 '그것'을 확보하거나, 소유하는 것에 관해 언급하는 것은 윤리적이지 않다.

살아있는 현재에서 진행되는 이러한 일상적인 의사소통 상호작용으로서의 인간 간 비공식적인 교류는 바로 지식이 생성되는 과정이기 때문에 이를 불신하기보다는 오히려 높이 평가해야 한다. 이러한 견해는 결과적으로 비공식적인 관계 형성에 대한 대안을 찾는 것이 아니라 조직에서의 일상적인 대화 생활에 훨씬 더 큰 중요성을 부여하도록 이끈다. 이 점에서 복잡반응과정의 관점은 주류 사고에 대한 비판으로서 실천공동체에의 비공식적인 의사소통과 대화의 중요성을 지적하는 입장과 비슷하다. 그러나 실천공동체의 비판은 여전히 암묵적으로 인간의 심리에 관한 인지주의의 가정과, 개인과 사회를 별개의 차원으로 보는 시스템 사고에 근거하고 있다. 따라서 이러한 관점에 따른 처방에서는, 사람들이 격의 없이 around the water cooler 대화를 나누는 것을 더 중시하고 서사적 형태의 지식과 스토리텔링에 더 많이 의존하도록 한다. 이것은 주류 사고를 보완하는 것, 즉 주류 사고의 나머지 처방에 대해서는 근본적으로 이의를 제기하지 않는 것으로 이해될 수 있다. 이에 비해 복잡반응과정의 관점은 개인과 사회에 관해 실질적으로 다른 가정에 바탕을 두고 지식의 창출을 이해하려고 하기 때문에 이러한 비판보다 한 걸음 더 나아간다. 이것은 일반적으로 많은 주목을 받지 못하는 형태의 지식을 더욱 강조할 뿐만 아니라 주류 처방, 특히 이념적 혹은 윤리적 토대에 대해 근본적인 의문을 제기하는 것으로 이어진다.

이와 같이 주류의 처방에 대해 근본적인 의문을 제기한다고 하지만 데이터의 기록 및 저장 시스템의 중요성, 혹은 사람 사이의 의사소통을 변화시키는 시스템 및 테크놀로지의 중요성을 무시하는 것은 아니다. 그렇긴 하지만 복잡반응과정의 관점에 따르면 시스템이 지식을 확보하거나 저장하는 것은 불가능하다. 대신, 시스템은 사람들이 서로 의사소통하면서 상호작용할 때 활용하는 도구라고 볼 수 있다. 시스템은 실체화된 상징만을 저장하는 인공물이자 테크놀로지다. 저장되는 것은 데이터로서 실체화된 상징이며 이는 추상적이고 체계적인 프레임으로 패턴화된다. 이와 같이 시스템은 현대 사회에서 도구로서 매우 중요하며 그것이 인간관계에 미치는 영향은 별도로 탐구할 필요가 있다. 그러나 이들 도구 자체는 지식이 아니다. 내가 말하는 지식은 사람이 이런 도구를 사용할 때만 생성된다.

전문 엘리트의 고용과 유지

지식의 원천이 개인의 뇌 속에 암묵적 형태로 있는 것이라면 조직이 전문 엘리트를 채용하고 유지하는 일에 특별한 주의를 기울이는 것은 자연스러운 일이다. 전문가들이 조직에 머물러 있도록 설득하기 위해서는 그들을 다른 방식으로 관리해야 한다는 주장이 있다. 전문가들은 더 많은 자율성을 요구하기 때문에 그들에게는 유연성이 더 많이 허용되고 권한도 더 폭넓게 위임되어야 한다는 것이다. 그러나 이러한 처방은 도전적 목표stretch target,*27 성과 모니터링 및 재정과 연계된 보상 시스템과 관련이 있는 후속 처방과 바로 연결되는 경향이 있다. 이를 위해서는 전문 직업인의 자율성이 크게 요구된다. 이와 관련이 있는 것으로, 비핵심 전문 업무를 포함하여 일부 업무를 아웃소싱함으로써 조직 규모를 축소하고 경량화하는 것이 요구된다. 그러면 전문가 집단은 아마 더 많은 자율성을 누릴 것이다. 그러나 일을 추진해 나가려면 조직에 몸담고 있는 다른 이들과 지속적인 네트워크를 유지해야 하기 때문에 그들의 자율성은 불안정하다. 그들 업무의 성격이 일시적이며 또한 그들은 개인적 접촉을 위한 네트워크를 유지할 필요가 있는데, 이러한 점은 시장의 메커니즘에 의해 제어가 되고 있다.*28 다시 말하면 지식의 관리와 관련된 처방은, 기업이 개인의 지식과 역량을 통제하는 것과 관련한 특정 이념을 반영하고 있다.

복잡반응과정의 관점에서는 이러한 처방에 대해 어떤 의견을 제시할 수 있는가? 첫째, 앞에서 이미 언급한 바 있지만 윤리 및 이념과 관련된 점을 지적할 수 있다. 이와 밀접한 관계가 있는 것으로, 권력관계의 문제와 이 권력관계를 유지하는 데 있어서 전문 엘리트에 대한 이러한 처방이 수행하는 역할의 문제가 있다. 단순히 개인 전문가를 고용하고 유지하는 것이 지식 창출과 관련된 문제의 전부는 아니다. 만일 지식이 의사소통 상호작용에서 발현되는 것이라면 단지 전문 직업인이 개인적으로 얼마나 유능하고 역량이 있느냐 하는 것이 아니라 그가 참여하고 있는 관계 형성의 과정이 어떠한가 하는 것이 중요하다. 이러한 결론은 핵

---

*27 원래 제네럴 일렉트릭(GE)의 잭웰치 회장의 아이디어로, 점진적인 개선이 아니라 획기적인 도약을 위해 기업의 목표를 거의 불가능해 보일 정도로 높게 잡는 경영기법이다(옮긴이).
*28 Blair, 2000.

심 전문가를 위한 처방을 실천하는 것과 관련된 관계 형성의 역학 관계에 초점을 맞추게 된다. 바로 이 '핵심'이라는 개념은 당연히 아웃소싱된 비핵심 근로자는 물론 엘리트에 속하지 않은 나머지 조직 구성원도 배제하게 된다. 7장에서는 지식이 생성되는 의사소통 상호작용과 권력관계의 형성과정에서 포용과 배제의 역학 관계가 갖는 근본적인 중요성을 강조한 바 있다. 전문 엘리트를 강조함으로써 발생하는 '포용과 배제in/out'의 역학 관계가 지식의 생성에 도움이 되는지 안 되는지 정확히는 모르지만 나는 도움이 안 되리라고 생각한다. 이와 관련된 것으로, 추측건대 자율적 전문 직업인을 위해 마련된 '스트레치 타깃stretch taget'이 어떤 결과를 초래할지도 문제이다. 복잡반응과정의 관점에서는 이에 수반되는 스트레스와 좌절, 불안이 조직에서의 인간관계 형성과정에 어떠한 영향을 미치는지 탐구할 필요가 있다. 지식의 생성은 이러한 과정에 크게 좌우된다. 간단히 말해 전문 엘리트를 고용하고 유지하는 처방이 조직에서 지식을 창출하는 데 과연 효과적인 방법인지 의문이 드는 것이다.

학습의 질 관리

전문가를 고용하고 유지하는 처방과 밀접하게 관련되어 있는 것으로 사람들을 훈련하고 그들의 역량을 개발하는 일이 있다. 다시 말하면 이러한 처방들은 지식이 개인의 머릿속에 저장된다는 기본적인 가정을 반영하고 있다. 훈련과 개발의 목적은 팀 구성원으로서의 업무 능력을 포함한 개인의 역량과 기술 및 지식을 발전시키는 것이다. 여기서는 훈련과 개발 활동의 관리만이 아니라 학습 과정 자체의 질 관리에도 역점이 주어진다. 말하자면 관리는 시스템의 측면에서 이해되며, 이 처방들은 학습 과정의 질을 보장하기 위한 시스템의 설계 및 운영과 관련된다. 이것은 개별 조직의 훈련과 개발 기능에 대한 처방에 그치는 것이 아니다. 이러한 처방은 적어도 영국에서는 교육 부문 전반에 대한 정부 정책에 도입되었다.

　교육에 있어서의 품질 보증은 제조업과 상업의 품질 관리 모델을 충실히 따르고 있다. 교사들은 자신들이 제공하는 모든 프로그램의 전체적인 목표를 설정하고 이를 각각의 세션에서 달성해야 하는 학습 목표로 번역하도록 시스템이 설계된다. 각 세션은 결과로서의 목표를 제대로 전달함으로써 프로그램의 전제적인 목적을 실현하고 지식 소비자로서의 학생들과 대등한 계약을 이행할 수 있도록 내용과 전달 방법의 측면에서 설계해야 한다. 의도된 목표와 성과가 무엇인지, 세션의 진행 경과와 학생들에게 배포된 자료가 어떻게 계획한 것을 충족시켰는지를 살펴볼 수 있도록 감사 추적audit trail을 설정해야 한다. 학생들은 장차 무엇을 학습하게 될지 미리 알 수 있고 이미 배운 것을 확인할 수도 있다. 만일 학습하지 못했다면 그 교육기관에 대해 소송을 제기할 수 있다. 이 과정에는 강좌 프로그램, 모든 세션 및 배포된 모든 자료의 사본에 대한 상세한 기록이 포함된다. 전통적인 과정과 시험도 감사 추적의 한 부분을 구성하지만 이 외에도 다양한 모니터링 장치가 설치된다. 교사들은 교실에서의 교육활동을 서로 모니터링한다. 강좌 책임자들은 학생들에게 어떻게 이 강좌를 알게 되었는지를 묻는 질문지에 답을 하게끔 한다. 학생의 학력 향상에 관한 보고서뿐 아니라 각각의 단위 수업이 어떻게 성과를 충분히 거두었는지에 관한 보고서도 준비해야 한다. 마지막으로 서면 감사 추적을 확인하는 과정 담당 부서를 대상으로 한 주기적인 모니터링이 있다. 영국 정부는 대학을 대상으로 이러한 모니터링 과정을 관리하고 그 결과에 따라 순위를 정하는 품질보증기관Quality Assurance

Agency을 설립했다. 대학 이외의 다른 교육기관에는 다른 모니터링 기구가 준비되어 있다. 그런데 자금의 측면과 교육 부문 전반에 걸친 시간의 측면에 있어서 소요 비용이 엄청나다.

이 프로젝트 전체에 어떻게 시스템 사고와 인지주의의 심리학적 가정이 반영되어 있는지는 바로 알 수 있다. 정책입안자들은 이러한 시스템을 운영하는 것이 교육 부문 전반에 걸친 학습의 질 관리라고 믿고 있는 것 같다. 그렇다면 복잡반응과정의 관점에서는 이 문제를 어떻게 생각하는가? 여기서는 학습을 호응하는 관계에서 진행되는 의사소통 상호작용의 과정으로 본다. 학습은 모방이라기보다는 참여 행동이다. 지식은 경험을 패턴화하는 주제를 중심으로 이루어지는 이러한 참여적 의사소통 상호작용에서 생겨난다. 이러한 주제들은 개인과 집단의 정체성이 끊임없이 반복되면서도 변화의 가능성 또한 지니고 있다. 모든 단위의 교육활동에 있어서 의사소통 상호작용의 패턴에는 반복과 잠재적 변형이 모두 반영되어 있기 때문에 실제로 학습이 이루어진다면 거기서 나타나는 상호작용 패턴은 각각의 상황에서 어느 정도 독특하다. 그리고 변화가 어떤 모습으로 나타날지 미리 예측하기는 어렵다. 또한 이러한 변화로 인해 야기되는 불안과 어떻게 함께 살아가야 할지도 미리 알 수 없다. 물론 학습자들이 의도와 통찰력을 가지고 학습의 과정에 참여하기는 하지만 개인적으로나 집단적으로 그들의 경험이 학습의 과정에서 어떻게 진화할지, 무엇을 배우게 될지 아무도 예측할 수 없다. 그러므로 진정한 의미에서 학습 목표를 미리 설정하는 것은 불가능하다. 의미는 단위 수업이 진행되는 과정에서 생성된다.

따라서 교사들은 앞에서 설명한 원칙을 따르도록 강요받을 때, 그들은 매우 단순한 목표와 성과를 명시하는 것과 요건에 부합하는 것으로 보이는 감사를 받는 데 필요한 서류작업을 하는 것 외에 다른 일은 할수가 없다는 것을 알게 될 것이다. 이런 서류작업을 하는 데 엄청나게 많은 노력이 투입되는데 이는 주된 과제인 가르치는 일에 방해가 될 것이다. 주요 모니터링은 일종의 가식이 되고 이는 엄청난 좌절과 불안을 불러일으킬 것이다. 이러한 노력은 어느 것 하나도 진정한 가치, 즉 학습 경험의 질을 높이는 것과는 별로 관련이 없으며 오히려 가식적인 것을 만들어내는 거대한 시스템이 될 것이다. 이는 영국의 대학 부문 질 관리에 관한 나의 개인적 경험을 정확하게 기술한 것이다. 복잡반응과정의 관점에서 보면 이런 질 보장 시스템은 막대한 자원 낭비이며 나아가 진정한 학습의 질을 저하시키는 치명적인 실패의 원천이다.

영국 교육 부문에서의 질 관리와 관련하여 이러한 비판적인 견해를 가진 것은 나 혼자만이 아니다. 모니터링이 주 업무인 기관에 고용된 사람들을 제외하고서 나와 이야기 나눴던 사람 중에서 나와 다른 의견을 가진 사람을 만나지 못했다. 그러나 우리는 이에 대해 뭔가를 할 수 있는 힘이 없음을 알고 있다. 어떻게 해서 이런 경지에 이르게 되었는가? 주된 이유가 인지주의 심리학의 지지를 받고 특정의 통제 이념을 반영하는 주류 시스템 사고의 타당성을 의심 없이 받아들이는 것과 관련이 있다고 생각한다. 매우 강력한 이런 사고방식에 도전하는 것은 불가능한 것처럼 여겨질 수도 있다. 이 책에서 제시하는 관점이 그렇게 중요한 이유는 바로 앞에서 설명한 매우 해로운 정책을 뒷받침하는 사고방식 전체에 도전하는 일관된 토대를 제공하기 때문이다.

조직 전체로의 지식 확산

다음으로 조직에 지식을 확산하는 것과 관련된 많은 처방들이 있다.

만일 지식이 개인의 머릿속에서 만들어지는 것이고 인간이 천성적으로 이기적이어서 그 지식을 독점하려 하는 존재라면, 조직에 대한 주된 관리 과업은 이러한 이기적인 경향을 극복하고 조직 전체에 지식을 확산할 수 있는 구조와 시스템 및 행동을 설계하는 것이 될 것이다. 따라서 이에 대한 처방은 리더와 경영자, 컨설턴트가 무엇을 설계하고 실행할 것인가 하는 문제가 될 것이다. 이러한 처방에는 일반적으로 다음의 사항들이 담길 것이다.

- 조직의 구조: 요구되는 처방은 보다 융통성 있는 구조를 설계하는 것이다. 이는 프로젝트 기반이나 네트워크 또는 웹과 같은 구조에서 계층 구조를 파괴하고 의사 결정 및 통제를 분산시키는 것을 의미한다. 여기서 요구되는 것은 스스로를 관리할 수 있는 팀이다. 이러한 처방은 규모를 축소하고 아웃소싱 하는 것과 연결된다.
- 행동 변화: 여기서 요구되는 처방은 아랫사람들에게 권한을 위임하고 그들의 행동을 안내할 가치 지향점을 분명히 하는 것이다. 이를 뒷받침하려면 새로운 문화를 설계해야 한다.
- 영감: 사람들은 리더의 비전에 영감을 받아 지식을 공유하고 영감을 주는 비전을 성취하기 위해 노력할 필요가 있다.
- 비공식적 접촉의 장애물 제거: 여기서 요청되는 것은 일을 완수하는 데 있어서 비공식적 접촉의 필요성을 진지하게 받아들이고 이러한 접촉을 보다 용이하게 할 수 있는 조치를 취하는 것이다. 이와 관련하여 서사적 지식을 진지하게 받아들이고 실천공동체에서 스토리텔링을 격려할 필요가 있다.

복잡계의 새로운 접근 : 복잡반응과정

복잡반응과정의 관점에서는 이러한 처방에 대해 어떻게 판단할 수 있는가? 지식이 고정된 실체^{thing}가 아니라, 인간의 의사소통에 의한 관계 형성 행위를 통하여 의미가 지속적으로 반복되고 잠재적으로 변형되는 의미 만들기 과정이라면, 지식을 공유한다거나 조직 전체에 확산하는 것에 대해 말하는 것은 의미가 없다. 지식 창출 능력의 향상에 관한 관심은 모두 질적인 것에 대한 관심이며 또한 살아 있는 현재에서 벌어지는 인간관계의 역동성에 대한 관심이다. 이 관점에서는 의사소통 상호작용을 통해 유지되고 변화되는 권력관계와 무의식적으로 권력관계 패턴을 자연스럽게 여기도록 하는 이념에 관심을 집중한다. 또한 의사소통 상호작용의 역동적인 특성, 예를 들면 대화의 패턴이 긴장과 잠재적 변형의 흥분을 유지하면서 유동적이거나 자발적인 것으로 느껴지는지 아니면 경직되어 있거나 반복적인 것으로 느껴지는지에 대해 관심을 두게 된다. 우리는 무엇이 고정된 대화 패턴을 유지하게 하는지에 관심을 갖게 되는데 이것은 아마 사람들이 불안을 안고 살아가는 방식뿐만 아니라 권력관계, 그 기반이 되는 이념 그리고 포용과 배제의 역동성과 많은 관계가 있을 것이다. 다시 말하면 함께 하는 경험을 조직하는 주제와 그 주제들이 어떻게 변화할 수 있는지 혹은 그렇지 않을지에 관심을 집중하게 되는 것이다. 게다가 각각의 상황은 어떤 면에서 모두 독특하기 때문에, 너무 일반적이어서 신뢰할 수 없는 패턴이 아닌, 조직 전체의 보편적인 패턴을 확인하는 것은 어렵다.

이제 앞에서 간략히 요약한 주류의 처방으로 눈을 돌려 보자. 복잡반응과정의 관점에서는 이러한 처방의 보편성에 즉각 의문을 제기한다. 예를 들면 조직의 구조와 관련이 있는 이러한 보편적인 처방에 대한 논의는 대개 거시적 차원의 분석으로부터 진행된다. 이러한 분석은 경제 행위가 산업 시대에서 새로운 정보 혹은 지식 시대로 이행하고 있다는 결론으로 이어진다. 따라서 유연한 조직과 권한 위임이 요구된다는 주장이 나온다. 그러나 이것이 보편적인 사실일까? 때로 영화 산업이 예로서 인용된다. 거시적 분석에 따르면 영화 산업의 구조는 미국의 메이저 영화제작사가 세계를 지배하던 2차 대전 이전의 패턴에서 전문자영업자에 의존하는, 훨씬 더 작게 분리된 소규모 제작사 패턴으로 바뀌었다. 그러나 영국에서 실제 어느 특정 영화 제작에 참여했던 사례를 보면 이와 다른 것을 시사한다.[*29] 블레어Blair는 자신이 참여한 특정 영화 제작에 요구되었던 엄격한 훈련과 강력한 통제 그리고 제작사가 영화를 제작한 전문가들에게 유발한 불안과 통제로 인한 결과를 설명하고 있다. 이런 일은 메이저 영화사가 수익을 올리기 위해 여전히 자금을 통제하는 금융 및 마케팅 분야에서 일어났다. 거시적 관점에서 향상된 것처럼 보이는 유연성이 실제 미시적 상황에서는 이전과 같은 통제 이념에 의해 유지되는 동일한 권력관계의 재구성일 뿐이었던 것이다. 이는 살아 있는 현재에서 국지적 상황에 주목해야 할 필요성을 지적하는 것이다.

복잡반응과정의 관점에서 보면 앞에서 언급한 모든 처방과 지식 창출의 확대 간에는 필연적인 관계가 없다. 조직의 구조와 태도의 변화 그리고 조직 구성원 간 비공식적 연결의 장애물을 제거하는 것은 상호 간 접촉의 가능성을 높이기 때문에 의사소통 상호작용 패턴의 변화 가능성에 영향을 미칠 수 있다. 그러나 이 각각의 처방이 미치는 영향은 살아 있는 현재의 상황에서 이루어지는 의사소통 역동성의 한 부분인 국지적 상황에서 이해해야 한다.

[*29] Blair, 2000.

주요 시사점: 일을 줄여야 더 많이 성취한다.

복잡반응과정의 관점에서 보면 앞에서 언급한 어떤 주류 처방을 따르더라도 도달하는 결론은 비슷하다. 이 처방들은 외부 관찰자가 지식 창출 시스템 전체의 변화 차원에서 만들어진 것이기 때문에 의문시된다. 지식의 창출은 시스템이 아니라 하나의 과정으로서, 이는 미리 설계하거나 거시적으로 외부에서 접근할 수 있는 것이 아니다. 이는 주류 처방을 따른다면 애초에 약속한 것을 얻지 못할 수 있음을 말해준다. 물론 주류 처방이 무언가를 산출하기는 한다. 그러나 그것이 지식을 조직 전체에 확산하는 것이거나 조직이 그 지식을 확보 혹은 소유하는 것이 될 수는 없다. 이와 관련하여 복잡반응과정의 주요 시사점은 정부나 조직이 정책의 주도권을 내려놓는 것과 관련이 있다. 이렇게 하면 예산과 시간, 스트레스, 불안을 크게 줄일 수가 있을 것이다. 내가 제안하는 이러한 접근은 일을 늘리기보다는 줄일 때 더 많은 것을 성취할 수 있음을 시사한다. 이것만으로도 이 접근은 커다란 실천적 의미를 지닌다.

2. 참여적 자기조직화로서의 지식의 진화

지금까지 주류의 관점에서 제시한 처방으로는 원하는 것을 얻을 수가 없기 때문에 리더와 경영자, 컨설턴트들은 그런 처방의 시행을 그만두어야 한다는 점을 지적해 왔다. 이는 바로 다음과 같은 의문을 제기한다. '그렇다면 무엇을 해야 하는가?' 무언가를 한다는 것이 주류 사고의 일반적인 처방을 대체하는 것을 의미하는 것이라면 그 대답은 '아무것도 하지 않는 것'이다. 복잡반응과정의 관점에서 해야 할 것은 사람들이 이미 새로운 의미, 새로운 지식을 창출하거나 저해하고 있는 구체적이고 독특한 상황에 관심의 초점을 두는 것이다. 이와 관련하여 무엇보다도 관심의 초점이 윤리로 옮겨간다.

윤리

복잡반응과정의 관점에서는 본질적으로 사회를, 권력관계를 조직하면서 동시에 권력관계에 의해 조직되고 협력과 경쟁이 동시에 작용하는 관계 형성 과정으로 본다. 여기서의 관심은 개인들이 할 일과 그렇지 않는 일 그리고 시스템 도구와 기타 기술을 사용하는 문제를 놓고 서로 협상할 때 관여하는 구체적인 과정에 관한 것이다. 이러한 관점에서 보면 책무성과 책임감은 목표한 결과의 성취를 의미하지 않는다. 그것은 자신의 행위에 책임을 지고 자기가 하는 일에 대해 동료들에게 설명하라는 윤리적, 도덕적 요구를 의미한다. 이 요구는 최종 결과가 아니라 바로 다음에 이어지는 동작gesture이나 행위를 설명하라는 것이다. 최종 결과는 자신의 행위뿐만이 아니라 따른 사람의 행위에 달려 있는 것이어서 예측이 불가능하기 때문이다. 품질 조치quality action란 그 조치의 결과를 안다는 가정 하에 조치행위에 상관없이 결과에 책임을 지는 것이 아니다. 품질 조치는 이것을 수행하는 자와 그로 인해 영향을 받는 자 모두 본질적으로 윤리적이고 도덕적인 것으로 수용할 수 있는 조치이며 그러한 수용에는 협상의 과정이 수반된다. 사회는 도덕적 질서로서 협력과 경쟁이 동시에 요구되는 상호작용의 장이다. 그리핀Griffin은 이 시리즈의 후속편에서 복잡반응과정이 지니는 윤리적 의미와 관련하여 이 문제를 다룬다.

살아 있는 현재에서의 의사소통과 대화

복잡반응과정의 관점에서는 사람들이 미래에 대해 상상하고 있는 것보다 살아있는 현재에서 하고 있는 것에 대해 더 많은 관심을 갖는다. 말하자면 먼 미래의 어느 특정 시점에 예상되는 결과가 무엇이냐가 아니라 현재 행위에 이어지는 다음의 동작과 다음의 말, 즉 다음의 행위로서 예상되는 것이 무엇이냐 하는 것이 주된 관심인 것이다. 의사소통 상호작용, 즉 살아 있는 현재에서 이루어지는 인간관계 패턴이 어떠한지, 구체적으로 말하면 상호작용에서 어떻게 말을 주고받는지, 누가 말을 하고 누가 입을 다물고 있는지, 누구를 포함시키고 누구를 배제하는지, 그리고 이 모든 일이 어떻게 일어나는지에 주목하게 되는 것이다. 또한 조직의 존재 이유인 공동체의 삶을 위해 더불어 존재하는being together 복잡한 관계 형성의 과정을 조직하고 있는 주제에 관심의 초점을 둔다.

예를 들어 보자. 나는 8장(7장을 8장으로 오해한 듯—옮긴이)에서 언급한 영국의 건강관리위탁기관으로부터 포커스 워크숍을 진행한 바 있다. 거기서 나는, 조직이 새롭게 재편되더라도 기존 조직에서의 리더십 관행 중에 새로운 조직에서 받아들여질 만한 것이 무엇이라고 사람들이 생각하는지 알아보도록 요청받았다. 그렇게 하려면 사람들은 새로운 조직이 어떠한 것이 될지를 상상해야 하고 리더들은 그러한 조직에서 어떻게 행동해야 하는지를 구체화해야 할 것이다. 이것은 상상의 미래에 초점을 맞추는 것이다. 나의 관점에서 볼 때 이는 하나의 방어적 행위였다. 이렇게 상상의 미래에 초점을 둔 결과 조직이 어떻게 변화할지, 언제 그런 변화가 일어날지 모르는 상황에서 사람들은 자기들이 처한 답답하고 괴로운 상황에 관해 이야기하는 것을 회피하게 되었다. 그들은 자신들의 조직이 봉사하기로 되어 있는 사람들의 정신 건강 요건을 챙기는 공동

행동을 취하는 데 큰 어려움을 겪고 있었다. 고위 경영진의 지시는 명백했다. 그들은 '긁어 부스럼open the can of worms'을 만들고 싶지 않았는데, 이는 사람들이 현 상황에 대해 느끼는 강렬한 감정에 대한 그들 나름의 대화 방식이었다. 대신 무언가를 해야 한다는 것을 알기에 그들은 사람들로 하여금 어떤 일반적인 미래를 상상하게 함으로써 현실로부터 멀어지게 하고 싶어 했다. 이런 식으로 그들은 현재의 권력관계를 유지하고 있었다. 나는 복잡반응과정의 관점에서 살아 있는 현재에 대해 이야기하자고 제안했었다. 나의 접근은 건강관리위탁기관 전반의 상황이 아니라 당시 내가 처해 있던 국지적 상황에서의 대화를 변화시키는 것이었다. 대화를 변화시키는 것은 어떤 프로그램이라기보다는 대화 참여에 관한 모종의 약속으로서 이전과는 다른 종류의 이슈를 제기하는 것이다.

또 다른 사례로서, 나는 다국적 기업의 최고 관리자 집단과 함께 일을 한 적이 있다. 이들은 전 세계 각지에서 날아와서, 표면적으로는 미래에 어떻게 성과목표를 달성할 것인지에 대해 이야기했다. 그러나 저녁 식사 자리에서 그들의 마음을 사로잡고 있는 주요 이슈는 최고 경영자와의 관계 악화였음을 명백히 밝혔다. 이러한 사실은 여러 측면에서 드러났는데, 그들이 당시에 목표 달성에 어려움을 겪고 있는 것에 대해 드러내놓고 이야기할 수 없는 것도 포함되어 있었다. 나는 복잡반응과정의 관점에서 살아 있는 현재에서 이 문제에 관해 질문을 던지고, 내가 볼 때 함께 하는 경험을 패턴화하는 중요한 주제, 즉 최고 경영자에 대한 두려움과 관련된 주제를 지적했다. 이러한 대화방식에 참여한 한 사람에 의해 대화 전체에 변화가 생겨났다. 조직의 변화와 조직에서의 지식창출은 커뮤니케이션 패턴의 변화와 같은 것이기 때문에, 내가 언급하는 방식의 참여는 곧 조직 변화의 잠재력을 보여준다.

이 시리즈에서 곧 출간될 책들에서는 대화 패턴의 변화로서의 조직
이 변화 과정Shaw과 함께 새로운 대화 패턴의 출현으로서의 혁신과 지식
창출Fonseca에 대해 보다 상세하게 다룰 것이다(2002년에 출간됨—옮긴이).

관계와 통제의 역설

인간의 관계 형성과정에 초점을 두면 큰 조직과 통제의 본질에 대한
다양한 사고방식이 조장된다. 아무리 규모가 크더라도 모든 조직은 사
물thing이 아니라 과정이다. 조직의 정식 구성원뿐만이 아니라 타 조직의
구성원까지 포함하여 모든 구성원 간에 이루어지는 살아 있는 현재에서
의 끊임없는 의사소통 상호작용을 통하여 조직은 끊임없이 반복되면서
또 변형된다. 이러한 의사소통 상호작용은 더불어 살아가는 경험을 조
직하는 주제로 패턴화된다. 구체적으로 말하면 의사소통 상호작용은
이러한 주제의 자발적인 변이와 잠재적 변형뿐만 아니라 관습과 반복적
인 절차에 의해 생겨난 습관과 전통, 가치, 믿음 등 여러 가지 형태의
주제로 패턴화되는 것이다. 우리가 조직을 생각할 때는 대개, 경험을 조
직하는 주제가 지닌 다분히 가시적이고 습관적 측면에 주목하며 늘 존
재하는 자연 발생적인 변이는 보지 못한다. 우리는 자원을 통제하는 관
료 시스템과 글로벌 금융 기관, 통화 시스템, 다국적 마케팅 및 유통 시
스템, 조직 내 위계적 보고 구조를, 우리가 할 수 있는 것을 제약하는
거대한 비인격적인 '사물thing'로 생각한다. 복잡반응과정의 관점에서는
이 모든 '시스템'을, 습관적이고 관례적이며 전통적인 상호작용을 실체
화하기 위해 사람들이 만들어낸 도구라고 본다. 이것들은 실체화된 상
징의 도구들로서 한편에서는 매우 정교한 의사소통과 그 외의 협력적인

행위를 가능하게 하기도 하지만 다른 한편에서는 가능한 것을 제약하기도 한다.

도구에만 주목하면 전체적으로 의도된 결과를 얻기 위해서 개인의 행동을 통제하는 것이 도구의 기능이라는 결론에 이를 수 있다. 그러나 인간이 구축한 이 모든 '시스템들'이 훨씬 더 넓은 의사소통 과정에서 활용되는 도구라는 것에 주목하면 생각이 달라진다. 아무리 규모가 크고 복잡하며 그 자체 힘 있는 것처럼 보이는 시스템도 살아 있는 현재의 국지적 상황에서 사람들이 의사소통을 위해 활용하는 도구일 뿐이며 이러한 상황에서는 습관적인 주제의 변이로서 자발적인 의사소통 행위가 나타난다. 이러한 자발적인 활동이 없이는 '도구들'이 기능을 하지 못한다. 자연발생적인 변이들은 잠재적으로 증폭되어 습관적인 상호작용의 변형으로 나타나며 결국에는 시스템 도구 자체를 완전히 바꿔놓는다. 시스템을 의사소통 상호작용의 도구로 활용하는 숨은 의도는 변이가 거의 없는 의사소통을 반복하는 것, 다시 말하면 현재의 권력관계를 통제하고 유지하는 것이다. 하지만 살아 있는 현재의 국지적 상황에서 도구를 사용하다 보면 자연적으로 변이가 발생하며 이는 국지적 상황에 있지 아니한 사람이 통제하는 것을 불가능하게 만든다. 여기서 통제의 역설, 즉 관리자가 통제할 수도 없는 상황에서 책임을 져야 하는 역설이 발생한다. 이 역설에 대해서는 이 시리즈의 후속편에서 구체적인 실천 상황과 관련하여 살펴볼 것이다(2001년에 출간됨, Streatfield, The Parados of Control in Organization—옮긴이).

복잡반응의 관점에서 관계 형성의 패턴을 강조하는 것은 인수합병을 바라보는 방식과 관련하여 시사하는 바가 있다. '새로운 지식의 시대'에 조직의 지식*30을 획득하는 가장 빠른 방법은 그 지식을 보유하고 있는 조직과 합병하는 것이라고 생각하는 경향이 있다. 그러나 지식이 살아 있는 현재에서의 국지적 상황에서 이루어지는 의사소통 상호작용을 통하여 끊임없이 재현되고 잠재적으로 변형되는 것이라면, 조직이 다른 조직을 인수한다고 할 때 무엇을 사들이는 것일까? 조직이 다른 조직을 인수합병 할 때 무엇을 얻는 것일까? 인수합병이 관계 자체를 사들일 수는 없다. 인수합병을 한다 해도 살아 있는 현재에서의 국지적 의사소통 과정을 구입할 수는 없는 노릇이다. 사실, 인수합병 행위 자체는 즉각적으로 의사소통 관계 패턴을 위협하고 파편화한다. 특히 인수합병 이후의 조직 재편으로 사람들이 떠나고 이동을 하게 되면 더욱 그렇다. 복잡반응과정의 관점에서 보면 인수합병 행위 자체가 아마도 구입했다고 믿었던 것의 상당 부분을 파괴할 것이다. 인수합병의 70% 가량이 실패한다는 사실은 널리 받아들여지고 있다. 이러한 실패의 원인은 아마 인수합병 행위가 지식 창출 과정에 미치는 부정적인 영향과 관계가 있을 것이다. 그러므로 이러한 사실이 주는 중요한 시사점은, 인수합병이 일상적인 의사소통 패턴에 미치는 영향에 더 많은 주의를 기울일 필요가 있다는 것이다. 이 문제에 대해서는 곧 출간될 이 시리즈의 후속편에서 다룰 것이다(2001년에 출간됨, Streatfield, The Parados of Control in Organization—옮긴이).

평범한 사람들의 중요성

조직의 학습과 지식 창출에 대해 복잡반응과정의 관점에서 생각해보면 관심의 초점이 달라진다. 이 관점에서는 동일 조직 구성원들 간에

[*30] 조직의 지식이란 사업적 가치를 제공할 수 있는 조직 내 모든 지식의 총체를 의미하며, 이 것을 얻을 수 있는 원천으로는 지적 재산권, 제품 관련 지식, 실패와 성공의 교훈, 컨퍼런스, 고객 커뮤니케이션 등이 있다(옮긴이).

그리고 타 조직의 구성원들과 지속적으로 상호작용을 하는 과정에서 학습이 이루어지고 지식이 생성된다고 보기 때문에 '평범한 사람들the ordinary'에 역점을 둔다. 반면에 주류의 관점에서는 이 문제에 있어서 '특별한 사람you'에 초점을 맞춘다. 이 '특별한 사람'은 지식을 얻기 위하여 새로운 구조를 설계하고 시스템을 설치해야 한다. 그렇다면 여기서 '특별한 사람'은 누구인가? 이 질문에 대해서는 보통 암묵적인 형태로만 답을 하며 주류 처방에서는 이 '특별한 사람'이 전체 시스템에 대해서 모종의 특별한 조치를 취하는 리더, 관리자, 컨설턴트, 전문가 등이다. 그러나 복잡반응과정의 관점에서 보면 조직의 지식은 결과가 아니고 의사소통 상호작용이 진행되는 과정 자체이다. 이러한 과정에서 지식 창출의 주체는 다름 아니라 일상적으로 반응하고 관계를 형성하며 살아가는 조직의 모든 구성원이다. 복잡반응과정의 관점에서는 '평범한 사람들'이 어떻게 살아 있는 현재에서 서로 '평범한' 국지적 관계를 형성하면서 행위하고 있는가 하는 것을 중시한다는 점에서 관심의 초점을 '평범한 사람들'에 두고 있는 것이다. 이는 결코 권력자나 전문가, 경영자 같은 이들을 배제하는 것이 아니다. 이 관점에서는 지위와 역할에 따라 권력의 격차가 대단히 크다는 사실을 결코 부인하지 않는다. 대신에 힘을 더 많이 가진 이들과 덜 가진 이들 간에 이루어지는 국지적 상황에서의 의사소통 상호작용에서 이러한 권력의 격차가 발생하는 것으로 이해하며 그들의 역할을 지식 창출의 과정에서 파악하고자 한다.

복잡반응과정의 관점이 또 다른 점에서 평범한 것이라는 점을 덧붙이고자 한다. 이 관점은 조직 속에서 살아가면서 우리가 이미 하고 있는 것을 더 잘 이해하기 위하여 현실적으로 그것에 주목할 것을 제안하고 있다는 점에서 평범하다. 따라서 이는 보다 민주적인 행동 방식에 대한 의례적인 조언이 아니다. 또한 관계에 대한 강조가 고대의 지혜로 회귀

하여 더 단순한 관계로 살아가는 삶의 방식으로 돌아가라는 요구도 아니다. 또한 소위 대화dialogue라는 특별한 형태의 의사소통에 대한 요구도 아니다. 이는 더 많은 배려와 사랑의 관계에 대한 요구로 단순하게 해석되어서도 물론 안 된다. 대신에 이는 살아 있는 현재에서 배려와 무관심, 협력과 경쟁, 사랑과 미움, 동의와 갈등과 같이 서로 충돌하는 가치들이, 사람 사이의 의사소통 상호작용을 패턴화하는 주제로 될 수 있는 일상의 평범한 삶의 방식에 초점을 두는 관점이다. 이 관점은 인간이 부정적인 것을 피하고 긍정적인 것만을 취할 수 있다는 것을 의미하지 않는다. 이와는 반대로 부정적인 것과 긍정적인 것이 동시에 존재한다는 역설이 오히려 새로운 지식의 생성에 필수적이라는 점을 시사한다. 여기서의 목표는 이러한 역설적인 과정이 어떻게 지식을 생성하면서 동시에 지식의 생성에 장애물이 되는지를 보다 분명히 이해하려는 것이다.

이는 창발적인 주제에, 특히 그 주제의 감추어진 이면에 열린 자제로 접근하고 이러한 자세가 의사소통의 패턴을 변화시킬 것 같으면 그 감추어진 이면을 명확히 드러내야 한다는 것을 의미한다. 이는 또한, 우리의 역할이 사람들로 하여금 달리 생각하게 하는 것이라고 할 때, 복잡성, 지식의 창출, 기타 조직과 관련된 것에 대해 '특별한 사람이 하는 일'이 무엇인지 스스로 자문하는 것을 의미한다. 우리가 전체 시스템을 관리해야 한다는 생각에서 벗어날 때 우리는 자신이 살아 있는 현재의 국지적 상황에 참여하고 있는 것에 주목하게 된다. 아마도 '지식 사회'에서는 이와 같은 보다 겸손한 관리 방식이 요구될 것이다.

부록

자기생성 이론의
재검토

조직에서의 지식 창출에 관한 탐구와 관련하여 자기생성체계의 이론을 복잡성 이론과 연결 짓는 이들이 있다.[31] 이 부록에서는 자기생성체계의 이론을 설명하고 이를 복잡성 이론 및 이 책에서 다룬 복잡반응과정 이론과 비교하면서 인간의 행동을 자기생성체계의 측면에서 접근하는 것은 적절하지 않음을 논의할 것이다.

1. 자기생성체계(Autopoietic system)

생물학자 마투라나와 바렐라[32]는 살아 있는 세포에서 시작하여 살아있는 시스템의 특징을 설명하기 위해 '자기생성체계'라는 개념을 개발했다. 자기생성체계는 그 구성요소가 두 가지 — 구성요소 자신과 환경으로부터 체계를 분리하는 경계 — 를 만들어내는 과정에 참여하는 시스템이다. 이 체계는 스스로를 유지하는 데 필요한 요소를 지속적으로 갱신해 나가는 순환적인 생산과정 조직으로 구성되어 있다. 다시 말하면 이 시스템은 스스로를 창조한다. 이 말의 의미는 살아있는 세포와 관련해서 분명히 알 수가 있다. 자기생성체계에는 다음과 같은 속성들이 있다.

- 세포 내의 핵과 미토콘드리아 같이 식별 가능한 구성 요소: 세포가 핵과 미토콘드리아를 생산하듯이 이러한 구성요소들은 스스로를 생산한다.
- 구성요소 간 물리적인 상호작용: 일반적인 물리법칙 같은 것으로,

---

[31] 예를 들면 Roots et al., 1997; Nonka and Takeuchi, 1995; Broekstra, 1998.
[32] Maturana and Varela, 1992.

세포 안에서 일어나는 변화를 결정한다.

- 체계 스스로 만들어내는 식별 가능한 경계: 다시 말하면 경계는 외부에서 강요되지 않고 내적인 관계에 의해서 결정된다. 세포에는 원형질막 형태의 경계가 있는데 이것은 수분을 빨아들이거나 차단하는 단백질로 만들어진다. 세포는 선택적으로 투과성 장벽을 형성하는 이중층에서 지질 분자를 생성한다.

자기생성체계의 이러한 속성들은 여러 가지 독특한 결과를 낳는다. 첫째, 이 체계는 자신의 경계를 만들어내면서 자율성, 말하자면 자기 정체성을 구축한다.

> 마투라나와 바렐라는 살아 있는 체계의 주요 예로서 하나의 생물학적 개체(예를 들면 아메바 같은 단세포 동물)를 선택하여 설명하고 있다. 이러한 생명체의 본질적인 특징은 개체의 자율성이다. 이들은 유기체, 개체군, 종의 한 부분이며 환경의 영향을 받기는 하지만 각각의 개체들은 경계 지어져 있는 자기 완결적인 개체들이다.[33]

마투라나와 바렐라는 자기생성체계의 조직과 구조를 구분하고 있다. 조직은 구성요소 및 구성요소 간 관계의 특성이며 이 특성에 따라 개체가 속하는 특정 범주 혹은 유형이 결정된다. 체계의 정체성을 결정짓는 것은 추상적인 일반화이기 때문에 시스템이 해체되지 않으려면 이 정체성은 지속적으로 불변의 상태를 유지해야 한다. 체계의 조직은 그것의 기본 형태를 보존하는 범위 안에서 한계는 있지만 많은 수의 구성요소들이 서로 연결될 수 있도록 구성요소의 속성과 구성요소 간의 관계를

---

[33] Mingers, 1995, p.10.

규정한다. 그러므로 조직은 구성요소가 상호 작용하는 컨텍스트context로서의 체계 내부에서 이루어지는 상호작용의 원동력이다. 반면에 구조는 정체성을 유지하는 구조적 배열의 잠재적 범위를 생성하는 작동 방식이다. 그러므로 구조는 조직이 현실적으로 구현된 사례이다. 다시 말해 구조는 체계의 조직, 즉 정체성을 규정하는 일반적인 원리를 구체화한 것으로, 이는 어느 구체적인 시점에서의 구성요소들의 특정한 배열이다. 따라서 이러한 세포로서의 정체성을 부여하는 원핵세포의 조직은 뉴클레오이드nucleoid*34 물질을 포함하는 세포막의 일반적인 특성이다abstract feature. 반면에 원핵세포의 구조는 지금 설명한 특징들을 보여주는 구체적인 사례이다. 밍거Minger가 지적했듯이,*35 "유기체는 그 구성요소들을 통하여 국지적으로 상호작용하지만 이런 상호작용은 창발하는 전체적인 특성을 생성하기도 하고 이런 특성으로 인해 상호작용이 제약을 받기도 한다". 그러므로 조직은 구성요소의 상호작용을 통하여 만들어지고 상호작용 또한 조직에서 생겨난다. 이렇게 순환적이고 재귀적인 과정이 작용하면서 조직을 유지해나간다.

자기생성체계는 조직적으로(기능적으로) 닫혀 있다. 이는 체계의 조직 혹은 정체성이 외부 요인에 의해서 결정되지 않는다는 것을 의미한다. 이 체계는 에너지와 물질, 정보를 받아들이고 폐기물을 내보내지만 그 정체성은 내부의 작용에 의해서 결정된다. 이 체계는 유익한 것을 얻기 위해서 환경과 상호작용을 하지는 않기 때문에 외부로부터의 적극적인 요구를 받아들이지 않는다. 그러나 환경 안에서 다른 체계와 구조적

---

*34 원핵생물 세포에서 볼 수 있는 DNA, RNA, 단백질의 복합체. 진핵생물의 핵에 해당하는 구조이다(옮긴이).
*35 Minger, 1995, p.206.

으로 연결되어 있기 때문에 이 체계가 고립되어 있다고 말할 수는 없다. 이는 다른 체계의 변화가 문제의 체계에 섭동을 일으켜 내적인 변화를 촉발할 수는 있지만 변화의 성격 자체는 전적으로 체계 내부의 생산과정에 의해 결정된다는 것을 의미한다.

체계 간의 구조적 연결은 환경에의 적응이 아니라 구조적인 혹은 자연적인 표류로서의 진화로 이어진다. 진화는 구조적 연결의 역사이며 구조적인 혹은 자연적인 표류라고 하는 것은 바로 이러한 역사를 지칭한다. 체계의 구조적 형태를 결정하는 것은 체계가 경험하는 특정한 환경의 섭동이 아니라 체계 자체의 성질과 정체성 및 작동 과정이다. 이 점에서 체계는 주어진 특정 환경에 적응하지 않는다. 그렇지만 체계는 다른 체계와 구조적으로 연결되어 있기 때문에 연결된 체계들은 연합하여 구조적 연결의 역사를 결정한다. 따라서 진화는 함께 결정되고 함께 창조되는 것이다. 진화는 구조적으로 연결되어 끊임없이 서로의 변화를 촉진하는 개체들 간의 상호적응 과정이다. 자기생성의 과정, 즉 정체성의 유지를 지원하는 이러한 변화는 유지되고 보존된다. 반면에 정체성의 상실은 곧 체계의 해체이다. 이는 자연적 표류로 이어져 어떤 집단은 성공적으로 정체성을 유지하고 다른 집단은 자기생성의 상실로 인해 멸종에 이르게 된다.

2. 다른 시스템 이론과의 비교

일반 체계이론은 열린 시스템에 관심이 있다. 이 이론은 생물계가 어떻게 주어진 환경과 자신의 경계를 넘어 그 환경으로부터 에너지와 물질을 받아들이고 그것을 기능할 수 있는 형태로 변형시킨 다음 폐기물을 환경으로 내보내는 기능을 수행하는지 설명한다. 경계는 주어진 것이며 그 형태는 시스템의 기능에 달려 있지 않다. 이 이론은 어떻게 시스템이 환경에 적응하여 항상성 혹은 균형을 유지하는가를 설명한다. 중요한 것은 현재 환경에의 적응 과정이란 점에서 시스템의 역사는 중요하지 않다. 동일결과성의 원리principle of equifinality란 항상성의 상태에 이를 수 있는 출발점은 많다는 것을 의미하며, 역사를 중요한 것으로 여기지 않는 것은 이러한 원리 때문이다. 자기생성체계는 이와 상당히 다르다. 첫째, 자기생성체계는 조직적 혹은 기능적으로 닫혀 있다. 이 말은, 환경을 구성하고 있는 다른 체계의 변화가 그 계기가 되기는 하지만, 한 체계의 상태는 내적인 요인의 작용에 의해 결정된다는 것을 뜻한다. 다시 말하면 이 체계는 환경의 현재 상태에 적응한다기보다는 체계의 현재 상태가 다른 체계와의 구조적 연결의 역사를 반영한다는 것이다. 모든 구조적 변화가 체계 정체성의 보존에 어긋나지 말아야 한다는 점에서 항상성과 유사한 점이 있다. 그렇지 않으면 체계가 해체된다. 일반체계이론에서는 역동성을, 안정을 지향하는 단순한 운동으로 이해하지만 자기생성 이론에서는 이를 정체성과 일치하는 큰 폭의 변이로 이해한다.

한편 사이버네틱스 계열의 시스템 사고에서는 외부 환경에 대한 정보에 적용되는 부적인 피드백의 측면에서 체계의 안정을 설명하는데 여기서는 체계의 구조가 변화의 성격에 거의 영향을 미치지 않는다고 본다. 사이버네틱스의 체계는 환경의 어떤 상태를 참조하여 작동하면서 그 환경에 적응한다. 다시 말하면 현재 적응된 상태에 있어서 역사는 중요하지 않다. 비록 그 역사가 현재의 상태로 진행되는 데 모종의 역할을 했다고 해도 마찬가지다. 사이버네틱스 체계의 내적 구조는 중요하게 고려되지 않는다. 현재 상태와 체계가 적응해야 하는 환경 상태 사이의 격차만이 중요하다. 자기생성체계가 정체성의 보존과 일치하는 방향으로 변화하도록 결정하는 것은 내부 구조라는 점에서 이 체계는 인공지능체계와 근본적으로 다르다. 자기생성체계에서는 역사가 다른 체계와 구조적으로 연결되어 있다는 점에서 중요하다.

시스템 다이내믹스 계열의 시스템 사고에서는 피드백 고리를 약화시키거나 강화시킨다는 측면에서 시스템의 변화를 이해한다. 여기서는 시스템의 내적인 역동성이 변화의 패턴을 결정한다. 이 점은 자기생성체계와 유사하다. 차이점은 자기생성체계의 경우 정체성의 보존을 강조하는 것인데 이것은 시스템 다이내믹스에 존재하지 않는 개념이다.

자기생성체계 이론과 다른 시스템 이론은 상당히 다르지만 중요한 공통점이 하나 있다. 이들은 근원적으로 인과관계 프레임, 즉 형성적 목적론의 프레임이라는 것이다(2장 참조). 이 시리즈의 1권[36]에서는 일반적인 시스템 이론과 사이버네틱스, 시스템 다이내믹스 모두 형성적 목적론, 즉 미래는 시스템 혹은 그 환경 안에 접혀 있던 것이 펼쳐진다는 것을 가정하고 있다는 주장에 대해 설명했다. 따라서 개방 체계는 현재의 환경에 적응하여 항상성의 상태로 이동하며 사이버네틱 체계는 외부 기준점에 규정된 안정된 상태로 이동한다. 그리고 시스템 다이내믹스에서는 시스템이 실현하는 피드백을 약화 또는 증폭시키는 전형적인 패턴을 보여준다. 자기생성체계들은 그 환경에 적응하지 않고 함께 환경을 구성하지만 이 또한 이미 접혀있던 것을 펼쳐나가는 것이다.

---

[36] Stacey et al., 2000.

이 책에서 논의한 복잡반응과정의 관점을 기반으로 한 대안적인 인과관계 프레임은 변형적 목적론이다. 이 관점에서는 미래가 정체성에 있어서 연속성과 변형의 모습으로 끊임없이 구성된다고 가정한다. 자기생성 체계에서는 명백하게 정체성의 변형을 배제한다. 따라서 이는 역설에 확고하게 기반을 두고 있는 복잡반응과정과 달리 변증법의 관점이 아니다. 다른 체계이론과 마찬가지로 자기생성이론에서는 정체성이 변화하여 새로움이 창발하는 것을 설명하지 못한다. 사실, 이 이론은 정체성의 보존을 고집하고 있어서 확실히 새로운 것의 창발 가능성을 배제하고 있다.

새로운 정체성의 기원을 설명하지 못하는 것은 구조적 혹은 자연적 표류라는 개념에 나타나 있다. 자연적 표류는 체계 간 구조적 연결의 역사이다. 여기서 개별 체계의 정체성은 보존되기도 하고 해체되기도 한다. 자연적 표류의 과정에서 정체성을 보존하지 못하는 것들은 버려진다. 이것은 종이 소멸한 역사는 설명하지만 새로운 종의 출현은 설명하지 못한다고 생각한다.

첫 단계는 제약의 논리prescriptive logic에서 가능성의 논리proscriptive logic로, 즉 허용되지 않은 것은 모두 금지된다는 사고에서 금지되지 않은 것은 모두 허용된다는 사고로 전환하는 것이다. 진화의 맥락에서 이러한 전환의 의미는 적응도를 높이는 과제를 안내하고 지시하는 제약의 과정인 선택을 인정하지 않는다는 것이다. 이와 대조적으로 가능성의 맥락에서는 자연 선택이 다른 방식으로 작동한다. 말하자면 자연 선택은 생존 및 번식과 양립할 수 없는 것들을 제거한다. 생물체와 개체군은 다양성을 제공한다. 자연 선택은 생존과 번식이라는 두 가지 기본적인 제약을 충족시키는 것만 드러나게 한다.[37]

---

[37] Varela et al., 1995, p.195.

자연적 표류는 핵심 주제에 있어서의 변이이다.

> 생물의 구조변천 역사에서 모든 혈통은 자기생성과 적응이 유지되
> 는 가운데 번식에 있어서의 변화가 끊임없이 이어지면서 나타나는
> 기본적인 주제 변이의 특별한 사례임을 보여준다.[38]

여기서 진화는 핵심 주제에 있어서의 변이로 이해되며 몇몇 변이는
정체성을 잃게 되면서 사라진다. 이는 진화를 정체성의 변형, 진정 새로
운 것의 출현으로 이해하는 것이 아니라 이미 접혀진 핵심 주제가 지속
적으로 펼쳐지는 것으로 이해하는 것이다. 유기체는 다양성을 나타낸
다고 하지만 어떻게 그런 일이 발생하는지에 대한 설명은 없다.

자기생성과 복잡성 이론

이 시리즈의 1권[39]에서는 복잡성 과학의 사고에 있어서 두 가지 흐
름을 구분한 바 있다. 첫째는 시스템 이론의 연장으로서 형성적 목적론
의 인과관계 프레임을 지속하는 것이다. 가령 새 떼를 대상으로 한 시뮬
레이션에서는 시스템 안에 있는 각각의 개체를 동일한 것으로 보기 때
문에 일련의 시스템 규칙 속에 이미 접혀 있던 패턴을 펼쳐나갈 수 있을
뿐이다.[40] 자기생성이론은 복잡성 과학에 있어서 이런 계열의 사고와
유사하며 일관성이 있다. 또 다른 계열은 변형적 목적론을 지향하는 것
이다. 왜냐하면 변형적 목적론은 환경과 관련해서 비평균 변이로서의
요동과 환경을 구성하는 비평균 실체를 가정하여 현상을 모델링하고 있

---

[38] Maturana and Varela, 1992, p.107.
[39] Stacey et al., 2000.
[40] Raynolds, 1987.

기 때문이다.[*41] 정체성의 변형 가능성은 비평균적 관계로서의 요동과 실체의 비평균적 특성에 있다. 따라서 변형적 목적론 계열의 복잡성 사고는 자기생성이론과 전혀 다르다. 그 차이는 다음과 같다. 자기생성이론은 정체성의 보존이라는 개념에 바탕을 두고 있는 반면에 변형적 목적론에 입각한 복잡성 사고는 정체성 변형의 가능성에 대한 관심의 중심에 변증법 즉 역설을 두고 있다. 여기에서는 진화를, 핵심 주제가 펼쳐지는 것이 아니라 지속성의 반복과 정체성의 잠재적 변형이 동시에 일어나는 것으로 본다. 이 책에서 관심을 기울이고 있는 복잡반응과정 이론은 두 번째 계열의 복잡성 사고와 유사한 점을 밝히고 있으며 이는 자기생성이론과 일치하지 않는다.

또 한 가지 중요한 차이가 있다. 자기생성 이론에서는 개체를 분석의 기본 단위로 보고 개체의 정체성 보존을 기본원리로 제시한다. 반면에 복잡반응과정의 관점에서는 개인 간 상호작용에서 개인성과 집단성이 동시에 발현하는 것으로 본다. 여기서 개인은 경계가 없으며 따라서 자기 결정적인 실체가 아니다.

자기생성체제와 인간의 행위

자기생성이라는 개념은 단세포를 이해하는 데 유용하다고 생각하는 이들이 많다. 그러나 어떤 생명체가 자기생성적인지 아닌지에 대해서는 상당한 견해차가 있다. 마투라나와 바렐라는 다세포 유기체가 자기생성적인지 여부에 대해서 명확하거나 일관성 있는 의견을 제시한 바가 없다. 바렐라의 주장에 따르면 인간의 신경계와 면역체계는 기능적으

[*41] Allen, 1998a, 1998b.

로 닫혀 있다. 바렐라와 마투라나는 사회체계를 자기생성적으로 보지 않는다고 했다.

그러나 루만Luhmann*42과 같은 이들은 사회체계가 자기생성적이라고 이라고 했다. 그의 주장에 따르면 사회체계는 의사소통 사건들의 체계로서 한 단위의 의사소통 사건은 또 다른 의사소통 사건을 불러온다. 이는 자신을 구성하는 요소를 만들어낸다는 점에서 자기생성체계의 조건을 충족한다. 의사소통은 항상 이전의 의사소통을 참조하며 후속되는 의사소통을 견인한다. 의사소통 사건들은 사고나 행위 혹은 행동이 아니다. 이 사건들은 화자가 상대에게 의미가 있는 정보를 표현한 것이다. 이러한 의사소통의 체계는 사람들 및 사람들의 생각과는 다른 차원에 있는 것이다. 사실, 사람들은 사회체계의 환경이다. 의사소통 사건들은 오고 가는 사람들과 분리되어 있지만 자기를 참조하는self-referring 의사소통은 계속 진행된다. 밍거스Mingers는 루만의 연구를 비판하면서 첫째, 그의 의사소통사건체계는 의사소통과 사람들 사이의 경계를 만들어 낸다고 할 수 없기 때문에 경계의 문제를 적절하게 해결하지 못하고 있음을 지적하고 있다. 둘째, 그는 의사소통 사건들이 어떻게 사람들의 상호작용을 통해서 생성되면서도 상호작용과 독립적인 영역을 구성하고 있는지를 설명하지 못하고 있다고 비판한다. 의사소통을 하려면 이를 실천하는 사람들이 있어야 하는데 루만의 이론에서는 사람들이 몸과 분리된 의사소통 사건이라는 환경 속으로 사라져버린다는 것이다.

이 책에서 제시한 복잡반응과정 이론은 루만의 관점과 근본적으로 다르다. 첫째, 루만은 인간의 신체와 의사소통을 분리하고 있지만 복잡

---

*42 Luhmann, 1984.

반응과정이란 신체를 매개로 한 의사소통 관계이다. 그는 의사소통 사건을, 상대에게 의미 있는 것을 표현한 것으로 이해하고 있지만 복잡반응과정에서는 의사소통 행위란 상대로부터 반응을 이끌어내는 제스처이며, 의미는 화자와 상대가 함께 실행한 제스처와 반응의 사회적 행위 속에서 생성되는 것으로 본다. 루만의 주장과는 달리, 의사소통 체계가 인간 및 인간의 사고와 다른 차원에 있다는 발상은 성립하지 않는다. 복잡반응과정의 관점에서 보면 인간의 생각이란 것은 자신과 상대방의 신체로부터 반응을 불러일으키는 신체적 제스처로서의 의사소통 활동이다. 신체가 없으면 의사소통 행위도 없다. 따라서 신체적 상호작용 없이 스쳐 지나가는 상황에서는 진정한 의사소통이 이루어지지 않는다. 개인적 의사소통 체계와 사회적 의사소통 체계는 차원을 달리하는 것이 아니다. 이들은 모두 동일한 차원에 있으며 따라서 자기생성을 보호하는 개인 주변의 경계라든가 자기생성을 유지하는 의사소통 체계 주변의 경계라는 개념은 설 땅이 없다. 복잡반응과정의 관점에서는 경계란 개념 자체가 별로 적절하지 않다. 그 이유는 개인의 마음속에서 이루어지는 사적인 역할 놀이, 즉 자신과의 무언의 대화는 다른 사람과의 제스처/반응을 통한 공식적인 의사소통 행위와 그 과정이 동일하기 때문이다. 그러므로 개인의 마음은 변이를 구성하는 경계선 안쪽의 정체성과 관련해서만 작동하지는 않고 자신의 경계선 밖의 다른 정체성의 변화에 의해서도 촉발된다. 만일 경계선 안쪽의 정체성과 관련해서만 작동한다고 본다면 나르시시즘적인 성격 형성의 정의가 될 것이다. 이와 달리 개인 간 의사소통 행위는 서로의 의사소통 행위를 통해서, 즉 건강한 유동적인 대화 형태를 통해서 정교해진다.

분명한 경계와 정체성의 유지를 필요조건으로 하는 자기생성이론은 이러한 건강성과 생생한 경험의 의미를 포착하지 못하며 오히려 이와 모순된다. 개인 정체성의 유지에 초점을 두는 것은 정체성의 변형 가능성을 배제하는 것이다. 개인과 집단이 자기생성체계가 될 수 없는 이유는 개인과 집단의 정체성은 함께 하는 경험을 조직하는 서사 주제이며 경험을 조직하는 과정은 실체가 아니어서 경계라는 개념이 별로 의미가 없기 때문이다. 개인이든 집단이든 정체성은 신체적 관계 속에서 형성된다. 개인이 자기생성체계가 될 수 없는 것은 개인 혼자서는 정체성과 경계를 만들 수 없기 때문이다. 정체성은 의사소통 상호작용과 인간 간의 권력관계에서 형성되는 것이다. 개인과 사회는 양쪽이 서로를 구성하기 때문에 집단의 마음과 개인의 마음은 기능적으로 닫혀 있지 않다. 사람과 사람 사이에 권력의 차이가 있다는 말은 상호작용을 통한 지시가 가능하다는 의미이다. 이는 누군가에게 다른 방법을 사용한다면 하려고 하지 않았을 일을 하도록 할 수가 있음을 말해준다.

　루만이 사회를 의사소통 사건의 자기생성체계라고 설명할 때 그의 주장은 의사소통 사건이 인간의 사고나 느낌, 언어와는 다르다는 것이다. 이 말이 시사하는 바는, 의미라는 것이 사고와 말의 위나 아래에 있다는 것, 후자의 기능은 전자를 전달하는 데 있다는 것으로 보인다. 그러나 복잡반응과정의 관점에 따르면 사고와 의미가 곧 언어이다. 한쪽이 다른 쪽을 전달하는 것이 아니다. 양자^(사고/의미 vs 언어—옮긴이)는 동일한 것이다^{One is the other}.

참고
문헌

Allen, P. M. (1998a) "Evolving complexity in social science," in Altman, G. and Koch, W. A. (eds) *Systems: New Paradigms for the Human Sciences*, New York: Walter de Gruyter.

_____(1998b) "Modeling complex economic evolution," in Schweitzer, F. and Silverberg, G. (eds) *Selbstorganization*, Berlin: Dunker and Humbolt.

Archer, M. S. (1995) *Realist Social Theory: The Morphogenetic Approach*, Cambridge: Cambridge University Press.

Argyris, C. (1982) *Reasoning, Learning and Action: Individual and Organizational*, San Francisco: Jossey-Bass.

Argyris, C., Putnam, R. and Smith, D. (1985) *Action Science*, San Francisco: Jossey-Bass.

_____(1990), *Overcoming Organizational Defenses*: Facilitating Organizational Learning, Needham Heights, MA: Allyn and Bacon.

Argyris, C. and Schön, D. (1978) *Organizational Learning*: A Theory of Action Perspective, Reading, MA: Addison-Wesley.

Axelrod, R. (1984) *The Evolution of Cooperation*, New York: Basic Books.

Barrie, J. M., Freeman, W. J. and Lenhart, M. (1994) "Cross modality cortical processing: spatiotemporal patterns in olfactory, visual, auditory and somatic EEGs in perception by trained rabbits," *Society for Neuroscience Abstracts*, 414.10.

Bateson, G. (1973) *Steps to an Ecology of Mind*, St Albans: Paladin.

Bateson, G. and Bateson, M. C. (1987) *Angels Fear: Towards an Epistemology of the Sacred*, New York: Macmillan.

Bentley, D. (2000) "Control and emergence: the paradox of the construction industry," unpublished thesis, Hertfordshire University.

Bhaktin, M. M. (1986) *Speech Genres and Other Late Essays*, Austin, TX: University of Texas Press.

Bhaskar, R. (1975) *A Realist Theory of Science*, Leeds: Leeds Books.

_____(1989) *Reclaiming Reality: A Critical Introduction to Contemporary Philosophy*, *London*: Verso.

Bion, W. (1961a) *Experiences in Groups and Other Papers*, London: Tavistock Publications.

_____(1961b) "A theory of thinking," *International Journal of Psycho-Analysis* 43: 306-310.

Blair, H. (2000) "You're only as good as your last job: the relationship between labour market and labour process in the British film industry," unpublished thesis, University of Hertfordshire.

Boden, D. (1994) The Business of Talk: *Organizations in Action*, Cambridge: Polity Press.

Bohm, D. (1965) *The Special Theory of Relativity*, New York: W. A. Benjamin.

_____(1983) *Wholeness and the Implicate Order*, New York: Harper and Rowe.

Bohm, D. and Peat, F. D. (1989) *Science, Order and Creativity*, London: Routledge.

Boisot, M. (1998) *Knowledge Assets: Securing Competitive Advantage in the Knowledge Economy*, Oxford: Oxford University Press.

Boje, D. M. (1991) "The storytelling organization: a study of performance in an office supply firm," *Administrative Science Quarterly* 36: 106-126.

_____(1994) "Organizational storytelling: the struggle of pre-modern, modern and postmodern organizational learning discourses," *Management Learning* 25(3): 433-462.

_____(1995) "Stories of the storytelling organization: a postmodern analysis of Disney as Tamara-Land," *Academy of Management Journal* 38(4): 997-1055.

Broekstra, G. (1998) "An organization is a conversation," in Grant, D., Keenoy, T. and Oswick, C. (eds) *Discourse and Organisation*, London: Sage.

Brown, J. S. (1991) "Research that reinvents the corporation," *Harvard Business Review* Jan-Feb.

Brown, J. S. and Duguid, P. (1991) "Organizational learning and communities of practice: toward a unified view of working, learning and innovating," *Organization Science* 2(1): 40-57.

Bruner, J. (1990) *Acts of Meaning*, Cambridge, MA: Harvard University Press.

Burkitt, I. (1999) *Bodies of Thought: Embodiment, Identity and Modernity*, London: Sage.

Burton-Jones, A. (1999) *Knowledge Capitalism: Business, Work and Learning in the New Economy*, Oxford: Oxford University Press.

Butler, C. and Keary, J. (2000) *Managers and Mantras: One Company's Struggle for Simplicity*, Chichester: John Wiley.

Chomsky, N. (1957) *Syntactic Structures*, The Hague: Mouton.

Commons, J. R. (1934) *Institutional Economics: Its Place in Political Economy*, New York: Macmillan.

Craib, I. (1992) *Anthony Giddens*, London: Routledge.

Dalal, F. (1998) *Taking the Group Seriously: Towards a Post-Foulkesian Group Analytic Theory*, London: Jessica Kingsley Press.

Damasio, A. (1994) *Descartes' Error: Emotion, Reason and the Human Brain*, New York: Picador.

_____(1999) *The Feeling of What Happens: Body and Emotion in the Making of Consciousness*, London: Heinemann.

Dardik, I. I. (1997) "The origin of disease and health, heart waves: the single solution to heart rate variability and ischemic preconditioning," *Frontier Perspectives* 6(2): 18–32.

Davenport, T. H. and Prusak, L. (1998) *Working knowledge: How Organizations Manage What they know*, Cambridge, MA: Harvard University Press.

Deetz, S. and White, W.J. (1999) "Relational responsibility or dialogic ethics: a questioning of McNamee and Gergen," in McNamee, S. and Gergen, K. J. *Relational Responsibility: Resources for Sustainable Dialogue*, Thousand Oaks, CA: Sage.

Easterby-Smith, M. (1997) "Disciplines of organisational learning: contributions and critiques," *Human Relations* 50(9): 1085–2003.

Easterby-Smith, M. and Araujo, L. (1999) "Organisational learning: current debates and opportunities," in Easterby-Smith, M., Burgoyne, J. and Araujo, L. (eds) *Organizational Learning and the Learning Organization*, London: Sage.

Easterby-Smith, M., Burgoyne, J. and Araujo, L. (1999) *Organizational Learning and the Learning Organization*, London: Sage.

Elias, N. (1970) *What is Sociology?*, New York: Columbia University Press.

_____(1989) *The Symbol Theory*, London: Sage Publications.

Elias, N. and Scotson, J. (1994) *The Established and the Outsiders*, London: Sage.

Fonseca, J. (forthcoming) *Complexity and Innovation in Organizations*, London: Routledge.

Foulkes, S. H. (1948) *Introduction to Group Analytic Psychotherapy*, London: William Heinemann Medical Books Limited.

_____(1964) *Therapeutic Group Analysis*, London: George Allen and Unwin.

Forrester, J. (1961) *Industrial Dynamics*, Cambridge, MA: MIT Press.

_____(1969) *Urban Dynamics*, Cambridge, MA: MIT Press.

_____(1971) "The counter intuitive behavior of social systems," *Technology Review* Jan. 52-68.

Freeman, W. J. (1994) "Role of chaotic dynamics in neural plasticity," in van Pelt, J., Comer, M. A., Uylings, H. B. M., and Lopes da Silva, F.H. (eds) *Progress in Brain Research*, vol. 102, Amsterdam: Elsevier Science BV.

_____(1995) *Societies of Brains: A Study in the Neuroscience of Love and Hate*, Hillsdale, NJ: Lawrence Earlsbaum Associates Publishers.

Freeman, W. J. and Barrie J. M. (1994) "Chaotic oscillations and the genesis of meaning in cerebral cortex," in Buzsaki, G., Llinas, R., Singer, W., Berthoz, A. and Christen, Y. (eds) *Temporal Coding in the Brain*, Berlin: Springer.

Freeman, W. J. and Schneider, W. (1982) "Changes in the spatial patterns of rabbit olfactory EEG with conditioning to odors," *Psychophysiology* 19:45-56.

Freud, S. (1921) "Group psychology and the analysis of the ego," in *Freud: Civilization, Society and Religion*, vol. 12, Harmondsworth: Penguin.

_____(1923) "The ego and the id," in Freud: *On Metapsychology*, vol. 11, Harmondsworth: Penguin.

Gabriel, Y. (1998) "Same old story or changing stories? Folkloric, modern and postmodern mutations," in Grant, D., Keenoy, T. and Oswick, C. (eds) *Discourse and Organisation*, London: Sage.

_____(1999) *Organizations in Depth*, London: Sage.

Gardner, H. (1985) *The Mind's New Science: A History of the Cognitive Revolution*, New York: Basic Books.

Garfinkel, H. (1967) *Studies in Ethnomethodology*, Englewood Cliffs, NJ: Prentice-Hall.

Garven, D. A. (1993) "Building a learning organization," *Harvard Business Review, July-Aug.*

Gedo, J. (1999) *The Evolution of Psychoanalysis*: Contemporary Theory and Practice, New York: Other Press.

Gell-Mann, M. (1994) *The Quark and the Jaguar*, New York: Freeman & Co.

Gergen, K. J. (1999) *An Invitation to Social Construction*, Thousand Oaks, CA: Sage.

Gergen, M. (1999) "Relational responsibility: deconstructive possibilities," in McNamee, S. and Gergen, K. J. Relational *Responsibility: Resources for Sustainable Dialogue*, Thousand Oaks, CA: Sage.

Giddens, A. (1976) *New Rules of Sociological Method*, London: Hutchinson.

_____(1984) *The Constitution of Society: Outline of the Theory of Structuration*, Cambridge: Polity Press.

Gleick, J. (1987) *Chaos: The Making of a New Science*, London: William Heinemann Limited.

Goffman, E. (1981) *Forms of Talk*, Philadelphia: University of Pennsylvania Press.

Goldberger, A. L. (1997) "Fractal variability versus pathologic periodicity: complexity loss and stereotypy in disease," *Perspectives in Biology and Medicine* 40(4): 543-561.

Goodwin, B. (1994) *How the Leopard Changed its Spots*, London: Weidenfeld and Nicolson.

Grant, D., Keenoy, T. and Oswick, C. (eds) (1998) *Discourse and Organisation*, London: Sage.

Griffin, J. D. (forthcoming) *The Emergence of Leadership: Linking Self organization and Ethics*, London: Routledge.

Hayek, F. A. (1948) *Individualism and Economic Order*, London: George Routledge.

Hebb, D. O. (1949), *The Organization of Behavior*, New York: Wiley.

Hirschhorn, L. (1990) *The Workplace Within: Psychodynamics of Organizational Life*, Cambridge, MA: MIT Press.

Hodgson, G. M. (1999a) *Evolution and Institutions: On Evolutionary Economics and the Evolution of Economics*, Cheltenham: Edward Elgar.

_____(1999b) "Structures and institutions: reflections on institutionalism, structuration theory and critical realism," paper for the "Realism and Economics" workshop, King's College, January.

Huber, G. (1991) "Organizational learning: the contributing processes and the literature," *Organization Science* 2(1): 88-115.

Husserl, E. (1960) *Cartesian Mediations: An Introduction to Phenomenology*, London: Allen Unwin.

Isaacs, W. (1999) *Dialogue and the Art of Thinking Together*, New York: Doubleday.

Jefferson, G. (1978) "Sequential aspects of storytelling in conversation," in Schenkein, J. (ed.) *Studies in the Organization of Conversational Interaction* New York: Academic Press.

Kauffman, S. A. (1993) *Origins of Order: Self-organization and Selection in Evolution*, Oxford: Oxford University Press.

_____(1995) *At Home in the Universe*, New York: Oxford University Press.

Kelso, J. A. S. (1995) *Dynamic Patterns: The Self-organization of Brain and Behavior*, Cambridge, MA: MIT Press.

Kilminster, R. (1991) "Structuration theory as a worldview," in Christopher, G. A., Jury, B. and Jury, D. *Giddens' Theory of Structuration: A Critical Appreciation*, London: Routledge: 74-115.

Klein, M. (1946) "Notes on some schizoid mechanisms," in Mitchell, J. (ed.) (1986) *The Selected Writings of Melanie Klein*, New York: Free Press.

Kleiner, A. and Roth, G. (1997) "How to make experience your best teacher," *Harvard Business Review* Sept.-Oct.

Langton, C. (1993) "Artificial Life," in Boden, M. A. (ed.) (1996) *The Philosophy of Artificial Life*, Oxford: Oxford University Press.

Lannamann, J. W. (1999) "On being relational in an accountable way: the question of agency and power," in McNamee, S. and Gergen, K. J. *Relational Responsibility: Resources for Sustainable Dialogue*, Thousand Oaks, CA: Sage.

Lave, J. and Wenger, E. (1991) *Situated Learning: Legitimate Peripheral Participation*, New York: Cambridge University Press.

Leader, D. (2000) *Freud's Footnotes*, London: Faber and Faber.

Leonard, D. and Strauss, S. (1997) "Putting your company's whole brain to work," *Harvard Business Review* July-Aug.

Lewin, R. and Regine, B. (2000) *The Soul at Work*, London: Orion Business Books.

Losada, M. F. (1998) "The complex dynamics of high performance teams," *Mathematical and Computer Modeling*.

Luhmann, N. (1984) *Social Systems*, Stanford, CA: Stanford University Press.

McCulloch W. S. and Pitts, W. (1943) "A logical calculus of ideas imminent in nervous activity," *Bulletin of Mathematical Biophysics* vol. 5.

McNamee, S. and Gergen, K. J. (1999) *Relational Responsibility: Resources for Sustainable Dialogue*, Thousand Oaks, CA: Sage.

Marion, R. (1999) *The Edge of Organization: Chaos and Complexity Theories of Formal Social Systems*, Thousand Oaks, CA: Sage Publications.

Matte-Blanco, I. (1975) *The Unconscious as Infinite Sets: An Essay in Bi-logic*, London: Duckworth.

_____(1988) *Thinking, Feeling and Being*, London: Routledge.

Maturana, H. and Varela, F.J. (1992) *The Tree of Knowledge: The Biological Roots of Human Understanding*, Boston: Shambhala.

Mead, G. H. (1934) *Mind, Self and Society*, Chicago: Chicago University Press.

_____(1936) *Movements of Thought in the Nineteenth Century*, Chicago: Chicago University Press.

_____(1938) *The Philosophy of the Present*, Chicago: Chicago University Press.

Meadows, D. H. (1982) "Whole earth models and system co-evolution," *Co-evolution Quarterly* Summer: 98-108.

Miller, E. J. and Rice, A. K. (1967) *Systems of Organization: The Control of Task and Sentient Boundaries*, London: Tavistock Publications.

Mingers, J. (1995) *Self-Producing systems: Implications and Applications of Autopoiesis*, New York: Plenum Press.

Nonaka, I. (1991) "The knowledge-creating company," *Harvard Business Review* November-December: 96-104.

Nonaka, I. and Takeuchi, H. (1995) *The Knowledge Creating Company: How Japanese Companies Create the Dynamics of Innovation*, New York: Oxford University Press.

Oberholzer, A. and Roberts, V. Z. (eds) (1994) *The Unconscious at Work: Individual and Organizational Stress in the Human Services*, London: Routledge.

Owen, H. (1992) *Open Space Technology: A User's Guide*, San Francisco: Berrett-Koehler.

Piaget, J. (1954) *The Construction of Reality in the Child*, New York: Ballantine Books.

Pinker, S. (1994) *The Language Instinct: The New Science of Language and Mind*, New York: William Morrow.

_____(1997) *How the Mind Works*, New York: Penguin Books.

Polanyi, M. (1958) *Personal Knowledge*, Chicago: Chicago University Press.

_____(1960) *The Tacit Dimension*, London: Routledge and Kegan Paul.

Polanyi, M. and Prosch, H. _____(1975) *Meaning*, Chicago: University of Chicago Press.

Popper, K. R. (1945) *The Open Society and its Enemies*, London: Routledge and Kegan Paul.

_____(1983) *Realism and the Aim of Science*, London: Hutchinson.

Prange, C. (1999) "Organisational learning - desperately seeking theory," in Easterby-Smith, M., Burgoyne, J. and Araujo, L. (1999) *Organizational Learning and the Learning Organization*, London: Sage.

Pratt, J., Gordon, P. and Plamping, D. (1999) *Working Whole Systems*, London: Kings Fund Publishing.

Prigogine, I. (1997) *The End of Certainty: Time, Chaos and the New Laws of Nature*, New York: The Free Press.

Prigogine, I. and Stengers, I. (1984) *Order Out of Chaos: Man's New Dialogue with Nature*, New York: Bantam Books.

Quinn, J. B., Anderson, P. and Finkelstein, S. (1996) "Managing professional intellect: making the most of the best," *Harvard Business Review* March-April.

Ray, T. S. (1992) "An approach to the synthesis of life," in Langton, G. C., Taylor, C., Doyne-Farmer, J. and Rasmussen, S. (eds) *Artificial Life II, Santa Fe Institute, Studies in the Sciences of Complexity*, vol. 10, Reading, MA: Addison-Wesley.

Reynolds, C. W. (1987) "Flocks, herds and schools: a distributed behavior model," Proceedings of SIGGRAPH "87," *Computer Graphics* 21(4): 25–34.

Roos, J. and Oliver, D. (1999) "From fitness landscapes to knowledge landscapes," *Systemic Practice and Action Research* 12: 279–294.

Roos, J., Roos, G., Dragonetti, N. C. and Edvinsson, L. (1997) *Intellectual Capital: Navigating the New Business Landscape*, London: Macmillan Press.

Rose, S. P. R. (1995) "Memory formation: its molecular and cell biology," *European Review* 3(3): 243-256.

Sacks, H. (1992) *Lectures on Conversations*, Oxford: Blackwell.

Sampson, G. (1997) *Educating Eve: The "Language Instinct" Debate*, London: Cassell.

Saussure, F. de (1974) *Course in General Linguistics*, London: Collins.

Schön, D. (1983) *The Reflective Practitioner*, New York: Basic Books.

Schore, A. N. (1994) *Affect Regulation and the Origin of the Self: The Neurobiology of Emotional Development*, Hillsdale, NJ: Earlsbaum.

_____(1997) "Early organization of the nonlinear right brain and development of a predisposition to psychotic disorder," *Development and Psychology* 595-631.

Schutz, A. (1967) *The Phenomenology of the Social World*, Evanston, IL: Northwestern University Press.

Segal, D.J. (1999) *The Developing Mind: Toward a Neurobiology of Interpersonal Experience*, New York: The Guildford Press.

Senge, P. (1990) *The Fifth Discipline: The Art and Practice of the Learning Organization*, New York: Doubleday.

Shannon C. and Weaver, W. (1949) *The Mathematical Theory of Communication*, Urbana, IL: The University of Illinois Press.

Shapiro, E. R. and Carr, W. A. (1991) *Lost in Familiar Places, New Haven*, CT: Yale University Press.

Shaw, P. (forthcoming) *Changing the Conversation: Organizational Change from a Complexity Perspective*, London: Routledge.

Shegloff, E. A. (1991) "Reflections on talk and social structures," in Boden, D. and Zimmerman, D. H. (eds) *Talk and Social Structure*, Cambridge: Polity Press.

Shotter, J. (1983) "Duality of structures" and "intentionality in an ecological psychology," *Journal for the Theory of Social Behavior* 13:19–43.

_____(1993) *Conversational Realities: Constructing Life through Language*, Thousand Oaks, CA: Sage Publications.

_____(1999) "Dialogue, depth and life inside responsive orders: from external observation to participatory understanding," paper presented at Dialogue in Performing Knowledge conference, Stockholm, Sweden.

_____(2000) "Wittgenstein and his philosophy of beginnings and beginnings and beginnings," paper for Wittgenstein Conference in honor of Rom Harre, American University, Washington, DC.

Shotter, J. and Katz, A. M. (1996) "Hearing the patient's 'voice': toward a social poietics in diagnostic interviews," *Social Science and Medicine* 46: 919-931.

Shotter, J. and Katz, A. M. (1999) " 'Creating relational realities: responsible responding to poetic movements' and 'moments' ", in McNamee, S. and Gergen, K. J. *Relational Responsibility: Resources for Sustainable Dialogue*, Thousand Oaks, CA: Sage.

Skarda, C. A. and Freeman, W. J. (1990) "Chaos and the new science of the brain," *Concepts in Neuroscience* 1(2): 275-285.

Stacey, R. (1993) *Strategic Management and Organisational Dynamics*, London: Pitman.

_____(2000) *Strategic Management and Organisational Dynamics: The Challenge of complexity*, London: Pearson Education.

Stacey, R., Griffin D. and Shaw, P. (2000) *Complexity and Management: Fad or Radical Challenge to Systems Thinking?*, London: Routledge.

Stern, D. N. (1985) *The Interpersonal World of the Infant*, New York: Basic Books.

_____(1995) *The Motherhood Constellation: A Unified View of Parent-Infant Psychotherapy*, New York: Basic Books.

Stolorow, R., Atwood, G. and Brandchaft, B. (1994) *The Intersubjective Perspective*, Northvale, NJ: Jason Aaronson.

Stolorow, R. Orange, D. M. and Atwood, G. E. (1998) "Projective identification begone! Comments on a paper by Susan H. Sands," *Psychoanalytic Dialogue* 8(5): 719-725.

Streatfield, P. (forthcoming) *The Paradox of Control in Organizations*, London: Routledge.

Sveiby, K. E. (1997) *The New Organizational Wealth: Managing and Measuring Knowledge-based Assets*, San Francisco: Berrett-Koehler.

Tsoukas, H. T.(1997) "Forms of knowledge and forms of life in organized contexts," in Chia, R. (ed.) *In the Realms of Organization: Essays for Robert Cooper*, London: Routledge.

Turner, S. (1994) *The Social Theory of Practices: Tradition, Tacit Knowledge and Presuppositions*, Cambridge: Polity Press.

Varela, F. J., Thompson, E. and Rosch, E. (1995) *The Embodied Mind: Cognitive Science and Human Experience*, Cambridge, MA: MIT Press.

Veblen, T. B. (1899) *The Theory of the Leisure Class: An Economic Study in the Evolution of Institutions*, New York: Charles Scribeners.

_____(1934) *Essays on our Changing Order*, ed. Ardzrooni, J., New York: The Viking Press.

von Bertalanffy, L. (1968) *General Systems Theory: Foundations, Development, Applications*, New York: George Braziller.

von Glasersveld, E. (1991) "Knowing without metaphysics: aspects of the radical constructivist position," in Steier, F. (ed.) *Research and Reflexivity*, London: Sage.

Vygotsky, L. S. (1962) *Thought and Language*, Cambridge, MA: MIT Press.

Watzlawick, P. (1976) *How Real is Real? Confusion, Disinformation, Communication*, New York: Random House.

Weick, K. (1979) *The Social Psychology of Organizing*, Reading, MA: AddisonWesley.

_____(1995) *Sensemaking in Organizations*, Thousand Oaks, CA: Sage.

Weisbord, K. and Janoff, S. (1995) *Future Search: An Action Guide to Finding Common Ground in Organizations and Communities*, San Francisco: Berrett Koehler.

Wittgenstein, L. (1980) *Remarks on the Philosophy of Psychology*, vols I and II, Oxford: Basil Blackwell.

Wright, K. (1991) *Vision and Separation: Between Mother and Baby*, Northvale, NJ: Jason Aaronson Inc.

색인

복잡계의 새로운 접근 : 복잡반응과정

지은이 및 옮긴이
소개

지은이 소개

스테이시(Ralph D. Stacey, 1942년 9월 10일 남아공 요하네스버그 출생)는 영국의 조직 이론가이자 하트퍼드셔 경영대학원(Hertfordshire Business School)의 경영학 교수이다. 인간 조직과 그 관리를 이해하기 위한 복잡성의 과학의 함의를 탐구하는 선구자 중 한 사람으로 알려져 있다.

저서로는 『Dynamic Strategic Management for the 1990s』(1991), 『The Chaos Frontier: Creative Strategic Control for Business』(2016), 『Complex Responsive processes in organizations: learning and knowledge creation』(2003), 『Strategic Management and Organisational Dynamics』(2015) 등 다수가 있다.

옮긴이 소개

서울대학교 교육학과 및 동 대학원을 졸업하였다. 중·고등학교에서 교사를 거쳐 교감, 교장으로 재직 후 퇴임하였으며 서울교육연구정보원 원장, 서울형 혁신학교 정책추진지원단장으로 역임하였다. 현재 제5대 서울시교육청 학생인권위원회 위원장,

복잡성교육학회 전임이사로 활동 중이다.

번역서로 『학습하는 학교』(2019)가 있으며 논문으로는 「서울 혁신미래교육 실현을 위한 교육과정 및 수업·평가 방안 연구」(2015), 「복잡반응과정의 교육적 의미」(2020) 등이 있다.

복잡계의 새로운 접근: 복잡반응과정

초 판 인 쇄 2022년 6월 08일
초 판 발 행 2022년 6월 17일

지 은 이 Ralph D. Stacey
옮 긴 이 이민철
펴 낸 이 김성배
펴 낸 곳 도서출판 씨아이알

책 임 편 집 이민주
디 자 인 윤현경, 박진아
제 작 책 임 김문갑

등 록 번 호 제2-3285호
등 록 일 2001년 3월 19일
주 소 (04626) 서울특별시 중구 필동로 8길 43(예장동 1-151)
전 화 번 호 02-2275-8603(대표)
팩 스 번 호 02-2265-9394
홈 페 이 지 www.circom.co.kr

I S B N 979-11-6856-063-5 93370
정 가 24,000원